教育部哲学社会科学发展报告建设项目（13JBG004）
教育部人文社会科学重点研究基地"清华大学技术创新研究中心"
国家自然科学基金资助项目（71673145）
江苏高校品牌专业建设工程（TAPP）资助项目
江苏省高校哲学社会科学重点研究基地"中国制造业发展研究院"资助项目
江苏高校哲学社会科学优秀创新团队建设项目（2015ZSTD006）

中国制造业发展研究报告2020

李廉水 刘 军 程中华等 著

科学出版社

北 京

内 容 简 介

本书以"智能制造引领中国制造业发展"为主线,倡导制造业智能化的发展路径。根据世界银行集团以及主要制造业发达国家近年的相关报告探究世界主要经济体的经济发展前景。从宏观视角、区域视角、产业视角、企业视角等维度对智能制造的外文和中文文献研究动态展开评述。对中国制造业智能化发展进行了综合评价研究、区域研究、产业研究和企业研究,同时对智能制造开放式创新平台战略的异质性、长江经济带智能制造能力综合评价、智能制造的市场结构和创新路径、信息共享对企业生产率的影响、智能化对技术进步偏向的影响、基于知识图谱分析的全球智能制造研究热点与趋势、相关中文文献进行了专题研究。

本书适合政府机关工作人员、企业领导、相关专业的研究人员等关注中国制造业发展的人士阅读。本书对于从事制造业研究,尤其是智能制造领域的专家学者及政策制定者来说,具有重要的参考价值。

图书在版编目(CIP)数据

中国制造业发展研究报告 2020 / 李廉水等著. —北京:科学出版社,2020.6

ISBN 978-7-03-065423-6

Ⅰ. ①中… Ⅱ. ①李… Ⅲ. ①制造工业–经济发展–研究报告–中国–2020 Ⅳ. ①F426.4

中国版本图书馆 CIP 数据核字(2020)第 095572 号

责任编辑:王腾飞/责任校对:杨聪敏
责任印制:师艳茹/封面设计:许 瑞

科学出版社 出版
北京东黄城根北街 16 号
邮政编码:100717
http://www.sciencep.com

北京市密东印刷有限公司 印刷
科学出版社发行 各地新华书店经销

*

2020 年 6 月第 一 版 开本:787×1092 1/16
2020 年 6 月第一次印刷 印张:17 1/4
字数:410 000

定价:168.00 元
(如有印装质量问题,我社负责调换)

前　言

制造业是国民经济的主体，是立国之本、兴国之器、强国之基。打造具有国际竞争力的制造业是提升综合国力、保障国家安全、建设世界强国的必由之路。改革开放之后，我国制造业取得了举世瞩目的成就，已经成为世界制造业第一大国。然而，我国制造业大而不强的问题依然十分突出，在自主创新能力、资源利用效率、产业结构水平、信息化程度、质量效益等方面我国与制造业先进国家差距明显，制造业转型升级和高质量发展的任务紧迫而艰巨。

由李廉水和杜占元牵头组建的研究团队从 2004 年开始，全面深入地研究中国制造业的发展状况，经过十多年的研究和探索，完成的《中国制造业发展研究报告》无论是在理念上、内容上，还是在方法上，都颇有可取之处。至今，我们围绕"制造业发展"的主题已经连续出版了 15 部《中国制造业发展研究报告》（2004、2005、2006、2007、2008、2009、2010、2011、2012、2013、2014、2015、2016、2017~2018、2019）。为扩大"制造业发展研究报告"的国际影响，2009 年和 2016 年在中文版的基础上，还出版了英文版。在此过程中，我们深切感受到中国制造业的快速发展，也见证了中国制造业在经济创造能力、科技创新能力和资源环境保护能力等方面的快速提升。我们希望这份研究报告能够在建设创新型国家、推进自主创新进程中，成为准确反映中国制造业在自主创新能力提升轨迹的报告，成为助推中国制造业转型升级和高质量发展的报告。

《中国制造业发展研究报告 2020》是该系列第 16 部中文研究报告，由江苏省高校哲学社会科学重点研究基地"中国制造业发展研究院"和教育部人文社会科学重点研究基地"清华大学技术创新研究中心"的研究人员为主体进行研究并编写，传承了以往《中国制造业发展研究报告》的写作风格，但在研究内容上作了较大的创新和改动。本书以"智能制造引领中国制造业发展"为主线，倡导制造业智能化的发展路径，在保持原有的学术动态篇的基础上，对中国制造业智能化发展进行了整体、区域研究、产业研究和企业研究，同时对智能制造开放式创新平台战略的异质性、长江经济带智能制造能力综合评价、智能制造的市场结构和创新路径、信息共享对企业生产率的影响、智能化对技术进步偏向的影响、基于知识图谱分析的关于智能制造研究的外文文献和中文文献进行了专题研究。本研究报告的特色和创新之处主要体现在以下 3 个方面：

"学术动态"部分。一方面，通过解析世界银行集团发布的《全球经济展望——阴云密布》、美国智能制造工作文件《钻头和螺栓：数字化改造和制造》和美国智能制造发展战略《美国先进制造业领导战略》、德国智能制造发展战略《德国工业战略 2030》、日本智能制造发展战略《日本制造业白皮书 2018》和"第 198 届国会安倍内阁总理大臣施政方针演说"，探究世界主要经济体的经济发展前景、产业革命对政府和企业的影响、美国制造业发展策略、德国制造业发展策略和日本制造业发展策略。另一方面，遴选出部分已发表的与制造业智能化、智能制造密切相关，且被 SCI、SSCI、CSSCI 等检索的高质量外文和中文文献，从宏观视角、区域视角、产业视角、企业视角等维度对智能制造的研究动态展开评述，并在此基础上推荐了部分影响力较大的学术论文。

"发展评价"部分。 从制造业智能化发展综合评价来看，分析和界定了智能制造的概念和内涵，构建了中国制造业智能化的指标体系，结合中国制造业数据，通过熵权法对各指标进行赋权，进而对中国制造业智能化水平进行了综合评价。制造业区域智能制造发展水平评价方面，以制造业智能化发展的五维特征构建智能制造的特征及测量框架，进而对四大区域、30 个省份的智能制造城市展开了比较分析。制造业智能化发展产业研究方面，从基础层、应用层和市场层三个层面建立了制造业智能化发展产业评价指标体系，采用离差最大化方法对通用设备制造业、电气机械和器材制造业、仪器仪表制造业这 3 个离散型制造业产业进行了智能化评价。制造业智能化发展企业评价方面，从信息基础层、生产应用层和效率效益层三大方面构建制造业上市企业"智能化"能力评价体系，采用熵权法分别对电子设备制造业、汽车制造业、医药制造业 3 个行业的 46 家试点示范企业、上市企业进行智能化发展水平的评价。

"专题研究"部分。 主要围绕智能制造开放式创新平台战略的异质性、长江经济带智能制造能力综合评价、智能制造的市场结构和创新路径、信息共享对企业生产率的影响、智能化对技术进步偏向的影响、基于科学知识图谱分析的全球智能制造研究热点与趋势及相关的中文文献这 7 个问题进行专题研究。

《中国制造业发展研究报告 2020》的出版对于从事制造业研究，尤其是智能制造领域的专家学者及政策制定者来说，具有重要的参考价值。本研究报告既是一部系统研究中国制造业发展的年度报告，也是一部汇集中国制造业发展数据的权威工具书，还是一部较为全面地反映全球制造业发展研究动态的学术导读书，同时是一部旨在推动制造业智能化发展的政策建议书。本书不但理念先进、方法科学，而且数据翔实、行文流畅，其出版无论是在理论上，还是在实践上，都会对我国制造业发展产生积极的影响。我们借此抛砖引玉，愿与更多关注中国制造业发展的朋友们合作，共同研究探索中国制造业发展的轨迹和路径，为铸就中国制造业的辉煌尽一份力量。由于水平所限，本书难免会出现错误或不当之处，敬请各位专家和读者批评指正。

目　　录

第 2 部分 发展评价篇

第3部分　专题研究篇

第1部分

学术动态篇

第1章 政府及研究机构报告解析

1.1 全球经济展望

2019 年 1 月 8 日，世界银行集团发布了《全球经济展望——阴云密布》（*Global Economic Prospects: Darkening Skies*）（The World Bank Group，2019）。该报告认为，为了达到可持续发展和经济增长两个目标，需要依赖新兴市场和发展中经济体（emerging market and developing economics，EMDEs）的持续经济增长，这种增长反过来又取决于宏观经济的稳定性。该报告强调了当前全球经济形势的不稳定。简而言之，经济增长放缓，贸易紧张局势仍在加剧，一些发展中经济体正在承受金融压力，未来风险增加。如果中美之间的贸易战使得全球经济持续放缓，EMDEs 将会面临非常大的风险。同样，全球利率的急剧上升也将严重影响高负债率的 EMDEs，例如，2018 年夏季的土耳其和阿根廷。本章根据这份报告的特色，介绍其中的 4 个主要部分。

1. 全球经济增长放缓

随着贸易和制造业复苏乏力，全球经济增长放缓。尽管主要经济体之间正在进行谈判，但贸易紧张局势仍在加剧。这种紧张局势，加上对全球经济增长前景疲软的担忧，打压了投资者情绪，导致全球股票价格下跌。EMDEs 的借贷成本增加，部分原因是主要发达经济体的中央银行在持续不同程度地撤销调节政策。美元走强、金融市场波动加剧、风险溢价上升，加剧了一些大型新兴市场国家的资本外流和货币压力，一些脆弱国家面临巨大的金融压力。由于供应因素，能源价格大幅波动，2018 年底大幅下跌。其他大宗商品价格，特别是金属价格也已经走弱。

发达经济体的经济活动近来出现了分化。据表 1-1 显示，在财政政策刺激下，美国的经济增长依然稳健。相比之下，由于净出口放缓，欧元区的活动略弱于此前预期。发达经济体的经济增长在 2018 年略微减速至 2.2%。EMDEs 的增长率在 2018 年下降到 4.2% 左右，比之前预测的低了 0.3 个百分点。

表 1-1　世界银行 2019 年 1 月对全球经济的预测（GDP 增长率，%）

	2016	2017	2018e	2019f	2020f	2021f
世界	2.4	3.1	3.0	2.9	2.8	2.8
发达经济体	1.7	2.3	2.2	2.0	1.6	1.5
美国	1.6	2.2	2.9	2.5	1.7	1.6
欧元区	1.9	2.4	1.9	1.6	1.5	1.3
日本	0.6	1.9	0.8	0.9	0.7	0.6
新兴市场和发展中经济体（EMDEs）	3.7	4.3	4.2	4.2	4.5	4.6

续表

	2016	2017	2018e	2019f	2020f	2021f
出口大宗商品 EMDEs	0.8	1.7	1.7	2.3	2.9	2.9
其他 EMDEs	5.9	6.1	5.8	5.5	5.6	5.6
不包括中国的其他 EMDEs	4.9	5.2	5.0	4.7	4.9	5.1
东亚太平洋地区	6.3	6.6	6.3	6.0	6.0	5.8
中国	6.7	6.9	6.5	6.2	6.2	6.0
印度尼西亚	5.0	5.1	5.2	5.2	5.3	5.3
泰国	3.3	3.9	4.1	3.8	3.9	3.9
欧洲中亚地区	1.7	4.0	3.1	2.3	2.7	2.9
俄罗斯	−0.2	1.5	1.6	1.5	1.8	1.8
土耳其	3.2	7.4	3.5	1.6	3.0	4.2
波兰	3.1	4.8	5.0	4.0	3.6	3.3
拉美加勒比地区	−1.5	0.8	0.6	1.7	2.4	2.5
巴西	−3.3	1.1	1.2	2.2	2.4	2.4
墨西哥	2.9	2.1	2.1	2.0	2.4	2.4
阿根廷	−1.8	2.9	−2.8	−1.7	2.7	3.1
中东北非地区	5.1	1.2	1.7	1.9	2.7	2.7
沙特阿拉伯	1.7	−0.9	2.0	2.1	2.2	2.2
伊朗伊斯兰共和国	13.4	3.8	−1.5	−3.6	1.1	1.1
阿拉伯埃及共和国	4.3	4.2	5.3	5.6	5.8	6.0
南亚地区	7.5	6.2	6.9	7.1	7.1	7.1
印度	7.1	6.7	7.3	7.5	7.5	7.5
巴基斯坦	4.6	5.4	5.8	3.7	4.2	4.8
孟加拉国	7.1	7.3	7.9	7.0	6.8	6.8
撒哈拉以南非洲地区	1.3	2.6	2.7	3.4	3.6	3.7
尼日利亚	−1.6	0.8	1.9	2.2	2.4	2.4
南非	0.6	1.3	0.9	1.3	1.7	1.8
安哥拉	−2.6	−0.1	−1.8	2.9	2.6	2.8
其他项目：						
实际 GDP						
高收入国家	1.7	2.3	2.2	2.0	1.7	1.6
发展中国家	4.0	4.6	4.4	4.4	4.7	4.7
低收入国家	4.8	5.5	5.6	5.9	6.2	6.3
金砖五国	4.4	5.2	5.3	5.2	5.3	5.3
世界（2010 PPP 比重）	3.2	3.7	3.6	3.5	3.6	3.6
世界贸易量	2.6	5.4	3.8	3.6	3.5	3.4
大宗商品价格						
油价	−15.6	23.3	30.7	−2.9	0.0	0.0
非能源类商品价格指数	−2.8	5.3	1.7	1.0	1.2	1.2

资料来源：世界银行。注：e=估计；f=预测。世界银行的预测会基于新信息和不断变化的（全球）情况频繁更新。了解更多详细信息，请参阅英文网站（http://www.worldbank.org/gep）。

总的来说，全球经济增长预测从 2018 年的 3% 下调至 2019 年的 2.9%、2020～2021 年的 2.8%。随着全球经济从金融危机的阴影中走出，发达经济体紧缩的货币政策也将逐步放松，这将增加全球经济风险，给全球经济前景蒙上阴影。新兴市场经济体的增长势头已经减弱，大宗商品出口国的复苏弱于预期，同时大宗商品进口国的增速也有所放缓。面对这种日益严峻的经济环境，各国货币政策执行机构的当务之急，是在维持历史上的低通胀的同时，为可能出现的金融市场压力做好准备，适当重建宏观经济政策缓冲区，应对不利的债务动态。从长远来看，仍然需要通过增加人力资本、消除投资障碍和促进贸易一体化来促进更强劲的潜在增长。

2. 美国近期发展与展望

大多数发达经济体的经济增长都有所放缓，但值得注意的是，美国的财政刺激措施正在推动经济发展。美国 2018 的经济增长率已达到 2.9%，比此前的预测增长了 0.2 个百分点。主要原因是美国国内需求高于预期、合理的财政刺激政策和宽松的货币政策。

美国的国内需求来源于新增就业人数的增长。其国内失业率已降至近 50 年来的最低水平，平均每月新增约 20 万个工作岗位，其中约有四分之三是新增劳动力。名义工资增长一直超过通货膨胀，实际工资增长温和。长期通胀预期略有上升，但是处于可控范围之内。

在 2018 年，美国政府对大约 3000 亿美元的进口产品加征关税，其中大部分来自中国。同时，其他国家对美国出口的约 1500 亿美元的产品增加关税，进而回应美国的行为。

在预测期限内，随着货币政策调整，取消财政刺激措施，预计美国的经济增长将放缓。并且较高的贸易关税将进一步影响其经济活动，尤其是出口和投资。总的来说，预计 2019 年美国经济增长率将放缓至 2.5%，2020 年、2021 年分别为 1.7% 和 1.6%。

3. 欧元区近期发展与展望

欧元区经济增长率在 2018 年明显放缓，估计为 1.9%，比先前预测低 0.2 个百分点。特别是出口疲软，反映出欧元比预期提早升值，且外部需求放缓。

虽然失业率下降，但通货膨胀率依然较高。总体通货膨胀率已上升至目标值，但很大程度上是由于能源价格的暂时上涨引发的。核心通货膨胀率保持在 1% 左右，而长期通货膨胀率预期继续徘徊在 1.6% 左右。预计欧元区至少会在 2019 年中期之前维持其负利率政策。金融系统贷款和盈利能力继续增加。

总得来说，随着货币刺激计划的取消和全球贸易增长放缓，预计欧元区的经济增长率将进一步减缓，在预测的范围内，到 2019 年将达到 1.6%，2020 年、2021 年分别为 1.5% 和 1.3%。

4. 日本近期发展与展望

2018 年，日本经济增长率放缓至 0.8%，部分原因是受第一季度和第三季度的自然灾害所影响。尽管如此，劳动力市场仍然强劲，失业率为 2.4%。劳动参与率高于 79%，比 2017 年初上升 1.5 个百分点。然而，劳动力投入的增加被生产力上升缓慢所抵消。

随着就业增长放缓和财政政策收紧，预计经济 2020 年经济增长率将降至 0.7%，2021 年将降低至 0.6%。

1.2 智能制造的影响与发展趋势

2019 年 1 月，经合组织科学、技术和创新主管安德鲁·威科夫、经合组织首席经济学家劳伦斯·布恩以及经合组织就业、劳工和社会事务主管斯特凡诺·斯卡佩塔授权发表了《钻头和螺栓：数字化改造和制造》（OECD，2019）。

1. 智能制造对企业生产、产品营销和管理方式的影响

智能制造正在从根本上改变企业组织生产、营销产品和管理方式，使企业能够更加快速地进入更多市场，无形资产的作用比过去任何时候都大。数字化转型迫使企业重新思考其商业模式，但同时也伴随着经济层面上的商业动力和竞争本质的重大变化。大多数经合组织经济体的进入率和再分配率下降，生产效率最高和最低的企业之间的差异增加，各行业中几个最大企业产出的集中度增加，这些都证明了一个现象，经济似乎没有那么有活力。与此同时，生产和商业的动力也发生了变化，这一变化表现在顶尖企业无形资产的增加和劳动力收入的下降。

除了 IT 生产服务公司，制造业也同样受到数字化转型的影响，数字技术正支撑着制造业进行下一次生产革命，为"工业 4.0"铺平道路。数字化转型使制造业企业的大部分生产实现自动化，从而使产品质量稳定。同时，数字化转型可以应对更加复杂的供应链，与客户保持更密切的关系，并根据市场需求实时调整生产。数字技术在制造产品的过程中也发挥着越来越重要的作用，甚至决定着公司的成败。汽车行业就是一个很好的例子，数字化技术使汽车看起来像有轮子的"电脑"，从发动机的燃油喷射到司乘人员的娱乐，再到其他各方面，如自动驾驶技术等。汽车制造商不仅在发展的道路上竞争，而且在并购领域竞争，试图以兼并数字技术密集型企业的形式获取技术和人才。

与整个经济一样，制造业的活力和竞争环境在智能化转型的背景下也在发生变化。在某些情况下，这些变化与在服务行业中观察到的变化相似，而在另外一些情况下则不同。《钻头和螺栓：数字化改造和制造》绘制了这些变化图，并为政府提出了政策建议，以应对制造业数字化、智能化面临的挑战。

在"步入数字化"（going digital）项目中，OECD 提出的部门数字化转型衡量方案主要考虑两个方面：①数字化是一个复杂的现象，单一指标很难被捕捉到。实际上，数字技术影响着经济活动的不同方面，例如劳动力的技能和性质，企业竞争和市场运作的方式，生产过程中使用的资本和其他投入的特征，以及自动执行某些任务的可能性。②不同的部门的数字技术存在差异性。换句话说，某些部门的数字强度往往高于其他部门。

数字化转型主要包括以下指标：①技术组成部分，利用信息与通信技术（information and communications technology，ICT）有形和无形投资的份额，以及 ICT 中间产品和服务的购买份额；②所需的人力资本，侧重于 ICT 专家在总就业中的比例；③改变市场运

作方式，以在线销售为代表，包括线上营业额占总体销售的份额；④自动化发生的程度，每百名员工使用机器人的数量。

按照《钻头和螺栓：数字化改造和制造》提供的指标分析发现，制造业内的数字强度存在持续变化。大约一半的部门具有低度或中低度数字强度，另一半具有中高度或高度的数字强度。大多数行业都属于中低度（包括纺织、服装、皮革或基本金属和金属制品等行业）或中高度数字强度集团（包括电气设备或家具等行业）。

2. 智能化技术对劳动生产率的影响

在过去十年中，许多经合组织经济体的总体生产率增长放缓，这与新技术可能提升的生产率效应和经济福利相矛盾。《钻头和螺栓：数字化改造和制造》提出新见解，找到了制造业采用新技术的证据，并研究了与该行业企业生产率增长之间的关系。

显而易见的悖论，生产率增长下降的事实，使经济学家产生不同的观点。一些人认为，创新速度作为生产力增长的主要动力之一正在放缓，或者新技术没有像过去的创新那样具有提高生产力的潜力；另外一些人则更加乐观，认为一些新技术有可能带来颠覆性创新和生产力增长，但需要更多的投资和调整成本。这可能需要更多的微观证据，因为企业间的生产率提高是异质的，并依赖于技能、管理和组织方面的互补。

最近的微观证据表明，数字技术可能会增加公司间的生产效率差距。总体生产率下降是因为高生产力的"超级明星"公司与大量生产率上升较慢公司并存。新的数字技术对公司和行业均具有积极影响，统计分析同样显示，数字密集型行业的生产率差异其实更为明显。

一个可能的解释是，"超级明星"公司开发的技术和知识并没有像过去那样向所有公司传播。数字化需要公司重新组织生产过程才能使生产率提高，这反过来又需要良好的管理和数字技能。

3. 智能技术对商业动态的影响

智能技术在 20 世纪 90 年代和 21 世纪初传播速度非常快，影响了不同的经济活动领域，成为 21 世纪的通用技术。许多新公司成立，其中一些获得了巨大的市场份额，并成为其领域的领导者。然而，随着这些领导者不断巩固其地位，削弱了进一步发展的动机，并似乎反而导致了商业活力下降。

经合组织最近侧重于研究数字转型在各国商业动态中的作用。该分析使用"全球"指标评估 15 个国家的商业动态。主要关注数字密集型行业的商业动态，并与其他经济部门进行比较。结果显示，一方面，数字密集型行业比其他行业更具活力。而另一方面，数字密集型行业的平均商业活力却在下降，在某种程度上甚至比其他行业的经济活力下降得更快。尤其是 2001 年之后，行业进入率下降得更为突出。一种可能的解释是，随着时间的推移，与其他创新领域一样，主导产品和服务应运而生，减少了新进入者的机会，并将创新转向流程改进，只有少数成功的公司获得市场份额并能蓬勃发展。

4. 智能技术转型对产业聚集的影响

顶级公司日益提高的生产力优势，以及行业整体商业活力的低迷，导致越来越多的经济活动集中在少数成功的公司中。实证研究表明，美国和日本的相关制造行业和服务行业均存在这种现象。世界其他地区的证据迄今为止有限且不确定，但经合组织的一份新报告表明，欧洲也出现了类似的产业聚集增长。

"行业集中度"反映了行业中最大公司的销售占比。但是，《钻头和螺栓：数字化改造和制造》分析的是最大商业集团的占比。这种方法的优势在于，它考虑到多个公司往往是同一个产业链的一部分的事实。结果显示，欧洲和北美的制造业集中度在 2000～2014 年明显增加，其中，欧洲集中度增加了 71%，北美集中度增加了 65%。在此期间，欧洲平均的工业集中度提高了 3～4 个百分点，而北美平均的工业集中度提高了 6～8 个百分点。

产业集中的趋势将影响一系列的经济现象。行业集中度的增加表明技术变革或全球化使得生产效率最高的公司得以扩张。少数公司的规模不断扩大，意味着投入市场和当地劳动力市场（买方垄断）的买方数量减少，这可能影响供应商和工人的合同条款。此外，产业集中可能会影响政府的政策，最重要的是，如果高集中度被视为"太大而不能失败"，则可能会影响这些公司的风险承担行为。

一些观点认为，集中度的提高对经济来说是个好消息。经济冲击（例如数字技术的传播或全球市场的整合）可能使高效和创新的公司能够提高生产力，增加市场份额并可能收购其他公司；这将代表劳动力和资本向更具生产力的企业进行重新分配，从而提高了总生产率。另外一些观点认为，最大的公司可能变得过于强大，而且它们在市场中的地位也难以被撼动。加上进入率下降，这可能导致创新减少和生产率增长放缓。集中度的增加也可能是竞争减弱的一个迹象。

5. 智能技术对价格的影响

在智能化转型的背景下，制造业的商业活力有所减弱。《钻头和螺栓：数字化改造和制造》通过关注价格的变化，评估竞争环境变化与数字化转型之间的关系。当市场不完全竞争时，加价（定义为单位价格与边际成本的比率）不同于统一价格，例如，当产品差异化或存在进入障碍时。然而，高加价也可能与其他生产特征有关，如固定成本高、创新程度高、嵌入式无形资产价值高或国际联系。

《钻头和螺栓：数字化改造和制造》使用 25 个国家（澳大利亚、奥地利、比利时、保加利亚、丹麦、爱沙尼亚、法国、芬兰、匈牙利、德国、印度尼西亚、印度、爱尔兰、意大利、日本、韩国、卢森堡、荷兰、葡萄牙、罗马尼亚、斯洛文尼亚、西班牙、瑞典、英国、美国）2001～2014 年数据，测试不同行业的加价差异是否与行业数字化程度的差异有关。研究结果显示：①平均而言，加价在 2005～2014 年间有所增加；②区分顶级数字技术密集型和较低数字技术密集型制造业发现，加价似乎是由顶级数字技术密集型公司推动的，其余公司基本上呈现出随时间推移的平缓趋势；③数字密集型行业的加价低于较低数字密集型行业。

6. 智能技术对并购的影响

一些并购活动是由市场准入或规模经济驱动的，而其他并购活动则是由获得新技术和结构变化驱动的。通过收购竞争对手（横向整合），企业可以通过规模经济和范围经济实现更高的利润和更低的成本。然而，并购也可以成为一种获取新数字技术并促进其向新技术公司成部门扩散的机制。例如，收购位于旧金山的创业公司巡航自动化公司，使通用汽车从无人驾驶领域中处于落后阶段的汽车公司，变成了具有竞争力的公司。

从全球来看，《钻头和螺栓：数字化改造和制造》发现 2003～2015 年的并购数量增长超过了 50%，增长速度低于并购总体（增长一倍以上）或服务业公司（增长两倍）的增长。近年来，制造企业越来越多地购买和投资运营在数字密集型服务领域的目标公司。这表明数字技术对制造企业的重要性。此外，制造业和服务业之间的界限越来越模糊，制造业公司在很大程度上依赖于服务活动。特别是"数据处理"和"软件出版"是制造企业越来越频繁的并购目标。

7. 政策措施对智能技术的影响

高速宽带和"云计算"等数字技术与行业生产力正相关。强化数字基础设施的政策可以促进生产力增长，良好的监管框架促进了宽带投资和电信部门降低价格，政策可以帮助滞后公司了解最新的数字化进展，通过公共教育和培训也可以提高管理质量和组织效率。为此，政府必须增强意识，建立管理机制的框架，推广良好做法，并为企业提供数字工具。此外，政府应通过教育和培训，提高 ICT 技能的可用性。教育部门可以通过持续的职业培训、成人学习和在职培训来促进基本的数字素养提升。这将有助于弥补生产效率较低的公司的技能短缺，并实现更好的工作匹配。此外，增加电子政务服务可以鼓励公民更广泛地使用 ICT，促进公民参与，提高公共部门效率。

市场环境中的有效激励措施也可以鼓励企业更广泛地采用技术。这些激励措施包括灵活的劳动力市场、竞争性产品市场和使用风险资本。减少进入壁垒，降低初创企业的行政负担，招聘和解雇的沉重成本，以及提高破产制度的效率，使资源重新分配。政策还应鼓励创新企业获得资本，如开发风险资本市场或研发税收补贴。最后，减少跨境数字贸易壁垒是增加进入新市场的关键。需要开展国际对话，通过新的贸易协定来减少监管壁垒。

有助于确保数字密集型行业的商业活力的政策建议包括：①加强教育培训，增加和提高企业家的供给和素质；②需要通过创业和早期阶段的风险投资等方式，为创新型公司提供融资渠道；③潜在的创业回报刺激是一个重要的进入动力；④降低初创企业的行政负担；⑤保证公平竞争，包括合同执行和业务法规的高效性；⑥应避免高成本的实验和失败，提高破产效率。

1.3 美国智能制造发展战略

2018 年，美国国家科学技术委员会先进制造委员会发布了《美国先进制造业领导战略》（The Subcommittee on Advanced Manufacturing Committee on Technology of the National Science & Technology Council，2019）。本节通过梳理该报告的主要内容，介绍美国智能制造等先进制造领域的发展战略。

美国长期以来一直依靠在国内和全球市场上制造和销售商品的能力而蓬勃发展。制造业在美国经济的几乎所有部门都扮演着至关重要的角色，从航空航天到医药制造等。先进制造包括新的制造方法和通过创新生产新产品，是美国经济实力的引擎和国家安全的支柱。制造业在 20 世纪美国占据全球经济主导地位的过程中发挥了重要作用。然而，到 21 世纪发生了巨大变化，从 20 世纪 90 年代开始，美国制造业就业率大幅下降。2008年经济衰退期间，失业率加速上升。面对激烈的全球竞争，特朗普政府采取了强有力的措施来保卫经济，扩大制造业就业，确保强大的制造业和国防工业基础及弹性供应链。特朗普总统上任以来，创造了近 35 万个制造业就业岗位。尽管制造业就业仍低于衰退前的水平，但制造业就业却占劳动力的 8.5%。

《美国先进制造业领导战略》提出了 4 个目标：①开发和转化新的制造技术；②教育、培训员工以促进制造业发展；③扩大国内制造业供应链的能力；④加强农村社区的先进制造业。实现这些目标的具体措施如下：

1. 开发和转化新的制造技术

近几十年来，全球制造业竞争主要由信息、通信、计算机等相关技术在生产过程中的应用程度主导。最近的一项研究报告指出，解决先进制造业的科学和技术挑战，可以每年为美国制造业企业节省超过 1000 亿美元。公私伙伴关系是发展和过渡新制造技术的关键，它将利益和能力重叠的不同利益攸关方聚集在一起，推动有针对性的技术行业，并使美国成为这些行业的领导者。拥有共享资源（如物理基础设施和工具、技术和嵌入式专业知识的并置）的大型联盟可以扩大区域创新生态系统，并推动区域内和跨区域的经济增长。

根据第一个目标，美国未来 4 年需要完成以下工作：①抓住智能制造系统的未来；②开发世界领先的材料和加工技术；③确保通过国内制造获得医疗产品；④保持在电子设计和制造领域的领先地位；⑤增加食品生产和农业制造业的机会。

根据每个具体目标，美国确定了一系列技术优先事项，每个优先事项包括在未来 4 年内完成的具体行动或结果。

（1）抓住智能制造系统的未来。将智能制造技术应用于生产和供应链中，保障产品质量和可追溯性。政府创造数字制造环境，促进智能制造、数字制造、先进工业机器人的发展，建设人工智能基础设施和制造业网络安全设施。

（2）开发世界领先的材料和加工技术。先进材料对于新产品的开发，经济和国家安全至关重要，应用涉及多个工业部门，包括国防，能源，运输，航空航天和医疗保健。不幸的是，从材料发现到市场应用可能需要 20 年或更长时间。由于材料可以提高性能，因此高级材料的定义取决于材料的预期应用。例如，先进材料可能包括用于超音速条件的极端温度复合材料、高能材料、高强度轻质金属合金、合成生物材料，用于先进过滤系统的防腐膜，用于发电中更高效涡轮机的超高温结构等。通过用更快，更高效，更精确和更强大的技术取代现行方法，塑造和提高这些材料性能的先进工艺可以提升整个行业的成本效益和竞争力。正在开发或即将应用的先进加工技术可提供潜在的突破能力，包括化学和热加工强化、先进的再制造和回收技术以及原子精确制造。该目标的技术优先事项是高性能材料、添加剂制造和关键材料。

（3）确保通过国内制造获得医疗产品。卫生监管的制药和生物技术产品（包括药物，生物制剂和设备）的先进制造具有重大的经济和国家安全意义。美国需要充分利用现有的方法，并创造新的方法，以解决国内生产健康相关产品的创新生态系统差距。这一目标的技术优先事项是低成本的分布式制造、连续制造以及组织和器官的生物制造。

（4）保持在电子设计和制造领域的领先地位。半导体技术是微电子技术的基础，它为信息和通信技术、消费电子、在线业务和社交媒体提供基础。半导体技术的进步对几乎每个经济部门和诸多有关国家安全的关键系统都至关重要。互补金属氧化物半导体（complementary metal oxide semiconductor，CMOS）技术的创新一直是晶体管研发的重中之重。目前，该行业正面临着 CMOS 技术的基本性能限制、处理器和内存以外的市场多样化以及激烈的全球竞争的挑战。因此，有必要开发基本材料、设备和互联解决方案，使未来的计算和存储模式超越传统的 CMOS 半导体、无处不在的冯·诺依曼计算机体系结构和经典的信息处理存储方法。这一目标的优先事项是半导体设计工具和制造以及新材料、设备和架构研发。

（5）增加食品生产和农业制造业的机会。食品和农产品的生产对美国农业经济至关重要。到 2050 年，美国人口预计将增加到近 4 亿人，人口的增长将转化为对粮食需求的增长。为了养活一个饥饿的世界，美国需要利用创新来增加农田的产量。除了提高作物产量外，技术创新还可以提高作物质量、营养价值和食品安全。食品制造业是农业制造业的最大子行业。2015 年，食品制造业的就业人口占农业制造业就业的 18% 以上。美国将开发技术，使食品生产和农业制造业能够养活不断增长的人口，保护食品供应链，改善生物产品制造技术。该目标的技术优先事项是食品安全的加工、测试和可追溯性，粮食安全生产和供应链，控制和改善生物基因产品的成本和功能。

2. 教育、培训员工以促进制造业发展

制造业面临着新兴就业岗位数量与具备所需技能的工人数量之间的巨大差距。未来的工作将需要新的技术组织和认知能力，如处理数据的能力和系统思维。根据最近的一项研究估计，到 2025 年，制造业将新增 350 万个就业岗位，其中 270 万个岗位是由于人员退休造成的，而 200 万个岗位将出现空缺。为了应对这些挑战，美国必须注意加强和制定关键的人力资本战略，以支持下一代先进制造业的发展。先进的制造业从业人员需要有能力、有效地设计、定制和实施先进的制造方法，提高生产力、开发新产品。加强和制定关键的人力资本战略的具体目标包括：①吸引和培育未来的制造业劳动力；②更新和扩大职业和技术教育路径；③促进学徒制和授予行业认可的证书；④使熟练工人与需要他们的行业相匹配。

（1）吸引和培育未来的制造业劳动力。培养掌握科学、技术、工程、数学（science

technology engineering mathematics，STEM）知识的劳动力，需要建设中小学、大专、本科、研究生等阶段的相关项目。应扩大对弱势群体的教育，尤其是通过增加中学 STEM 项目，并改进商业、信息技术、数据管理和保护、软件设计、自动化和学生技术主导项目等课程。除改善培训外，还应努力使学生及其父母更好地了解先进制造业的好处。例如，参加制造日活动（每年 10 月的第 1 个星期五）有助于改善公众对制造业的看法，并促进技术职业道路发展。

（2）更新和扩大职业和技术教育路径。劳动者无论是从中学直接参加工作，还是在高中毕业后完成一些继续教育再入职，要想在制造业中获得成功，个人需要具有强大的技术技能、坚实的学术基础和核心的就业技能。最近的经济衰退影响了美国人口及年轻一代对教育的投资方式。与大多数其他发达经济体不同，美国缺乏正式机制，让政府、教育工作者、劳工代表和雇主在国家层面协调制定劳动力发展政策和机制。这需要通过基于项目的课程、基于能力的培训、职业路径和自主学习计划完成相关功能。这些非传统的学习途径对先进制造业至关重要，也可以使工人能够更好地流动，从衰退的行业过渡到新的、不断增长的技术行业。政府需要与"两年制社区大学"项目、"四年制大学/学院"项目进一步协调，特别是在软件设计、工程技术、系统工程、机器人技术、生物技术等科学/技术相关领域。这一目标的计划优先事项是职业和技术教育，以及培训熟练的技术工人。

（3）促进学徒制和行业认可证书发展。学徒制使个人在工作中获得学习的机会，并得到行业认可。然而，美国的学徒制没有得到充分利用，美国只有 0.3% 的劳动力通过注册，得到"学徒计划"的支持。特朗普总统呼吁扩大"学徒计划"，改革无效的教育和劳动力发展计划，以促进美国工人自愿获得技能的提升。完成"学徒计划"的个人应获得全美认可和行业认可的证书。行业认可的模式对于缺乏或不存在登记"学徒计划"的先进制造业尤为重要。修订学徒补助资金方式以助力学徒模式也很重要，这些模式使各州政府、教育机构和私营部门能够共同努力，在有需求的经济部门中培养学徒。该目标的计划优先事项是培养制造学徒，学徒计划和资格认证的登记。

（4）使熟练工人与需要他们的行业相匹配。虽然工人的能力和努力至关重要，但如果国家未能建立将熟练制造业工人与雇主联系起来的平台，这些努力的价值将会降低。寻找工作的工人应该能够与在其社区、地区和州中寻找熟练工人的雇主建立无缝联系。可以利用现有的计划，例如"一站式就业中心"已经建立起技术工人与需求制造商的联系。该目标的计划优先事项是劳动力多样性与劳动力评估。

3. 扩大国内制造业供应链的能力

美国制造业供应链是由大型和小型制造商、集成商、原材料生产商、物流公司以及提供其他支持服务（会计、财务、法律顾问等）的公司组成的复杂系统。其中许多公司为美国和全球客户提供各种各样的产品。数字化和 IT 革命的出现使得制造业供应链日益全球化。尽管这场革命有许多好处，但在某些领域，离岸外包使制造商难以在国内运营。为了在美国发展的技术和人才能够使美国受益，美国必须有一个健康的国内供应链。

　　涉及供应链的制造企业大多为中小型制造商，员工人数少于 500 人。这些制造企业对美国的地方和区域经济至关重要，在经济困难时期，它们的衰退会对当地社区产生负面影响。因此，确保这些企业能够充分参与先进制造至关重要。在评估和加强美国制造业和国防工业基础和供应链弹性的报告中指出，美国制造商面临着各种各样的挑战，包括外国竞争（通常由外国政府补贴）、缺乏足够的准入熟练劳动力、很难跟上技术变革和创新的快速步伐、网络安全威胁、财务限制和国内供应链损失等。

　　为了实现这一目标，需要完成以下战略目标：①加强中小型制造商在先进制造业中的作用；②鼓励制造业创新的生态系统；③加强国防制造业基地。

　　（1）加强中小型制造商在先进制造业中的作用。中小型制造商代表了所有供应链的关键部分。所有产品都需要来自其他供应商的配合，并且许多中间产品是用于生产其他产品和服务的组件、子系统和系统。中小型制造商可以是新产品、新流程和新业务模式的关键创新来源。中小型制造商必须通过其他供应商、大学、联邦实验室、美国制造业研究所等获得技术、基础设施和专业知识。中小型制造商还需要值得信赖的顾问，以支持新技术的研发与应用。该目标的计划优先事项是供应链增长、网络安全宣传和意识、公私合作伙伴关系。

　　（2）鼓励制造业创新的生态系统。制造业生态系统由各种类型和规模的制造企业组成，每一个都具有重要的作用。除了大型制造商外，初创公司和高科技企业也可能成为颠覆性创新的来源，促进新产品、新工艺、新商业模式以及新市场的发展。这些公司经常面临从原型到商业实践的扩展挑战，如果他们决定成为制造商，或者决定将生产外包，州和联邦政府机构可以并且应该提供"在美国制造"的资金和建议支持。技术驱动的市场情报等服务可以帮助公司根据其技术资产确定产品和服务的客户和市场。为了成为先进制造业的全球领导者，美国需要这样的创新生态系统。这一目标的计划优先事项是制造业创新生态系统、新业务的形成和增长以及研发转型。

　　（3）加强国防制造业基地。50 多年来，美国国防部门一直致力于开发保持本国军事优势的技术，这些技术巩固了私营部门的经济竞争力和创新能力。先进的复合材料、微电子、雷达、全球定位系统、互联网和先进合金等技术已经影响了地球上几乎每个人的生活，使美国成为全球的领导者之一。这些颠覆性技术中的每一项都是由短期军事需求和长远科学技术目标共同决定的，每一项都采用了先进的制造技术，使其能够改变国防制造业的发展。帮助制造业中小企业了解联邦合同的动态对于那些想为国防部门工作的人来说至关重要。国防部有权力用其他交易权限进行试点，以获得创新的商业项目、技术和服务。为了充分利用非传统制造商的人才，需要采取更多类似的举措。

4. 加强农村社区的先进制造业

　　制造业是农村经济的主要来源之一，对美国农村尤其重要，因为美国农村地区的劳动收入比例高于城市地区。联邦政府支持专门针对农村社区的计划，以提高农村地区制造业的实力和弹性。例如，将"促进农村繁荣和经济发展"确定为美国农业部的主要战略目标之一。美国农业部计划为农村繁荣提供全面的支持系统，包括许多对先进制造业也很重要的计划，如 STEM 教育、劳动力发展、农村基础设施，以及向参与农村发展的企业和研究组织捐款和贷款。该目标的计划优先事项是促进农村先进制造业发展、资本准入、投资和商业援助。

1.4　德国智能制造发展战略

2019 年 2 月 5 日，德国经济和能源部部长彼得·阿尔特迈尔发布了《德国工业战略2030》的草案（电子信息产业网，2019）。与中国和美国出台的政策不同，该草案更多的是在分析问题、讨论问题，还没有进入实质性的政策层面。德国目前认为通过国家适度干预重点工业领域，打造德国或欧洲的龙头企业，可以继续保持德国工业在欧洲乃至全球的竞争力。但是，由于德国的发展需要在欧洲的框架下，需要其他国家配合，所以，该草案与实际的政策还有差距。但是，通过分析该草案，可以了解德国努力的方向。

对德国而言的关键问题是："在全球化趋势不断发展、创新进程极大加快、其他国家扩张性和保护主义工业政策日益抬头的背景下，如何可持续地维护及发展德国的私营部门和公共部门的高度繁荣？"如果德国失去了关键的技术技能，德国在全球经济中的地位将因此严重受损，这会给德国的生活方式，德国在几乎所有政治领域采取行动的能力和行动空间带来重大影响，并最终会波及德国国家机构的民主合法性。

德国的战略目标是到 2030 年，逐步将工业的增加值在德国和欧盟 GDP 中的占比分别扩大到 25% 和 20%。目前，德国的工业占比为 23%，将工业增加值在 GDP 中的占比提高到 25% 对于德国来说是合适的，也是可能的。但对于欧盟来说，这个任务就要艰难得多，因为很多国家还在全面开展去工业化进程。然而，逆转这一趋势才符合德国的经济利益，因为欧洲工业的复兴可以为所有欧洲国家提供重要的发展动力。为此，到 2030年，整个欧盟的工业占 GDP 比值应增加到 20%。

德国目前已经或仍处于领先地位的关键工业领域包括：钢铁、铜及铝工业，化工产业，设备和机械制造，汽车产业，光学产业，医学仪器产业，环保技术产业，国防工业，航空航天工业，增材制造（3D 打印）。

《德国工业战略 2030》关注的方面及面临的危机主要包括 4 个方面。

（1）汽车产业。汽车产业的发展对德国至关重要。然而，德国的汽车产业也面临着重大挑战：越来越高的减排要求、替代性交通工具与电动汽车快速发展、自动驾驶技术取得重大创新、全新的移动出行理念也可能创造出颠覆性的营运模式。就自动驾驶而言，如果人工智能自动驾驶的数字平台来自美国，未来汽车的电池来自亚洲，那么德国和欧洲在这一领域的损失将超过 50%。而且这些影响，远远超出汽车产业自身。因此，这个问题不仅仅关乎汽车领域的公司，还关乎经济乃至整个国家的利益相关部门。

（2）平台经济。目前，全球闻名的平台经济互联网公司几乎被中国与美国垄断，而德国与大多数欧盟成员国则被排除在外。这一形势似乎还没有发生改变，而德国需要采取行动。在互联网时代，全球平台经济在世界市场层面的发展是市场经济在全球范围进一步发展的必然结果。平台经济提高了商品的可用性和商品价格的透明度，从而推动商品与服务流的国际化，促进更多的竞争出现。相反，少数公司的垄断则会导致市场萎缩。如今，大型互联网平台拥有大量的资金和数据，正在成为创新的驱动力，改变全世界的附加价值链。机器与互联网的相互连接则是另一个极其重要的突破性技术。互联网被赋予了一个新的维度，机器构成的"真实"世界和互联网构成的"虚拟"世界之间的区分正在日益消失。从经济效益的角度来看，工业生产中应用互联网技术逐渐成为标配。

（3）人工智能。在人工智能领域，虽然德国的基础研究仍然强大，然而在人工智能技术的实际应用和商业化领域却明显落后。目前，德国企业与人工智能领域领先企业的差距仍未缩小，并且似乎在日益扩大，如任何一家美国大型平台/软件/移动硬件企业在人工智能领域的投资都是德国企业无法企及的。德国必须在人工智能领域集中企业、科研和政策力量，消除关键技术的竞争差距，创立自己的数据主权，充分利用新关键技术中的经济潜力。在全球获得成功的大型企业正在几乎所有的高端创新领域涌现，尤其是数字化和人工智能领域，其庞大的资金和市场实力超过了任何一家德国企业。人工智能的应用可以说代表了自蒸汽机发明以来最大的突破性技术创新，因为它能平等地延伸到所有经济、工业和服务领域、物流和运输、工作、私人和社会生活。各种应用都通过机器学习不断优化与进一步发展，这代表创新过程正在经历进一步加速。未来关键的人工智能应用包括自动驾驶与医疗诊断。

（4）企业规模。越来越多的领域开始浮现一个问题，即工业利益相关者需要大量资金来成功地参与国际竞争或提供特定的产品和服务。大型商用飞机只能由一定规模的公司建造；铁路系统的建设与现代化需要开展众多大型工程，耗费往往超过 300 亿美元；全球市场中成功的大型互联网平台也需要庞大的资金。工厂建设、国际金融、银行业以及许多产业都是如此。它们都需要实力雄厚且与中美两国竞争者处于同一水平的利益相关者。一个企业必须拥有大量的资本才能实现重大项目并在国际竞争中与大型竞争对手较量，但如果一个国家缺乏这样的企业，这个国家就会被排除在日益重要、不断增长的全球市场之外。令人担忧的是，多年来德国几乎没有出现这样规模的新企业。

1.5　日本智能制造发展战略

本节结合《日本制造业白皮书 2018》和"第 198 届国会安倍内阁总理大臣施政方针演说"，阐述日本智能制造业的发展战略（先进制造业，2019；日本国首相官邸，2019）。

首先，日本将"互联工业"作为日本制造的追求目标。为了更进一步提高日本制造业的劳动生产率，日本认为不应该仅仅追求通过机器人、信息技术、物联网等技术的灵活应用和工作方式变革，达到业务的效率提升和优化；更重要的是通过灵活运用数字技术从而获得新的附加价值。日本制造业希望通过自动化与数字化融合的解决方案，获得更高的附加值。日本的"互联工业"与美国工业互联网不同，日本制造业希望突出"工业"的核心地位。

其次，日本进行了人工智能人才储备战略。为使所有人都跟上创新社会变化的步伐，在 2019 年夏制定了人工智能战略，中心支柱就是教育体系的改革。2020 年开始，编程成为日本全国小学的必修课。初高中的信息处理课程也将逐步扩充为必修课。日本要让每一个孩子都能掌握并运用人工智能等创新技术。为不断催生创新，日本将对大学的运营财政补助进行大幅改革，为年轻研究人员提供大展身手的场所，支持积极与民间企业开展合作的大学。

最后，日本正在通过国际合作，推动中小微制造业企业发展。2018 年，日本企业设备投资增加了 14 万亿日元，是 20 年来的最高金额。由于人手严重不足，企业对人才的投资重新回暖，工资涨幅连续 5 年创下 21 世纪以来的新高。日本经济团体联合会的调查显示，2018 年冬季工资总额为历史最高。《全面与进步跨太平洋伙伴关系协定》（CPTPP）和《日欧经济伙伴关系协定》（EPA）的生效对于日本拥有高新技术能力的中小微企业来说，是走向海外的巨大机遇。日本政府将根据《综合性 TPP 等相关政策大纲》，支持企业在海外开展市场调研、开拓销路。

1.6 本章小结

世界银行预测全球经济增长减弱，贸易局势依然紧张，一些发展中经济体正面临金融压力，未来风险增加。美国经济增长较快，欧元区经济增长放缓，日本由于受灾害的影响，经济增长放缓。经合组织的工作文件认为，数字技术正在从根本上改变企业组织生产、营销产品和管理方式。为了应对智能制造对全球的影响。各主要国家分别提出相应策略。《美国先进制造业领导战略》提出了 4 个目标：①开发和转化新的制造技术；②教育、培训员工以促进制造业发展；③扩大国内制造业供应链的能力；④加强农村社区的先进制造业。德国主要关注汽车产业、平台经济、人工智能和企业规模等方面。日本制定了"互联工业"和人工智能人才储备战略，并正在通过国际合作，推动中小微制造业企业发展。

参 考 文 献

电子信息产业网. [2019-5-27]. 《德国工业战略 2030》中文翻译全文 [EB/OL]. http: //www. cena. com. cn/industrynews/20190214/98436. html.

日本国首相官邸. [2019-5-31]. 第 198 届国会安倍内阁总理大臣施政方针演说 [EB/OL]. http: //www. kantei. go. jp/cn/98_abe/statement/201901/_00011. html.

先进制造业. [2019-5-1]. 重磅！《日本制造业白皮书 2018》发布(中文版全文) [EB/OL]. http: // www. ctoutiao. com/926171. html.

OECD. [2019-5-1]. Occupation Mobility, Skills and Training Needs [EB/OL]. http: // www. oecd. org/going-digital.

OECD. [2019-5-1]. OECD Science, Technology and Industry Working Papers-Bits and Bolts: The Digital Transformation and Manufacturing[EB/OL]. http://www. oecd. org/going-digital.

The Subcommittee on Advanced Manufacturing Committee on Technology of the National Science & Technology Council. [2019-5-1]. Strategy for American Leadership in Advanced Manufacturing [EB/OL]. http://www. oecd. org/going-digital.

The World Bank Group. [2019-2-8]. Global Economic Prospects: Darkening Skies [EB/OL].　http: //www. shihang.org/zh/news/press-release/2019/01/08/darkening-prospects-global-economy-to-slow-to-29-percent-in-2019-as-trade-investment-weaken.

撰稿人：张丽杰 李健旋

审稿人：刘　军

第2章 制造业智能化外文文献综述

本章以"制造业智能化""制造业信息化""智能制造"为关键词，从 Elsevier 和 Springer 两个数据库中遴选出与制造业智能化密切相关，且被 SCI 或 SSCI 检索的期刊论文共计 117 篇，大体上可以分为制造业智能化的技术推进、制造业生产运营的智能化现状、制造业智能化与企业绩效（价值）之间的关系、制造业智能化产生的社会影响以及其他与制造业智能化相关的研究这 5 个层面。其中多数文献集中在对制造业智能化的技术与行业（企业）发展状况的研究，而对其他方面的研究较为匮乏。

2.1 制造业智能化的技术推进

制造业智能化的技术推进不但需要着力于硬件技术的更迭，也需要从软件层面提升技术的创新能力，基于这一点，分别对智能化关键技术、智能制造系统、智能化创新能力展开述评。

2.1.1 智能化关键技术

在制造业发展的背景下，计算机技术已经历 3 次技术革新浪潮：第一波起始于 20 世纪 50 年代。当时的大型计算机被概念化，作为"电子大脑"，计算机技术被设想为"自动工厂"的中央控制单元；第二波所处的阶段为 20 世纪 80 年代，计算机集成制造（CIM）中基于知识的系统被认为是"无人工厂"的计算核心；前两波浪潮均陷入现实的挫折之中，到了现阶段，我们正处在基于以"人工智能"和"物联网系统"为核心的"智能工厂"时代（Brödner，2018）。人工智能、大数据和机器人技术可以促进超自动化的发展，从而提高生产率；ICT 技术与制造业之间的完美融合可以在第四次工业革命时代完成，并且通过在信息物理系统（cyber-physical systems，CPS）中推广物联网，建立一个极其高效的灵活生产系统（Park，2018）。具体而言，智能化关键技术可以细分为物联网技术、云制造、ICT 技术三类。

1. 物联网技术

随着 ICT 技术的飞速发展，物联网（IoT）技术使我们周围环境变得越来越智能化（Boulaalam，2019）。该技术可以用于智能城市，也可以有效解决医疗保健、能源和民用基础设施等关键问题（Alavi 等，2018），或者用于能源材料领域，加快与太阳能和储能相关的新兴清洁能源技术进步（Ku，2018）。智能制造背景下，物联网技术的使用路径表现为：控制在线生产过程的移动智能设备（Molano 等，2018），结合物联网技术和工业大数据的算法，有效挖掘智能设备的深层信息，为设计更好的智能设备提供更有价值的信息（Wan 等，2020）。显然，通过物联网技术的使用，降低了企业之间、部门之间、设备之间的信息交互成本，提高了信息传输效率，加速了智能制造技术的发展（Bai，2018）；还能够进一步推进制造业转型升级（Wan 等，2020）。

基于网络物理制造系统（cyber-physical manufacturing systems，CPMS）的智能制造已成为发展趋势，而具有自动化、智能互联、实时监控、协同控制等特点的工业物联网成为决定基于 CPMS 的智能制造能否进一步发展的关键。目前的 3G、4G 通信技术无法满足 CPMS 对高数据率、高可靠性、高覆盖、低延时等的技术需求，而 5G 作为一种先进的无线传输技术，与工业物联网相融合则会解决上述问题（Cheng 等，2018a）；Din 等（2018）也持有类似的观点，强调了构建集物联网和 5G 网络于一体的系统架构，利用 5G 通信技术实现高效传输大量数据的技术的重要性。物联网技术发展所产生的具有速度快、格式多样等特点的大数据，既是物联网发展的结果，也是其发展的动力。传统的数据处理技术已经无法有效处理，如何实时处理前所未有的结构化和非结构化、重复性和非重复性数据流就显得很迫切了（Jesse，2018）。在这种情况下，物联网领域需要更高效和可扩展的数据处理方法，"分布式计算"在过去几十年中已成为计算机科学和信息技术领域中较为前沿的研究领域，Piccialli 等（2018）认为可以适当地利用并行和分布式计算技术来处理来自物联网的数据。随着物联网控制系统规模的扩大，受控对象的信息获取和图像处理难度也逐渐增大，为解决上述问题，Shi 和 Suo（2018）提出了一种稳健的物联网控制系统，这种控制系统基于受控对象信息传感算法和多模式图像信号处理，能够有效提高数据采集精度、信号处理精度和系统执行效率，而且具有良好的实时性、准确性和稳健性。

随着物联网技术的发展，全世界对物联网（IoT）的兴趣日益浓厚，但是这种转变也产生了新的挑战：技术、隐私与安全、业务、法律以及文化均是影响物联网技术发展的主要因素。Mohammadzadeh 等（2018）指出，技术和"隐私与安全"的挑战是影响物联网发展的最主要因素，其次是"商业模式""架构与设计"和"教育与培训"因素。对于工业制造企业而言，只有少数成功的物联网应用，这点是众所周知的。Heinis 等（2018）基于瑞士金属、电气和机械行业企业的调查研究发现，大多数企业对物联网都很感兴趣，并且经常从事物联网应用程序开发，但是业务、组织、技术和产业这 4 个领域的限制因素阻碍了物联网应用的发展，而且业务和组织这 2 个限制因素被认为比技术和产业限制因素更具挑战性，业务和组织问题对物联网的成功应用具有重要影响，因此他们强调企业要重视业务和组织问题，完善相关政策。投资者在创业公司成长中的作用也一直受到研究关注，但是在物联网这一新兴领域的相关文献相对匮乏。少数学者从投资者的角度，探讨了投资者与物联网之间的关系，Lim 等（2018a）将投资者作为创业公司之间知识共享的渠道，研究发现美国的"物联网"初创公司与其投资者之间形成知识共享的理想拓扑关系推进了技术的融合。

2. 云制造

为适应当前经济形势和全球制造业的发展趋势，一种新的制造模式——云制造应运而生，并且得到长足发展。

作为一种面向服务的业务模式，云制造（cloud manufacturing，CM）通过在云平台上共享制造能力和资源，提供制造服务。如何最优地选择合适的服务，即服务组合和最佳选择问题（service composition and optimal selection，SCOS），从而完成制造任务是云制造的一个关键问题，也是研究的热点（Bouzary 和 Chen，2018）。为优化服务决策，可采用的方法或机制主要包括：①自适应蝙蝠算法（self-adaptive bat algorithm，SABA）（Xu 等，2018）；②基于增强拉格朗日协调（augmented Lagrangian coordination, ALC）的分布式优化机制。Zhang 等（2018a）认为，目前广泛采用一体化方法来获得最佳的制造服务分配结果，很难维护服务提供者的自主决策权，而基于 ALC 的分布式优化机制则能弥补这方面的缺憾，提供开放式结构协作，并允许参与者保持自主决策权。③云制造服务的二维（时空维度）优化机制和方法。由于云制造的按需供应模式对于在更大范围内激活制造资源具有重要意义，然而云服务按需供应中个性化、成本和响应时间之间存在耦合和矛盾，降低了云制造的效率和有效性。为了解决这一矛盾问题，帮助用户以较低的成本快速获得个性化服务，Huang 等（2018）提出了云制造服务的二维（时空维度）优化机制和方法。

制造业在其一体化与复杂化的发展过程中，面临着降低成本和环境影响的压力。云制造为缓解这两种压力提供可持续与可靠的解决方案。基于此，Fisher 等（2018）在介绍云制造的定义、特点、体系结构基础上，提出云制造提高可持续性的 4 个关键方法：①协同设计；②自动化；③改进步骤中的弹性；④废弃物的减少、再利用和回收。他们还强调云制造通过与其他新兴制造技术互动和互补，可以实现循环经济和个性化的产品经济。

3. ICT 技术

新兴的智能制造技术将物理生产网络和数字信息技术系统结合起来，形成复杂的智能工厂网络，但是这些网络特别容易受到信息技术安全风险的影响。公司必须采取广泛的 IT 安全措施，以确保其生产设施的安全。因此，Hackel 等（2019）开发了一个风险评估模型，通过识别和评估信息网络中最关键的领域，同时考虑底层生产网络，来支持公司在 IT 安全措施方面的投资决策过程。

ICT 技术虽然存在安全风险的负面效应，但可能对环境保护起到积极的作用。Lu（2018）利用来自 12 个亚洲国家的 1993～2013 年面板数据，剖析了 ICT 技术、能源消费、经济增长和金融发展对二氧化碳排放的影响。结果表明，能源消费和国内生产总值对二氧化碳排放都有增长作用，而 ICT 技术对二氧化碳排放有降低作用；能源消耗、国内生产总值和二氧化碳排放促进了 ICT 技术的发展。由实证分析结论，ICT 技术政策可视为减少二氧化碳排放政策的一部分，发展 ICT 技术应当成为各国为减少二氧化碳排放而采取的重要战略之一。

2.1.2　智能制造系统

在当今高度竞争和全球化的市场中，生产企业必须有效地利用生产资源，而智能制造系统是生产资源有效利用的重要载体。针对智能制造系统，相关研究聚焦其概念框架、智能制造系统设计及其影响因素、智能制造系统的评估与改进以及某种具体的智能制造系统分析。

1. 智能制造系统的概念框架

伴随着 CPS 在制造环境中的广泛应用，制造系统越来越智能化，这就使得智能制造系统应运而生。基于此，有学者提出了智能制造系统的概念框架，例如，Zheng 等（2018）提出了一个面向"工业 4.0"的智能制造系统的概念框架，给出了智能设计、智能加工、智能控制、智能监控和智能调度的演示场景。Cai 等（2018）在对制造系统和生物系统进行比较的基础上，提出并描述了智能制造系统的概念；为了及时消除智能制造系统运行过程中产生的不确定干扰，提出了一种类似于生物免疫系统机制的智能制造系统免疫监测模型。

2. 智能制造系统设计及其影响因素

智能制造系统的设计必须基于一系列的战略目标和各种周边环境，因此，企业必须考虑一系列复杂的决策及投资与利润之间的权衡。目前，基于公理化设计原理的智能制造系统设计分解（manufacturing system design decomposition，MSDD）方案在考虑必要条件和其他因素之间的关系方面具有优势，但量化每个必要条件和其他因素的相对权重存在一定的难度。为了弥补这一局限性，Jeong（2018）提出了一种应用解析网络过程的量化方法，该方法能够客观地计算必要条件和其他因素的相对重要程度，有助于理解和关注智能制造系统设计中的重要因素。此外，Ying 等（2018）以服装定制企业为例，分析了传统制造商在开发智能制造生态系统方面发生的重大变化，强调了网络物理系统中信息技术与制造设备之间的联系以及社会信息学的重要性，并展示了如何通过基于经验的知识来实现这些联系。

3. 智能制造系统的评估与改进

可持续制造一直被认为是资源高效、环境友好、令顾客满意的一种生产方式，是可持续发展的重要动力。随着经济增长与能源需求增长逐渐脱钩，加快可持续制造已成为一项重要战略。Liu 等（2018）采用了一种基于能值理论的新方法对智能制造系统进行综合评估与改进，建立了智能制造系统的功能能值指标、结构能值指标、生态效率能值指标和可持续性能值指标等指标体系。通过这些指标揭示了制造系统的经济效益、环境效益和社会效益之间的内在联系，为评估和改进智能制造系统的可持续性提供了理论支持。

大量的投资用于开发能够实时响应客户需求、供应链和工厂自身状况的智能制造系统，通过各种革命性技术的应用（互联网、"云计算"等），引发了制造系统方面的一场革命（Chhetri 等，2018）。这一革命性技术在给制造业的发展带来益处的同时，也在与工业系统的结合中带来了新的挑战，复杂的智能制造技术集成大大扩大了被工业间谍和对手攻击的范围，这些袭击的潜在后果包括经济损失和生产损失，甚至是人员伤亡和生命损失，以及全国范围的灾难性后果。基于此，Tuptuk 和 Hailes（2018）讨论了现有工业和制造系统的安全性、脆弱性、未来可能的网络攻击、现有措施的弱点、对未来安全挑战的认识和准备程度，以及为什么安全必须在未来智能制造系统的发展中发挥关键作用。针对智能制造系统可能出现的问题，Shin 等（2018）提出了一种提高制造系统可用性的智能解决方案，即预测与健康管理（prognostics and health management，PHM），PHM 由系统健康监测、特征提取、故障诊断和故障预测组成，该方案对引导智能制造系统今后的发展方向具有重要的指导意义。

4. 某种具体的智能制造系统分析

智能制造系统对于提升企业的市场竞争力，并对实现现代企业的科学管理具有重要作用。因此，少数学者针对制造业企业面临的实际问题，分析了某种具体的智能制造系统，例如，Zhou 和 Cao（2019）针对制造业企业材料管理的需要，提出了一种基于物料清单（bill of material，BOM）的智能制造工程管理系统，为利用智能制造系统解决企业的实际问题提供了一个很好的范例。

2.1.3 智能化创新能力

中小企业的需求驱动创新和技术升级，是推动制造业智能化，提高制造业能力的关键动力。要想实现技术升级，就必须重视创新（Reynolds 和 Uygun，2018）。创新包括产品创新、程序创新或两种类型同时创新。基于来自法国、德国、意大利、西班牙和英国的欧洲制造公司的样本，Medda（2020）评估了公司研发支出对不同类型创新可能产生的影响，认为针对不同形式的创新，研发强度也会有所区别。智能专业化目前可能是世界上最大的创新政策实验，其目标是鼓励创新和智能化，推动欧盟欠发达国家和地区走上以研发为基础的增长道路（Kopczynska 和 Ferreira，2018）。智能专业化不仅需要内生的知识和技术积累建设，更需要一个完整的、独立的创新系统。与这一观点相悖的是，欧盟新成员国的创新系统存在结构性弱点，即以公共研发系统和主要以生产为导向的外国直接投资为基础，导致创新系统日益"国际化"。然而，国际化似乎并不是智能专业化研究和创新战略中的关键组成部分，基于此，Radosevic 和 Stancova（2018）建议政府加强对以创新为导向的活动的支持，并要求将全球价值链和外国直接投资纳入到本国的创新系统。区别于 Radosevic 和 Stancova（2018）的研究结论，Guimón 等（2018）认为在制造业智能化的浪潮下，南美洲的中等收入小国作为跨境研发投资的接受者，其起到的作用微乎其微，这些小型经济体需要将吸引相关外国直接投资放在战略技术研发领域的优先地位，利用国际研发投资资本，能在智能制造领域达到临界规模。Peters 等（2018）以德国、爱尔兰、英国为例，探讨了服务业企业国际化、创新和生产力之间的联系，结果表明在这 3 个国家的创新产出背景一致的情况下，国际化显得很重要，但是服务业企业的创新与更高的生产率有着密切的联系。他们认为在他们所考虑的所有创新类型中，最大的生产力回报来自营销创新。除了加强对创新的研发投入，加强区域的创新合作也是提升制造业智能化创新能力的一个重要途径。在提升智能制造创新能力的过程中，政府需要引导地区之间的创新合作，通过建立地区的技术集群，从整体上提升整个国家的智能制造创新能力（Gonçalves 等；2019）。此外，Radicic 等（2018）和 Dantas 等（2018）均在不同程度上强调了政府制定鼓励创新的公共政策对提高智能制造创新能力的重要作用，并指出公共政策的设计不仅必须考虑动机，而且还必须考虑相关政策在实施的社会经济背景方面存在的挑战。

中国现阶段处在全球价值链的较低层。为改变这一不利地位，需要利用世界先进知识、技术、信息等资源，增强制造业创新能力，促进产业升级，提升中国在全球价值链中的地位（Lin 等；2018）。国内制造业的创新能力提升可以通过多种路径来实现：①多利益相关主体的合作，也就是产学研合作。Feng 等（2018）对中国制造业现状进行了深入分析，强调通过加强政府、企业、大学、研究人员与消费者之间的合作，以及建立智能关键项目和试点项目，建设网络基础设施，积极推进制造业智能化；②"研发投入+节能环保"。我国制造业在推进经济增长过程中，消耗了大量的资源，并带来了严重的环境问题。为此，Kang 等（2018）基于对中国制造业 2006～2014 年能源环境绩效的实证分析，认为我国应加大研发投入，提高轻工业的整体效率。政策支持需要把重点放在促进战略性新兴产业的创新上，而不是传统的制造业。研究结论证实了以制造业智能化为基础的战略性新兴产业在改善自然环境、推进节能环保方面具有重要作用。③区域之间的创新合作。Gonçalves 等（2019）指出可以通过加强区域之间的创新合作来提升创新能力；Zhu 和 Shao（2018）提出了长江干流主干区—长江经济区合作的发展战略，加强城市间的响应，并形成上下游联动的新型产业支撑模式，促进 "制造业与服务业""制造业与互联网"等产业的快速发展，以提升区域的整体创新能力。

此外，还有学者研究了制度保障对于制造业产业升级的作用。基于 1970～2010 年期间为 92 个国家的 15 个工业类别新建的面板数据集，Zhou（2018）研究了人力资本对产业结构向更高制造水平演进的影响，结论揭示，增加的三级人力资本在多大程度上促进产业升级取决于制度的质量水平，制度质量是促进先进制造业相对增长的人力资本的补充。

2.2　制造业生产运营的智能化现状

技术体系固然是制造业智能化的基础，对于提升该产业的竞争力至关重要，但是在生产过程中，服务、管理、生产方式的智能化可能嵌入价值链中，有助于提高企业绩效、推进产业融合，进而也影响制造业的竞争力。由此，有必要对制造业的服务智能化、管理智能化、生产方式智能化的相关文献进行评述。

2.2.1　服务智能化

服务智能化的文献研究聚焦于两点。首先是服务智能化的动机或重要性。在制造业智能化的环境下，企业现有业务环境面临的巨大变化是对客户需求的响应。由于需要将客户需求准确及时地传达给企业，而且客户需求存在着不确定性，因此制造业企业在缩短产品生命周期，提升企业技术的同时，也必须调整自己的服务策略与服务质量，而服务智能化可以使制造业企业有效地应对这一变化，这就凸显了服务智能化的重要性（Park 等，2018；Shang 等，2020）。

其次是服务智能化的方式与路径。在 Ntanos 等（2018）看来，现代制造企业越来越多地从事于服务业，在提供实物产品的同时提供先进的服务，同时还创建了先进的"产品服务系统"。在这种"产品服务系统"中，信息技术基础设施是最关键的部分，这意味着信息服务与信息传递在服务智能化中起到重要作用。随着时代的发展，许多制造业企业提出"服务化"的价值主张，以解决产品商品化和可持续性问题，而这种"服务化"的价值主张面临的最关键问题就是信息转化与传递，如何将产品和客户数据转换为客户的信息，这对于客户价值创造至关重要（Lim 等，2018b）。与以上观点类似的还有 Xi 等（2018），他们强调了信息在网络商品服务中发挥的重大的作用。

信息是制造业服务智能化的重要载体，那么如何提升企业的信息服务与信息传递水平？考虑制造服务系统的信息传递存在较大的不确定性和复杂性，Wang 等（2018a）通过设计规划模型来处理这种不确定性和复杂性，构建了面向信息传输的三维再制造服务信息的网络模型，以解决三维模型中基本的信息传输路径优化（information transmission path optimization，ITPO）问题。Cheng 等（2018b）强调在未来的智能制造中，借助云服务，将各种分布式和分离的制造设施与它们的实时信息集成和聚合，从而提高信息传输效率，提升企业的智能服务化水平。Gu 等（2018）提出在企业中实施企业信息系统战略，通过建立企业信息系统，提升企业的信息服务与信息传递水平。

随着制造任务的日益复杂，选择最优的制造服务供应链已经成为制造业企业面临的一个重要挑战，这对于提升企业的服务智能化水平显得至关重要（Zhang 等，2018b）。Holl 和 Mariotti（2018）认为现代经济组织是建立在高效的运输系统之上的，要想提升企业的服务智能化水平，应重视制造服务现代供应链的选择与构建，由新的数据、网络、客户界面等，突破现有的价值链。

2.2.2 管理智能化

现阶段，制造企业的智能化管理显得愈发重要（Lee 等，2018）。为实现可持续制造战略，需要通过智能化管理，让管理者意识到其实际核心能力和可持续制造的预期结果之间存在的任何差距或不匹配，进而提升自己的核心业务能力和制造能力（Barletta 等，2018）。

制造调度中的资源管理是管理智能化中面临的一个重要问题。Yussupova 和 Rizvanov（2018）建议在制造管理调度中采用多代理的方法进行资源管理，在处理与工人当前生产率、工作性质和与生产活动有关的其他信息基础上，预测工人未来生产率，进而提升企业的资源管理能力。企业的供应链管理是资源管理的重要组成部分，智能制造企业需要有一个良好的供应链组织和运营模式，协调网络系统中各参与者的利益，改善信息流和物流，对不断变化的市场和行业做出快速反应（Pu 等，2018）。与 Pu 等（2018）观点类似，Yan 等（2018）认为将物联网技术应用到企业的供应链管理中，能够优化智能制造企业整个供应链的绩效。Jabbour 等（2018b）在探讨"工业 4.0"与循环经济之间的互利关系的基础上，认为通过先进的数字化制造技术能够加强供应链资源管理，支持企业的循环经济战略，为企业的可持续经营管理决策做出贡献。

不过，制造业智能化的供应链管理能否取得显著成效可能还依赖于供应链的复杂性。由于存在全球地缘政治风险、技术破坏、市场不确定性、大规模定制和不断变化的法律法规等多种驱动因素，供应链管理变得更加复杂，并被认为是影响企业绩效的关键因素（Chand 等，2018）。以印度主要的土方和采矿设备制造企业为研究对象，Chand 等（2018）

对管理智能化背景下的供应链复杂性的驱动因素进行排序，指出必须重视供应链战略规划，进而有效地监测和控制供应链管理。

随着现代制造业的发展，信息在智能化管理中扮演着重要角色。通过智能系统与智能设备广泛收集信息，将信息整合成关键绩效指标并实时提供给企业的决策者，对于企业而言非常重要（Brandl 和 Brandl，2018）。针对信息的收集、存储、处理、反馈，一些学者提出或者开发出应用设计系统来推进企业的管理智能化。Rude 等（2018）用微软Kinect 来识别制造过程中工人活动，发现采用智能系统对企业的生产经营管理进行过程控制，能够持续收集数据。Chai 等（2018）开发了一种基于数据库管理技术的生产线三维可视化监控系统，该系统能够为企业的生产线监控和管理提供有效的数据支持。

尽管通过供应链管理、开发应用设计系统等方式可以提高企业的管理智能化水平，后者仍然面临深层次的挑战，并得到少数学者的关注。Schneider（2018）通过收集和分析现有的文献，将所获得的信息综合成"工业 4.0"下企业管理智能化面临的 18 个管理挑战，并分为 6 个相关集群：战略与分析、规划与实施、合作与网络、商业模式、人力资源、变革与领导。

2.2.3　生产方式智能化

使用统计和优化算法分析海量数据的数学模型将制造业从传统模式转变为数据驱动模式，这也意味着，数字化技术的利用可以从自动化、互联性、过程分析和机器智能方面优化企业的生产方式（Pal 和 Ghosh，2018），提高制造业生产效率（Neligan，2018）。在数字化技术应用的背景下，大数据分析有望为生产方式的智能化做出重大贡献（He 和 Wang，2018）。Wang 等（2018b）开发了一种创新的大数据智能免疫系统，对企业的加工过程进行全生命周期的监测、分析和能效优化。针对欧洲多家工厂的工业试验表明，该免疫系统能够实现节能 30%左右，生产率提高 50%以上。Zhang 等（2018c）认为以大数据驱动的清洁生产战略是能源密集型产业提高能源利用效率的有效途径，通过能源大数据采集和能源大数据挖掘这两项关键技术，最终改进能源产业的生产方式，实现能源密集型制造产业的可持续发展。Gröger（2018）结合博世公司"工业 4.0"分析平台建设的实践经验，探讨了分析平台建设面临的挑战、方法和未来的研究方向，特别强调了利用大数据分析优化企业的生产方式。Stein 等（2018）以高科技复合材料制造业为例，剖析了大数据分析在制造业生产自动化中的重要作用。

鉴于大数据的重要作用，企业对从智能工厂生产线中生成的制造数据的存储和访问提出了新的要求。由于控制数据和制造数据的结构不同，它们被保存在不同的数据库中。如果云存储为每个查询请求控制数据，将会花费巨大的通信费用。由此，Tsung 等（2018）提出两种基于缓存的存储和访问机制，即惰性方法和基于流的更新方法，以便更好地利用数据优化企业的生产方式。

与大数据分析类似，在制造业智能化过程中，人工智能也可以优化企业的生产方式。如今，人工智能领域遇到了一个转折点，工业机器人加工有望在未来几年实现。Kim 等（2018）、Toquica 等（2018）认为通过将机器人和机器学习应用于企业的生产加工过程，可以实现智能生产模式。Uva 等（2018）认为虚拟现实技术（augmented reality，AR）是智能制造发展的关键技术。AR 技术可以帮助工人完成多项任务，实现大规模生产向大规模定制的转变。Gasparetto 等（2018）提出了一种在传统生产线上引入智能工件载体（intelligent workpiece carrier，IWC）的框架，从而实现柔性生产系统。Durakbasa 等（2018）强调在技术发展的驱动下，通过人工智能和现代 IT 技术，制造企业必须能够灵活地满足未来工业和私人客户的高层次需求，实现现代经济模式中客户需求导向驱动的生产方式。

面向智能制造的生产（供应链）网络有助于生产方式的优化。例如基于云制造平台的智能生产网络可以将制造业企业、银行等金融机构、供应商以及顾客连接起来，通过智能生产网络的优化引擎实现生产策略的优化，进而改善企业的生产方式，并提高企业的资源利用效率（Wang 等，2018c；Simeone 等，2018）；基于智能制造的多商品多模式供应链网络，可以更好地将企业、供应商以及顾客融为一个整体，以期实现企业生产方式的系统化管理（Karimi 和 Bashiri，2018）。

人在制造业生产方式智能化中具有重要作用。Mazali（2018）基于 2014～2015 年意大利工厂的实证调查，重点分析了数字社会、数字文化与"工业 4.0"之间的联系，认为"工业 4.0"不仅包括技术要素，也包括以人为中心的文化因素。Taylor 等（2018）也持有类似的观点，主张人类的创造性潜能可以作为对自动化生产系统的机器人和虚拟世界的补充。部分学者持有反向的观点，Sorouri 和 Vyatkin（2018）指出，人工干预阻碍了企业进一步提升自己的智能化生产水平，应尽量减少不必要的人工干预，实现自动化系统的分布式控制设计。Oliff 等（2018）的研究结论表明，虽然智能制造领域的最新发展提高了制造业的自动化水平，机器人操作员在制造过程中变得司空见惯，但是系统中人的操作仍普遍存在，对制造业生产方式的智能化造成了严重的干扰和不确定性。由此，制造业生产方式的智能化需要改善人机交互，促进双向协作。

不可否认，技术的不断进步给制造业企业生产方式的智能化提供无限可能，需要强调的是，企业生产方式的智能化不仅仅只是简单的技术系统升级、数字化技术的使用、人机交互，更应该是企业的自动化系统朝着整体化和智能化的方向发展（Papp 等，2018），这一点与 Nof 和 Silva（2018）的观点类似，后者在回顾数字、虚拟和网络融合之间的关系，以及探讨最新的制造工程挑战的基础上，强调知识、产品、过程和服务的融合是制造业智能化发展的必然趋势。

2.3　制造业智能化与企业绩效（价值）之间的关系

企业绩效是一个复杂的概念，涵盖了生产率、财务绩效等。理论上，制造业智能化通过技术投资、数字化、服务战略的实施，可以提高企业的绩效（价值）；实证层面，也有一部分文献对制造业智能化的企业绩效进行了探讨。

（1）大数据与企业绩效。Yadegaridehkordia 等（2018）、Raguseo（2018）均揭示了作为一种智能化技术的大数据，对提高制造企业绩效、企业价值具有重要作用。

（2）技术与企业绩效。以日本食品工业和农业为例，Nakano 和 Washizu（2018）通过投入产出分析，评价 ICT 技术在智慧社会中的影响，证实了 ICT 技术推进了产业结构的转型，并提高了行业产业效率。Gupta 和 Kumar（2018）认为印度制造业和服务业主要是由 ICT 技术带动的，针对印度大企业和小企业的研究结论发现无论公司大小，采用 ICT 技术对于企业的劳动生产率均具有积极作用。Grant 和 Yeo（2018）从全球角度，剖析了 2006～2014 年，制造和服务技术投资（即技术投资）、ICT 技术以及财务因素对全球制造业绩效的影响。结果发现，在技术进步程度不同的行业中，ICT 技术和财务因素的重要性各不相同。低技术产业依赖贷款和技术投资；但是随着逐渐转型，技术投资变得更为重要；一旦技术高度发达，银行贷款政策就变得更加重要。Chuang 和 Huang（2018）以中国台湾省的制造业企业为研究对象，揭示了绿色信息技术资本对企业环境绩效和企业竞争力产生的正向作用。Torres 等（2018）指出利用商业自动化分析来改善企业的业务流程，能够提高企业绩效。

一些学者的研究将技术的涵盖范围进一步拓展，并没有局限于 ICT 技术。Dalenogare 等（2018）基于对代表 27 个工业部门的 2225 家巴西工业公司调查的大规模二级数据的回归分析，发现一些"工业 4.0"技术确实能够提高工业绩效，而一些新兴技术则不能，该结果与传统的观点相反，这也丰富了制造业智能化技术对企业绩效影响的相关研究成果。Qu 等（2018）以中国制造业上市企业为研究对象，考察了智能制造企业与普通制造企业的生产率差异，结果显示，"智能制造"通过技术进步，显著提高了劳动要素利用效率和全要素生产率（total factor productivity，TFP），但并不是所有行业都有普遍提高。因此，"智能制造"的影响仍有待观察。

（3）服务战略与企业财务绩效。个别文献研究了企业的服务智能化战略与财务绩效之间的关系。Ambroise 等（2018）研究发现服务化战略与财务绩效之间存在着正相关关系，企业应该根据不同的服务化战略来配置相应的客户导向组织设计方案。

（4）投资与企业绩效。有关投资与企业绩效关系的文献并没有单独强调制造业智能化，但由于相关文献所涉及的电子制造业、先进制造业的行业特征与制造业智能化的内涵有部分重叠，因此研究结论仍然具有一定的启示意义。Cuquet 和 Fensel（2018）以印度电子制造业为例，剖析了影响印度电子制造业竞争力的决定因素，研究认为市场需求、政府支持政策、具有较高驱动力的资本投资等是提高印度电子制造业竞争力的决定因素。Cheng 等（2018c）刻画了先进制造业对技术的投资模式在制造业企业中的演变过程，认为先进制造业投资模式不同，则企业绩效也存在差异。基于此，企业要随着时间的推移和技术的进步而改变先进制造业投资模式；再者，由于先进制造业投资模式与预期绩效之间存在着时间间隔，建议企业要耐心等待，以获得对先进制造业投资的收益。

上述学者采用的都是基于实证分析的方法，缺乏理论方面的剖析。Fiorini 等（2018）在这方面进行了有益的尝试，他们讨论了数十种大数据领域的组织理论在大数据对企业绩效影响研究中的应用，为今后制造业智能化对企业绩效增长影响的实证研究提供了一定的理论基础。

2.4　制造业智能化产生的社会影响

以大数据、人工智能、信息化、通信技术为特征的制造业智能化，不仅可以优化生产方式、提高生产效率与财务绩效，进而产生正向的经济影响，也可能因为侵犯隐私，人工智能导致的决策主体改变而带来伦理与就业等社会问题。Cuquet 和 Fensel（2018）对欧洲企业研究发现大数据给企业带来了经济、社会和伦理、法律和政治利益等多方面的负面影响。Syam 和 Sharma（2018）认为，以人工智能为代表的机器学习技术将改变人类的决策模式，使更多决策从由人类做出转向依靠机器产生。

出于对伦理风险的担心，Wright 和 Schultz（2018）引入了一个整合利益相关者理论和社会契约理论的新框架，通过集成这些理论模型框架，澄清和评估了人工智能和商业自动化的伦理含义。针对人与人工智能决策的替代性，少数学者如 Jarrahi（2018）却指出两者之间是互补的关系，也就是每个人如何在组织决策过程中发挥自己的优势，通常具有不确定性、复杂性和模棱两可性；而人工智能具有更强的信息计算处理能力和分析能力，可以扩展人类在处理复杂性问题时的认知能力。从这点出发，人工智能系统的设计应该是为了增强而不是取代人类的贡献。

增加还是减少就业也是制造业智能化产生的社会问题之一。一些学者认为制造业智能化会提高生产效率，消灭大量工作岗位，进而会造成部分劳动者失业下岗，另一些学者则对该观点持有异议。Marin（2018）分析了机器人技术对制造业回流的影响，即机器人是否会导致制造活动从低收入国家转移到富裕国家，从而造成发达国家制造业复苏。Marin（2018）的结论揭示了制造业回流不会造成发达国家的就业繁荣，因为机器人是一种有资本倾向性的技术，可能会取代聪明的人。Piva 和 Vivarelli（2018）以 11 个欧盟国家的制造业和服务业数据，研究了技术变革对就业的影响，强调高新技术的研发创新（主要是工艺创新）提高了企业的生产效率，可能会产生节省劳动力的效果；中、高技术部门的研发创新（主要是产品创新）对劳动者就业友好性影响显著，而低技术产业对此则无明显影响。显然，依据 Piva 和 Vivarelli（2018）的观点，制造业智能化对就业的影响与产业的技术特征有一定关联。无独有偶，Freddi（2018）也持有类似观点，强调数字技术的新颖性和普遍性需要更深入的微观分析，以此了解制造业公司目前使用新数字技术的程度以及新技术影响就业的方式，而不能简单地认为制造业智能化会造成部分劳动者失业下岗。

区别于以上的文献，极少数学者指出制造业智能化与就业之间可能是正向的关系。Nathan 和 Ahmed（2018）指出，在分析制造业智能化的技术变革给就业带来的影响时，人们把大量的注意力放在破坏现有的就业机会和旧的生计方式上；而其实，技术变革创造了新的就业机会和生计方式，这些却没有得到关注。技术变革的过程是创造性破坏的过程，不仅仅只是破坏，更重要的是创造。Nathan 和 Ahmed（2018）以基于互联网的平台（如亚马孙、优步在电子商务和交通服务领域的发展）为例，认为这些平台都创造了新的就业岗位，挑战了传统的工作性质和观念。

2.5 其他与制造业智能化相关的研究

2.5.1 "工业 4.0"和《中国制造 2025》的比较

起源于德国的"工业 4.0"战略已引起学术界的高度重视，依据 Reischauer（2018）

的观点，"工业 4.0"实质上是制造业政策驱动的创新话语，旨在使涵盖商业、学术界和政治的创新系统制度化，这样有助于更好地理解制造业与政治之间的关系，以及制造业的技术变革。与"工业 4.0"战略同样引起关注的是《中国制造 2025》，一些学者也对两大战略进行了比较研究。例如，Li（2018）由宏观层面展开分析，认为相比德国的"工业 4.0"，《中国制造 2025》有着更明确的目标、措施和行业发展重点，其指导方针是通过创新带动制造业，提高产业能力，优化中国产业结构，注重质量重于数量，培养和吸引人才，实现绿色制造和环境保护。Li（2018）在进行比较分析时，将中国制造业放置于全球价值链，揭示了《中国制造 2025》面临的压力，目前中国已不再是成本最低的劳动力市场，正受到越南、柬埔寨和老挝等新兴低成本生产国的挤压；与此同时，中国并不是高科技领域最强大的参与者，美国、德国和日本等发达的工业化国家都正在有效地运用数字技术生产新产品，提升其久负盛名的品牌竞争力。Müller 和 Voigt（2018）从企业这一微观角度比较了"工业 4.0"和《中国制造 2025》，认为"工业 4.0"对大企业更为有利，而《中国制造 2025》对中小企业的发展更具有可持续性与潜力，但是预计在实施方面将面临更大的挑战。

2.5.2　制造业智能化的产业融合

Kwon 等（2018）认为世界将面临第四次工业革命，通过人工智能、物联网、大数据、云计算、ICT 技术的智能化，推动制造业智能化与传统产业的融合。在制造业智能化的趋势下，世界上出现了"工业 4.0"和环境可持续制造业这两种工业浪潮，这两种工业浪潮的交叉融合又可以进一步推动制造业智能化，因此，就如何发挥"工业 4.0"与环境可持续制造业之间的生产协同作用，Jabbour 等（2018a）提出 11 个成功关键因素以促进二者整合。

2.5.3　制造业智能化面临的挑战

虽然制造业智能化方兴未艾，但在发展的过程中制造业智能化也会遇到各种障碍。基于此，Wang（2018）提出了制造业智能化面临的 3 个挑战：第 1 个挑战是如何重新界定未来的制造业；第 2 个挑战是要认识到未来的制造业将包括人类和机器人操作员的混合系统；第 3 个挑战是如何开发一个共同的框架，在该框架中可以同时评估技术、制造业务案例和生态系统就绪情况，以缩短产品到达客户所需的时间。对上述 3 个挑战的分析能够为制造业智能化指明未来的发展方向。

2.6　研究结论

综上所述，本章从制造业智能化的技术推进、制造业生产运营的智能化现状、制造业智能化与企业绩效（价值）之间的关系、制造业智能化产生的社会影响，以及其他与制造业智能化相关的研究这 5 个层面对近些年的制造业智能化外文文献进行评述，得到以下结论：

（1）从研究内容来看，现阶段相当一部分文献关注技术层面，对智能化的社会就业影响、智能化的产业融合、智能化的政策体系等方面的分析还相对比较匮乏，有待深一步的探究。

（2）从研究结论来看，尽管绝大多数的学者认为制造业智能化相关技术能够提高企业的价值（绩效），但是少数学者也持有不同意见；同样地，针对制造业智能化与就业之间的关系研究，学者们也未能形成一致的观点。由此，制造业智能化对企业绩效（价值）、就业的影响研究还需要资料、数据进一步佐证。

（3）从研究涉及的国家和地区来看，对制造业智能化的研究主要集中在中国、美国、日本、印度和欧盟等主要经济体；对其他制造业强国和地区（如俄罗斯、韩国、东南亚）的制造业智能化研究较为匮乏，未来有必要对此进行拓展。

（4）从研究方法来看，现有文献采用了计量检验、理论建模、投入产出和案例分析等方法，其中计量检验方法主要聚焦于微观视角，较少用于分析中观产业层面的问题；另优化决策、模拟仿真的方法也较少用于制造业智能化的研究。

参 考 文 献

Alavi A H, Jiao P, Buttlar W G, et al. 2018. Internet of Things-enabled smart cities: State-of-the-art and future trends[J]. Measurement, 129: 589-606.

Ambroise L, Prim-Allaz I, Teyssier C. 2018. Financial performance of servitized manufacturing firms: A configuration issue between servitization strategies and customer-oriented organizational design [J]. Industrial Marketing Management, 71: 54-68.

Bai Y. 2018. Industrial Internet of things over tactile Internet in the context of intelligent manufacturing [J]. Cluster Computing, 21(1): 869-877.

Barletta I, Berlin C, Despeisse M, et al. 2018. A methodology to align core manufacturing capabilities with sustainable manufacturing strategies[J]. Procedia CIRP, 69: 242-247.

Boulaalam A. 2019. Internet of things: New classification model of intelligence [J]. Journal of Ambient Intelligence and Humanized Computing, 10(7): 2731-2744.

Bouzary H, Chen F F. 2018. Service optimal selection and composition in cloud manufacturing: A comprehensive survey [J]. The International Journal of Advanced Manufacturing Technology, 97: 795-808.

Brandl D L, Brandl D. 2018. KPI exchanges in smart manufacturing using KPI-ML[J]. IFAC-PapersOnLine, 51(11): 31-35.

Brödner P. 2018. "Super-intelligent" machine: Technological exuberance or the road to subjection[J]. AI & SOCIETY, 33: 335-346.

Cai Q X, Tang D B, Zhu H H, et al. 2018. Research on key technologies for immune monitoring of intelligent manufacturing system [J]. The International Journal of Advanced Manufacturing Technology, 94: 1607-1621.

Chai J F, Hu X M, Qu H W, et al. 2018. Production line 3D visualization monitoring system design based on OpenGL [J]. International Journal of Advanced Manufacturing Technology, 6 (1): 126-135.

Chand P, Thakkar J J, Ghosh K K. 2018. Analysis of supply chain complexity drivers for Indian mining equipment manufacturing companies combining SAP-LAP and AHP[J]. Resources Policy, 59: 389-410.

Cheng J, Chen W, Tao F, et al. 2018a. Industrial IoT in 5G environment towards smart manufacturing [J].

Journal of Industrial Information Integration, 10: 10-19.

Cheng Y, Bi L, Tao F, et al. 2018b. Hypernetwork-based manufacturing service scheduling for distributed and collaborative manufacturing operations towards smart manufacturing [J]. Journal of Intelligent Manufacturing, 1-14.

Cheng Y, Matthiesen R, Farooq S, et al. 2018c. The evolution of investment patterns on advanced manufacturing technology (AMT) in manufacturing operations: A longitudinal analysis[J]. International Journal of Production Economics, 203: 239-253.

Chhetri S R, Faezi S, Rashid N, et al. 2018. Manufacturing supply chain and product lifecycle security in the era of industry 4. 0[J]. Journal of Hardware and Systems Security, 2: 51-68.

Chuang S P, Huang S J. 2018. The effect of environmental corporate social responsibility on environmental performance and business competitiveness: The mediation of green information technology capital [J]. Journal of Business Ethics, 150: 991-1009.

Cuquet M, Fensel A. 2018. The societal impact of big data: A research roadmap for Europe[J]. Technology in Society, 54: 74-86.

Dalenogare L S, Benitez G B, Ayala N F, et al. 2018. The expected contribution of industry 4. 0 technologies for industrial performance [J]. International Journal of Production Economics, 204: 383-394.

Dantas G A, Castro N J, Dias L, et al. 2018. Public policies for smart grids in Brazil[J]. Renewable and Sustainable Energy Reviews, 92: 501-512.

Din S, Ahmad A, Paul A, et al. 2018. MGR: Multi-parameter green reliable communication for Internet of Things in 5G network[J]. Journal of Parallel and Distributed Computing, 118: 34-45.

Durakbasa N M, Bauer J M, Bas G, et al. 2018. Towards a sophisticated approach to cost oriented automation and intelligent metrology in the advanced manufacturing [J]. IFAC-PapersOnLine, 51(30): 54-59.

Falk M, Hagsten E. 2018. Employment impacts of market novelty sales: evidence for nine European countries [J]. Eurasian Business Review, 8(2): 119-137.

Feng L, Zhang X H, Zhou K. 2018. Current problems in China's manufacturing and countermeasures for industry 4. 0[J]. Journal on Wireless Communications and Networking, (1): 90.

Fiorini P C, Seles B M R P, Jabbour C J C, et al. 2018. Management theory and big data literature: From a review to a research agenda [J]. International Journal of Information Management, 43: 112-129.

Fisher O, Watson N, Porcu L, et al. 2018. Cloud manufacturing as a sustainable process manufacturing route[J]. Journal of Manufacturing Systems, 47: 53-68.

Freddi D. 2018. Digitalisation and employment in manufacturing: Pace of the digitalisation process and impact on employment in advanced Italian manufacturing companies [J]. AI & SOCIETY, 33: 393-403.

Gasparetto W, Egger G, Giusti A, et al. 2018. Intelligent workpiece carrier for distributed data collection and control in manufacturing environments [J]. Procedia Manufacturing, 24: 190-195.

Gonçalves E, Matos C M, Araújo I F. 2019. Path-dependent dynamics and technological spillovers in the Brazilian regions [J]. Applied Spatial Analysis and Policy, 12(3): 605-629.

Grant D, Yeo B. 2018. A global perspective on tech investment, financing, and ICT on manufacturing and service industry performance [J]. International Journal of Information Management, 43: 130-145.

Gröger C. 2018. Building an industry 4. 0 analytics platform: Practical challenges, approaches and future research directions [J]. Datenbank Spektrum, 18(1): 5-14.

Gu Y X, Qi L, Wang J. 2018. Breaking the monolith: Strategy, variety, and performance of enterprise information systems [J]. Journal of Systems Science and Systems Engineering, 27(6): 727-770.

Guimón J, Chaminade C, Maggi C, et al. 2018. Policies to attract R&D-related FDI in small emerging countries: Aligning incentives with local linkages and absorptive capacities in Chile [J]. Journal of International Management, 24: 165-178.

Gupta M, Kumar M. 2018. Impact of ICT usage on productivity of unorganised manufacturing enterprises in India[J]. The Indian Journal of Labour Economics, 61(2): 411-425.

Hackel B, Hansch F, Hertel M, et al. 2019. Assessing IT availability risks in smart factory networks [J]. Business Research, 12(2): 523-558.

He Q P, Wang J. 2018. Statistical process monitoring as a big data analytics tool for smart manufacturing [J]. Journal of Process Control, 67: 35-43.

Heinis T B, Hilario J, Meboldt M. 2018. Empirical study on innovation motivators and inhibitors of Internet of Things applications for industrial manufacturing enterprises[J]. Journal of Innovation and Entrepreneurship, 7(1): 10.

Holl A, Mariotti I. 2018. The geography of logistics firm location: The role of accessibility [J]. Networks and Spatial Economics, 18: 337-361.

Huang S, Gu X, Zhou H, et al. 2018. Two-dimensional optimization mechanism and method for on-demand supply of manufacturing cloud service [J]. Computers & Industrial Engineering, 117: 47-59.

Jabbour A B L S, Jabbour C J C, Cyril F, et al. 2018a. When titans meet——Can industry 4. 0 revolutionise the environmentally sustainable manufacturing wave? The role of critical success factors [J]. Technological Forecasting and Social Change, 132: 18-25.

Jabbour A B L S, Jabbour C J C, Filho M G, et al. 2018b. Industry 4. 0 and the circular economy: A proposed research agenda and original roadmap for sustainable operations [J]. Annals of Operations Research, 270: 273-286.

Jarrahi M H. 2018. Artificial intelligence and the future of work: Human-AI symbiosis in organizational decision making [J]. Business Horizons, 61: 577-586.

Jeong H Y. 2018. ANP-based quantification method for the smart manufacturing system design decomposition[J]. The Journal of Supercomputing, 1-17.

Jesse N. 2018. Internet of Things and Big Data: The disruption of the value chain and the rise of new software ecosystems[J]. AI & SOCIETY, 33(2): 229-239.

Kang Y Q, Xie B C, Wang J, et al. 2018. Environmental assessment and investment strategy for China's manufacturing industry: A non-radial DEA based analysis[J]. Journal of Cleaner Production, 175: 501-511.

Karimi B, Bashiri M. 2018. Designing a multi-commodity multimodal splittable supply chain network by logistic hubs for intelligent manufacturing [J]. Procedia Manufacturing, 17: 1058-1064.

Kim D H, Kim T J Y, Wang X L, et al. 2018. Smart machining process using machine Learning: A review and perspective on machining industry[J]. International Journal of Precision Engineering and Manufacturing-Green Technology, 5(4): 555-568.

Kopczynska E, Ferreira J J. 2018. Smart specialization as a new strategic framework: Innovative and competitive capacity in European context [J]. Journal of the Knowledge Economy, 1-28.

Ku A Y. 2018. Anticipating critical materials implications from the Internet of Things (IoT): Potential stress on future supply chains from emerging data storage technologies [J]. Sustainable Materials and Technologies, 15: 27-32.

Kwon L N, Park J H, Moon Y H, et al. 2018. Weak signal detecting of industry convergence using information of products and services of global listed companies-focusing on growth engine industry in South Korea [J]. Journal of Open Innovation: Technology, Market, and Complexity, 4: 10.

Lee G Y, Kim M, Quan Y J, et al. 2018. Machine health management in smart factory: A review [J]. Journal of Mechanical Science and Technology, 32(3): 987-1009.

Li L. 2018. China's manufacturing locus in 2025: With a comparison of "Made-in-China 2025" and "Industry 4. 0" [J]. Technological Forecasting and Social Change, 135: 66-74.

Lim C H, Kim M J, Heo J Y, et al. 2018a. Design of informatics-based services in manufacturing industries: Case studies using large vehicle-related databases[J]. Journal of Intelligent Manufacturing, 29: 497-508.

Lim S, Kwon O, Lee D H. 2018b. Technology convergence in the Internet of Things (IoT) startup ecosystem: A network analysis[J]. Telematics and Informatics, 35(7): 1887-1899.

Lin X J, Liu B Q, Han J X, et al. 2018. Industrial upgrading based on global innovation chains: A case study of Huawei Technologies Co. , Ltd. Shenzhen [J]. International Journal of Innovation Studies, 2: 81-90.

Liu C H, Cai W, Jia S, et al. 2018. Emergy-based evaluation and improvement for sustainable manufacturing systems considering resource efficiency and environment performance[J]. Energy Conversion and Management, 177: 176-189.

Lu W C. 2018. The impacts of information and communication technology, energy consumption, financial development, and economic growth on carbon dioxide emissions in 12 Asian countries [J]. Mitigation and Adaptation Strategies for Global Change, 23: 1351-1365.

Marin D. 2018. Global value chains, the rise of the robots and human capital [J]. Wirtschaftsdienst, 98(1): 46-49.

Mazali T. 2018. From industry 4. 0 to society 4. 0, there and back [J]. AI & SOCIETY, 33: 405-411.

Medda G. 2020. External R&D, product and process innovation in European manufacturing companies [J]. The Journal of Technology Transfer, 45(1): 339-369.

Mohammadzadeh A K, Ghafoori S, Mohammadian A, et al. 2018. A Fuzzy Analytic Network Process (FANP) approach for prioritizing internet of things challenges in Iran[J]. Technology in Society, 53: 124-134.

Molano J I R, Lovelle J M C, Montenegro C E, et al. 2018. Metamodel for integration of internet of things, social networks, the cloud and industry 4. 0[J]. Journal of Ambient Intelligence and Humanized Computing, 709-723.

Müller J M, Voigt K I. 2018. Sustainable industrial value creation in SMEs: A comparison between Industry 4. 0 and Made in China 2025[J]. International Journal of Precision Engineering and Manufacturing-Green Technology, 25: 659-670.

Nakano S, Washizu A. 2018. Induced effects of smart food/agri-systems in Japan: Towards a structural analysis of information technology [J]. Telecommunications Policy, 42(10): 824-835.

Nathan D, Ahmed N. 2018. Technological change and employment: Creative destruction [J]. The Indian Journal of Labour Economics, 61(2): 281-298.

Neligan A. 2018. Digitalisation as enabler towards a sustainable circular economy in Germany [J]. Intereconomics, 53(2): 101-106.

Nof S Y, Silva J R. 2018. Perspectives on manufacturing automation under the digital and cyber convergence [J]. Polytechnica, 1: 36-47.

Ntanos E, Dimitriou G, Bekiaris V, et al. 2018. A model-driven software engineering work-flow and tool architecture for servitised manufacturing[J]. Information Systems and E-business Management, 16: 683-720.

Oliff H, Liu Y, Kumar M, et al. 2018. A framework of integrating knowledge of human factors to facilitate HMI and collaboration in intelligent manufacturing[J]. Procedia CIRP, 72: 135-140.

Papp J, Tokody D, Flammini F. 2018. From traditional manufacturing and automation systems to holonic intelligent systems [J]. Procedia Manufacturing, 22: 931-935.

Pal P, Ghosh K K. 2018. Estimating digitization efforts of complex product realization processes [J]. The International Journal of Advanced Manufacturing Technology, 95: 3717-3730.

Park E, Kim S, Kim Y S, et al. 2018. Smart home services as the next mainstream of the ICT industry: Determinants of the adoption of smart home services[J]. Universal Access in the Information Society. 17 : 175-190.

Park S C. 2018. The Fourth Industrial Revolution and implications for innovative cluster policies [J]. AI & SOCIETY, 33(3): 433-445.

Peters B, Riley R, Siedschlag I, et al. 2018. Internationalisation, innovation and productivity in services: Evidence from Germany, Ireland and the United Kingdom [J]. Review of World Economics, 154: 585-615.

Piccialli F, Cuomo S, Jeon G. 2018. Parallel approaches for data mining in the internet of things realm[J]. International Journal of Parallel Programming, 46: 807-811.

Piva M, Vivarelli M. 2018. Technological change and employment: Is Europe ready for the challenge? [J]. Eurasian Business Review, 8: 13-32.

Pu Z Z, Jiang Q J, Yue H Z, et al. 2018. Agent-based supply chain allocation model and its application in smart manufacturing enterprises [J]. The Journal of Supercomputing, 1-11.

Qu Y, Shi Y, Guo K, et al. 2018. Has "intelligent manufacturing" promoted the productivity of manufacturing sector?——Evidence from China's listed firms[J]. Procedia Computer Science, 139: 299-305.

Radicic D, Pugh G, Douglas D. 2018. Promoting cooperation in innovation ecosystems: Evidence from European traditional manufacturing SMEs[J]. Small Business Economics, 1-27.

Radosevic S, Stancova K C. 2018. Internationalising smart specialisation: Assessment and issues in the case of EU new member states [J]. Journal of the Knowledge Economy, 9: 263-293.

Raguseo E. 2018. Big data technologies: An empirical investigation on their adoption, benefits and risks for companies [J]. International Journal of Information Management, 38 : 187-195.

Reischauer G. 2018. Industry 4.0 as policy-driven discourse to institutionalize innovation systems in manufacturing [J]. Technological Forecasting and Social Change, 132: 26-33.

Reynolds E B, Uygun Y. 2018. Strengthening advanced manufacturing innovation ecosystems: The case of Massachusetts [J]. Technological Forecasting and Social Change, 136: 178-191.

Rude D J, Adams S, Beling P A. 2018. Task recognition from joint tracking data in an operational manufacturing cell [J]. Journal of Intelligent Manufacturing, 29(6): 1203-1217.

Schneider P. 2018. Managerial challenges of Industry 4.0: An empirically backed research agenda for a nascent field [J]. Review of Managerial Science, 12(3): 803-848.

Shang M, Li H, Lee C W, et al. 2020. To strengthen the relationship and the long term trading orientation between the relationship quality and the B-SERVQUAL: Focus on the logistics intelligent equipment manufacturing industry [J]. Journal of Ambient Intelligence and Humanized Computing, 11(2): 635-646.

Shi G M, Suo J D. 2018. Internet of things control mechanism based on controlled object information perception and multimode image signal processing [J]. Journal of Ambient Intelligence and Humanized

Computing, 11: 617-622.

Shin I S, Lee J M, Lee J Y, et al. 2018. A framework for prognostics and health management applications towards smart manufacturing systems [J]. International Journal of Precision Engineering and Manufacturing-Green Technology, 5 (4): 535-554.

Simeone A, Caggiano A, Deng B, et al. 2018. Resource efficiency optimization engine in smart production networks via intelligient cloud manufacturing platforms[J]. Procedia CIRP, 78: 19-24.

Sorouri M, Vyatkin V. 2018. Intelligent product and mechatronic software components enabling mass customisation in advanced production systems [J]. Service Oriented Computing and Applications, 12(1): 73-86.

Stein N, Meller J, Flath C M. 2018. Big data on the shop-floor: Sensor-based decision-support for manual processes [J]. Journal of Business Economics, 88(5): 593-616.

Syam N, Sharma A. 2018. Waiting for a sales renaissance in the fourth industrial revolution: Machine learning and artificial intelligence in sales research and practice[J]. Industrial Marketing Management, 69: 135-146.

Taylor M P, Boxall P, Chen J J, et al. 2018. Operator 4. 0 or Maker 1. 0? Exploring the implications of Industrie 4.0 for innovation, safety and quality of work in small economies and enterprises [J]. Computers & Industrial Engineering, in press.

Toquica J S, Saša Z, Alvares A J, et al. 2018. A STEP-NC compliant robotic machining platform for advanced manufacturing [J]. The International Journal of Advanced Manufacturing Technology, 95: 3839-3854.

Torres R, Sidorova A, Jones M C. 2018. Enabling firm performance through business intelligence and analytics: A dynamic capabilities perspective [J]. Information & Management, 55 : 822-839.

Tsung C H, Yen C T, Wu W F. 2018. A software defined-based hybrid cloud for the design of smart micro manufacturing system[J]. Microsystem Technologies, 24(10): 4329-4340.

Tuptuk N, Hailes S. 2018. Security of smart manufacturing systems [J]. Journal of Manufacturing Systems, 47: 93-106.

Uva A E, Gattullo M, Manghisi V M, et al. 2018. Evaluating the effectiveness of spatial augmented reality in smart manufacturing: A solution for manual working stations[J]. The International Journal of Advanced Manufacturing Technology, 94: 509-521.

Wan J, Li J, Hua Q, et al. 2020. Intelligent equipment design assisted by Cognitive Internet of Things and industrial big data[J]. Neural Computing and Applications, 32: 4463-4472.

Wang B. 2018. The future of manufacturing: A new perspective[J]. Engineering, 4: 722-728.

Wang L, Xia X H, Cao J H, et al. 2018a. Improved ant colony-genetic algorithm for information transmission path optimization in remanufacturing service system[J]. Chinese Journal of Mechanical Engineering, 31(1): 107.

Wang S, Liang Y C, Li W D, et al. 2018b. Big data enabled intelligent immune system for energy efficient manufacturing management[J]. Journal of Cleaner Production, 195: 507-520.

Wang S Y, Wan J F, Imran M, et al. 2018c. Cloud-based smart manufacturing for personalized candy packing application [J]. The Journal of Supercomputing, 74(9): 4339-4357.

Wright S A, Schultz A E. 2018. The rising tide of artificial intelligence and business automation: Developing an ethical framework [J]. Business Horizons, 61: 823-832.

Xi G L, Zhen F, He J L, et al. 2018. City networks of online commodity services in China: Empirical analysis of Tmall clothing and electronic retailers[J]. Chinese Geographical Science, 28(2): 231-246.

Xu B, Qi J, Hu X, et al. 2018. Self-adaptive bat algorithm for large scale cloud manufacturing service composition [J]. Peer-to-Peer Networking and Applications, 11(5): 1115-1128.

Yadegaridehkordia E, Hourmand M, Nilashi M, et al. 2018. Influence of big data adoption on manufacturing companies' performance: An integrated DEMATEL-ANFIS approach[J]. Technological Forecasting and Social Change, 137: 199-210.

Yan B, Jin Z J, Liu L F, et al. 2018. Factors influencing the adoption of the internet of things in supply chains [J]. Journal of Evolutionary Economics, 28(3): 523-545.

Ying W C, Pee L G, Jia S L. 2018. Social informatics of intelligent manufacturing ecosystems: A case study of KuteSmart [J]. International Journal of Information Management, 42: 102-105.

Yussupova N, Rizvanov D. 2018. Decision-making support in resource management in manufacturing scheduling[J]. IFAC-PapersOnLine, 51(30): 544-547.

Zhang G, Zhang Y, Xu X, et al. 2018a. An augmented Lagrangian coordination method for optimal allocation of cloud manufacturing services [J]. Journal of Manufacturing Systems, 48: 122-133.

Zhang S, Xu S, Zhang W Y, et al. 2018b. A hybrid approach combining an extended BBO algorithm with an intuitionistic fuzzy entropy weight method for QoS-aware manufacturing service supply chain optimization[J]. Neurocomputing, 272: 439-452.

Zhang Y F, Ma S Y, Yang H D, et al. 2018c. A big data driven analytical framework for energy-intensive manufacturing industries[J]. Journal of Cleaner Production, 197: 57-72.

Zheng P, Wang H H, Sang Z Q, et al. 2018. Smart manufacturing systems for Industry 4. 0: Conceptual framework, scenarios, and future perspectives[J]. Frontiers of Mechanical Engineering, 13(2): 137-150.

Zhou C Y, Cao Q L. 2019. Design and implementation of intelligent manufacturing project management system based on bill of material [J]. Cluster Computing, 22: 8614-8655.

Zhou Y X. 2018. Human capital, institutional quality and industrial upgrading: Global insights from industrial data [J]. Economic Change and Restructuring, 51: 1-27.

Zhu M H, Shao L G. 2018. An analysis on the economic cooperation and the industrial synergy of the main river region: From the perspective of the Yangtze river economic zone [J]. Journal of Ambient Intelligence and Humanized Computing, 11(3): 1055-1064.

撰稿人：张慧明

审稿人：李廉水

第3章 智能制造中文文献综述及政策解读

本章围绕智能制造这一主题，在 CNKI 数据库中选取 2018 年度 CSSCI 和 CSCD 来源期刊论文 30 篇，以此作为与智能制造业研究相关的中文文献评述的样本，即本章重点阐述智能制造中文文献的研究进展。并以《中国制造 2025》（2015 年 5 月 19 日）正式发布这一标志性事件为起点，解读国内智能制造的重要相关政策。

3.1 智能制造研究中文文献评述

纵观对智能制造的研究，不难发现目前与智能制造研究相关的中文文献研究尚处于起步阶段，主要表现为学者对智能制造的概念和推进方式（郭朝晖和刘胜，2018）、智能制造的总体框架（孟柳等，2018）、智能制造产生的基本范式（臧冀原等，2018）等智能制造研究领域的基本研究问题尚处在探讨阶段。

除了上述基本研究问题外，学者最为重视的就是制造技术，如云制造、人工智能、智能制造系统。此外，特定制造行业的智能制造研究、智能制造背景下人才培养问题均受到部分学者的关注。

3.1.1 智能制造是什么

1. 智能制造的内涵

"智能制造"对应两种英文表述，分别是 smart manufacture 和 intelligent manufacture，其中 intelligent manufacture 的提法出现更早，但多数场合指的却是 smart manufacture（郭朝晖和刘胜，2018）。《中国智能制造发展战略研究报告》把智能制造分成数字化制造、数字化网络化制造（smart manufacture）和新一代智能制造（intelligent manufacture）三种递进发展的范式。臧冀原等（2018）认为智能制造有 3 个基本范式，即数字化制造、数字化网络化制造（"互联网+"制造）、数字化网络化智能化制造（新一代智能制造）。党的十九大报告中明确指出，要促进工业互联网的应用，重点是推进数字化网络化制造（smart manufacture）。郭朝晖和刘胜（2018）认为智能制造不仅涉及制造相关的过程，智能服务和智能产品也常常被纳入智能制造的范畴。且应该从以下 4 个基本要点理解智能制造的内在逻辑：ICT 技术的深入应用是智能制造的出发点，价值创造是智能制造的目的和归宿，快速响应变化是智能制造的外部特征，协同、共享和重用是智能制造进行价值创造的内在机制。

除上述基本范式外，王飞跃等（2018）以虚拟制造为基础，提出一种智能制造的新范式——平行制造。它融合了社会物理信息系统（cyber physical social systems，CPSS）和工业智联网的概念，综合物理系统、信息系统和社会系统的复杂性，以人工系统

（artificial systems，ACP）、计算实验（computational experiments）、平行执行（parallel execution）方法为理论指导，结合工业智联网技术、软件定义技术和知识自动化技术，构建了平行演化、闭环反馈、协同优化的智能制造体系。该系统由三部分组成：软件定义的过程与工厂确定其描述智能、计算实验优化建立其预测智能、虚实互动的平行执行构建其引导智能。

2. 智能制造总体架构

智能制造总体架构，也称作智能制造系统架构，或智能制造系统参考架构，是对智能制造活动各相关要素及要素间关系的一种映射，是对智能制造活动的抽象化、模型化认识。孟柳等（2018）认为智能制造总体构架包括技术维、价值维和组织维 3 个维度，技术维是以两化融合为主线的技术进化维度，价值维是以制造为主体的价值实现维度，组织维是以人为本的组织系统维度。工业互联网参考架构是建立在具体应用领域和相关利益群体上描述惯例、原理和时间、活动的系统框架，同样智能制造总体架构是在宏观视角构建的制造总体发展架构，具备跨产业广泛适用性和互操作的特性（孟柳等，2018）。它聚焦制造业价值链全生命周期的数字化，并且在战略规划和对新技术应用的敏感性方面，更加全面地包括了网络和智能化发展的范式，具有更强的先进性和广泛适应性（孟柳等，2018）。

3. 中国智能制造发展路径

欧阳生和孔德洋（2018）认为中国企业为了"赚吆喝"而建设智能制造项目，将自动化或者信息化建设等同于智能制造，这种基础薄弱却直接实战智能制造的做法是不正确的，应"基于现状，紧盯目标；系统规划，逐步实施；人才培养，升级转型"去思考、实践智能制造。郭朝晖和刘胜（2018）认为推动智能制造健康发展，关键是要让技术具备良好的经济性。臧冀原等（2018）提出我国应从数字化"补课"做起，进一步夯实智能制造发展的基础；今后一阶段应重点发展"互联网+"制造，并行推进三种基本范式；新一代智能制造将从根本上引领和推进第四次工业革命，为我国实现制造业换道超车、跨越发展带来历史性机遇。孟柳等（2018）持类似观点，即未来的制造业发展不仅仅是实现产品全生命周期和制造全流程的数字化、端到端链接、万物互联的网络化，而且要实现整个制造业在新一代人工智能引领下的智能化发展。

3.1.2　智能制造技术发展如何推进

中国智能制造正处于加速发展的关键期，发展不平衡、不充分的矛盾非常突出，必须要按照前瞻性、阶段性、实用性、开放性相结合的原则，抓紧制定适合我国国情的智能制造技术发展战略，以指导和推动我国制造业科学地实现智能升级（延建林等，2018）。

1. 如何推动智能制造技术发展

"并行推进、融合发展"是中国发展智能制造必须采取的技术路线，推进"数字化制造、数字化网络化制造、数字化网络化智能化制造" 3 个范式同步发展，在大力推广、应用和普及数字化网络化制造的同时，加快新一代智能制造的探索、研究，引领和推进中国制造业的转型升级、跨越发展（古依莎娜等，2018）。但在大力发展智能制造技术时，要清楚地认识管理落后、质量要求低等问题，往往是制约技术经济性的普遍性原因。因此，要解决智能制造技术经济性问题，还需要在业务层面制定转型升级的战略目标，面向高质量发展，同时将智能制造相关技术用于提升管理水平（郭朝晖，2018）。

2. 人工智能与智能制造

人工智能提升了制造业生产效率与经济效益，有效缓解人力成本上涨压力并弥补了人类劳动者的不足，提高生产柔性化程度从而实现低成本、大规模定制，较为准确地预测市场与供需匹配，促进制造业服务化转型，增强制造业质量控制能力（邓洲，2018）。李瑞琪等（2018）认为人工智能技术在智能制造系统各环节中的应用能够推动制造系统的效率和产品的质量提升至新的水平；为企业运行提供优化和决策依据，减小企业人员工作强度，提升企业各项关键绩效指标；促进制造业企业向自感知、自决策与自执行的方向发展。

李伯虎等（2018）认为发展新一代人工智能技术引领下的智能制造系统，要重视技术、应用和产业的协调发展，在突出各国、各行业、各企业特色的同时，加强与全国，乃至全球的合作与交流，进而形成新时代下智能制造新模式、新手段和新业态。邓洲（2018）指出国家层面应高度重视人工智能与制造业的深度融合，进行科学规划，并建立以基础研究为重点的国家实验室；在产业层面需要构建机器学习所需的工业大数据库，夯实大数据基础，推动人工智能与制造业深度融合的模式创新和业态创新；在企业层面需要鼓励我国优势制造业企业进行逆向整合，掌握核心要素资源，加强与互联网和人工智能相关企业的战略联系；在配套方面，调整制造业相关的高等教育和职业教育体系，以适应制造业步入人工智能时代的需求，同时评估和防范人工智能发展过程中可能引发的社会问题。

3. 云制造

云制造从根本上改变了制造型企业的运营管理和操作方式（杨欣等，2018）。云制造在对大范围分布式制造资源进行整合封装与匹配共享的同时，赋予了分布式制造更大的动态性与随机性（黄辉等，2018）。云制造模式下，制造资源被封装成制造服务，通常以服务组合的方式满足用户复杂的制造需求（肖刚等，2018）。

针对云制造服务组合执行过程中的高效性、准确性和动态性等要求，肖刚等（2018）提出了面向云制造的服务组合执行引擎框架，并详细阐述了引擎运行机制。首先，通过解析云制造服务组合描述文件，构造服务组合节点和服务组合依赖边，建立服务组合节点参数关联关系，归纳推导相应的执行规则。然后，基于执行状态变更的服务组合执行算法实现了制造服务组合的动态执行。最后，给出了面向电梯产业联盟的云制造服务组合执行引擎实例，验证了框架的可行性和有效性。

4. 其他技术问题探讨

除人工智能、云制造备受关注外，部分学者还探讨了面向智能制造的业务过程管理与服务技术（王建民和刘建勋，2018）、面向智能制造生态的软件支撑平台（耿建光等，2018）、面向智能制造的数控切削工艺数据库的构建（张傲等，2018）等问题。

3.1.3 智能制造产业发展现状

1. 钢铁工业智能制造

围绕钢铁工业流程，进行结构优化与程序优化，实现全流程动态有序、协同连续运行和多目标整体优化是钢铁工业智能制造的目的。孙彦广（2018）在《钢铁工业智能制造的集成优化》中介绍了钢厂结构优化和程序优化的主要内容和需要研发的关键技术，包括产品质量闭环管控、一体化计划调度、物质流—能量流协同和多工序协调优化，并提出了在钢铁工业中推进智能制造需要突破的一些共性问题和实施路径。

2. 航空工业智能制造

宁振波（2018）依据中国工程院最新观点性文章《走向新一代智能制造》，结合航空工业智能制造的演进路径，从传统研制方式人—物理系统入手，分析了飞机制造业的数字化到智能化的发展。从对飞机基于模型的数字定义，到基于信息—物理系统的数字化定义进行了阐述。新一代智能制造就是在新一代信息技术（云计算、物联网、移动通信、大数据、智能制造）的支持下，实现与人、设备和物料的深度融合。

3. 汽车工业智能制造

为了提高汽车制造系统的智能化水平，刘世豪和李斌勇（2018）提出了基于物联网和"云计算"的汽车制造系统集成设计方法。结合所提出的方法，构造了基于物联网的汽车制造系统集成设计云平台。借助物联网监测系统的在线状态数据，在汽车制造系统的概念设计阶段，运用模糊积分法解决多指标集成决策问题，获取最优概念设计方案。在汽车制造系统的详细设计阶段，运用遗传算法和云计算技术求解系统的最优拓扑结构及参数，对系统进行在线改进。应用所提出的方法，解决了一批车用曲轴在新的加工要求下某汽车智能制造系统的性能指标优化问题，使车用曲轴的平均加工速度达到 4 件/h、产品合格率达到 97%。

4. 纺织工业智能制造

李文瑞等（2018）选择我国纺织工业内较早进军智能制造领域的企业 LS 为研究对象，发现它分别从生产端、管理端、平台端 3 个路径切入，布局实施了生产现场智能化改造、企业内部工业大数据云平台建设，以及企业外部智能化服务延伸的智能制造项目建设活动。基于 LS 智能制造项目建设经验启示，我国纺织企业应着重从建立物联网和互联网企业的全面互联、建设基于云平台的企业数据智能体系、实现基于数据驱动的企业智能制造三方面入手，共同促进企业实现智能制造。

3.1.4　智能制造产生的社会影响

1. 对人才培养的影响

工业互联网和"工业 4.0"的到来，使得传统制造业逐渐向智能制造转变，对于专业技能人才的需求也相应发生变化。李良军等（2018）从课程设置角度分析了影响工程人才需求的 4 个要素：行业或应用领域、工业价值链、"智能"层级和学科领域，形成了面向新工业革命的工程人才四维模型。徐彬（2018）认为当前我国智能制造战略的实施急需具有国际视野的科技型人才、管理型人才以及数量庞大的高素质操作工人。智能制造新工科人才须具备复合融通的知识体系、互联互通的关联能力以及兼具技术创新和人文情怀的核心素养（杨若凡等，2018）。

杨若凡等（2018）认为地方高校应该多方协同，开展智能制造新工科人才培养实践，探索"主体协同、过程融通、动态监控、成就卓越"的人才培养新模式。王斌（2018）指出面对行业产业发展的需求，地方本科院校需要培育校园"工匠精神"、统筹发展应用型学科专业、创新人才培养模式、优化人才培养过程，以进一步完善应用型人才的培养机制。

董伟等（2018）通过大数据挖掘方法，对国内主要招聘平台中关于智能制造行业对高职学生的招聘信息进行爬取与统计，获取智能制造行业对技能人才的需求信息，利用主题分类模型（latent Dirichlet allocation，LDA），对招聘信息进行主题分类和探索分析，进而发现智能制造行业对职业院校所培养学生的技能需求的类型，即基础技能、机械制造技能和智能制造技能。结果表明，社会对技能人才能力要求最高的是智能制造技能，而职业院校在专业课程设置上仍以基础技能和机械制造技能课程为主，智能制造技能课程设置明显不足。

2. 对企业知识共享的影响

陈万明和鲍世赞（2018）从知识共享同心结构分析入手，推导出以独享模式、中间模式、共享模式为代表的 3 种类型知识共享体系结构，并以我国两大制造业——智能手机制造业、智能网络服务制造业为分析对象，剖析我国知识共享发展的优势与不足。由此，对我国制造业为主的产业提出了在产业初级阶段不参与知识共享，在产业中高级阶段参与知识共享的基本原则，以及应由参与知识共享向建设知识共享过渡的总体演进路线。在该路线中，应坚持知识共享层级迁移与知识共享速率间的非对称同步膨胀。

3.1.5　智能制造国际经验比较

赵敏（2018）采取解构和重构的方法，对德国"工业 4.0"参考架构模型（RAMI 4.0）进行了剖析，并与中国工程院报告中提出的智能制造总体架构进行对比，认为中国版的智能制造总体架构在智能程度上更胜一筹。戴亦舒等（2018）以服务主导逻辑为理论基础，构建融合技术、能力和应用为一体的 CPS 架构，分析中国、德国和美国的制造业政策与报告，研究发现3个国家的制造业正在向以用户为中心的制造服务化进行转变。在CPS能力体系的构建中，中国注重强化工业基础实力，德国强调制造业高度集成，而美国侧重社会力量助力制造业创新。

为了确保高价值制造战略和航空工业战略的有效实施，英国设立"创新英国"机构提供政府支持，鼓励下一代制造技术发展，并且在全国范围内以大学为基地建设了7个面向先进制造技术开发的创新中心，这些中心的创办者和高级成员大多是航空制造商及其供应商，机构的设立有力地推动了英国的航空制造创新（刘亚威，2018）。

3.2　中国智能制造相关政策、行动解析

加快推进智能制造，是实施《中国制造2025》的主攻方向，是落实工业化和信息化深度融合、打造制造强国的战略举措，更是我国制造业紧跟世界发展趋势、实现转型升级的关键所在。为此，中华人民共和国工业和信息化部牵头与负责，开始推进标准建设，政策制定和国际合作等一系列工作，努力引导中国智能制造的快速发展。

3.2.1　标准先行——智能制造标准体系建设

"智能制造，标准先行"。为解决标准缺失、滞后以及交叉重复等问题，充分发挥标准在推进智能制造发展中的基础性和引导性作用，指导当前和未来一段时间内智能制造标准化工作，在《中国制造2025》（2015年5月19日正式发布）审议过程中，工信部就将智能制造综合标准工作提上日程，于2015年2月6日成立了智能制造综合标准化工作组。

经过努力，根据《中国制造2025》的战略部署，2015年12月29日工业和信息化部、国家标准化管理委员会联合发布了《国家智能制造标准体系建设指南（2015年版）》。2018年10月12日，工信部与国家标准委联合发布了《国家智能制造标准体系建设指南（2018年版）》中、英文版。具体进展情况如表3-1所示。

表3-1　智能制造标准体系建设进展一览表

时间	事件	内容和成果	备注
2015年2月6日	工信部智能制造综合标准化工作组成立	如何开展智能制造综合标准化？智能制造综合标准化工作组章程（暂行）及2015年度工作计划	
2015年12月16日	首届中德智能制造/"工业4.0"发展与标准化交流会	中德两国就智能制造、"工业4.0"重点领域合作，标准制定等话题举行了专门对话会。确定了双方下一步合作重点和工作思路	初步确定每年召开一次交流会
2015年12月29日	《国家智能制造标准体系建设指南（2015年版）》发布	明确了建设智能制造标准体系的总体要求、建设思路、建设内容和组织实施方式	2016年年初，时任工业和信息化部副部长辛国斌，解析了该指南
2016年8月22日	国家智能制造标准化协调推进组、总体组和专家咨询组成立	审议了总体组工作章程及2016年工作计划	2018年3月30日，国家智能制造标准化总体组第三次全体会议在北京召开

续表

时间	事件	内容和成果	备注
2016 年 10 月 17～18 日	举办国家智能制造标准体系建设指南培训班	讲解智能制造发展态势，智能制造标准体系建设，智能制造标准化与标准研制的过程控制与管理，智能装备、智能工厂、工业互联网、工业大数据等重点标准领域和地方标准化工作经验，并有企业代表讲解离散型智能工厂建设、流程型智能工厂建设、个性化定制、信息安全等方面的智能制造实践经验	
2017 年 1 月 9 日	智能制造综合标准化与新模式应用重点项目库项目征集（2017）	标准化类项目立项 43 项，新模式类项目立项 165 项	2018 年 10 月 31 日，举办智能制造综合标准化与新模式应用项目管理经验交流会
2018 年 4 月 13 日	我国制定的全球首个面向智能制造服务平台的国际标准正式发布	《智能制造服务平台制造资源/能力接入集成要求》标准，国际标准号为 IEC PAS 63178，标志着我国在智能制造服务平台接入领域拥有了国际认可的自主核心技术，为全球异构工业云平台提供了可参照的统一制造资源接入技术方案，提升了我国标准的话语权和影响力	
2018 年 10 月 12 日	《国家智能制造标准体系建设指南（2018 年版）》中、英文版正式发布		

1.《国家智能制造标准体系建设指南（2015 年版）》

《国家智能制造标准体系建设指南（2015 年版）》（以下简称《建设指南（2015 年版）》）明确了建设智能制造标准体系的总体要求、建设思路、建设内容和组织实施方式，从生命周期、系统层级、智能功能 3 个维度，建立了智能制造标准体系参考模型，并由此提出了智能制造标准体系框架，框架包括"基础""安全""管理""检测评价""可靠性" 5 类基础共性标准和"智能装备""智能工厂""智能服务""工业软件和大数据""工业互联网" 5 类关键技术标准以及在不同行业的应用标准。

《建设指南（2015 年版）》以聚焦制造业优势领域、兼顾传统产业转型升级为出发点，按照"共性先立、急用先行"原则，主要面向跨领域、跨行业的系统集成类标准，通过统筹标准资源、优化标准结构，重点解决当前推进智能制造工作中遇到的数据集成、互联互通等基础瓶颈问题。《建设指南》采取滚动修订制度，每 2～3 年修订后发布。

辛国斌指出，工业和信息化部、国家标准化管理委员会联合制定并发布该指南，主要基于 4 个方面的考虑：一是为智能制造国家标准和行业标准的立项提供依据。《建设指南（2015 年版）》是指导一段时期内智能制造国家标准和行业标准立项及制修订工作的依据，同时也是对智能制造标准进行科学管理的基本依据。智能制造标准化工作涉及多个行业、多个技术领域。依据《建设指南（2015 年版）》的相关要求，充分结合我国制造业和新一代信息技术产业的总体发展布局，适时制修订符合我国国情的智能制造标准，为产业发展提供支撑。二是有利于推动解决制造环节互联互通、跨行业跨领域标准化问题。《建设指南（2015 年版）》全面纳入与智能制造密切相关的基础通用、关键技术及重点行业应用标准，并对已制定、制定中的标准进行了全面梳理，以聚焦制造业优势领域、兼顾传统产业转型升级为出发点，按照"共性先立、急用先行"原则，主要面向跨领域、跨行业的系统集成类标准，通过统筹标准资源、优化标准结构，重点解决当前推进智能制造工作中遇到的数据集成、互联互通等基础瓶颈问题。三是明确了立足国情、开放合作理念。《建设指南（2015 年版）》依据我国智能制造标准基础差、行业发展不平衡等特点，充分考虑标准的适用性，突出强调适合中国国情的标准制定与产业化；《建设指南（2015 年版）》的部分内容充分借鉴了德国"工业 4.0"和美国工业互联网的相关标准化内容，并以先进制造国家和国际标准化组织作为参照，推动相关标准上升为国际标准。同时，也要将适合我国制造业发展需求的国际标准适时转化为国家标准，努力建设一个兼容性好、开放性强的标准体系。四是有利于建立与时俱进、持续进行的标准完善机制。《建设指南（2015 年版）》是基于 2015 年前，中国智能制造的技术特点以及对智能制造的认识进行编制的，但智能制造是一个动态发展的庞大系统，产业界对智能制造的认识将是一个不断深入的过程。随着智能制造技术、产业的发展，新模式、新业态不断涌现，智能制造标准体系将进行动态调整和完善，计划每 2～3 年对该《建设指南》进行修订。大力推动智能制造标准体系的建立，不断推出重点行业智能制造标准，并率先在《中国制造 2025》中列出的十大重点领域取得突破。到 2020 年，力争建立起较为完善的智能制造标准体系，基本实现基础共性标准和关键技术标准全覆盖，并在制造业全领域内推广应用。

2.《国家智能制造标准体系建设指南（2018 年版）》

《国家智能制造标准体系建设指南（2018 年版）》（以下简称《建设指南（2018 年版）》）是在工业和信息化部、国家标准化管理委员会联合发布的《国家智能制造标准体系建设指南（2015 年版）》基础上修订完成的。《建设指南（2018 年版）》进一步加强了标准体系构成要素及相互关系的说明，着重体现了新技术在智能制造领域的应用，突出强化了标准试验验证、行业应用与实施，为智能制造产业健康有序发展起到指导、规范、引领和保障作用，对于推动我国智能制造标准国际化具有重要意义。

《建设指南（2018 年版）》的主要内容如下：一是明确了指导思想、基本原则和建设目标。二是按照"三步法"原则建设完整的建设思路，给出了智能制造系统架构、智能制造标准体系结构和智能制造标准体系框架。三是建设内容描述，包括基础共性标准（通用标准、安全标准、可靠性标准、检测标准和评价标准）、关键技术标准（智能装备、智能工厂、智能服务、智能赋能技术和工业网络 5 个部分）、行业应用标准。其中，行业应用标准是依据基础共性标准和关键技术标准，围绕新一代信息技术、高档数控机床和机器人、航空航天装备、海洋工程装备及高技术船舶、先进轨道交通装备、节能与新能源汽车、电力装备、农业机械装备、新材料、生物医药及高性能医疗器械十大重点领域，同时兼顾传统制造业转型升级的需求，优先在重点领域实现突破，并逐步覆盖智能制造全应用领域。四是组织实施。加强统筹协调，实施动态更新，加快标准研制，加强宣传培训，加强国际交流与合作。

3. 2015 年版和 2018 年版指南的比较分析

2015 年版与 2018 年版指南的主要区别如表 3-2 所示。

表 3-2　2015 年版与 2018 年版指南的差异一览表

版本区别	2015 年版	2018 年版
基本原则	统筹规划，分类施策。跨界融合，急用先行。立足国情，开发合作	在继承 2015 版基本原则的基础上，强调标准的宣贯实施和应用
建设目标	到 2017 年，初步建立智能制造标准体系。制定 60 项以上智能制造重点标准，按照"共性先立、急用先行"的立项原则，制定参考模型、术语定义、标识解析、评价指标等基础共性标准和数据格式、通信协议等关键技术标准，探索制定重点行业智能制造标准，并率先在《中国制造 2025》十大重点领域取得突破。推动智能制造国家标准上升成为国际标准，标准应用水平和国际化水平明显提高	到 2018 年，累计制修订 150 项以上智能制造标准，基本覆盖基础共性标准和关键技术标准
	到 2020 年，建立起较为完善的智能制造标准体系。制修订 500 项以上智能制造标准，基本实现基础共性标准和关键技术标准全覆盖，智能制造标准在企业得到广泛的应用验证，在制造业全领域推广应用，促进我国智能制造水平大幅提升，我国智能制造标准国际竞争力显著提升	到 2019 年，累计制修订 300 项以上智能制造标准，全面覆盖基础共性标准和关键技术标准，逐步建立起较为完善的智能制造标准体系。建设智能制造标准试验验证平台，提升公共服务能力，提高标准应用水平和国际化水平
建设思路	对于生命周期维度，只是简单给出了生命周期的定义	明确了生命周期设计、生产等 5 个环节的内涵和边界
	对于系统层级维度，体现了装备的智能化和互联网协议化，以及网络的扁平化趋势	修订了设备层等环节的内涵和边界，将"控制"调整为"单元"，弱化了 2015 版中对工业软件的提法
	对于智能功能维度，没有很好地体现 IT 技术对制造业的影响和引领作用	把"智能功能"修改为"智能特征"，同时强调各要素之间的顺序及名称

3.2.2　政策引领——智能制造发展规划、工程实施指南等

为贯彻落实《中国制造 2025》，工业和信息化部等部委合作，先后出台了一系列文件，引导智能制造发展。主要文件如表 3-3 所示。

表 3-3　主要文件一览表

政策名称	印发时间	主要内容	印发单位
《智能制造工程实施指南（2016—2020）》	2016 年 8 月 19 日	10 个重点任务，4 项组织实施方法，5 项保障措施	工业和信息化部、国家发展改革委、科技部、财政部
《智能制造发展规划（2016—2020 年）》	2016 年 12 月 8 日	10 个重点任务，6 个方面的保障措施	工业和信息化部、财政部
《高端智能再制造行动计划（2018—2020 年）》	2017 年 10 月 31 日	8 项主要任务，4 项保障措施	工业和信息化部

续表

政策名称	印发时间	主要内容	印发单位
《推进船舶总装建造智能化转型行动计划（2019—2021年）》	2018年12月28日	5大方面15项重点任务，并设置了5个专栏。6方面保障措施	工业和信息化部　国防科工局
《车联网（智能网联汽车）产业发展行动计划》	2018年12月25日	5项主要任务	工业和信息化部
《建材行业智能制造发展三年行动计划（2020—2022年）》	2019年6月6日，行动计划通过验收，尚未印发		建筑材料工业信息中心等

1.《智能制造工程实施指南（2016—2020）》

为贯彻落实《中国制造2025》，我国编制了《智能制造工程实施指南（2016—2020年）》（简称《实施指南》）。2016年8月19日，工业和信息化部、国家发展改革委、科技部、财政部四部委联合印发《智能制造工程实施指南（2016—2020）》，旨在通过政府引导，形成行业共识，汇聚社会资源，突破制造业发展的瓶颈，抢占未来竞争制高点。

《实施指南》指出了四大重点任务：一是攻克关键技术装备，聚焦感知、控制、决策、执行等核心关键环节，依托重点领域智能工厂、数字化车间的建设以及传统制造业智能转型，突破高档数控机床与工业机器人、增材制造装备、智能传感与控制装备、智能检测与装配装备、智能物流与仓储装备5类关键技术装备；二是夯实智能制造基础，重点围绕智能制造标准滞后、核心软件缺失、工业互联网基础和信息安全系统薄弱等瓶颈问题，构建基本完善的智能制造标准体系，开发智能制造核心支撑软件，建立高效可靠的工业互联网基础和信息安全系统，形成智能制造发展坚实的基础支撑；三是培育推广智能制造新模式，在基础条件好和需求迫切的重点地区、行业中选择骨干企业，推广数字化技术、系统集成技术、关键技术装备、智能制造成套装备，开展新模式试点示范，建设智能车间/工厂，重点培育离散型智能制造、流程型智能制造、网络协同制造、大规模个性化定制、远程运维服务，不断丰富成熟后实现全面推广，持续不断培育、完善和推广智能制造新模式；四是推进重点领域集成应用，聚焦《中国制造2025》十大重点领域，开展基于智能制造标准、核心支撑软件、工业互联网基础与信息安全系统的关键技术装备和先进制造工艺的集成应用，以系统解决方案供应商、装备制造商与用户联合的模式，开发重点领域所需智能制造成套装备，实现推广应用与产业化，支撑重点领域率先突破和传统制造业智能化改造。

《实施指南》还给出了组织实施方法：一要充分发挥市场主体作用，二要充分调动多方积极性，三要创新资金支持方式，四要分类遴选项目承担单位。同时《实施指南》提出了加强统筹协调、健全技术创新体系、加大财税金融支持力度、大力推进国际合作和注重人才培养的保障措施。

2.《智能制造发展规划（2016—2020年）》

为贯彻落实《中华人民共和国国民经济和社会发展第十三个五年规划纲要》《中国制造2025》（国发〔2015〕28号）和《国务院关于深化制造业与互联网融合发展的指导意见》（国发〔2016〕28号），工业和信息化部、财政部联合制定了《智能制造发展规划（2016—2020年）》（简称《规划》），于2016年12月8日印发。

《规划》中指出智能制造是基于新一代信息通信技术与先进制造技术的深度融合，贯穿于设计、生产、管理、服务等制造活动的各个环节，具有自感知、自学习、自决策、自执行、自适应等功能的新型生产方式。加快发展智能制造，是培育我国经济增长新动能的必由之路，是抢占未来经济和科技发展制高点的战略选择，对于推动我国制造业供给侧结构性改革，打造我国制造业竞争新优势，实现制造强国具有重要战略意义。

《规划》提出了10个重点任务：一是加快智能制造装备发展，攻克关键技术装备，提高质量和可靠性，推进在重点领域的集成应用；二是加强关键共性技术创新，突破一批关键共性技术，布局和积累一批核心知识产权；三是建设智能制造标准体系，开展标准研究与实验验证，加快标准制修订和推广应用；四是构筑工业互联网基础，研发新型工业网络设备与系统、信息安全软硬件产品，构建试验验证平台，建立健全风险评估、检查和信息共享机制；五是加大智能制造试点示范推广力度，开展智能制造新模式试点示范，遴选智能制造标杆企业，不断总结经验和模式，在相关行业移植、推广；六是推动重点领域智能转型，在《中国制造2025》十大重点领域试点建设数字化车间/智能工厂，在传统制造业推广应用数字化技术、系统集成技术、智能制造装备；七是促进中小企业智能化改造，引导中小企业推进自动化改造，建设云制造平台和服务平台；八是培育智能制造生态体系，加快培育一批系统解决方案供应商，大力发展龙头企业集团，做优做强一批"专精特"配套企业；九是推进区域智能制造协同发展，推进智能制造装备产业集群建设，加强基于互联网的区域间智能制造资源协同；十是打造智能制造人才队伍，健全人才培养计划，加强智能制造人才培训，建设智能制造实训基地，构建多层次的人才队伍。同时《规划》提出了加强统筹协调、完善创新体系、加大财税支持力度、创新金融扶持方式、发挥行业组织作用、深化国际合作交流6个方面的保障措施。

3.《高端智能再制造行动计划（2018—2020年）》

为贯彻落实《中国制造2025》《工业绿色发展规划（2016—2020年）》和《绿色制造工程实施指南（2016—2020年）》，加快发展高端智能再制造产业，进一步提升机电产品再制造技术管理水平和产业发展质量，推动形成绿色发展方式，实现绿色增长，中国工业和信息化部于2017年10月下发了《高端智能再制造行动计划（2018—2020年）》。

《高端智能再制造行动计划（2018—2020年）》阐述了该计划的必要性、工作思路和主要目标。其主要任务共8项：

一是加强高端智能再制造关键技术创新与产业化应用。培育高端智能再制造技术研发中心，开展绿色再制造设计，进一步提升再制造产品综合性能。加快增材制造、特种材料、智能加工、无损检测等再制造关键共性技术创新与产业化应用。进一步突破航空发动机与燃气轮机、医疗影像设备关键件再制造技术，加强盾构机、重型机床、内燃机整机及关键件再制造技术推广应用，探索推进工业机器人、大型港口机械、计算机服务器等再制造。

二是推动智能化再制造装备研发与产业化应用。以企业为主导，联合行业协会、科研院所和第三方机构等，促进产学研用金结合，面向高端智能再制造产业发展重点需求，加快再制造智能设计与分析、智能损伤检测与寿命评估、质量性能检测及智能运行监测，以及智能拆解与绿色清洗、先进表面工程与增材制造成形、智能再制造加工等技术装备研发和产业化应用。

三是实施高端智能再制造示范工程。培育一批技术水平高、资源整合能力强、产业规模优势突出的高端智能再制造领军企业，形成一批技术先进、管理创新的再制造示范企业，建设绿色再制造工厂，带动行业整体水平提升。重点推进盾构机、重型机床、办公成像设备等领域高端智能再制造示范企业建设，鼓励依托再制造产业集聚区建设示范工程。

四是培育高端智能再制造产业协同体系。鼓励以高值关键件再制造龙头生产企业为中心，形成涵盖旧件回收、关键件配套及整机再制造的产业链条。面向化工、冶金和电力等行业大型机电装备维护升级需要，鼓励应用智能检测、远程监测、增材制造等手段开展再制造技术服务，扶持一批服务型高端智能再制造企业。建立高端智能再制造检测评价体系，鼓励开展第三方检测评价。

五是加快高端智能再制造标准研制。加强高端智能再制造标准化工作，鼓励行业协会、试点单位、科研院所等联合研制高端智能再制造基础通用、技术、管理、检测、评价等共性标准，鼓励机电产品再制造试点企业制定行业标准及团体标准。支持再制造产业集聚区结合自身实际制定管理与评价体系，探索形成地域特征与产品特色鲜明的再制造产业集聚发展模式，建设绿色园区。

六是探索高端智能再制造产品推广应用新机制。鼓励由设备维护和升级需求量大的企业联合再制造生产和服务企业、科研院所等，创新再制造产学研用合作模式，构建用户导向的再制造产品质量管控与评价应用体系，促进再制造产品规模化应用，建立其与新品设计制造之间有效的反哺互动机制，形成示范效应。

七是建设高端智能再制造产业公共信息服务平台。探索建立再制造公共信息服务和交易平台，鼓励与互联网企业加强合作，充分应用新一代信息化技术实施再制造产品运行状态监控及远程诊断，探索建立覆盖旧件高效低成本回收、再制造产品生产及运行监测等的全过程溯源追踪服务体系。

八是构建高端智能再制造金融服务新模式。积极利用融资租赁、以旧换再、以租代购和保险等手段服务高端智能再制造，推进逆向物流与再制造产品信息共享，探索基于电子商务的再制造产品营销新模式，逐步建立盾构机、医疗影像设备关键件、办公成像设备等再制造产品市场推广新机制。

实施 4 项保障措施，也就是完善支持政策、规范产业发展、促进交流合作、强化组织。

4.《推进船舶总装建造智能化转型行动计划（2019—2021 年）》

为贯彻落实党中央、国务院关于建设制造强国和海洋强国的决策部署，加快新一代信息通信技术与先进造船技术深度融合，逐步实现船舶设计、建造、管理与服务全生命周期的数字化、网络化、智能化，推动船舶总装建造智能化转型，促进船舶工业高质量发展，制定了《推进船舶总装建造智能化转型行动计划（2019—2021 年)》。

《推进船舶总装建造智能化转型行动计划（2019—2021 年)》提出 4 个基本原则：一是夯实基础、补齐短板；二是重点突破、以点带面；三是协同创新、开放融合；四是远近结合、分类施策。《行动计划》提出的主要目标是：经过三年努力，船舶智能制造技术创新体系和标准体系初步建立，切割、成形、焊接和涂装等“脏险难”作业过程劳动强度大幅降低，作业人员明显减少，造船企业管理精细化和信息集成化水平显著提高，2～3 家标杆企业率先建成若干具有国际先进水平的智能单元、智能生产线和智能化车间，骨干企业基本实现数字化造船，实现每修正总吨工时消耗降低 20%以上，单位修正总吨综合能耗降低 10%，建造质量与效率达到国际先进水平，为建设智能船厂奠定坚实基础。《行动计划》提出了 5 大方面 15 项重点任务，并设置了 5 个专栏。一是攻克智能制造关键共性技术和短板装备。突破船舶智能制造关键共性技术，研制关键环节智能短板装备。二是夯实船舶智能制造基础。推进基础管控精细化、数字化，构建船厂信息基础设施，建立船舶智能制造标准体系。三是推进全三维数字化设计。推进基于模型的数字化设计体系建设，推进船舶产品数据管理信息化，推进三维数字化交付。四是加快智能车间建设。持续优化造船工艺流程，加快中间产品智能生产线建设，建设车间制造执行系统，推动数字化车间应用示范。五是推动造船数字化集成与服务。推进设计生产管理一体化信息集成，加强造船产业链信息集成，探索造船大数据分析与决策。

为保障各项任务落实，提出了六方面措施：一是加强组织协调，二是强化创新和示范应用的支持力度，三是加大金融支持力度，四是大力培育系统解决方案供应商，五是加强人才队伍建设，六是深化国际交流合作。

5.《车联网（智能网联汽车）产业发展行动计划》

为加快车联网（智能网联汽车）产业发展，大力培育增长点、形成新动能，工业和信息化部于 2018 年 12 月印发了《车联网（智能网联汽车）产业发展行动计划》。

《车联网（智能网联汽车）产业发展行动计划》明确，以网络通信技术、电子信息技术和汽车制造技术融合发展为主线，充分发挥我国网络通信产业的技术优势、电子信息产业的市场优势和汽车产业的规模优势，推动优化政策环境，加强跨行业合作，突破关键技术，夯实产业基础，形成深度融合、创新活跃、安全可信、竞争力强的车联网产业新生态。

《行动计划》提出，将充分发挥政策引领作用，分阶段实现车联网（智能网联汽车）产业高质量发展的目标。第一阶段，到 2020 年，将实现车联网（智能网联汽车）产业跨行业融合取得突破，具备高级别自动驾驶功能的智能网联汽车实现特定场景规模应用，车联网用户渗透率达到 30%以上，智能道路基础设施水平明显提升。第二阶段，2020 年后，技术创新、标准体系、基础设施、应用服务和安全保障体系将全面建成，高级别自动驾驶功能的智能网联汽车和 5G-V2X 逐步实现规模化商业应用，"人-车-路-云"实现高度协同，人民群众日益增长的美好生活需求得到更好满足。

《行动计划》中的主要任务包括：一是突破关键技术，推动产业化发展。充分利用各种创新资源，加快智能网联汽车关键零部件及系统开发应用，推动构建智能网联汽车决策控制平台。大力支持 LTE-V2X、5G-V2X 等无线通信网络关键技术研发与产业化，全面构建通信和计算相结合的车联网体系架构。二是完善标准体系，推动测试验证与示范应用。全面实施《国家车联网产业标准体系建设指南》，完善制定车联网重点标准，适时发放频率使用许可，构建智能网联汽车测试评价体系。推动在机场、港口和园区开展自动驾驶出行、智能物流等场景的示范应用，构建国家级车联网先导区，不断提升交通智能化管理水平和居民出行服务体验。三是合作共建，推动完善车联网产业基础设施。加强部门合作和部省协同，构建基于 LTE-V2X、5G-V2X 等无线通信技术的网络基础设施。打造综合大数据及云平台，推进道路基础设施的信息化和智能化改造，支持构建集感知、通信、计算等能力为一体的智能基础设施环境。四是发展综合应用，推动提升市场渗透率。大力发展车联网用户，培育智慧出行等创新应用，发展电动汽车实时在线监测系统和大数据分析能力，推广车路交互信息服务的规模应用。推动事故预警和协同控制技术的应用，提升交通安全与拥堵主动调控能力，建立基于网络的汽车设计、制造、服务一体化体系，实现基于大数据平台的个性化汽车服务的规模应用。五是技管结合，推动完善安全保障体系。以智能网联汽车系统运行安全、数据安全和网络安全为重点，完善安全管理体系与防护机制，构建智能网联汽车、车联网数据和网络的全要素安全检测评估体系，着力提升隐患排查、风险发现、应急处置水平。

为确保重点任务落实，《行动计划》提出了包括加强组织领导、加大政策支持力度、构建产业生态体系、优化产业发展环境、健全人才培养体系和推进国际及港澳台交流合作在内的 6 项保障措施，充分发挥"国家制造强国建设领导小组车联网产业发展专委会"等机制的作用，培育一批领军企业，构建产业集聚区，确保重点工作有序推进，切实推动车联网产业持续健康发展。

3.2.3　国际合作，共同发展

为了落实《中德合作行动纲要》（2014 年 10 月 10 日签署）和《中华人民共和国工业和信息化部与德意志联邦共和国经济和能源部推动中德企业开展智能制造及生产过程网络化合作的谅解备忘录》（2015 年 7 月 14 日签署），中德之间展开了一系列的合作。

1. 成立中德智能制造联盟

虽然"德国工业 4.0"和《中国制造 2025》术语有所不同，但无论理念还是核心目标都高度一致，在双方的合作中，需要将这些理念和目标转化、解构为可操作的流程，通过流程的有效转换实现共同目标。为此，2016 年 4 月 9 日中德智能制造联盟成立，为中德两国政府、企业和学术界搭建一个有效沟通交流的桥梁。截止到 2018 年，已经召开了两次联盟会议，如表 3-4 所示。

表 3-4　中德合作情况一览

时间与地点	事件	议题
2016 年 4 月 9 日，深圳	中德智能制造联盟成立大会	做好《中国制造 2025》与德国"工业4.0"战略对接工作
2017 年 9 月 29 日，青岛中德生态园	中德智能制造联盟理事会第二次全体会议	对接进展，宣布 2017 年中德智能制造合作试点示范项目名单

由此可见，中德合作具有很强的互补性，加强中德智能制造合作，有利于进一步推动产业进步，提升经济发展，特别是对中国新旧动能转换、产业转型发展都具有重要意义。

2. 中德智能制造合作示范项目、合作高峰论坛

中德批示 2016 年试点示范项目 15 项，2017 年试点示范项目 17 项。制定《2017 年中德智能制造合作工作安排》《2018 年中德智能制造合作工作安排》，确保合作顺利进行。召开合作高峰论坛，深入开展中德两国产业与技术交流。在长沙召开"2019 中德智能制造合作高峰论坛暨中德智能制造合作企业对话工作组全会"。

3.3　学术文献推荐

1. 题目：智能制造的概念与推进策略

作者：郭朝晖，刘胜

出处：科技导报，2018，36（21）：56-62

推荐理由：智能制造这一概念被提出已有一段时间，但很多人却不能很好地把握这一概念。阅读这篇文章有利于读者对智能制造有一个初步的、系统的认知。它可以作为了解智能制造这一领域的入门介绍性文章。

内容简介：文章系统区别了 smart manufacture、intelligent manufacture 和 flexible manufacturing 之间的差异，认为 ICT 技术的深入应用是智能制造的出发点；价值创造是智能制造的目的和归宿；快速响应变化是智能制造的外部特征；协同、共享和重用是智能制造进行价值创造的内在机制。此外，文章理清了智能制造业与人工自能、自动化的关系，阐述了智能制造的两大典型流派——"工业 4.0"和工业互联网的区别和联系，论述了智能制造的发展受到现实需求、技术水平等外部条件和约束的影响。

2. 题目：智能制造总体架构探析

作者：孟柳，延建林，董景辰

出处：中国工程科学，2018，20（4）：23-28

推荐理由：智能制造是一个不断演进的大系统，涵盖了产品、制造、服务全生命周期中所涉及的理论、方法、技术和应用。面对智能制造不断涌现的新技术、新理念、新模式，迫切需要总结提出智能制造系统架构，以更好地指导智能制造落地实施。文章清楚地阐述了智能制造的总体架构，并对我国智能制造发展提出了独特的建议。

内容简介：文章从价值维、技术维和组织维 3 个维度构建了中国智能制造总体架构，并分别与美国、德国、日本智能制造相关系统架构做了横向比较。智能制造总体架构的价值维体现了智能制造的主体是制造活动，技术维反映了智能制造以两化融合为主线，组织维强调了智能制造要以人为本。

3. 题目：智能制造的三个基本范式:从数字化制造、"互联网+"制造到新一代智能制造

作者：臧冀原，王柏村，孟柳

出处：中国工程科学，2018，20（4），13-18

推荐理由：清楚地阐述了智能制造的总体架构，并对我国智能制造发展提出独特建议。

内容简介：文章简述了研究智能制造范式的重要意义，智能制造的内涵和发展历程，综合智能制造相关范式，总结出智能制造 3 个基本范式：数字化制造、数字化网络化制造（"互联网+"制造）、数字化网络化智能化制造（新一代智能制造），进一步阐述了 3 种基本范式的内涵、特征。文章提出我国应从数字化"补课"做起，进一步夯实智能制造发展的基础；今后一阶段应重点发展"互联网+"制造，并行推进三种基本范式；新一代智能制造将从根本上引领和推进第四次工业革命，为我国实现制造业换道超车、跨越发展带来了历史性机遇。

4. 题目：开放式创新视野的智能制造企业知识共享研究

作者：陈万明，鲍世赞

出处：改革，2018，10: 102-110

推荐理由：已有研究尚未解决智能制造企业的知识体系结构、知识层级关系等问题。这篇文章不仅对于知识创新产生的知识层级跃迁给出跃迁条件与跃迁规律，而且对于知识创新的演化方向与路线等也给予了解答。

内容简介：首先，论证了知识体系结构，并且确定了 4 种结构组成的螺旋式知识演化路线图；其次，明确了知识层级跃迁的条件及一般规律，并且论证了知识共享条件下知识博弈均衡条件及均衡规律；再次，确定了主动知识创新与被动知识创新对知识博弈均衡的影响及各自发生的条件；最后，就我国智能制造业提出了以控制知识跃迁层级和知识共享规模为代表的五大知识创新对策。

5. 题目：CPS 与未来制造业的发展：中德美政策与能力构建的比较研究

作者：戴亦舒，叶丽莎，董小英，等

出处：中国软科学，2018，2: 11-20

推荐理由：中、德、美都在着力发展智能制造。通过阅读这篇文章，有利于我们认识和识别中、德、美三国在智能制造上的差异。

内容简介：文章以服务主导逻辑为理论基础，构建融合技术、能力和应用为一体的 CPS 架构，分析中国、德国和美国的制造业政策与报告，对比 3 个国家信息化与工业化融合战略布局的异同。研究发现，制造业正在向以用户为中心的制造服务化进行转变。在 CPS 能力体系的构建中，中国注重强化工业基础实力，德国强调制造业高度集成，美国侧重社会力量助力制造创新。

6. 题目：智能制造行业技能人才需求与培养匹配分析研究

　　作者：董伟，张美，王世斌

　　出处：高等工程教育研究, 2018, 6: 131-138

　　推荐理由：基于大数据，利用 LDA 主题分类模型等方法，探索智能制造行业技能人才需求与培养匹配的关系。它是为数不多的实证性论文，值得一读。

　　内容简介：文章通过掌握和分析智能制造行业对人才的需求，来促进职业教育与社会需求的接轨，即通过大数据挖掘方法，对国内主要招聘平台中关于智能制造行业对高职学生的招聘信息进行爬取与统计，获取智能制造行业对技能人才的需求信息；利用 LDA 主题分类模型，对招聘信息进行主题分类和探索分析，进而发现智能制造行业对职业院校所培养学生的技能需求的类型，即基础技能、机械制造技能和智能制造技能。结果表明，社会对技能人才能力要求最高的是智能制造技能，而职业院校在专业课程设置上仍以基础技能和机械制造技能课程为主，智能制造技能课程设置明显不足。根据研究结果，从人才培养、企业参与、社会协调等方面提出相关建议。

7. 题目：改革开放以来我国纺织企业由传统制造向智能制造的嬗变——以 LS 纺织企业智能制造项目建设为例

　　作者：李文瑞，刘奕，沈聪燕

　　出处：企业经济, 2018, 37（10）: 61-69

　　推荐理由：此文是 2018 年智能制造研究文献中，为数不多的一个案例研究论文。它聚焦于纺织业，分析了改革开放以来我国纺织企业由传统制造向智能制造的嬗变，阅读这篇文章有利于强化读者的实践认知。

　　内容简介：改革开放以来，我国纺织企业的发展历经了扩张生产规模（1978～1985年）、降低生产成本（1986～1995 年）、增强市场效率（1996～2005 年）以及提高生产技术（2006 年至今）4 个阶段。随着新时代生产技术成为市场竞争要素，智能制造成为传统制造纺织企业转型升级的必由之路。LS 作为我国纺织业内较早进军智能制造领域的企业，分别从生产端、管理端、平台侧 3 个路径切入，布局实施了生产现场智能化改造、企业内部工业大数据云平台建设，以及企业外部智能化服务延伸的智能制造项目建设活动。基于 LS 智能制造项目建设经验启示，我国纺织企业应着重从建立物联网和互联网企业的全面互联、建设基于云平台的企业数据智能体系、实现基于数据驱动的企业智能制造三方面入手，共同促进企业实现智能制造。

8. 题目：促进人工智能与制造业深度融合发展的难点及政策建议

　　作者：邓洲

　　出处：经济纵横, 2018, 8: 41-49

　　推荐理由：为加快实体经济复苏并抢占未来产业制高点，主要发达国家都在加强相关战略部署，促进人工智能与制造业深度融合。阅读该文章，可以让我们了解人工智能与制造业深度融合发展过程中可能存在的难点。

　　内容简介：文章指出推进人工智能与制造业深度融合是一项复杂的系统工程，世界各国都面临人工智能标准化制定与实施、互联网技术攻克、信息安全保障、复合型人才培养储备等一系列共同的问题和挑战，而我国还需面对关键核心技术、融合发展创新模式及引领全球融合发展趋势的制造业企业等缺乏问题。对此，我国应通过多方协同发展促进人工智能与制造业深度融合。国家层面，高度重视人工智能与制造业的深度融合，进行科学规划，并建立以基础研究为重点的国家实验室；产业层面，构建机器学习所需的工业大数据库，夯实大数据基础，推动人工智能与制造业深度融合的模式创新和业态创新；企业层面，鼓励我国优势制造业企业进行逆向整合，掌握核心要素资源，加强与互联网和人工智能相关企业的战略联系；在配套方面，调整制造业相关的高等教育和职业教育体系，以适应制造业步入人工智能时代的需要，同时评估和防范人工智能发展过程中可能引发的社会问题。

9. 题目：新一代人工智能技术引领下加快发展智能制造技术、产业与应用

作者：李伯虎，柴旭东，张霖，等

出处：中国工程科学，2018, 20（4）：73-78

推荐理由：以航天云网中的基于大数据的智能技术为例，实证说明新一代人工智能技术下，需要加快发展智能制造技术、产业与应用。案例选取恰当，分析到位，值得一读。

内容简介：文章阐释了新一代人工智能技术引领下的智能制造系统的内涵、体系架构、技术系统，探讨了新一代人工智能技术引领下的智能制造系统雏形——航天云网中的基于大数据智能技术，提出了发展新一代人工智能技术引领下的智能制造系统的若干建议，特别是重视技术、应用和产业的协调发展，在突出各国、各行业、各企业特色的同时，加强与全国，乃至全球的合作与交流，进而形成新时代下智能制造新模式、新手段和新业态。

10. 题目：基于物联网的汽车制造系统集成设计云平台

作者：刘世豪，李斌勇

出处：华南理工大学学报（自然科学版），2018, 46（12）：84-92

推荐理由：文章提出了基于物联网和"云计算"的汽车制造系统集成设计方法，结合所提出的方法，借助物联网监测系统的在线状态数据，构造了基于物联网的汽车制造系统集成设计云平台。通过阅读这篇文章，有助于读者了解基于物联网的汽车制造系统集成设计云平台。

内容简介：在汽车制造系统的概念设计阶段，文章运用模糊积分法解决多指标集成决策问题，获取最优概念设计方案。在汽车制造系统的详细设计阶段，文章运用遗传算法和"云计算"技术求解系统的最优拓扑结构及参数，对系统进行在线改进。应用所提出的方法，解决了在一批车用曲轴新的加工要求下某汽车智能制造系统的性能指标优化问题，使车用曲轴的平均加工速度达到 4 件/h、产品合格率达到 97%。研究表明，所提出的基于物联网和"云计算"的汽车制造系统集成设计方法具有较高的工程应用价值。

3.4　本章小结

本章从学术研究和政府引领两个方面对中国智能制造进展情况进行了分析。文献研究发现，2018 年中国智能制造业研究取得了较好的成绩，一是中文文献数量与往年相比，

有大幅提高；二是文献研究内容从智能制造的概念界定、国家层面的实施向产业层面、企业层面深入，研究更加微观化；三是除定性研究外，产生了一些基于大数据的、定量分析的成果。我们认为后续研究需要在认识智能制造有 3 个基本范式，即数字化制造、数字化网络化制造（"互联网+"制造）、数字化网络化智能化制造（新一代智能制造的是数字化制造）的基础上，归纳企业沿着 3 个基本范式演进的路径，探索不同制造产业、不同制造企业的智能化的方略。

　　为了落实《中国制造 2025》，2015 年，中国智能制造被列入重要日程，重要事件是《国家智能制造标准体系建设指南（2015 年版）》的公开印发。2016 年，中国智能制造进入全面、快速发展阶段。《智能制造工程实施指南（2016-2020）》和《智能制造发展规划（2016-2020 年）》公开印发，"中德智能制造联盟成立大会"，多项中德智能制造合作示范项目获批。2017 年后，继续探讨中国智能制造标准，开展国际合作，深入行业，探讨行业制造行动计划。

参 考 文 献

陈万明, 鲍世赞. 2018. 开放式创新视野的智能制造企业知识共享研究[J]. 改革, 10: 102-110.

戴亦舒, 叶丽莎, 董小英, 等. 2018. CPS 与未来制造业的发展：中德美政策与能力构建的比较研究[J]. 中国软科学, 2: 11-20.

邓洲. 2018. 促进人工智能与制造业深度融合发展的难点及政策建议[J]. 经济纵横, 8: 41-49.

董伟, 张美, 王世斌. 2018. 智能制造行业技能人才需求与培养匹配分析研究[J]. 高等工程教育研究, 6: 131-138.

耿建光, 李大林, 方进涛. 2018. 面向智能制造生态的软件支撑平台研究与实现[J]. 现代制造工程, 9: 94-98.

古依莎娜, 董景辰, 臧冀原, 等. 2018. 并行推进、融合发展——新一代智能制造技术路线[J]. 中国工程科学, 20(4): 19-22.

郭朝晖. 2018. 智能制造的技术与经济逻辑[J]. 中国工程科学, 20(4): 97-100.

郭朝晖, 刘胜. 2018. 智能制造的概念与推进策略[J]. 科技导报, 36(21): 56-62.

黄辉, 纪玉娇, 王哲, 等. 2018. 基于云制造的供应链网络构建研究[J]. 制造业自动化, 8: 104-110.

李伯虎, 柴旭东, 张霖, 等. 2018. 新一代人工智能技术引领下加快发展智能制造技术、产业与应用[J]. 中国工程科学, 20(4): 73-78.

李良军, 金鑫, 朱正伟. 2018. 融合创新范式下《中国制造 2025》人才模型和课程规划[J]. 高等工程教育研究, 4: 18-24.

李瑞琪, 韦莎, 程雨航. 2018. 人工智能技术在智能制造中的典型应用场景与标准体系研究[J]. 中国工程科学, 20(4): 112-117.

李文瑞, 刘奕, 沈聪燕. 2018. 改革开放以来我国纺织企业由传统制造向智能制造的嬗变——以 LS 纺织企业智能制造项目建设为例[J]. 企业经济, 37(10): 61-69.

刘世豪, 李斌勇. 2018. 基于物联网的汽车制造系统集成设计云平台[J]. 华南理工大学学报(自然科学版), 46(12): 84-92.

刘亚威. 2018. 英国高价值制造战略与航空制造创新[J]. 科研管理, 39(S1): 284-288.

孟柳, 延建林, 董景辰. 2018. 智能制造总体架构探析[J]. 中国工程科学, 20(4): 23-28.

宁振波. 2018. 航空智能制造的基础——软件定义创新工业范式[J]. 中国工程科学, 20(4): 85-89.

欧阳生, 孔德洋. 2018. 工业 4.0 时代中国制造业新出路——《精益智能制造》推荐阅读[J]. 中国机械工程, 29(16): 2010-2015.

孙彦广. 2018. 钢铁工业智能制造的集成优化[J]. 科技导报, 36(21): 30-37.

王斌. 2018. 智能制造背景下地方本科院校应用型人才培养对策[J]. 教育理论与实践, 38(18): 9-11.

王飞跃, 高彦臣, 商秀芹, 等. 2018. 平行制造与工业 5.0: 从虚拟制造到智能制造[J]. 科技导报, 36(21): 10-22.

王建民, 刘建勋. 2018. 面向智能制造的业务过程管理与服务技术专题前言[J]. 软件学报, 29(11): 3239-3240.

肖刚, 项哲锐, 张元鸣, 等. 2018. 面向云制造的服务组合执行引擎框架研究[J]. 图学学报, 12: 1165-1174.

徐彬. 2018. 培养"双创"人才: 实施智能制造战略的关键[J]. 人民论坛, (16): 124-125.

延建林, 董景辰, 古依莎娜, 等. 2018. 加快制定适合我国国情的智能制造技术战略[J]. 中国工程科学, 20(4): 9-12.

杨若凡, 刘军, 李晓军. 2018. 多方协同开展智能制造新工科人才培养的思考与实践[J]. 高等工程教育研究, (5): 30-34.

杨欣, 曾珍香, 魏津瑜, 等. 2018. 发展云制造创新模式的影响及对策研究[J]. 科学管理研究, 36(4): 32-34, 39.

臧冀原, 王柏村, 孟柳. 2018. 智能制造的三个基本范式: 从数字化制造、"互联网+"制造到新一代智能制造[J]. 中国工程科学, 20(4): 13-18.

张傲, 范彩霞, 张磊, 等. 2018. 面向智能制造的数控切削工艺数据库的构建[J]. 制造业自动化, 40(10): 70-71, 89.

赵敏. 2018. 基于 RAMI 4.0 解读新一代智能制造[J]. 中国工程科学, 20(4): 90-96.

撰稿人：余菜花

审稿人：李廉水

第2部分

发展评价篇

第4章 中国制造业智能化发展综合评价研究

4.1 引　言

改革开放至今，中国制造业经过 40 余年的发展，取得了举世瞩目的成就，中国已经成为全球第一制造业大国。但是中国制造业在保持良好发展态势的同时，也面临着新的问题，一是劳动力和土地等成本增加，人口红利逐渐消失，相对优势不在；二是制造业创新能力不足，产品附加值低，仍然处于价值链低端环节；三是制造业企业税负过重，部分行业产能利用率低，存在产能严重过剩等问题。因此中国制造业寻求转变发展方式、优化经济结构、转换增长动力的愿望愈加迫切（李廉水等，2019）。

智能制造是解决以上问题的关键。智能制造已被公认是全球制造业的发展趋势，是提升制造水平的关键，是制造业未来竞争的主战场和区域经济发展的主要推动力，这也是中国在新的产业变革中所面临的一个最佳机会（黄群慧和贺俊，2015）。在当前以中高速、优结构、新动力、多挑战为主要特征的新常态下，发展智能制造不仅是我国产业转型升级的突破口，也是重塑制造业竞争优势的新引擎，被理论与实践各界普遍认为代表了制造业的未来方向（吕铁和韩娜，2015）。《中国制造2025》的提出也说明智能制造已成为制造业重要的发展趋势，促进了新的生产管理方式、商业运营模式、产业发展形态的形成，将对全球工业的产业格局带来重大影响，进而引发第四次工业革命（万志远等，2018）。

本章在综述"智能制造"相关概念的基础上，分析制造业智能化的内涵，构建中国制造业智能化评价指标体系，结合中国制造业时间序列数据，得到中国制造业智能化水平综合评价值，客观评价中国制造业近年来的智能化发展进程。

4.2 智能制造的概念和内涵

"智能制造"这一概念最早由美国学者 Wright 和 Bourne（1988）在其著作 *Manufacturing Intelligence* 中提出，他们将智能制造定义为机器人应用制造软件系统技术、集成系统工程以及机器人视觉技术等，实行批量生产的系统性过程。智能制造概念及思想的出现促进了其他国家及学者对智能制造的相关研究，通过文献梳理，发现相关研究主要集中在 4 个方面。

1. 智能生产技术视角下的智能制造

Kusiak（1990）指出智能制造是在制造过程中通过计算机来模拟人类脑力活动进行分析与决策，旨在替代或延伸人类的脑力与体力功能。我国对于智能制造的研究开始于 20 世纪 90 年代，中国机械工程学会指出智能制造是一门研究制造活动中信息获取分析、智能决策与执行的综合交叉技术，目的在于实现某些功能（王媛媛，2016）。周佳军和姚锡凡（2015）提出智能制造技术是在新一代信息技术和人工智能等技术的基础上通过感知、人机交互等类人行为操作来实现产品设计、制造、管理与维护等一系列流程，是两化融合的集中体现。

2. 系统视角下的智能制造

王喜文（2015）从企业的边界与关联的角度将智能制造解读为工厂内实现"信息物理系统"，工厂间实现"互联制造"，工厂外实现"数据制造"。同时也有学者认为，智能制造不仅仅是由智能机器主导的，而是一个由智能机器和人类专家共同作用的一体化系统，这个智能系统通过嵌入到生产过程中而发挥作用，通过智能系统来取代制造过程中的大部分人力活动（林汉川和汤临佳，2015）。易开刚和孙漪（2014）指出，智能制造包括智能制造技术（MT）和智能制造系统（MS）。智能制造技术是指"利用计算机模拟人类分析、判断、推理、构思和决策等智能活动，并将这些智能活动与相应的机器设备有机结合，令其完成生产制造中的经营决策、采购、产品设计、生产计划、制造、装配、质量管理、市场销售等一整套流程的先进制造技术"；智能制造系统是基于智能制造技术，"利用人工智能技术、先进制造技术、信息技术等，使整个企业制造系统中的各个子系统分别智能化，并形成由网络集成的、高度自动化的一种制造系统"。智能制造旨在实现人的知识和装备的高度衔接，是将知识转变为装备的具体行为过程。相较于传统的制造系统，智能制造系统做到了人机一体化，并依靠虚拟现实技术实现了自组织和超柔性，具备自律能力、学习能力和自我维护能力等特征。

3. 工业互联网视角下的智能制造

随着工业互联网、物联网、大数据、人工智能等现代制造业生态的出现，智能制造的内涵也随之发生了改变。智能制造是对生产方式的改变，贯穿于产品全生命周期。左世全（2015）认为智能制造将迅速发展的信息通信技术（物联网和服务互联网）渗透到工厂，在制造业领域构建信息物理系统，从而彻底改变制造业生产组织方式和人机关系，并带来商业模式的变革。刘星星（2016）认为智能技术是制造技术与大数据技术、物联网技术、建模与仿真技术、3D 打印技术以及人工智能技术等的深度融合，具备自组织、自学习的功能，同时能够对于生产过程中产生的数据状况进行自分析与自处理。

4. 基于产品生命周期的智能制造

任宇（2015）认为智能制造是面向产品全生命周期实现泛在感知条件下的信息化制造，是将制造技术与数字技术、智能技术、网络技术的集成应用于设计、生产、管理和服务的全生命周期，在制造过程中进行感知、人机互动、决策、执行和反馈，实现产品设计过程、制造过程和企业管理及服务的智能化，是信息技术和智能技术与制造技术的深度融合与集成。《智能制造发展规划（2016—2020 年）》（工业和信息化部和财政部，2017）指出智能制造是基于新一代信息通信技术与先进制造技术深度融合，贯穿于设计、生产、管理、服务等制造活动的各个环节，具有自感知、自学习、自决策、自执行、自适应等功能的新型生产方式。周济（2015）认为智能制造的实质是以提高价值创造能力为目标，现阶段的智能制造是一个系统性的大工程，这个系统工程包括智能产品、智能生产过程、智能产业模式以及实现智能制造的基础设施建设，具有生产能够满足个性化需求的智能产品、生产过程智能化以及智能优化配置企业资源等功能。

综上所述，可知智能制造是一个复杂的、动态变化的概念，不同人从不同的角度出发，对其的理解有所差异；不同时期，人们对智能制造的理解也不尽相同。我们试图从制造业智能化的视角出发，对智能制造这一热点话题进行解析，已有文献从多个视角对智能制造进行了阐述，为本章的进一步分析奠定了基础。但已有的文献主要从技术、战略或行业的视角对智能制造进行了解析，而较少从制造业智能化的角度进行解读。制造业智能化实质上是中国制造业实现产业转型和优化升级的主攻方向，是引领技术创新和制造业发展的重要途径，是一种生产方式的变革。本章从制造业智能化的角度，通过建立评价指标体系并采用综合评价方法，对中国制造业近期的智能化程度进行评价，以期了解中国制造业智能化的进程。

4.3　制造业智能化及其指标体系

制造业智能化是智能制造的延伸和拓展，是从创新生产方式的角度去认识制造业变迁。李廉水等（2019）认为，制造业智能化是指在实现智能制造过程中，制造业通过不断努力推进其生产方式实现智能的过程，表现为通过以人工智能和新一代 ICT 技术等对制造全过程（设计、生产、管理、服务等）和生命周期进行改造，以适应不断变化的环境并产生社会效益和经济效益的过程。同时，制造业智能化也呈现出层级发展关系特点，基础层面的制造业企业为寻求转型升级而对各环节进行智能化投入，进而引发制造业企业之间的关联和产业结构发生转变，而国家则会从宏观层面通过政策激励和限制等手段对制造业进行引导，并提供相关服务，以谋求制造业价值链攀升。

基于上述制造业智能化的概念，制造业智能化具有丰富的内涵。

一是完善的基础设施建设是制造业智能化的前提条件。发展和落实制造业智能化需要有完善的宏观环境和完备的基础设施建设。工信部在 2015 年 7 月新闻发布会中提出，以高速宽带网络建设为抓手，提升信息基础设施支撑水平；以关键技术和产品为突破口，提升电子信息产业支撑水平[①]。智能制造是以数据流为基础，以网络互连为支撑，因此信息基础建设是智能制造的基础。制造业智能化是一种生产方式的变革，在制造业的智能化过程中必将涉及制造业内部的生产设施等的更新换代，所以制造业实现智能化也需要有较强的投资能力。本章从投资能力、流通能力、通信能力、信息采集能力 4 个角度衡量制造业智能基础状况，具体指标为"信息基础设施情况""制造业固定资产投入""交通状况""通信设施情况""互联网普及率"5 个指标。

二是制造业智能化水平的进一步提升需要新一代 ICT 技术和先进制造技术等智能装备的参与，装备与生产的融合需要应用软件的支撑，而且产品的服务也需要智能化。因

---

① 人民网. 工信部：以智能制造为切入点推进"互联网+". http://it.people.com.cn/n/2015/0723/c1009-27347446.html.

此从生产应用的角度看，智能制造可分为三个层次：一是智能制造装备，智能制造离不开智能装备的支撑，包括高级数控机床、配备新型传感器的智能机器人、智能化成套生产线等，以实现生产过程的自动化、智能化、高效化；二是智能制造系统，是一种由智能设备和人类专家结合物理信息技术共同构建的智能生产系统，可以不断进行自我学习和优化，并随着技术进步和产业实践动态发展；三是智能制造服务，与物联网相结合的智能制造过程涵盖产品设计、生产、管理、服务的全生命周期，可以根据用户需求对产品进行定制化生产，最终形成全生产服务生态链。智能制造企业对产品生产到经营的全生命周期进行管控，通过融合生产工艺流程、供应链物流和企业经营模式，有效串联业务与制造过程，最终使工厂在一个柔性、敏捷、智能的制造环境中运行，大幅度优化生产效率和稳定性。因此从装备、系统和服务 3 个角度衡量生产应用层，具体有"智能化设备投入情况""工业机器人状况""软件普及和应用状况""信息化水平" 4 个指标。

三是制造业智能化最终成果还是要经受实践——制造业的市场表现的检验。首先，中国以制造业智能化为契机，通过新一轮的技术创新和产业变革，实现产业链内向高端转移，产业结构优化升级，提高了制造业的竞争力，借鉴孙早和侯玉琳（2019），选取"工业创新效率"衡量制造业竞争能力。制造业智能化实现智能制造技术贯穿产品制造全流程，必将产生更多的新产品和高技术产品，使得制造业效益提升，本章选择"新产品生产情况"和"高技术产业发展状况"来衡量。制造业智能化反映了制造业谋求劳动效率提升和智力替代的诉求，有利于大幅提升劳动生产率，通过赋智于生产设备来释放生产潜力，从而提升制造业的效率，本章从"制造业劳动效率""成本费用利润率""能源强度"等角度进行衡量。因此对应于市场实践层，从竞争力、效率和效益 3 个角度衡量，主要有工业创新效率、新产品生产情况、高技术产业发展状况、制造业劳动效率、成本费用利润率、能源强度 6 个指标。

综上所述，制造业智能化指标体系见表4-1。

表 4-1   制造业智能化评价指标体系

一级指标	二级指标	三级指标	指标描述	单位	属性
智能基础层	投资能力	信息基础设施情况	信息传输、软件和信息技术服务业固定资产投资额	亿元	正向
		制造业固定资产投入	制造业固定资产投资额	亿元	正向
	流通能力	交通状况	拥有等级公里路程	千米	正向
	通信能力	通信设施情况	光缆线路长度	千米	正向
	信息采集能力	互联网普及率	上网人数在 15~64 岁人口中的比重	%	正向
生产应用层	装备	智能化设备投入情况	计算机、电子元器件和仪器设备等的主营业务收入占制造业企业主营业务收入比重	%	正向
		工业机器人状况	工业机器人安装量	台	正向
	系统	软件普及和应用状况	软件产品收入与嵌入式系统软件收入之和占制造业企业主营业务收入比重	%	正向
	服务	信息化水平	信息技术服务收入占制造业企业主营业务收入比重	%	正向

续表

一级指标	二级指标	三级指标	指标描述	单位	属性
	竞争力	工业创新效率	国家专利申请授权量与R&D人员全时当量比值	件/万人年全时当量	正向
		新产品生产情况	制造业新产品主营业务收入与制造业主营业务收入比值	%	正向
市场实践层	效益	高技术产业发展状况	高新技术产业销售收入与制造业企业主营业务收入比值	%	正向
		制造业劳动效率	制造业全员劳动生产率	元/人	正向
	效率	成本费用利润率	利润总额占成本费用总额比重	%	正向
		能源强度	能源消耗量占GDP比重	吨标准煤/万元	逆向

4.4 制造业智能化综合评价方法

制造业智能化评价指标体系包括多个层次和多个指标，对该多属性问题进行评价和分析的关键在于各个指标权重的确定。权重确定的方法主要有主观赋权法和客观赋权法两种，相对主观赋权法，客观赋权法能最大限度地对评价对象的水平或程度，并以科学的方法进行呈现，可以避免主观赋权法的随意性，因此本章采用常用的客观赋权法——熵权法确定权重，并采用投影法确定综合评价值，从而可以对中国制造业智能化及其各维度的发展状况进行评价和分析。

投影法是多指标决策与评价的新方法，该方法概念清楚，含义明确，算法简单，在实践中有着广泛的应用。投影法确定综合评价值主要有两步：确定每个指标的权重；计算各评价对象在理想方案上的投影。具体计算步骤如下：

1. 熵权法确定权重

熵权法是较为常用的客观赋权法之一。熵值一般用来度量事物的不确定性和随机程度，也可用来判断事物的离散程度，离散程度越大则对综合评价的影响越大。因而，可以通过熵权法来确定指标权重。熵权法计算步骤如下：

1）建立评价矩阵

假设多指标决策问题的方案集为 $A = \{A_1, A_2, \cdots, A_n\}$；指标集为 $G = \{G_1, G_2, \cdots, G_m\}$，方案 A_i 对指标 G_j 的属性值（指标值）记为 x_{ij} $(i = 1, \cdots, n; j = 1, \cdots, m)$；矩阵 $X = \left(x_{ij}\right)_{n \times m}$ 表示方案集 A 对指标集 G 的"属性矩阵"，即决策矩阵。

2）标准化`

考虑各指标的计量单位的非一致性，在计算权重前需要对各指标进行标准化处理，将指标的绝对数值转化为相对数值，使得各指标具有可比性。另外，正向指标和负向指标具有不同的属性（正向指标数值越大越好，负向指标数值越小越好），因而需要设置不同算法使得正向指标和负向指标具有可比性。指标标准化方法有多种，本章采用功效系数法。

$$\text{正向指标：} \quad y_{ij} = \frac{x_{ij} - \min(x_{1j}, \cdots, x_{nj})}{\max(x_{1j}, \cdots, x_{nj}) - \min(x_{1j}, \cdots, x_{nj})} \tag{4-1}$$

$$\text{负向指标：} \quad y_{ij} = \frac{\max(x_{1j}, \cdots, x_{nj}) - x_{ij}}{\max(x_{1j}, \cdots, x_{nj}) - \min(x_{1j}, \cdots, x_{nj})} \tag{4-2}$$

设标准化处理后的决策矩阵为 $\boldsymbol{Y} = \left(y_{ij}\right)_{n \times m}$，显然 y_{ij} 越大越好。

3）熵值的计算

计算第 j 个指标下第 i 个样本值占该指标的比重：

$$p_{ij} = \frac{y_{ij}}{\sum_{i=1}^{n} y_{ij}}, \quad i = 1, \cdots, n; j = 1, \cdots, m \tag{4-3}$$

计算第 j 个指标的熵值：

$$e_j = -k \sum_{i=1}^{n} p_{ij} \ln p_{ij} \left(j = 1, \cdots, m\right); k = 1/\ln n > 0; e_j \geqslant 0; \quad \text{若} p_{ij} = 0, \quad \text{则} p_{ij} \ln p_{ij} = 0$$

4）权重的确定

计算信息熵冗余度：$d_j = 1 - e_j, \quad j = 1, \cdots, m$

计算得到各指标的权重：

$$w_j = \frac{d_j}{\sum_{j=1}^{m} d_j}, \quad j = 1, \cdots, m \tag{4-4}$$

对权重进行单位化约束条件处理：$\sum w_j^2 = 1$

2. 投影法

定义各评价指标的理想属性值为 $\boldsymbol{Y}_j^* = \max\left(Y_{ij} | i = 1, 2, \cdots, n\right) = 1$，$j = 1, 2, \cdots, m$，由理想属性值构成的方案称为理想方案，用 $\boldsymbol{A}^*$ 表示。

1）设决策方案 $\boldsymbol{A}_i$ 与理想方案 $\boldsymbol{A}^*$ 之间的夹角余弦为

$$r_i = \frac{\left\|\boldsymbol{A}_i\right\| \cdot \left\|\boldsymbol{A}^*\right\|}{\left\|\boldsymbol{A}_i\right\| \cdot \left\|\boldsymbol{A}^*\right\|} = \frac{\sum_{i=1}^{m} W_j Y_{ij} \cdot W_j}{\sqrt{\left(W_j Y_{ij}\right)^2} \cdot \sqrt{W_j^2}}, \quad i = 1, 2, \cdots, n \tag{4-5}$$

设决策方案 $\boldsymbol{A}_i$ 的模为 $d_i = \sqrt{\left(W_j Y_{ij}\right)^2}\left(i = 1, 2, \cdots, n\right)$

2）$D_i = d_i \cdot r_i$，此即决策方案在理想方案上的投影。

夹角余弦表示决策方案 $\boldsymbol{A}_i$ 与理想方案 $\boldsymbol{A}^*$ 之间变动方向的一致程度；模的大小反映了二者之间的距离。因此投影全面准确地反映了各决策方案与理想方案之间的接近程度。

4.5 中国制造业智能化评价结果

采用投影法计算得到各年的投影值,即 2003~2017 年的每年制造业智能化综合值。用同样的方法可以得到中国制造业智能基础水平、生产应用水平和市场实践水平的综合评价值。所用数据中,工业机器人安装量数据来源于国际机器人联合会(International Federation of Robotics,IFR),其他数据来自历年的《中国统计年鉴》。中国制造业智能化水平及其各层次发展趋势如图 4-1 所示。

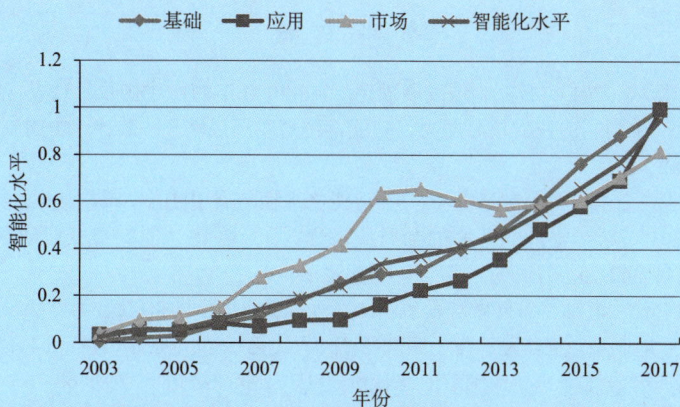

图 4-1 2003~2017 年中国制造业智能化水平发展趋势

(1)中国制造业智能化基础水平逐年提升。2003~2017 年,中国制造业智能化基础水平逐年上升。中国历来重视基础投资和建设,2003 年中国互联网普及率仅为 6.2%,2017 年增长为 55.8%,年平均增加为 3.54 个百分点;光缆线路长度,2017 年为 2003 年的 13.82 倍。从投资来看,2017 年制造业固定资产投资额是 2003 年的 13.19 倍;信息传输、软件和信息技术服务业固定资产投资额是原来的 4.21 倍。中国的基础投资建设极大促进了中国的经济增长,同时也为中国制造业智能化发展铺平了道路。

(2)中国制造业应用水平不断提高。以计算机、电子元器件和仪器设备行业为代表的中国装备制造业发展壮大;工业机器人安装量 2003 年只有 1451 台,2017 年增加为 137920 台,是起初的 95 倍,年均增加 38.44%。2010 年以来,增加率明显加快,除 2012、2015、2016 年外,其他年份增长与上年相比,均超过 50%。软件的应用和普及状况每年都在增加,2003~2008 年均低于 1%;2009 年开始高于 1%,2015 年开始高于 2%,2017 年为 2.40%。信息化水平也从 2003 年的 0.64%,达到了 2017 年的 3%。数据表明,中国制造业智能化的主要体现——装备、系统和服务已逐渐应用到了制造业的全产品生命周期中,推动了中国制造业智能化水平提升。

(3)中国制造业市场实践水平波动上升。对于制造业市场实践水平的发展可以划分为两个阶段:第一阶段为 2003~2011 年,市场实践水平保持逐年增加的态势;2012~2015 年稍有下降,2016 年后又恢复了快速增加的态势。这与中国经济变化的状态相吻合。2011

年及以前，中国历年 GDP 增长率在 10%左右，伴随着的中国制造业市场表现也较好。2012 年后，中国经济增速变缓，这也影响了中国制造业的市场表现。但随着近年来中国制造业智能化转型得到重视，中国制造业迅速得到调整，市场表现再次呈现增长状态。

（4）中国制造业智能化水平平稳提升。从图 4-1 可以看到，2003～2017 年，制造业智能化水平呈现出平稳增长的态势。从历年发展情况来看，中国制造业愈加注重通过提升生产技术水平来获取核心竞争力，智能化发展就是其中最好的体现。智能化基础水平和软件应用水平提升较为明显，市场实践水平虽有波动，但具有较强的回调能力，因此中国制造业智能化的各维度不断提升，综合推动了中国制造业的智能化水平。

参 考 文 献

工业和信息化部, 财政部. 2017. 智能制造发展规划(2016-2020 年)[J]. 中国仪器仪表, (1): 32-38.

黄群慧, 贺俊. 2015. 中国制造业的核心能力、功能定位与发展战略——兼评《中国制造 2025》[J]. 中国工业经济, (6): 5-17.

李廉水, 石喜爱, 刘军. 2019. 中国制造业 40 年: 智能化进程与展望[J]. 中国软科学, (1): 1-9, 30.

林汉川, 汤临佳. 2015. 新一轮产业革命的全局战略分析——各国智能制造发展动向概览[J]. 人民论坛·学术前沿, (11): 62-75.

刘星星. 2016. 智能制造: 内涵、国外做法及启示[J]. 河南工业大学学报(社会科学版), 12(2): 52-56.

吕铁, 韩娜. 2015. 智能制造: 全球趋势与中国战略[J]. 人民论坛·学术前沿, (11): 6-17.

任宇. 2015. 中国与主要发达国家智能制造的比较研究[J]. 工业经济论坛, 2(2): 68-76.

孙早, 侯玉琳. 2019. 工业智能化如何重塑劳动力就业结构[J]. 中国工业经济, (5): 61-79.

万志远, 戈鹏, 张晓林, 等. 2018. 智能制造背景下装备制造业产业升级研究[J]. 世界科技研究与发展, 40(03): 316-327.

王喜文. 2015. 工业 4.0、互联网+、中国制造 2025 中国制造业转型升级的未来方向[J]. 国家治理, (23): 12-19.

王媛媛. 2016. 智能制造领域研究现状及未来趋势分析[J]. 工业经济论坛, 3(5): 530-537.

易开刚, 孙漪. 2014. 民营制造企业"低端锁定"突破机理与路径——基于智能制造视角[J]. 科技进步与对策, (6): 73-78.

周济. 2015. 智能制造——《中国制造 2025》的主攻方向[J]. 中国机械工程, 26(17): 2273-2284.

周佳军, 姚锡凡. 2015. 先进制造技术与新工业革命[J]. 计算机集成制造系统, 21(8): 1963-1978.

左世全. 2015. 智能制造的中国特色之路[J]. 中国工业评论, 4: 48-55.

Kusiak A. 1990. Intelligent manufacturing systems[J]. Journal of Engineering for Industry, 113(2): 581-586.

Wright P K, Bourne D A. 1988. Manufacturing Intelligence[M]. New Jersey: Addison-Wesley: 35-50.

撰稿人：王常凯 程中华

审稿人：李廉水

第5章　中国区域智能制造发展水平评价研究

5.1　引　　言

智能制造是推动新时期制造业转型升级的新动能。人口红利减少、中等收入陷阱、环境资源危机和发达国家再工业化诸种压力下，智能制造成为新一轮工业革命的核心技术和《中国制造 2025》的主攻方向（周济，2015）。我国地缘广阔，制造业发展呈现不均衡性，新一轮工业革命浪潮下，各区域智能制造推进程度、差异程度成为当前需要揭示的问题。进行区域智能制造评价有助于及时了解区域制造业的发展水平和转型升级情况，为地方和中央政府统筹兼顾、制定智能制造推进政策提供科学依据。

国外对智能制造的探讨侧重于智能制造技术，主要研究大数据、"云计算"、人工智能等新兴技术对制造系统重构的影响和方案实现（Mehrabi 等，2000；Kusiak，2017；Bortolini 等，2018）。国内的研究热点涵盖了智能制造的概念内涵、应用领域、影响因素等方面，李廉水等（2019）对中国制造业智能化阶段历程进行了全面梳理，剖析了智能制造的内涵。与欧美再工业化瞄准高端、先进制造领域不同，甄炳禧（2015）强调，中国制造业的转型升级不能以放弃传统产业的优势为代价，应借助智能制造实现传统产业的改造升级，以此提升产业竞争力。中国工程院院士吴澄（2019）指出智能制造既可顶天又可立地，并不是只有高端制造业才能实施智能制造，智能制造可以在各个行业都有所作为。另有部分学者分析了智能制造带来的影响，以及影响智能制造的因素。智能制造包含从设计、生产、销售等整个供应链表现，涵盖范围的复杂性和制造"智力"的隐含性，使研究数据的可得性受限，因此，鲜有文献进行智能制造水平评价研究，然而，在量化智能制造影响时，不可避免涉及对研究对象智能制造水平的测量，杨晓锋（2018）用工业机器人存量代表区域智能制造水平。孟凡生和赵刚（2018）从微观企业视角设计了包含关键业务智能化水平、企业经营管理智能化水平、企业为客户提供智能服务水平的一级指标体系，并采用问卷调研获得智能制造评价一手数据。孙早和侯玉琳（2019）借鉴工信部两化融合指标，从基础建设、生产应用、竞争力/效益三方面构建了工业智能化水平测度指标体系。上述方式一定程度反映了研究对象的智能制造水平，然而替代性指标导致的替代误差，问卷调研带来的抽样误差、测量误差，以及采用合成型指标可能产生的系统误差降低了智能制造评价的准确性。

与现有研究相比，本章的主要贡献在于：①基于智能制造的五维内涵特征，搭建了全链条的区域智能制造评价分析框架，规避借用相近概念指标代表带来的替代误差；②借鉴心理学潜因子智力测量模型，采用反映型指标构建区域智能制造评价体系，测量区域智能制造水平，较好地克服了合成型模型测量的系统误差；③将上述分析框架和测量模型应用于区域智能制造发展水平的观察，采用时序全局主成分分析生成区域智能制造发展水平指数,揭示区域智能制造相对水平和发展走势,从而探讨深层启示。构建智能制造这一指数的价值在于,它可以作为评价和监测区域制造业发展的重要指标,在促进区域制造业发展的理论研究中,成为不可或缺的观测变量。

5.2　区域智能制造的特征及测量框架

与人的智力类似,制造企业的"智力"(智能化)相对抽象,很难直接描述,本章采用潜因子模型测量人的一般智力能力的做法,即人的一般智力能力是决定诸多具体能力(语文能力、空间能力、数量计算能力等)背后的一个共同因素,换句话说,语文能力、空间能力等具体能力是一般智力能力的反映,通过抽取多维反映能力的潜因子可得到一般智力能力。同样,制造企业的"智力"是多维智能制造反映变量背后的潜因子,建立多维智能制造反映型指标体系,抽取得到的潜因子即为智能制造因子。

5.2.1　智能制造的五维特征

那么,选取哪些变量反映企业智能制造水平?联想集团董事长兼首席执行官杨元庆认为,说起智能制造,大部分媒体所呈现的机器人、自动化流水线等,其实是对智能制造的一种片面理解和表达,智能制造不仅是某一个环节的智能化,更应该是研发、生产、销售服务的全链条的智能化。只有全链条的智能化才能实现产业模式由以产品为中心向以用户为中心的转变,提高制造业产品的有效供给,促进消费升级环境下区域制造业供给侧的结构性变革。李廉水等(2019)在回顾中国制造业 40 年智能化的进程与展望时提出:智能制造应当具备产品智能化、生产方式智能化、服务智能化、装备智能化和管理智能化五方面特征。实际上,五维特征是对全链条智能化的理论提炼,它涵盖了企业运营的各环节:产品智能化、生产智能化和服务智能化分别对应于企业运营中产品研发设计、生产和营销过程;装备智能化和管理智能化为企业运营过程提供硬件和软件的智能化支撑。本章旨在构建区域制造业全链条的智能化评价(测量)体系,因此,采用上述 5 个维度反映区域智能制造水平。

5.2.2　区域智能制造的测量模型

智能制造的测量框架从微观企业层面展开机理分析,区域智能制造是区域众多制造企业智能化发展的总和,本章采用区域制造业数据反映区域智能制造状况,选取 5 个制造业可观测指标($X_1 \sim X_5$)分别代表区域智能制造的五维特征,完整的区域智能制造测量模型如图 5-1 所示,从箭头指向可知,无论五维特征还是可观测指标,都是上级指标的反映,同层级指标同向变化,且高度相关。因此本章构建的指标体系属于反映型指标,每一个维度属于智能制造反映的一个表征,由智能制造这个潜在因素直接决定。相比合成型指标体系(每一个维度是智能制造的一个部分),反映型指标很好地规避了合成型指标中一旦缺漏个别指标带来的系统偏差,结构方程模型中,当测量对象属于潜因子模型,且每一维度皆为反映型指标时,可以直接用可观测指标估计测量对象。

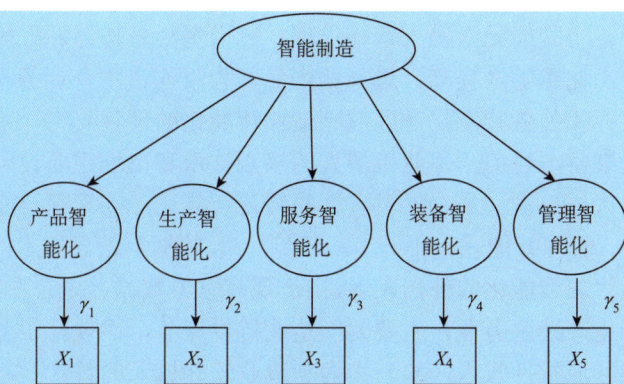

图 5-1　智能制造测量模型

结构方程模型中默认的测量模型为同属测量模型，假设每个指标都不同程度地反映了上一级指标的真实值，最终得到测算智能制造的公式如下（具体推导步骤见本章附录）

$$X_1 = \gamma_1 \times IM + \varepsilon_1 \tag{5-1}$$

$$X_2 = \gamma_2 \times IM + \varepsilon_2 \tag{5-2}$$

$$X_3 = \gamma_3 \times IM + \varepsilon_3 \tag{5-3}$$

$$X_4 = \gamma_4 \times IM + \varepsilon_4 \tag{5-4}$$

$$X_5 = \gamma_5 \times IM + \varepsilon_5 \tag{5-5}$$

其中，$\gamma_1 \sim \gamma_5$ 为权重，代表各观测值反映智能制造真实值 IM 的程度，γ_i 为 1 时说明对应的可观测指标能够完全反映智能制造的真实值 IM，γ_i 为 0 时表示相应指标完全不能反映智能制造的真实值。$\varepsilon_1 \sim \varepsilon_5$ 为误差。

每个反映型指标反映真实值的准确程度不同，因而式（5-1）～式（5-5）中，每个可观测指标对智能制造真实值的估计都伴随相应的随机误差 ε。然而，5 个维度智能制造特征的反映型指标从不同角度反映智能制造，从五维指标抽取的共同因子作为估计值，能够有效地降低测量误差。

总体而言，上述测量模型的优点在于，可以基于现有可观测工业统计数据，弥补了因直接数据不足无法对区域智能制造水平量化的遗憾；或弥补进行一手数据调研产生的测量误差与抽样误差；更为重要的是，多维反映变量共同抽取的智能制造因子可以有效降低测量的随机误差；同时，规避合成型变量测算智能制造可能伴随的系统偏差，提高测量的准确性。

5.2.3　可观测指标的选取

各特征维度指标对应的可观测变量及选择理由如下：①产品的智能化赋予了产品更多科技元素，伴随产品设计研发强度的提高，选用区域制造业 R&D 强度（X_1）反映区域制造产品智能化，以制造业 R&D 经费投入与主营收入之比表示；②生产智能化蕴含着从粗放式低效率生产方式向高效率集约型生产方式转变，将包含劳动力、资本、能源要素投入、主营收入产出的全要素生产率（X_2）代表生产智能化；③服务智能化是生产向营销方向的延伸，将智能元素融入营销过程，提供主动、按需、大规模定制化营销服务，相应地，新产品比重随之提高，选择新产品销售收入占主营业务收入之比（X_3）表示服务智能化效果；④装备智能化是区域制造业智能化的硬件支撑，工业机器人是最具代表性的智能制造装备，目前，工业机器人的核心技术和市场主要被国外企业垄断，因此，选取工业机器人进口额（X_4）代表区域的装备智能化；⑤管理智能化是区域制造业智能化的软件支撑，管理智能化离不开"云计算"、大数据等信息技术的融入，制造业高水平的软件投入是管理智能化的外在表现，由于现有官方数据并未公布制造业软件投入，考虑到软件业属于生产性服务业，主要为制造业提供服务，而软件服务通常遵循就近市场原则，本章选取区域软件收入（X_5）作为制造业软件投入的替代指标，代表区域制造业管理智能化。汇总后的智能制造指标体系见表 5-1。

表 5-1   智能制造指标体系[1]

	反映指标	符号	可观测指标
智能制造	产品智能化	X_1	区域制造业 R&D 强度
	生产智能化	X_2	区域制造业全要素生产率
	服务智能化	X_3	区域制造业新产品销售收入占比
	装备智能化	X_4	区域工业机器人进口额
	管理智能化	X_5	区域软件业收入

表中全要素生产率采用投入导向的规模可变超效率 DEA 模型计算（郭淑芬等，2014），具体如下：

$$\min \theta_j, \text{ s.t.}\{\sum_{\substack{k=1 \\ k \neq j}}^{K} Z_k x_{km} + S_m^x = \theta_j x_{jm} \forall m, \quad \sum_{\substack{k=1 \\ k \neq j}}^{K} Z_k y_{kn} - S_n^y = y_{jn} \forall n, \quad \sum_{k=1}^{K} Z_k = 1,$$

$$Z_k \geqslant 0 \forall k, \ S_m^x \geqslant 0 \forall m, \ S_n^y \geqslant 0 \forall n\} \tag{5-6}$$

其中，将 k（$k=30$）个制造业区域视为相应决策单元，构造生产前沿面，假设每个区域使用 m 种投入 $x = x_1, \cdots, x_m \in R_m^+$（本章中 $m=3$，分别为区域制造业资本、劳动力和能源投入）；生产出 n 种期望产出 $y = y_1, \cdots, y_n \in R_n^+$（本章 $n=1$，为区域制造业主营收入）；Z_k 是决策单元的组合比例；S_m^x、S_n^y 为松弛变量；θ_j 即为第 j 个区域的全要素生产率。

5.3 评 价 结 果

基于上述潜因子测量模型，运用统计分析软件 SPSS25.0 对 2012～2017 年 30 个省份的智能制造五维特征观测数据进行探索性因子分析，数据覆盖 6 个年度、30 个省份[2]的

---

[1] 由于各区域能源数据未细化至制造业，因此指标体系中区域制造业 R&D 强度、区域制造业全要素生产率、区域制造业新产品销售收入占比实际为工业口径，制造业是工业的主要组成，工业数据作为制造业的替代指标具有较好的代表性。

[2] 由于相关数据缺失，本章未将西藏和港澳台列入评价。

5 项指标，采用时序全局主成分分析法，按照特征值大于 1 的原则和最大方差法旋转提取因子，时序全局主成分分析由三维立体数据综合得出，减少了短期数据的波动干扰，使结果更具稳健性和代表性。

结果显示，KMO 值为 0.727，Bartlett 球形检验 $F=0.000$，表明适合作因子分析。从表 5-2 可知，五维可观测指标提取得到 1 个因子，数据结构与前文智能制造的潜因子设想相吻合，即区域全链条的智能化是决定产品智能化、生产智能化、服务智能化、装备智能化和管理智能化的共同因素。该因子对 5 个可观测指标的累计方差贡献率为65.799%，表示智能制造的真实方差可用五维指标 65.799%的共同方差部分来估计，区域智能制造的影响主要涉及社会科学范畴，在社会科学领域，所萃取的共同因素累积解释变异达 60%以上时即可认为共同因素是可靠的（吴明隆，2010）。5 个观测项 $X_1 \sim X_5$的因子载荷分别为 0.889、0.740、0.865、0.697、0.847，较高的载荷值表明因子与五维观测变量均密切相关。

表 5-2　智能制造的因子方差贡献率与累计方差贡献率

因子	初始特征值			提取载荷平方和		
	总计	方差贡献率/%	累积方差贡献率/%	总计	方差贡献率/%	累积方差贡献率/%
X_1	3.29	65.799	65.799	3.29	65.799	65.799
X_2	0.692	13.849	79.648			
X_3	0.593	11.856	91.504			
X_4	0.314	6.288	97.792			
X_5	0.11	2.208	100			

综合 5 个维度得到的因子值即为区域智能制造得分，本章用区域智能制造发展水平指数表达 2012～2017 年各省份在智能制造进程中的相对位置和发展趋势，各区域智能制造发展水平指数及排名见表 5-3。

表 5-3　2012～2017 区域智能制造排名与发展水平指数

区域	2012 年		2013 年		2014 年		2015 年		2016 年		2017 年	
	得分	排名	得分	排名	得分	排名	得分	排名	得分	排名	得分	排名
上海	1.600	2	1.680	2	2.077	2	2.202	1	2.616	1	3.547	1
广东	1.402	3	1.260	3	1.692	3	1.874	3	2.193	3	2.879	2
北京	1.639	1	1.869	1	2.186	1	2.088	2	2.474	2	2.721	3
江苏	0.922	4	1.054	4	1.514	4	1.666	4	2.096	4	2.496	4
浙江	0.582	6	0.890	6	1.138	5	1.445	5	1.667	5	1.877	5
天津	0.712	5	0.905	5	0.852	6	0.988	6	1.030	6	1.211	6
山东	0.343	7	0.435	7	0.548	7	0.640	7	0.762	7	1.046	7
重庆	0.147	8	0.050	9	0.185	8	0.357	8	0.486	8	0.943	8
湖南	0.041	9	0.116	8	0.170	9	0.380	9	0.448	9	0.580	9

续表

区域	2012 年		2013 年		2014 年		2015 年		2016 年		2017 年	
	得分	排名	得分	排名	得分	排名	得分	排名	得分	排名	得分	排名
湖北	−0.187	12	−0.099	12	−0.012	12	0.164	10	0.290	10	0.443	10
安徽	−0.229	13	−0.255	13	−0.165	13	−0.062	13	0.167	13	0.437	11
辽宁	−0.166	11	−0.065	11	0.070	10	−0.017	12	0.209	12	0.326	12
福建	0.016	10	−0.034	10	0.001	11	0.103	11	0.212	11	0.281	13
四川	−0.711	22	−0.594	17	−0.530	16	−0.423	14	−0.321	14	−0.105	14
河北	−0.577	15	−0.570	16	−0.550	18	−0.491	17	−0.365	15	−0.171	15
陕西	−0.595	17	−0.544	15	−0.498	15	−0.434	15	−0.387	16	−0.247	16
江西	−0.622	18	−0.601	18	−0.571	19	−0.571	19	−0.479	18	−0.273	17
吉林	−0.446	14	−0.764	24	−0.536	17	−0.509	18	−0.402	17	−0.390	18
黑龙江	−0.647	19	−0.678	22	−0.679	21	−0.683	24	−0.662	23	−0.435	19
内蒙古	−0.710	21	−0.692	23	−0.683	23	−0.633	20	−0.595	20	−0.445	20
河南	−0.785	24	−0.661	20	−0.679	22	−0.637	21	−0.629	21	−0.508	21
广西	−0.727	23	−0.644	19	−0.712	24	−0.639	22	−0.589	19	−0.560	22
宁夏	−0.872	26	−0.801	25	−0.875	26	−0.741	25	−0.754	25	−0.563	23
云南	−0.975	29	−1.000	28	−0.913	28	−0.808	26	−0.678	24	−0.596	24
海南	−0.585	16	−0.521	14	−0.429	14	−0.480	16	−0.652	22	−0.680	25
甘肃	−0.671	20	−0.667	21	−0.651	20	−0.661	23	−0.755	26	−0.760	26
贵州	−0.955	27	−1.043	29	−1.029	29	−1.029	29	−0.894	28	−0.803	27
山西	−0.858	25	−0.855	26	−0.852	25	−0.893	28	−0.837	27	−0.821	28
新疆	−0.959	28	−0.956	27	−0.907	27	−0.891	27	−0.908	29	−0.985	29
青海	−1.117	30	−1.167	30	−1.170	30	−1.261	30	−1.197	30	−1.079	30

从区域智能制造的相对水平看，2017 年，上海是智能制造得分最高的区域，智能制造前 5 名中，除了浙江，其余 4 个省份制造业高技术产业比重均居前列，传统产业占优的浙江智能制造表现不俗，青海、新疆和山西成为智能制造发展最为薄弱的省份。总体上，东部省份智能制造占据前 7，重庆、湖南、湖北进入前 10 最后 3 席。后 10 位中除了海南，其余均为中、西部省份，区域智能制造水平呈现梯度分布。值得注意的是，区域制造业智能化水平并未与制造业规模表现出高度的一致性，智能制造排名第 1、3 位的上海、北京制造业规模（主营业务收入）仅为第 12、19 位，相反，制造业规模最大的江苏和山东两个省份，智能制造排名列第 4、7 位，中部的河南省制造业规模第 4 位，智能制造排名仅第 21 位。

从区域智能制造发展的推进看，2012～2017 年，大部分省份智能制造发展水平指数评分有所提高，区域制造业智能化表现出不同程度的进步。2017 年，智能制造评分第 1 的上海亦是智能制造提高分值最多的区域，江苏、广东、浙江其次，重庆分值增加处第 6 位，在西部区域中进步最大。海南、甘肃、新疆评分下降，智能制造发展出现退步，总体上，东部和中、西部区域制造业智能化差距呈现扩大趋势，东部与中、西部的平均分值差距由 2012 年的 1.002、1.276 提高至 2017 年的 1.533、1.885，智能制造一定程度上增强制造业的空间极化效应。

从区域智能制造加速的时间节点来看，虽然个别省份智能制造指数存在波动下降，然而，东、中、西整体加速迹象明显，图 5-2 显示，以 2015 年为分水岭，东、中、西智能制造发展显著加速（斜率上升），尤其以东部地区的智能化加速最为突出，制造强国战略"中国制造 2025"的发布为区域制造业转型升级明确了方向。

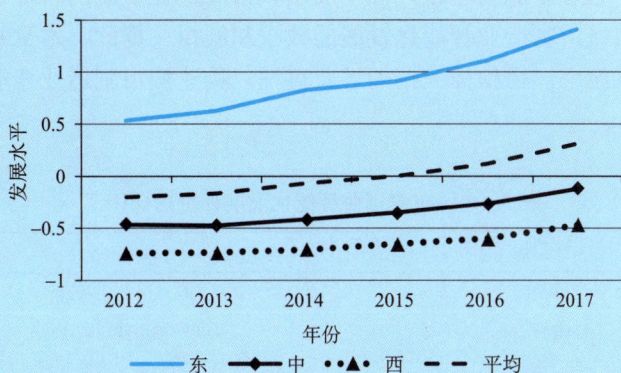

图 5-2　东、中、西智能制造发展水平指数

5.4　智能制造十大城市

目前中国有各级城市 600 多个，为了在众多城市中遴选出样本城市，我们继续沿用"中心城市"的概念。中心城市制造业作为区域制造业的核心，对区域制造业的发展起着重要的带动和辐射作用。因此，城市制造业的发展研究对于区域制造业的智能化发展有着重要意义。根据制造业发展程度较高和资料可获得性较高的双重要求，本章拟选择中国主要省会城市、副省级城市和少数制造业特别发达城市作为样本城市进行比较研究（25 个城市），分别是沈阳、长春、哈尔滨、大连、济南、青岛、南京、苏州、无锡、合肥、杭州、深圳、宁波、广州、厦门、福州、石家庄、太原、郑州、成都、武汉、长沙、西安、兰州、乌鲁木齐。由于石家庄统计年鉴 2018 和长沙统计年鉴 2018 迟迟未出版，而数据处理过程中发现长春统计年鉴数据有误，因此本章最终决定的样本城市为 22 个，即沈阳、哈尔滨、大连、济南、青岛、南京、苏州、无锡、合肥、杭州、深圳、宁波、广州、厦门、福州、太原、郑州、成都、武汉、西安、兰州、乌鲁木齐。

5.4.1　城市制造业智能化发展评价方法与指标体系

1. 城市制造业智能化发展评价指标体系

关于智能制造的衡量和评价方法，目前学术界还没有统一定论，部分学者采用单一指标进行衡量，主要是以工业机器人数量来衡量；另一部分学者采用综合评价指标体系进行测算和衡量,如董志学和刘英骥(2016)、孙早和侯玉琳(2019)等。以工业机器人来衡量智能制造有一定的合理性,但以偏概全,无法反映智能制造的全部内涵,而综合评价指标体系则能在可行范围内最大限度地反映制造业智能化的主要内容。并且,城市口径缺乏工业机器人的统计,因此,本章基于李廉水等(2019)关于制造业智能化的内涵,构建制造业智能化发展的综合评价指标体系。

本章中城市制造业智能化发展评价体系主要包括三大指标体系:智能制造设施基础、智能制造软件应用和智能制造市场实践,通过智能制造设施基础反映城市制造业智能化发展的硬件基础,通过智能制造软件应用反映城市制造业发展的软件支持,并通过智能制造市场实践反映城市制造业智能化发展的效果和回报。据此,本章基于指标设置的科学性、合理性以及城市口径指标数据的可获得性,构建城市制造业智能化发展评价指标体系如表 5-4 所示。

表 5-4　城市制造业智能化发展评价指标体系

一级指标	二级指标	三级指标
设施基础层	通信基础	电信业务总量/亿元
	网络基础	互联网宽带接入数/万户
	产业基础	计算机、通信和其他电子设备制造业产值/万元
软件应用层	软件投入	研发人员数/人
	软件产出	信息传输、计算机服务和软件业产出/万元
市场实践层	成本效率	制造业成本费用利润率/%
	生产效率	制造业劳动生产率/%
	经济效率	制造业利润率/%

(1)设施基础层是城市制造业智能化发展的物理基础,主要从网络基础、通信基础和产业基础三方面来衡量。一方面,制造业智能化需要通过通信设施连接不同生产系统,"电信业务总量"指标可大致反映各城市制造业智能化发展的通信基础;另一方面,不同生产系统的连接还依赖于网络来实现,通过制造业主体的协调从而体现"智能"特征,我们以"互联网宽带接入数"来反映各城市制造业智能化发展的网络基础;再另一方面,制造业的智能化发展离不开电脑控制系统的发展,因此,计算机、通信和其他电子设备制造业是制造业智能化发展的产业基础。

(2)软件应用层是赋予制造业以"智能"的关键,是衡量城市制造业智能化发展的重要方面,我们以软件投入和软件产出两方面来衡量。由于城市统计年鉴缺乏软件投入的衡量,基于"人才是第一资源,创新是第一动力",考虑软件设计和投入的关键生产要素为"人",因此,我们以"研发人员数"作为软件投入的替代衡量指标;另一方面,如何通过软件应用来有效地协调和支撑制造业智能化最终体现在软件服务能力上,把"信息传输、计算机服务和软件业产出"作为衡量软件应用的另一重要指标。

(3)市场实践层反映智能制造的市场盈利能力和市场效率情况,是制造业智能化在市场中的具体体现。鉴于各城市制造业规模差异较大,我们以效率指标作为衡量。因为随着制造业智能化的发展，必然会实现成本效率、生产效率和经济效率的提高，本章以"制造业成本费用利润率"反映制造业的成本效率、以"制造业劳动生产率"反映制造业的生产效率、以制造业利润率来反映制造业的经济效率。

$$制造业成本费用利润率 = \frac{\sum_{j=1}^{m} \text{Profit}_j}{\sum_{i=1}^{m} \text{Expense}_i} \times 100\%$$

其中，Profit 为制造业各行业利润总额；Expense 为制造业各行业成本费用总和，具体包括主营业务成本、管理费用、销售费用和财务费用。

$$制造业劳动生产率 = \frac{\sum_{j=1}^{m} \text{TVP}_j}{L} \times 100\%$$

其中，TVP 为制造业各行业主营业务收入；L 为制造业从业人员平均数。

$$制造业利润率 = \frac{\sum_{j=1}^{m} \text{Profit}_j}{\sum_{i=1}^{m} \text{TVP}_i} \times 100\%$$

其中，Profit 为制造业各行业利润总额；TVP 为制造业各行业主营业务收入。

2. 评价方法

对城市制造业的智能化发展进行评估和排序涉及多个指标，因此这是一个多属性决策问题。多属性也称多准则决策，其核心和关键是指标权重的确定，本章采用"离差最大化"决策方法确定权重。该方法是一种完全客观的评价方法，消除了主观评价方法中人为因素的影响，而且这种方法概念清楚、含义明确且算法简单，因此在实践中得到了广泛的应用。令 $A = \{A_1, A_2, \cdots, A_n\}$ 表示多指标评价问题的方案集，$G = \{G_1, G_2, \cdots, G_m\}$ 表示指标集，$y_{ij} = (i=1,2,\cdots,n; j=1,2,\cdots,m)$ 表示 A_i 方案对 G_j 指标的指标值，$Y = (y_{ji})_{n \times m}$ 矩阵表示 A 方案集对 G 指标集的"属性矩阵"，即"评价矩阵"。

通常，根据指标的性质，指标可以分为"效益型""成本型""固定型"和"区间型"4 类指标。因为评价指标不同，量纲和量纲单位也会不同。所以，我们将评价指标进行无量纲化处理，即规范化处理，从而解决量纲和量纲单位不同造成的不可公度性问题。本章指标仅涉及"效益型"和"成本型"两类，"效益型"指标为指标值越大越好的指标，"成本型"指标为指标值越小越好的指标，其规范化处理方法如下：

针对成本型指标，令

$$Z_{ij} = \frac{\max y_j - y_{ij}}{\max y_j - \min y_j} \quad i=1,2,\cdots,n; j=1,2,\cdots,m$$

针对效益型指标，令

$$Z_{ij} = \frac{y_{ij} - \min y_j}{\max y_j - \min y_j} \quad i = 1, 2, \cdots, n; j = 1, 2, \cdots, m$$

其中，$\min y_j$，$\max y_j$ 分别表示指标 G_j 的最小值、最大值。

以 $\mathbf{Z} = \left(Z_{ij}\right)_{n \times m}$ 表示无量纲化处理后的评价矩阵，很明显，Z_{ij} 总是越大越好。令 $\mathbf{w} = \left(w_1, w_2, \ldots, w_m\right)^{\mathrm{T}} > 0$ 表示评价指标的加权向量，同时，还需满足单位化约束条件：

$$\sum_{j=1}^{m} w_j^2 = 1$$

在求得加权向量 $\mathbf{w}$ 之后，构造如下所示的评价矩阵：

$$\mathbf{c} = \begin{array}{c} \\ A_1 \\ A_2 \\ \vdots \\ A_n \end{array} \begin{array}{cccc} G_1 & G_2 & \cdots & G_m \\ \left[\begin{array}{cccc} w_1 z_{11} & w_2 z_{12} & \cdots & w_m z_{1m} \\ w_1 z_{21} & w_2 z_{22} & \cdots & w_m z_{2m} \\ \vdots & \vdots & & \vdots \\ w_1 z_{n1} & w_2 z_{n2} & \cdots & w_m z_{nm} \end{array} \right] \end{array}$$

再由简单算术平均加权法，得到 A_i 方案的多指标综合评价值，如公式（5-7）所示：

$$\mathbf{D}_i(w) = \sum_{j=1}^{m} z_{ij} w_j \quad i = 1, 2, \cdots, n \qquad (5\text{-}7)$$

同样，$\mathbf{D}_i(w)$ 总是越大越好，$\mathbf{D}_i(w)$ 越大表明 A_i 方案越优。因此，当加权向量 $\mathbf{w}$ 已知时，根据公式（5-1）～（5-5）可以对各方案 A_i 进行评价并排序。

接着，我们进一步分析确定加权向量 $\mathbf{w}$ 的方法。如果某一指标 G_j 对决策方案 A_i 的最终评价值和排序没有影响，那么，可以令 G_j 的权重取 0；相反，如果某一指标 G_j 可以让决策方案 A_i 的最终评价值和排序有很大变化，可以令这类指标 G_j 取得较大权重。针对 G_j 指标，用 $v_{ij}(w)$ 表示 A_i 方案与其他决策方案的离差，则有：

$$v_{ij}(w) = \sum_{i=1}^{n} \left| w_j z_{ij} - w_j z_{kj} \right| \qquad i = 1, 2, \cdots, n; j = 1, 2, \cdots, m$$

令

$$v_j(w) = \sum_{i=1}^{n} v_{ij}(w) = \sum_{i=1}^{n} \sum_{k=1}^{n} \left| z_{ij} - z_{kj} \right| w_j \qquad j = 1, 2, \cdots, m$$

那么，$v_j(w)$ 表示在 G_j 指标下，所有方案 A_i 与其他方案的离差之和。因为选择的加权向量 $\mathbf{w}$ 需使得所有指标对所有方案的离差之和取得最大值，所以，构造如下目标函数：

$$\max F(w) = \sum_{j=1}^{m} v_j(w) = \sum_{j=1}^{m} \sum_{i=1}^{n} \sum_{k=1}^{n} \left| z_{ij} - z_{kj} \right| w_j \qquad (5\text{-}8)$$

于是，求加权向量 $\mathbf{w}$ 的问题等价于求非线性规划问题：

$$\begin{cases} F(w) = \sum_{j=1}^{m} v_j(w) = \sum_{j=1}^{m}\sum_{i=1}^{n}\sum_{k=1}^{n} \left| z_{ij} - z_{kj} \right| w_j \\[2mm] \text{s.t.} \sum_{j=1}^{m} w_j^2 = 1 \end{cases} \tag{5-9}$$

解此非线性规划问题，并将 $\boldsymbol{w}^*$ 作归一化处理，得：

$$w_j^* = \frac{\sum_{i=1}^{n}\sum_{k=1}^{n}\left| z_{ij} - z_{kj} \right|}{\sum_{j=1}^{m}\sum_{i=1}^{n}\sum_{k=1}^{n}\left| z_{ij} - z_{kj} \right|} \quad j = 1, 2, \cdots, m \tag{5-10}$$

综上，采用"离差最大化"方法对多指标问题进行评价与排序的步骤可概括为以下三步：

（1）　将效益型及成本型指标进行处理得到规范化评价矩阵 $\boldsymbol{Z} = \left(Z_{ij} \right)_{n \times m}$；

（2）　采用离差最大化方法求出最优的加权向量 $\boldsymbol{w}^* = \left(w_1^*, w_2^*, \cdots, w_m^* \right)^{\mathrm{T}}$，然后根据加权向量求出各方案 A_i 的综合评价值 $D_i(w) = 1, 2, \cdots, n$；

（3）　根据步骤（2）中各评价方案的综合评价值大小，我们可以对多指标问题做出合理评价及排序分析。

5.4.2　城市制造业智能化发展评价

1. 设施基础层评价

以电信业务总量、互联网宽带接入数，以及计算机、通信和其他电子设备制造业产值为基础指标，采用"离差最大化"方法对 3 项指标分配权重，并结合各指标的规范化数值，得到 2017 年我国 22 个城市制造业智能化发展设施基础层综合评价值及其排序（表 5-5）。

表 5-5　城市制造业智能化发展设施基础层指标规范化数值及评价结果

城市	电信业务总量	互联网宽带接入数	计算机、通信和其他电子设备制造业产值	综合评价值	排序
深圳	1	0.605 4	1	0.822 5	1
成都	0.570 8	1	0.169 9	0.665 7	2
苏州	0.194 9	0.772 6	0.531 2	0.537 2	3
广州	0.406 8	0.712 6	0.117 4	0.473 4	4
杭州	0.246 2	0.682 3	0.097 1	0.405 9	5
武汉	0.379 1	0.544 4	0.094 0	0.383 6	6
郑州	0.437 1	0.342 5	0.180 6	0.331 7	7
青岛	0.281 8	0.433 3	0.053 5	0.294 0	8
南京	0.095 8	0.492 6	0.086 2	0.271 9	9

续表

城市	电信业务总量	互联网宽带接入数	计算机、通信和其他电子设备制造业产值	综合评价值	排序
宁波	0.076 9	0.460 3	0.049 2	0.242 6	10
西安	0.123 9	0.394 8	0.037 2	0.224 5	11
福州	0.225 1	0.280 3	0.036 7	0.203 7	12
济南	0.205 1	0.276 7	0.030 2	0.194 4	13
无锡	0.083 7	0.302 9	0.127 4	0.193 0	14
合肥	0.183 6	0.229 5	0.084 4	0.179 9	15
沈阳	0.245 6	0.162 4	0.008 3	0.150 0	16
哈尔滨	0.247 1	0.155 6	0.000 9	0.145 6	17
厦门	0.120 5	0.138 5	0.119 3	0.128 3	18
大连	0.185 1	0.062 2	0.016 5	0.088 5	19
太原	0.10 50	0.010 6	0.042 5	0.047 2	20
兰州	0.103 7	0.007 4	0.000 2	0.035 0	21
乌鲁木齐	0	0	0	0	22
权重	0.305 0	0.449 9	0.245 1	—	—

数据来源：电信业务总量和互联网宽带接入数来自各城市统计年鉴 2018；计算机、通信和其他电子设备制造业产值自于各城市统计年鉴，部分城市统计口径为规模以上工业。

由表 5-5 可知，2017 年制造业智能化发展设施基础层排名前 5 位的城市依次为：深圳、成都、苏州、广州和杭州，尤其是排名第 1 位的深圳，具有明显的智能制造设施基础优势，其电信业务总量以及计算机、通信和其他电子设备制造业产值均以绝对优势居所有城市首位。此外，尤为值得注意的是，前 5 位的城市中，深圳、苏州、广州和杭州均属于东部地区，而成都作为最亮眼的西部城市，力压众多传统的制造业大市位居制造业智能化发展设施基础层的第 2 位。观察各指标数据发现，成都的互联网宽带接入数位居第 1 位，电信业务总量位居第 2 位，计算机、通信和其他电子设备制造业产值也排名第 4 位。

2. 软件应用层综合评价

以制造业研发人员数和信息传输、计算机服务和软件业产出为基础指标，采用"离差最大化"方法对 2 项指标分配权重，并结合各指标的规范化数值，得到 2017 年我国 22 个城市制造业智能化发展软件应用层综合评价值及其排序（表 5-6）。

表 5-6　城市制造业智能化发展软件应用层指标规范化数值及评价结果

城市	制造业研发人员数	信息传输、计算机服务和软件业产出	综合评价值	排序
深圳	0.823 0	1	0.897 9	1
苏州	1	0.123 5	0.629 0	2
广州	0.624 2	0.563 4	0.598 4	3

续表

城市	制造业研发人员数	信息传输、计算机服务和软件业产出	综合评价值	排序
杭州	0.532 4	0.565 7	0.546 5	4
宁波	0.634 8	0.019 1	0.374 2	5
无锡	0.544 3	0.048 3	0.334 4	6
青岛	0.352 3	0.048 7	0.223 8	7
成都	0.276 7	0.149 4	0.222 8	8
大连	0.321 0	0.065 1	0.212 7	9
郑州	0.273 4	0.098 7	0.199 4	10
武汉	0.243 9	0.126 3	0.194 1	11
南京	0.321 6	0.018 3	0.193 2	12
合肥	0.258 0	0.075 7	0.180 8	13
厦门	0.251 6	0.082 2	0.179 9	14
济南	0.245 5	0.052 4	0.163 8	15
西安	0.226 3	0.067 5	0.159 1	16
福州	0.178 9	0.072 1	0.133 7	17
沈阳	0.110 1	0.120 7	0.114 6	18
兰州	0.131 3	0	0.075 8	19
哈尔滨	0.115 5	0.020 2	0.075 2	20
太原	0.066 5	0.029 9	0.051 0	21
乌鲁木齐	0	0.005 0	0.002 1	22
权重	0.576 8	0.423 2	—	—

数据来源：各城市统计年鉴 2018。其中，郑州制造业研发人员数由于 2017 年无统计，采用 2016 年数据。

由表 5-6 可知，2017 年制造业智能化发展软件应用层排名首位的依然是深圳，苏州、广州、杭州、宁波紧随其后，无一例外全部为东部地区城市。这一排名反映了东部地区在制造业智能化发展软件应用领域的巨大优势，这也与东部地区发达的科技与教育优势紧密相关。

3. 市场实践层综合评价

以制造业成本费用利润率、制造业劳动生产率和制造业利润率为基础指标，采用"离差最大化"方法对 3 项指标分配权重，并结合各指标的规范化数值，得到 2017 年我国 22 个城市制造业智能化发展市场实践层综合评价值及其排序（表 5-7）。

表 5-7　城市制造业智能化发展市场实践层指标规范化数值及评价结果

城市	制造业成本费用利润率	制造业利润率	制造业劳动生产率	综合评价值	排序
南京	0.896 6	0.924 4	0.809 0	0.872 7	1
成都	0.901 0	0.912 4	0.451 5	0.737 2	2

续表

城市	制造业成本费用利润率	制造业利润率	制造业劳动生产率	综合评价值	排序
武汉	0.540 8	0.551 6	1	0.715 1	3
郑州	0.601 4	0.805 7	0.629 2	0.675 8	4
广州	0.825 1	0.830 2	0.419 2	0.675 6	5
杭州	0.878 9	0.912 7	0.298 8	0.673 5	6
宁波	1	1	0.120 3	0.672 5	7
济南	0.601 6	0.647 7	0.610 6	0.619 4	8
青岛	0.502 9	0.541 5	0.628 6	0.561 8	9
无锡	0.614 0	0.671 0	0.425 2	0.561 6	10
大连	0.671 6	0.683 3	0.330 1	0.548 2	11
沈阳	0.524 7	0.572 1	0.529 8	0.541 5	12
合肥	0.481 7	0.528 8	0.594 6	0.538 5	13
哈尔滨	0.362 3	0.364 8	0.718 8	0.495 8	14
西安	0.617 0	0.688 2	0.225 5	0.493 6	15
福州	0.523 1	0.607 6	0.348 3	0.484 5	16
苏州	0.514 4	0.595 5	0.225 8	0.432 4	17
厦门	0.592 9	0.645 8	0	0.388 8	18
太原	0.401 2	0.352 2	0.401 8	0.386 1	19
深圳	0.537 1	0.602 4	0.049 6	0.376 1	20
乌鲁木齐	0	0	0.949 9	0.353 6	21
兰州	0.021 6	0.176 1	0.779 2	0.352 1	22
权重	0.314 2	0.313 6	0.372 2	—	—

数据来源：各城市统计年鉴 2018。其中，个别城市制造业成本费用利用率、劳动生产率和利润率缺少统计数据，采取主营业务成本比例估算法推算而得。此外，哈尔滨缺少 2017 年制造业利润总额统计，采用 2016 年数据。

由表 5-7 可知，2017 年制造业智能化发展市场实践层评价排名首位的是南京，成都、武汉、郑州和广州紧随其后。作为长三角两翼中心城市之一，2017 年，南京制造业的成本费用利润率、劳动生产率和利润率 3 项指标均表现亮眼。值得注意的是，2017 年，深圳制造业智能化发展的市场实践层与其设施基础层和软件应用层不相匹配，排名靠后，尤其是其劳动生产率相对较低。此外，对比表 5-5、表 5-6 和表 5-7 不难发现，城市制造业智能化发展设施基础层和软件应用层评价中，东部城市居绝对优势，而市场实践层评价中，中西部城市表现更为突出，在前 5 强中位列 3 席。

5.4.3　城市制造业智能化发展综合评价

以制造业智能化发展设施基础层、软件应用层和市场实践层 8 个基础指标，采用"离差最大化"方法对各项指标分配权重，并结合各指标的规范化数值，得到 2017 年我国 22 个城市制造业智能化发展的综合评价值及其排序（表 5-8）。

表 5-8　城市制造业智能化发展综合评价结果

城市	综合评价值	排序
深圳	0.682 5	1
成都	0.583 0	2
广州	0.581 2	3
杭州	0.554 0	4
苏州	0.522 0	5
宁波	0.468 2	6
南京	0.461 3	7
武汉	0.414 4	8
郑州	0.413 0	9
无锡	0.363 7	10
青岛	0.354 6	11
济南	0.331 0	12
西安	0.319 6	13
大连	0.298 2	14
合肥	0.295 5	15
福州	0.290 7	16
沈阳	0.275 4	17
厦门	0.263 7	18
哈尔滨	0.226 7	19
太原	0.165 1	20
兰州	0.117 5	21
乌鲁木齐	0.072 1	22

　　由表 5-8 可知，2017 年中国制造业智能化发展水平最高的十大城市依次为：深圳、成都、广州、杭州、苏州、宁波、南京、武汉、郑州和无锡。但制造业的智能化发展设施基础、软件应用和市场实践三方面缺一不可，是综合性的发展。需要注意的是，虽然深圳的制造业智能化发展综合评价排名首位，但与其优势显著的设施基础和软件应用能力相比，深圳制造业的市场实践能力弱，苏州与深圳类似。实际上，前 10 强城市中，除了广州和杭州的智能化综合发展较为均衡外，其他城市制造业的智能化发展都存在相对薄弱环节，其中，成都、南京、武汉和郑州制造业相对其设施基础和市场实践，软件应用水平能力不足；而宁波制造业的设施基础则相对较弱。

　　从传统的东中西区域划分看，东部地区 7 个城市、中部地区 2 个城市（武汉和郑州），西部地区 1 个城市（成都），这表明中国制造业的"东强西弱"特征在智能制造阶段仍然显著。大连、沈阳和哈尔滨制造业智能化综合排名均靠后，说明东北老工业基地制造业的智能化仍有待进一步发展，其制造业的振兴仍任重道远。此外，横贯东北中部、作为东中西互动合作的协调发展带的长江经济带囊括了十强中的 7 席，包括：长江上游的成都，中游的武汉，以及下游长三角地区的南京、苏州、无锡、杭州和宁波。可见，长江流域不仅是我国最重要的工业走廊之一，也是中国智能制造的优势区域。

5.5　主要结论及启示

区域智能制造发展水平评价结果显示，①上海、广东、北京等东部省份（直辖市）智能制造发展水平表现出绝对优势，区域智能制造梯度分布明显，然而，部分省份制造业智能化水平并未与制造业规模表现出高度的一致性；②2012～2017 年，大多数省份智能制造发展水平得到提升，海南、甘肃、新疆呈现退步，在智能制造为代表的第四次工业革命影响下，东部与中、西部制造业的差距进一步扩大；③数据表明，2015 年起，主要区域不约而同加速了智能制造发展，智能制造成为未来区域制造业发展的重要趋势和核心内容。

本章为区域制造业发展带来启示：首先，完善的配套环境为智能制造提供适宜的土壤。上海制造业呈现"高、精、尖"特征，新能源汽车、航空制造、生物医药制造等行业具备一定区域优势，然而，北京、广东同样在上述高端领域具备突出竞争力。因此，产业结构因素以外，2012～2017 年，上海智能制造的优越表现或可归因于完备的生产性服务业和人才环境配套，多年来，国际金融中心和国际物流中心的发展战略，加速了上海生产性服务业的专业化发展，成为推动制造业转型升级的重要力量；长三角区域稠密的人口、深厚的历史文化底蕴和高质量的教育体系又为龙头城市——上海源源不断地提供智能制造人才红利。前者成为智能制造链条上各环节的黏合剂，后者为区域智能制造提供可持续"养分"。

其次，智能制造并非高端产业专属。智能制造是智能和制造的融合，人工智能、"云计算"等智能技术可以运用于各个制造行业，浙江省制造业以纺织服装、原材料、零部件等传统领域为主要构成，长期以来，"内生性民间推动"和"先发性市场拉动"模式根植于制造业发展过程，新一轮智能制造产业发展机遇下，浙江省以"互联网＋"为特色，以技术创新为突破，实现传统制造产业的改造升级。2017 年，浙江省产品智能化和服务智能化为各省份中的第一，智能制造发展成绩显著，宁波、湖州成为《中国制造 2025》试点示范城市，2016～2017 年，浙江全省 11 个项目进入国家智能制造试点示范项目名单，居全国第一。浙江省的经验为一些身处传统产业转型升级之痛的制造强省提供了借鉴。

最后，智能制造将引发区域制造业竞争新格局。智能制造对区域制造业的影响属于熊彼特理论框架下的"创造性破坏"，智能制造"破坏"了传统的生产范式，使生产要素重新组合，建立起全新的生产函数，"云计算"时代的"数据挖掘"和大数据情景下的"知识共享"催化了生产函数中知识要素的"活性"，人工智能下的"机器换人"降低了非技能型劳动力的投入需求，诸种变革重新分配了区域制造业资源禀赋权重，拥有知识禀赋比较优势和完善的环境配套的区域将获得更大竞争优势，在制造强国战略引领下，抢占区域制造最高点；依靠低廉劳动力、自然资源禀赋的区域，制造业竞争力逐渐减小。伴随新一轮工业革命带来的高技术势差，处于技术低洼的不发达区域应借助创新扩散，融入智能制造潮流，通过数字化改造，实现区域资源利用效率的提升，缩小区域差距。

参 考 文 献

蔡为民. 2014. 智能制造助力轮胎工业提质增效[J]. 橡胶科技, 5: 58-59.

董志学, 刘英骥. 2016. 我国主要省市智能制造能力综合评价与研究——基于因子分析法的实证分析[J]. 现代制造工程, 1: 151-158.

郭淑芬, 郝言慧, 王艳芬. 2014. 文化产业上市企业绩效评价——基于超效率 DEA 和 Malmquist 指数[J]. 经济问题, 2: 75-78.

李廉水, 石喜爱, 刘军. 2019. 中国制造业 40 年: 智能化进程与展望[J]. 中国软科学, 1: 1-9.

孟凡生, 赵刚. 2018. 传统制造向智能制造发展影响因素研究[J]. 科技进步与对策, 1: 66-72.

孙早, 侯玉琳. 2019. 工业智能化如何重塑劳动力就业结构[J]. 中国工业经济, 5: 61-79.

吴澄. [2019-5-15]. 人工智能新高潮下的智能制造[N]. 中国信息化周报, 7.

吴明隆. 2010. 问卷统计分析实务: SPSS 操作与应用[M]. 重庆: 重庆大学出版社.

杨晓锋. 2018. 智能制造是否有助于提升制造业平均工资?——基于 2001~2016 年 17 省工业机器人数据研究[J]. 经济体制改革, 6: 169-176.

甄炳禧. 2015. 智能制造与国家创新体系——美国发展先进制造业的举措及启示[J]. 人民论坛·学术前沿, 11: 27-39.

周济. 2015. 智能制造——《中国制造 2025》的主攻方向[J]. 中国机械工程, 26(17): 2273-2284.

Bortolini M, Galizia F G, Mora C. 2018. Reconfigurable manufacturing systems: Literature review and research trend [J]. Journal of Manufacturing Systems, 40(10): 93-106.

Kusiak A. 2017. Smart manufacturing must embrace big data [J]. Nature, 544(7648): 23-25.

Mehrabi M G, Ulsoy A G, Koren Y. 2000. Reconfigurable manufacturing systems: Key to future manufacturing [J]. Journal of Intelligent Manufacturing, 11(4): 403-419.

Spearman C. 1928. The abilities of man [J]. Science, 68(1750): 38.

附　录

下式中 $\omega_1\sim\omega_5$，$\lambda_1\sim\lambda_5$，$\gamma_1\sim\gamma_5$ 表示权重；IM 代表智能制造的真实值；$\delta_1\sim\delta_5$，$\varphi_1\sim\varphi_5$，$\varepsilon_1\sim\varepsilon_5$ 为误差。

$$产品智能化=\omega_1\times IM+\delta_1 \tag{附5-1}$$
$$生产智能化=\omega_2\times IM+\delta_2 \tag{附5-2}$$
$$服务智能化=\omega_3\times IM+\delta_3 \tag{附5-3}$$
$$装备智能化=\omega_4\times IM+\delta_4 \tag{附5-4}$$
$$管理智能化=\omega_5\times IM+\delta_5 \tag{附5-5}$$
$$X_1=\lambda_1\times产品智能化+\varphi_1 \tag{附5-6}$$
$$X_2=\lambda_2\times生产智能化+\varphi_2 \tag{附5-7}$$
$$X_3=\lambda_3\times服务智能化+\varphi_3 \tag{附5-8}$$
$$X_4=\lambda_4\times装备智能化+\varphi_4 \tag{附5-9}$$
$$X_5=\lambda_5\times管理智能化+\varphi_5 \tag{附5-10}$$

将式（附 5-1）～式（附 5-5）分别代入式（附 5-6）～式（附 5-10），得到式（附 5-11）～式（附 5-15）

$$x_1 = \gamma_1 \times \text{IM} + \varepsilon_1 \qquad\qquad （附 5-11）$$

$$x_2 = \gamma_2 \times \text{IM} + \varepsilon_2 \qquad\qquad （附 5-12）$$

$$x_3 = \gamma_3 \times \text{IM} + \varepsilon_3 \qquad\qquad （附 5-13）$$

$$x_4 = \gamma_4 \times \text{IM} + \varepsilon_4 \qquad\qquad （附 5-14）$$

$$x_5 = \gamma_5 \times \text{IM} + \varepsilon_5 \qquad\qquad （附 5-15）$$

其中，$\gamma_i = \lambda_i \omega_i$；$\varepsilon_i = \lambda_i \delta_i + \varphi_i$。

撰稿人：吴敏洁　徐常萍
审稿人：李廉水

第6章 中国制造业智能化发展：产业研究

本章首先从基础层、应用层和市场层 3 个层面建立了中国制造业智能化评价体系，共计 12 个指标。然后，选取了 2012~2017 年的数据，对通用设备制造业、电气机械和器材制造业、仪器仪表制造业这 3 个离散型制造业产业进行了智能化评价，并利用"离差最大化"方法计算每个行业每个年份的综合评价值，得出 2012~2017 年该制造业智能化能力和排序比较。

6.1 制造业细分产业的评价指标体系

由于制造业智能化能力涉及多学科、多领域、多视角，难以对其进行科学的、客观的评价，而且还缺乏相关成熟的研究。因此，首先需要建立一套评价指标体系来反映制造业智能化的能力，根据我国制造业智能化历年发展所体现出来的特点，遵循指标选取标准，结合统计数据的可得性和完整性，最终确定由下列评价指标来构建我国的制造业智能化的评价指标体系（表 6-1）。评价指标体系主要包括基础层、应用层、市场层 3 个一级指标、6 个二级指标和 12 个三级指标。

表 6-1 制造业"智能化"评价指标体系

总指标	一级指标	二级指标	序号	三级指标
制造业智能化指标体系	基础层	资金投入	A1	制造业 R&D 经费内部支出/万元
			A2	制造业新产品开发经费/万元
		人员队伍建设	A3	制造业 R&D 人员数/人
			A4	制造业 R&D 人员全时当量/人年
	应用层	产品	B1	制造业专利拥有数/项
			B2	制造业专利申请数/项
			B3	制造业新产品开发项目数/项
		管理	B4	制造业 R&D 人员占就业人员人数比重/%
	市场层	经济效益	C1	制造业企业利润总额/亿元
			C2	主营业务收入/亿元
		社会影响	C3	制造业就业人员人数/人
			C4	制造业就业人员人均利润率/（元/人）

从制造业"智能化"发展历程来看，建设初期的工作重心为资源建设，是智能制造的基础，伴随着制造业智能化的后续深入发展，资源建设还将不断得到加强和完善。考虑 3 个行业的共性特征和发展规律，基础资源建设主要包括资金投入和人员队伍建设。

资金投入主要包括 2 个三级指标：制造业 R&D 经费内部支出和制造业新产品开发经费；人员队伍建设主要包括 2 个三级指标，即制造业 R&D 人员数和制造业 R&D 人员全时当量。

资源建设具备一定的基础后，智能制造在各个环节的应用得到逐渐推行和重视，智能化的应用层次不断提高。智能化的应用是对工业化各环节的促进，所以应用与创新评价将从智能化对工业的产品以及管理环节的推动来进行评价。产品环节主要包括制造业专利拥有数、制造业专业申请数、制造业新产品开发项目数 3 个三级指标；管理环节主要体现在制造业 R&D 人员占就业人员比重。

智能化的终极目标是转方式、调结构、提效率，进而提升人民的生活水平。因此，经济效益和社会影响是体现智能化水平最直观的指标。智能制造涉及全社会固定资产的更新升级，在很大程度上依托于国家和企业经济实力，因此选取制造业利润总额、主营业务收入 2 个三级指标来代表经济效益。随着制造业产业结构转型升级，着力推行"智能制造"，制造业由原来的粗放式、劳动密集型转向集约式、智能化、无人化，大大减少工人数量，降低劳动力成本，这将对制造业就业产生影响。因此，社会影响体现在 2 个三级指标中：制造业就业人员数和制造业就业人员人均利润率。

1. 基础层

（1）制造业 R&D 经费内部支出。是指被调查单位在报告年度用于内部 R&D 活动的实际支出。包括 R&D 项目（课题）活动的直接支出，以及间接 R&D 活动管理费、服务费、与 R&D 相关的基本建设支出以及外协加工费等。不包括生产活动支出、偿还贷款费用、与外部单位合作或委托外单位进行 R&D 活动而转拨给对方的经费支出。

（2）制造业新产品开发经费。是指报告期内企业科技活动内部支出中新产品研发费用。包括新产品研究、设计、模型开发、测试、试验等费用。

（3）制造业 R&D 人员数。是指被调查单位内部从事基础研究、应用研究和试验发展三类活动的人员。包括直接参加上述三类项目活动的人员以及这三类项目的管理人员和直接服务人员。

（4）制造业 R&D 人员全时当量。是指 R&D 全时人员（全年 R&D 活动累积工作时间占全部工作时间 90%或更多的人员）工作量与非全时人员按实际工作时间折算的工作量之和。

2. 应用层

（1）制造业专利拥有数。是指该行业拥有的专利数量。

（2）制造业专利申请数。是指该行业的专利申请数量。

（3）制造业新产品开发项目数。它指的是使用新技术原理和新设计概念开发和生产的全新产品，或者在结构、材料、工艺等方面显著改善了产品的性能或扩展了产品的使用范围。

（4）制造业 R&D 人员占就业人员人数比重。定义该指标为 $\frac{L'}{L} \times 100\%$ ，其中，L' 为制造业 R&D 人员数；L 为制造业就业人员人数。

3. 市场层

（1）制造业企业利润总额。是指企业生产经营活动的最终结果。它是企业在一定时期内实现的利润与亏损相抵后的总利润。它等于营业利润加补贴收入加投资收益加营业外净收入再加上以前年度损益调整，以字母 S 表示。

（2）主营业务收入。是指会计"利润表"中相应指标的累计数量。未实施 2001 年《企业会计制度》的企业，用"产品销售收入"的本期累计数代替。

（3）制造业就业人员人数。该指标以字母 L 表示。

（4）制造业就业人员人均利润率。定义该指标为 $\dfrac{S \times 100000000}{L}$，其中，$S$ 为制造业企业利润总额，L 为制造业就业人员人数。

本节利用制造业基础层、应用层、市场层 3 个层面的相关数据，运用多指标"离差最大化"决策方法，先对制造业基础层、应用层、市场层进行分析，然后综合这 3 个维度，综合评价制造业各行业的"智能化"发展。

中国各行业综合发展的评价和顺序涉及多个指标，因此这是一个多属性的决策问题。多属性也称为多标准决策，其核心和关键是指标权重的确定，本章采用"离差最大化"决策方法确定权重。该方法是一种完全客观的评价方法，它消除了人为因素在主观评价方法中的影响，该方法概念清晰、意义明确、算法简单，已在实践中得到广泛应用，因此本章采用这种方法。

6.2　通用设备制造业

6.2.1　通用设备制造业"智能化"评价

1. 基础层

1）制造业 R&D 经费内部支出

制造业 R&D 经费内部支出指的是为实际用于各个单位内部研究开发方面的全部支出。从图 6-1 可以看到，通用设备制造业的 R&D 经费内部支出从 2012 年的 4 746 047 万元上升至 2017 年的 6 968 194 万元，2017 年的支出是 2012 年的 1.46 倍，上升趋势明显。尤其是 2012～2014 年，年增长率超过 10%；2014 年后增长幅度相对放缓，但增长趋势不变。

这说明了通用设备制造业企业一直以来都非常重视科技研发创新工作。《中国制造2025》、"十三五"战略规划中也明确提到要加强基础研究和体系建设，可以预见未来一段时间通用设备制造业 R&D 经费内部支出不会减少。

2）制造业新产品开发经费

创新是行业拥有、散发活力的源泉。由图 6-2 可知，通用设备制造业在新产品开发上的支出整体呈现上升趋势。2015～2017 年的年增长率均超过 8%。

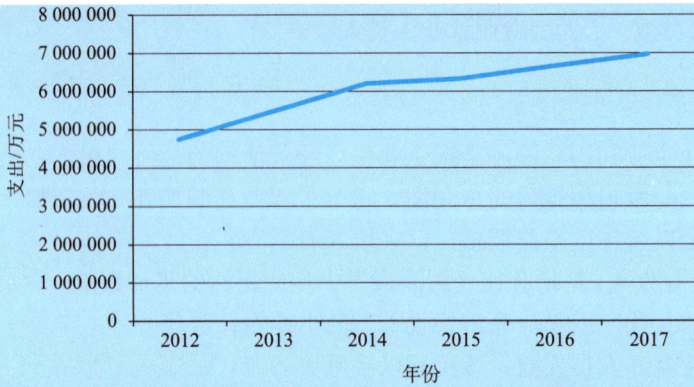

图 6-1　2012～2017 年通用设备制造业 R&D 经费内部支出

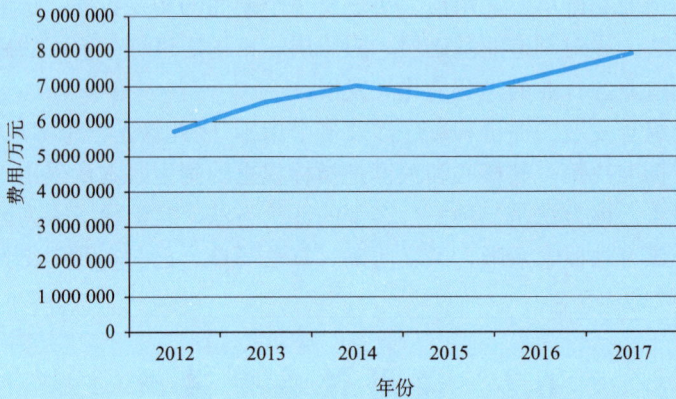

图 6-2　2012～2017 年通用设备制造业新产品开发经费

在《中国制造 2025》等文件中明确提出要开发精密、高效的基础制造设备,加快相关前沿技术和装备的研发。在此类政策、文件的引导和制造业本身竞争压力的双重作用下,加快开发新产品、新技术是产业升级的必由之路。

3)制造业 R&D 人员数

从图 6-3 呈现的信息来看,通用设备制造业的 R&D 人员数从 2012～2014 年保持上升趋势,年增长率一直在 9%以上;之后逐渐变为稳定中略有下降的状态,年增长率最高为 3.52%,最低时为–2.45%;2015 年之后,通用设备制造业的 R&D 人员数一直在 280 000～300 000 之间浮动,尚未突破 30 万大关。

从前述分析可发现,制造业 R&D 经费内部支出、制造业新产品开发经费都呈现上升趋势,与之相对比,每年的制造业 R&D 人员数却没有太大变化,说明通用设备制造业研发人员、研发团队建设尚有待加强。

4)制造业 R&D 人员全时当量

研发人员是技术创新的实践者,因制造业 R&D 人员全时当量在一定程度上展现行业的技术进步水平。由图 6-4 可知,通用设备制造业 R&D 人员全时当量的趋势与该行业

R&D 人员数呈现的趋势相似，都是在 2012～2014 年间呈上升趋势，之后在一个区间内上下浮动。

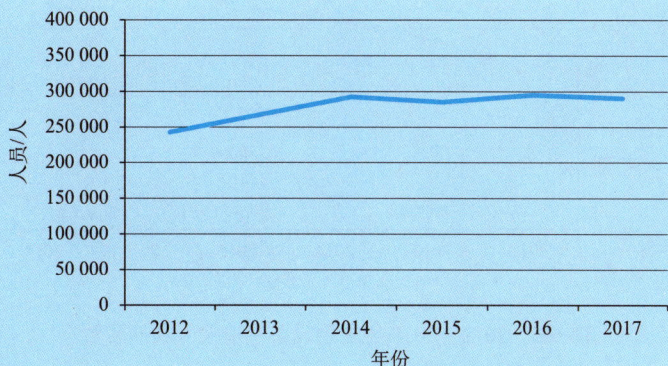

图 6-3　2012～2017 年通用设备制造业 R&D 人员数

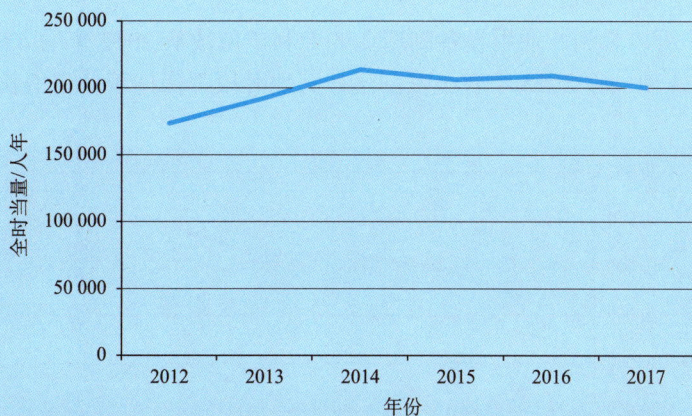

图 6-4　2012～2017 年通用设备制造业 R&D 人员全时当量

通用设备制造业 R&D 活动人员折合全时当量于 2014 年突破 200 000 人年之后在 200 000～220 000 人年之间波动，2017 年跌落到约 199 800 人年，是 2014 年以后呈现出的最低点。该指标近几年呈现的趋势说明通用设备制造业行业内部在研发人员的配置方面并没有达到良好状态。

2. 应用层

1）制造业专利拥有数

专利拥有数是反映企业产出效果的指标之一。通过图 6-5 可知，2012～2017 年通用设备制造业专利拥有数是不断增加的，2013 年和 2016 年的年增长率比较突出，分别为 22.25% 和 18.53%；相比 2016 年，2017 年的增长幅度较小，专利拥有数只增加了 218 项。

图 6-5　2012～2017 年通用设备制造业专利拥有数

结合 2015～2017 年通用设备制造业在 R&D 经费内部支出和新产品开发经费等资金投入的大幅增长来看，该行业的创新产出成果仍有进步空间。

2）制造业专利申请数

通过图 6-6 可以看到，通用设备制造业的专利申请数从 2012 年的 42 136 项上升为 2017 年的 64 164 项，除 2015 年有小幅回落，其他时段都保持着稳定增长。

图 6-6　2012～2017 年通用设备制造业专利申请数

由此可以看到，该行业的知识产权意识不断加强。结合该行业的专利拥有数来看，该行业在有效专利的转化工作上仍有待加强。

3）制造业新产品开发项目数

由图 6-7 可知，通用设备制造业新产品开发项目数在 2012～2014 年保持缓慢增长，2014～2015 年处于下降趋势，2015 年之后呈现大幅增长状态。

该图的趋势特点与通用设备制造业新产品开发经费支出一致，反映该行业在新产品开发上的投入与产出呈正比关系。

图 6-7 2012～2017 年通用设备制造业新产品开发项目数

4）制造业 R&D 人员占就业人员人数比重

从图 6-8 看，通用设备制造业的 R&D 人员占就业人数比重在 2012～2017 年一直保持着稳步上升趋势，从 5.54%上升至 6.76%。具体来看，通用设备制造业的 R&D 人员数在 2014 年后变化不大，而从业人数却在逐年下降，所以 R&D 人员占就业人数比重的上升主要是因为该行业从业人数的减少。

图 6-8 2012～2017 年通用设备制造业 R&D 人员占就业人员人数比重

这也从侧面反映在智能化背景下，一些传统岗位被精简，甚至被科技所取代，行业整体正在向科技、创新、智能方向迈进。

3．市场层

1）制造业企业利润总额

近年来通用设备制造业的利润总额呈现稳定态势。从图 6-9 可知，该行业 2012～2014 年的利润额在稳步提升，2015 年后利润额有一定回落，但一直维持在 3100 亿元左右，回落幅度小于 2%。

通用设备制造业涉及众多领域，其行业表现与多个行业领域有关，单一行业的波动对该行业的影响有限，所以即便是在经济不景气情况下，通用制造业相比其他行业，更具有稳健性。因此，通用设备制造业的利润额呈现增长中有回落、总体波动不大的特点，与其行业特征密切相关。

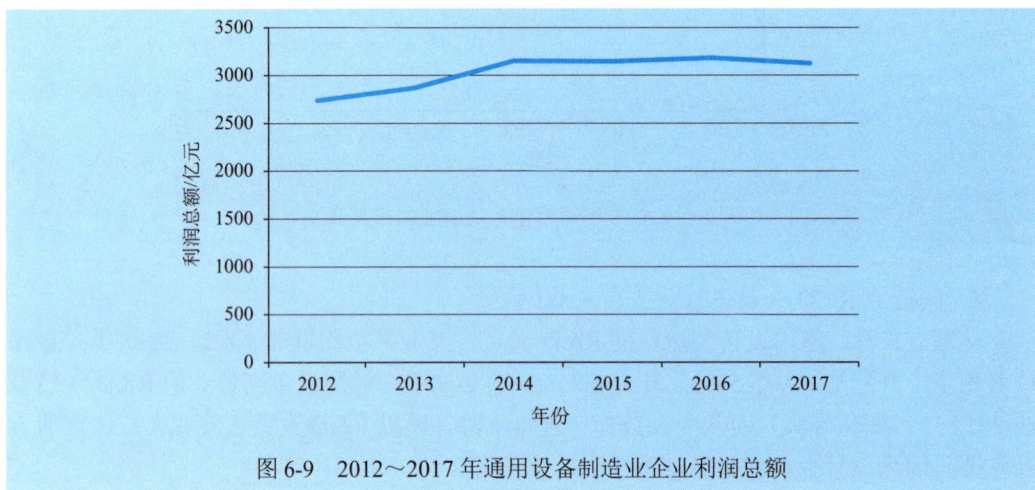

图 6-9　2012～2017 年通用设备制造业企业利润总额

2）主营业务收入

与该行业的利润总额呈现特点一致，该行业的主营业务收入的波动起伏不明显。从图 6-10 可以看出，通用设备制造业的主营业务收入从 2012～2016 年保持上升态势，但每年的增长速度逐渐放缓，年增长率在 2013 年达到最高，为 12.47%，而 2015 年的增长率仅为 0.05%；2017 年的主营业务收入有所下跌，年增长率为–5.37%。

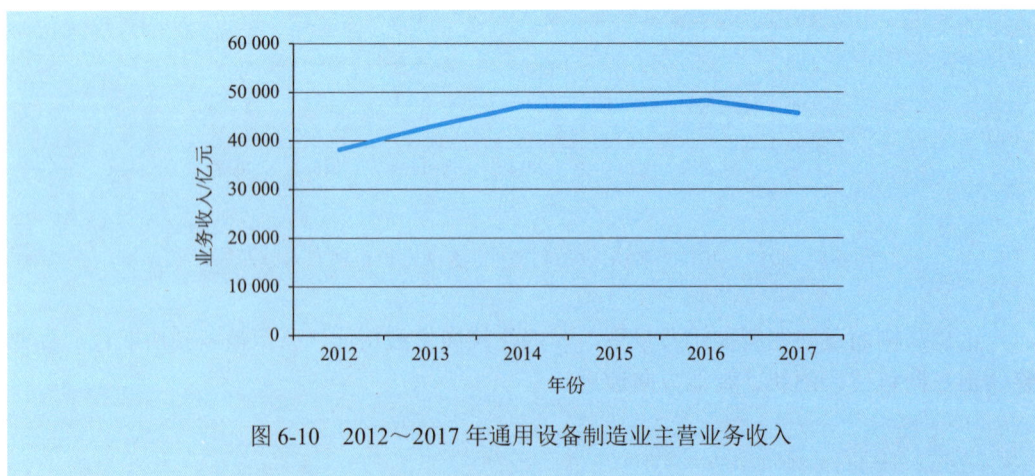

图 6-10　2012～2017 年通用设备制造业主营业务收入

在制造业转型升级背景下，通用设备制造业的利润和主营业务收入情况在稳定中略有下降，说明该行业仍有很大的提升空间，要不断进行智能化改造，实现技术升级，从而达到技术与效益的双赢。

3）制造业就业人员人数

从图 6-11 可以看到，通用设备制造业就业人数可以分为两个阶段，至 2014 年为止该行业就业人数呈现小幅度上升趋势，此后便进入下降阶段，就业人数平均每年下降约 4%。随着制造业的智能升级改造，就业人数的下降是大部分制造业行业都面临的问题。

图 6-11　2012～2017 年通用设备制造业就业人员人数

智能化过程中，很多传统岗位存在被智能机器替代的风险，出于成本考虑，不少企业也会乐于接受新技术、新机器对传统行业岗位的改造。而从长期来看，虽然传统岗位被替代，但是智能化可能又会产生新的岗位。就业问题关乎民生，在制造业智能化背景下处理好人的角色问题，也是考验行业竞争力的重要指标。

4）制造业就业人员人均利润率

人均利润率指标的提升，说明从业人员的人均贡献提升。由图 6-12 可知，通用设备制造业的人均利润率总体保持稳定的增长趋势，从 2012 年的 62 568.39 元/人上升至 2017 年的 72 909.99 元/人，6 年间人均利润率提高了超过 10 000 元/人，除 2013 年，其他年份的年增长率为 3%～7%。

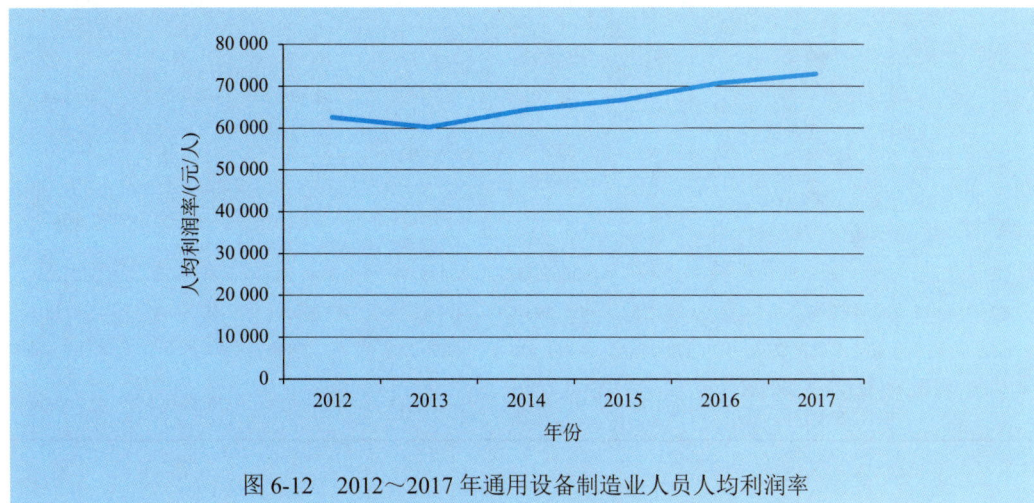

图 6-12　2012～2017 年通用设备制造业人员人均利润率

该指标增长幅度超过通用设备制造业的利润总额指标的增长幅度，说明该行业的人均利润率的提升主要是由近几年就业人数的减少造成。

6.2.2 通用设备制造业"智能化"能力综合化评价

通用设备制造业是装备制造业的重要组成部分，中国的通用设备制造业起步晚，随着中低端产能的逐渐淘汰，近年来该行业成长迅速。从国际市场占有率角度看，中国通用设备制造业仍有很大发展空间。"十二五"战略规划中对该行业的阐述是要提高基础工艺、元器件研发，重视重大技术成套装备的产业化发展，并推动产品智能化进程。"十三五"战略规划中重点强调了要发展智能制造技术装备，培育智能制造模式。在这些规划中提到了 8 个具体领域的高端装备创新发展工程，由于通用设备制造业的产品是众多高端装备领域的基础要件，因此应把发展通用设备制造业作为高端装备行业创新的基础工作，且智能化发展主导了通用设备制造业未来发展的方向。

根据 2012～2017 年《中国统计年鉴》《中国科技统计年鉴》《中国工业统计年鉴》以及国泰安数据库和万德数据库中通用设备制造业智能化方面的数据，选取能客观、分层次反映制造业智能化的 12 项指标，使用离差最大化方法计算出每个指标的权重。结合各项指标的规范化数值，可得出 2012～2017 年中国通用设备制造业科技创新能力的综合评价值。依据各指标的原始数据、规范化数据、权重、智能化综合评价值及其排序结果，对智能化能力做出评价。中国通用设备制造业智能化能力各项评价指标的原始数据见表 6-2。

表 6-2 通用设备制造业 2012～2017 年各项指标数据表

序号	指标	2012 年	2013 年	2014 年	2015 年	2016 年	2017 年
A1	制造业 R&D 经费内部支出/万元	4 746 047	5 478 932	6 206 000	6 326 467	6 657 263	6 968 194
A2	制造业新产品开发经费/万元	5 719 081	6 555 971	7 015 416	6 690 067	7 287 116	7 924 954
A3	制造业 R&D 人员数/人	242 270	267 000	291 639	284 483	294 511	289 608
A4	制造业 R&D 人员全时当量/人年	173 046.2	191 916.3	213 178	205 657	208 614	199 775
B1	制造业专利拥有数/项	11 691	14 292	15 723	16 744	19 847	20 065
B2	制造业专利申请数/项	42 136	49 305	53 169	52 898	60 198	64 164
B3	制造业新产品开发项目数/项	33 191	34 325	36 206	32 280	37 274	44 181
B4	制造业 R&D 人员占就业人员人数比重/%	5.54	5.61	5.96	6.04	6.55	6.76
C1	制造业企业利润总额/亿元	2735.49	2867.05	3149.34	3142.93	3178.66	3121.86
C2	主营业务收入/亿元	38 043.25	42 789.01	47 016.78	47 039.64	48 200.4	45 611.05
C3	制造业就业人员人数/人	4 372 000	4 761 400	4 896 200	4 712 800	4 493 400	4 281 800
C4	制造业就业人员人均利润率/(元/人)	62 568.39	60 214.43	64 322.13	66 689.23	70 740.64	72 909.99

运用离差最大化方法，构造通用设备制造业 2012～2017 年各项指标规范化数据，计算结果如表 6-3 所示。

表 6-3　通用设备制造业 2012～2017 年各项指标规范化数据表

序号	指标	2012 年	2013 年	2014 年	2015 年	2016 年	2017 年
A1	制造业 R&D 经费内部支出	0	0.329 8	0.657 0	0.711 2	0.860 1	1
A2	制造业新产品开发经费	0	0.379 4	0.587 7	0.440 2	0.710 8	1
A3	制造业 R&D 人员数	0	0.473 4	0.945 0	0.808 0	1	0.906 1
A4	制造业 R&D 人员全时当量	0	0.470 2	1	0.812 6	0.886 3	0.666 0
B1	制造业专利拥有数	0	0.310 6	0.481 5	0.603 4	0.974 0	1
B2	制造业专利申请数	0	0.325 4	0.500 9	0.488 6	0.820 0	1
B3	制造业新产品开发项目数	0.076 5	0.171 8	0.329 9	0	0.419 6	1
B4	制造业 R&D 人员占就业人员人数比重	0	0.054 2	0.339 6	0.405 0	0.828 7	1
C1	制造业企业利润总额	0	0.296 9	0.933 8	0.919 4	1	0.871 8
C2	主营业务收入	0	0.467 2	0.883 5	0.885 7	1	0.745 1
C3	制造业就业人员人数	0.146 8	0.780 6	1	0.701 5	0.344 4	0
C4	制造业就业人员人均利润率	0.185 4	0	0.323 6	0.510 0	0.829 1	1

计算通用设备制造业 2012～2017 年各项指标权重，综合评价通用设备制造业各年度"智能化"能力，计算结果如表 6-4 所示。

表 6-4　通用设备制造业 2012～2017 年智能化能力及排序比较

权系数	指标	2012 年	2013 年	2014 年	2015 年	2016 年	2017 年
0.0824	制造业 R&D 经费内部支出	0	0.329 8	0.657 0	0.711 2	0.860 1	1
0.0762	制造业新产品开发经费	0	0.379 4	0.587 7	0.440 2	0.710 8	1
0.0808	制造业 R&D 人员数	0	0.473 4	0.945 0	0.808 0	1	0.906 1
0.0793	制造业 R&D 人员全时当量	0	0.470 2	1	0.812 6	0.886 3	0.666 0
0.0882	制造业专利拥有数	0	0.310 6	0.481 5	0.603 4	0.974 0	1
0.0806	制造业专利申请数	0	0.325 4	0.500 9	0.488 6	0.820 0	1
0.0768	制造业新产品开发项目数	0.076 5	0.171 8	0.329 9	0	0.419 6	1
0.0917	制造业 R&D 人员占就业人员人数比重	0	0.054 2	0.339 6	0.405 0	0.828 7	1
0.0863	制造业企业利润总额	0	0.296 9	0.933 8	0.919 4	1	0.871 8
0.0793	主营业务收入	0	0.467 2	0.883 5	0.885 7	1	0.745 1
0.0900	制造业就业人员人数	0.146 8	0.780 6	1	0.701 5	0.344 4	0
0.0883	制造业就业人员人均利润率	0.185 4	0	0.323 6	0.510 0	0.829 1	1
	评价值 $D_t(w)$	0.035 5	0.336 4	0.663 2	0.609 5	0.806 2	0.844 6
	排序号	6	5	3	4	2	1

　　由表 6-4 可知,2012～2017 年通用设备制造业的智能化能力综合评价值呈上升趋势,这反映出通用设备制造业智能化水平正逐年提高。结合图 6-13,通用设备制造业的从业人数的整体趋势处于下降状态,2016 年后制造业 R&D 人员数、制造业 R&D 人员全时当量、利润总额和主营业务收入的评价值经过增长后有回落,其他指标评价值在 2012～2017 年间整体保持着上升趋势。总体来说,从 2012～2017 年,通用设备制造业各方面评价值都有着一定程度的进步,2016 年后凸显出的主要问题是从业人员的数量与质量问题,以及经济新常态阶段如何提高效益的问题。

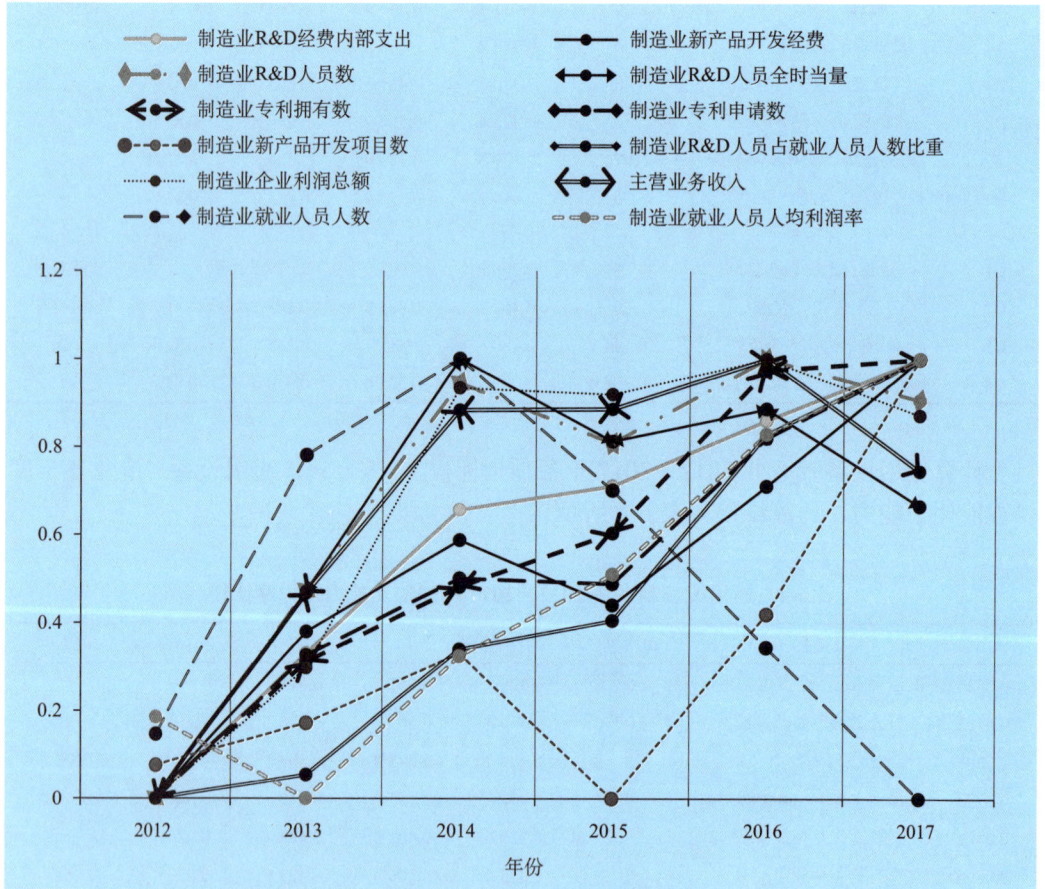

图 6-13　通用设备制造业 2012～2017 年各项指标变化趋势

　　人才是智能制造时代最宝贵的资源,通用设备制造业存在着从业人员整体数量下降、科研从业者数量提高不明显的问题。《智能制造工程实施指南(2016—2020)》中也提到要对创新人才、团队等进行系统建设。为此需要建设提供人才供需信息的服务平台,更重要的是加强高校、研究所与企业之间的互动,进一步推动产学研一体化建设,使高校、研究院等机构的知识成果可以有效率地转化为实际生产力。另外,通用设备制造业的特点之一是涉及的细分行业较多,所以该行业对单一行业剧烈波动不敏感,也正因如此,通用设备制造业的效益分析涉及因素更复杂,因此该行业要更加重视自身竞争力的评估,遵循市场规律，广泛开展国际交流，拓展国际合作渠道，探索开发所需智能成套设备，并实现智能化改造，在创新中引领时代潮流，在智能化中造福全行业。

6.3　电气机械和器材制造业

6.3.1　电气机械和器材制造业"智能化"评价

1. 基础层

1）制造业 R&D 经费内部支出

《中国制造 2025》十大智能制造重点领域涉及电气机械和器材制造业的主要是电子信息领域和电力装备领域，这对该行业来说是机遇也是挑战。

在研发上的大量投入是其创新的基础，从该行业 2012～2017 年的发展情况来看（图 6-14），其 R&D 经费内部支出处于不断上升趋势，每年的增长率都超过 8%，2017 年的增长率达到了 12.7%，2017 年的支出达到 12 423 807 万元，是 2012 年该项支出的 1.76 倍。

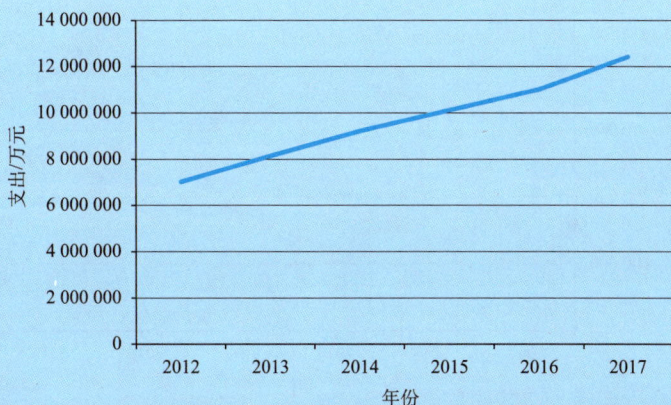

图 6-14　2012～2017 年电气机械和器材制造业 R&D 经费内部支出

2）制造业新产品开发经费支出

从图 6-15 来看，在 2012～2017 年，电气机械和器材制造业新产品开发经费支出也呈现出明显的持续增长趋势，且 2016 年和 2017 年的年增长率超过 15%。

该行业涉及的领域较为广泛，包括发电机组制造、光纤光缆制造、电池制造以及众多家用电器制造等，这些都是智能化背景下的热门领域。各个具体领域在国际上的地位也不同，比如发电设备在国际上具有强大竞争力，而光纤等领域虽然进步很大但与国际先进水平比较仍有差距。总体来说电气机械和器材制造业具有强大的创新潜力，其新产品开发经费支出与制造业其他行业相比也是名列前茅。

3）制造业 R&D 人员数

从图 6-16 可知，电气机械和器材制造业 R&D 人员数呈现逐步上升趋势，年增长率最低为 2015 年的 0.82%，其余年份的年增长率均超过 5%。从 2012～2017 年，该行业的

R&D 人员数增加了约 115 000 人，2016 年起该行业的 R&D 人员总数突破 400 000 人。

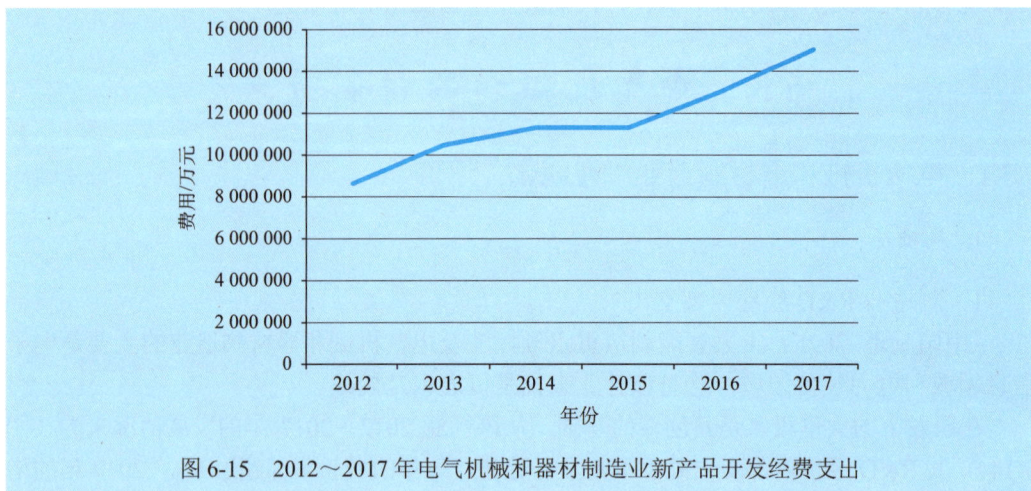

图 6-15   2012～2017 年电气机械和器材制造业新产品开发经费支出

图 6-16   2012～2017 年电气机械和器材制造业 R&D 人员数

该行业科研队伍的不断壮大反映出该行业的从业人员结构正在不断优化，具有强劲的科技创新潜力。

4）制造业 R&D 人员全时当量

结合图 6-17 和图 6-16，可以发现电气机械和器材制造业 R&D 人员全时当量的年度变化趋势与 R&D 人员数的趋势基本保持一致，只是上升幅度略小于 R&D 人员数。具体来看，6 年间 R&D 活动人员折合全时当量共增长了 59 042.2 人年。

2. 应用层

1）制造业专利拥有数

2012 年电气机械和器材制造业专利拥有数为 24697 项，2017 年达到了 49526 项，总数上翻了一倍。根据趋势图 6-18，该行业的专利授权数量在 2015～2017 年增长较快，尤其是 2016 年，年增长率为 33.86%，可谓是较高速增长。

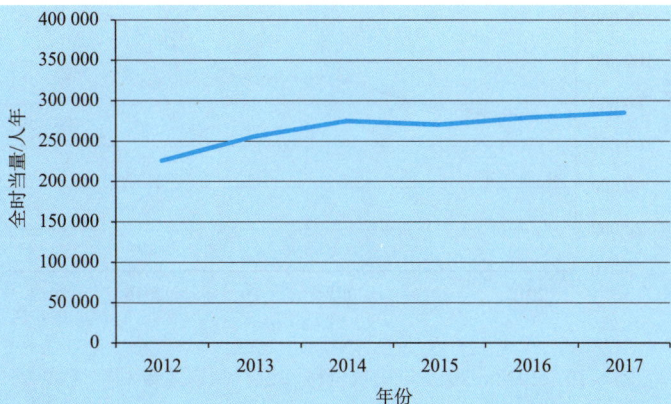

图 6-17　2012～2017 年电气机械和器材制造业 R&D 人员全时当量

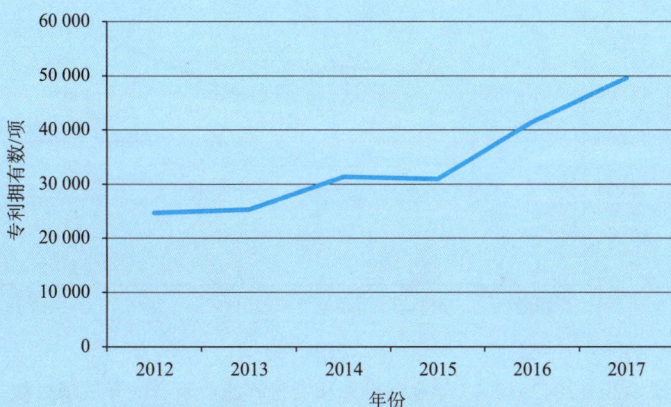

图 6-18　2012～2017 年电气机械和器材制造业专利拥有数

2012～2017 年，专利授权数量的翻倍表明该行业在研发上的大量投入得到了较好的成果。但需要注意的是，拥有专利之后如何提高专利转化率、如何让专利变为产品、如何产业化的问题。

2）制造业专利申请数

由图 6-19 可看到电气机械和器材制造业专利申请数在小幅度波动中实现了申请总数翻倍的增长，这与该行业拥有专利数的趋势图相似。

观察该行业专利授权数和申请数，可以发现从 2012～2017 年，该行业专利授权数占申请数比重从 33.01%上升到 36.17%，这也反映出该行业的专利质量在不断提升。

3）制造业新产品开发项目数

新产品开发项目数是评估科技产出的指标之一。从图 6-20 可知，电气机械和器材制造业新产品开发项目数在 2012～2014 年处于缓慢增长状态，2015 年该指标下降并跌落至 2012 年水平，之后两年有显著上升。

图 6-19　2012～2017 年电气机械和器材制造业专利申请数

图 6-20　2012～2017 年电气机械和器材制造业新产品开发项目数

总体来说该行业的新产品开发项目数有了明显提升，并且近期趋势良好。

4）制造业 R&D 人员占就业人员人数比重

从图 6-21 可以看到电气机械和器材制造业 R&D 人员占就业人员比重有不断上升趋势，并且 2015 年后增长趋势更为显著。具体来看，该行业 R&D 人员数一直处于稳定上升趋势，2014 年后总从业人数保持下降趋势，因此 R&D 人员占就业人员比重的提升主要来自 R&D 人员数量的不断增加。

以上情况说明该行业从业人员结构正在不断优化，创新人才队伍正不断扩大，该指标的提升有利于行业的进一步自主创新。

3. 市场层

1）制造业企业利润总额

通过图 6-22 可以发现电气机械和器材制造业的利润总额在 2016 年之前保持持续稳定的增长，2016 年利润总额 5150.27 亿元，处于峰值，2017 年利润额下降，减少了 492.78

亿元，年增长率为–9.57%。

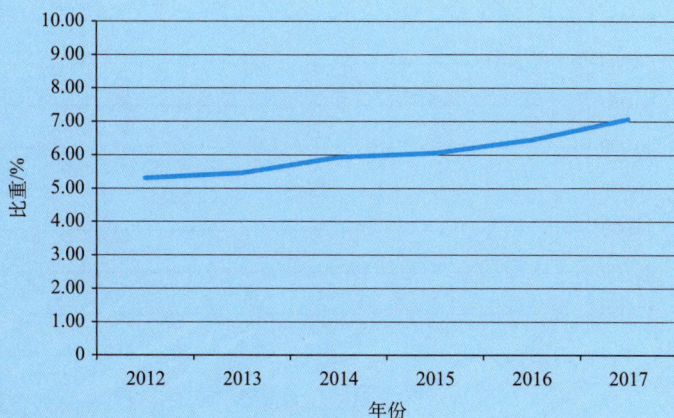

图 6-21　2012～2017 年电气机械和器材制造业 R&D 人员占就业人员人数比重

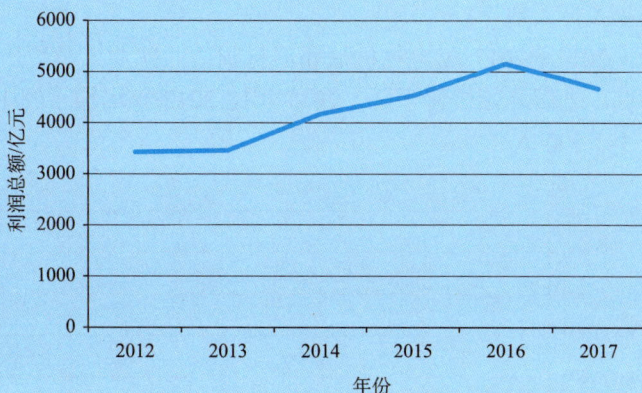

图 6-22　2012～2017 年电气机械和器材制造业利润总额

　　在智能化和供给侧改革的大环境下，电气机械和器材制造业的各项成本每一年都处于上升状态，国家补贴的减少也对利润空间造成一定挤压。

　　2）主营业务收入

　　图 6-23 显示，电气机械和器材制造业主营业务收入最近发展趋势与利润总额相似，以 2016 年为分界点，在这一年之前保持着稳定的增长态势，从 54 522.61 亿元上升到 73 642.26 亿元，年增长率最高达到了 11.91%；2017 年下降至 71 683.44 亿元，下降幅度为 2.66%。

　　从国家政策上看，电气机械和器材制造业中不少涉及《中国制造 2025》和"十三五"规划中提到的重点领域，比如电力装备甚至是节能环保领域；从投入（科研经费支出）和产出（拥有专利数）的数据来看，该行业近几年的表现也在持续进步。2016～2017 年，该行业主营业务收入下降的原因是多方面的，中国的电气机械和器材制造业虽然在近几年取得了不少技术上的突破性成就，但因为该行业的技术壁垒不多，像家用电器之类的产品在国际市场上仍旧竞争激烈，客户可以选择的替代品也较多。

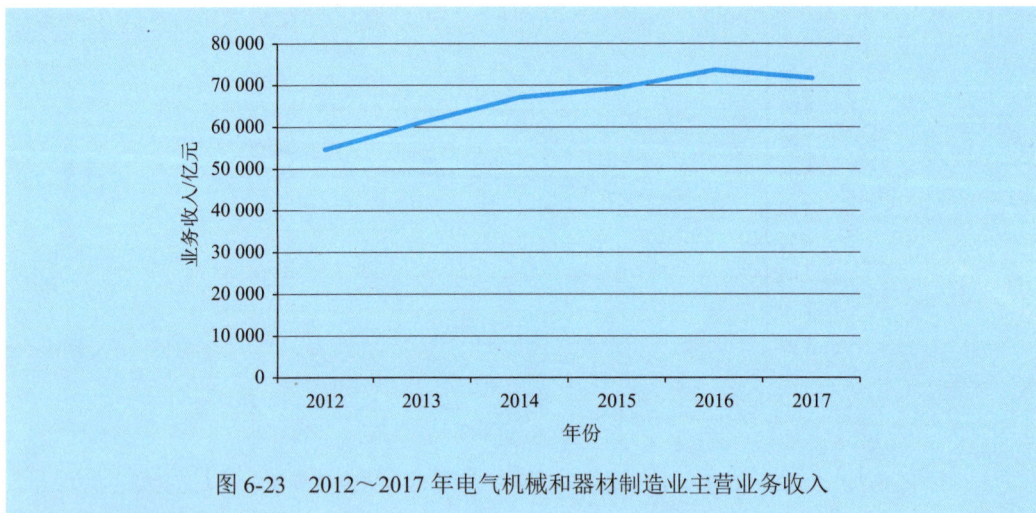

图 6-23　2012～2017 年电气机械和器材制造业主营业务收入

3）制造业就业人员人数

图 6-24 显示，2012～2017 年电气机械和器材制造业就业人员数历经了缓慢上升、以 2014 年为分界点，之后开始缓慢下降。2017 年比 2012 年增加了约 172 700 人，比峰值的 2014 年少了 341 500 人。

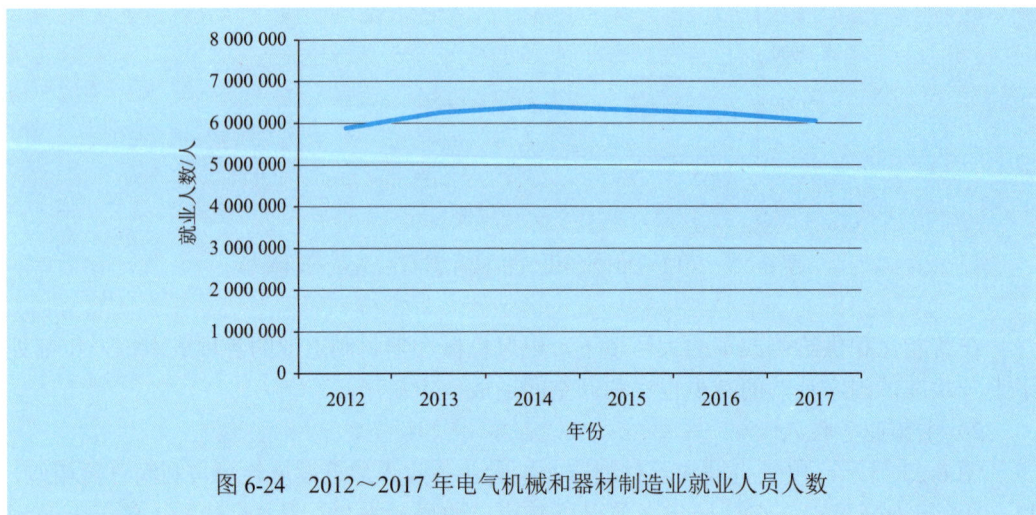

图 6-24　2012～2017 年电气机械和器材制造业就业人员人数

图 6-24 所表现出的情况可能是由于行业引入智能化改造，对一些传统岗位带来一定冲击所造成的。从长期来看，智能化给从业者带来的更多是机遇，制造业智能化可以给行业带来新的岗位，从而注入新的活力。在智能化进程中，这个作用也会逐渐凸显。

4）制造业就业人员人均利润率

由图 6-25 可知，2012～2017 年，电气机械和器材制造业人均利润率历经了两次明显波动。2012～2013 年，人均利润率从 58 317.19 元/人减少至 55 386.31 元/人；而 2013～

2016 年,则一直保持增长趋势,2016 年的人均利润率突破 80 000 元/人;2017 年又比 2016 年的人均利润率减少 5656.84 元/人。2017 年的人均利润率比 2012 年增长了约 0.32 倍。

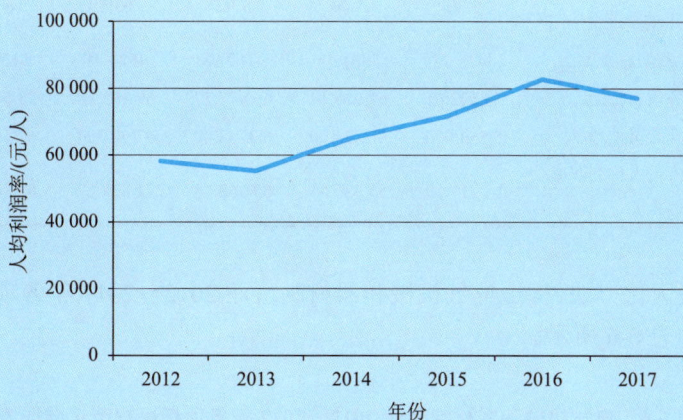

图 6-25　2012～2017 年电气机械和器材制造业就业人员人均利润率

6.3.2　电气机械和器材制造业"智能化"能力综合化评价

现代生活已与电气密不可分,电气机械和器材制造业是国民经济的基础产业,《智能制造工程实施指南（2016-2020）》中指出的十大智能制造创新重点领域就包含了电力装备领域,可以说该行业的稳定良好发展对国民经济具有基础性意义。

根据 2012～2017 年《中国统计年鉴》《中国科技统计年鉴》《中国工业统计年鉴》以及国泰安数据库和万德数据库中电气机械和器材制造业智能化方面的数据,选取能客观、分层次地反映制造业智能化的 12 项指标,使用"离差最大化"方法计算出每个指标的权重。结合各项指标的规范化数值,可得出 2012～2017 年中国电气机械和器材制造业科技创新能力的综合评价值。依据各指标的原始数据、规范化数据、权重、智能化综合评价值及其排序结果,对智能化能力做出评价。中国电气机械和器材制造业智能化能力各项评价指标的原始数据见表 6-5。

表 6-5　电气机械和器材制造业 2012～2017 年各项指标数据表

序号	指标	2012 年	2013 年	2014 年	2015 年	2016 年	2017 年
A1	制造业 R&D 经费内部支出/万元	7 041 558	8 153 895.2	9 228 515	10 127 297	11 023 817	12 423 807
A2	制造业新产品开发经费/万元	8 630 769	10 453 248.9	11 286 991.7	11 290 147.1	13 000 483.4	15 017 157.5
A3	制造业 R&D 人员数/人	310 887	340 031	377 906	380 990	400 791	426 243
A4	制造业 R&D 人员全时当量/人年	225 982.8	255 835	274 935.5	270 363	279 364	285 025
B1	制造业专利拥有数/项	24 697	25 283	31 336	30 914	41 383	49 526
B2	制造业专利申请数/项	74 811	78 154	92 954	92 865	113 140	136 915
B3	制造业新产品开发项目数/项	39 107	43 991	45 860	39 587	47 952	58 584

续表

序号	指标	2012 年	2013 年	2014 年	2015 年	2016 年	2017 年
B4	制造业 R&D 人员占就业人员人数比重/%	5.30	5.46	5.92	6.05	6.44	7.06
C1	制造业企业利润总额/亿元	3419.72	3451.73	4162.98	4524.31	5150.27	4657.49
C2	主营业务收入/亿元	54 522.61	61 018.14	66 977.77	69 183.18	73 642.26	71 683.44
C3	制造业就业人员人数/人	5 864 000	6 232 100	6 378 200	6 298 700	6 219 400	6 036 700
C4	制造业就业人员人均利润率/（元/人）	58 317.19	55 386.31	65 268.88	71 829.27	82 809.76	77 152.91

运用离差最大化方法,构造电气机械和器材制造业 2012～2017 年各项指标规范化数据,计算结果如表 6-6 所示。

表 6-6　电气机械和器材制造业 2012～2017 年各项指标规范化数据表

序号	指标	2012 年	2013 年	2014 年	2015 年	2016 年	2017 年
A1	制造业 R&D 经费内部支出	0	0.206 7	0.406 3	0.573 3	0.739 9	1
A2	制造业新产品开发经费	0	0.285 4	0.415 9	0.416 4	0.684 2	1
A3	制造业 R&D 人员数	0	0.252 6	0.581 0	0.607 7	0.779 4	1
A4	制造业 R&D 人员全时当量	0	0.505 6	0.829 1	0.751 7	0.904 1	1
B1	制造业专利拥有数	0	0.023 6	0.267 4	0.250 4	0.672 0	1
B2	制造业专利申请数	0	0.053 8	0.292 1	0.290 7	0.617 2	1
B3	制造业新产品开发项目数	0	0.250 8	0.346 7	0.024 6	0.454 1	1
B4	制造业 R&D 人员占就业人员人数比重	0	0.087 8	0.354 3	0.424 7	0.649 5	1
C1	制造业企业利润总额	0	0.018 5	0.429 5	0.638 3	1	0.715 2
C2	主营业务收入	0	0.339 7	0.651 4	0.766 8	1	0.897 5
C3	制造业就业人员人数	0	0.715 9	1	0.845 4	0.691 2	0.335 9
C4	制造业就业人员人均利润率	0.106 9	0	0.360 4	0.599 6	1	0.793 7

计算电气机械和器材制造业 2012～2017 年各项指标权重,综合评价电气机械和器材制造业各年度"智能化"能力,计算结果如表 6-7 所示。

表 6-7　电气机械和器材制造业 2012～2017 年"智能化"能力及排序比较

权系数	指标	2012 年	2013 年	2014 年	2015 年	2016 年	2017 年
0.0840	制造业 R&D 经费内部支出	0	0.206 7	0.406 3	0.573 3	0.739 9	1
0.0769	制造业新产品开发经费	0	0.285 4	0.415 9	0.416 4	0.684 2	1
0.0820	制造业 R&D 人员数	0	0.252 6	0.581 0	0.607 7	0.779 4	1
0.0778	制造业 R&D 人员全时当量	0	0.505 6	0.829 1	0.751 7	0.904 1	1
0.0864	制造业专利拥有数	0	0.023 6	0.267 4	0.250 4	0.672 0	1
0.0830	制造业专利申请数	0	0.053 8	0.292 1	0.290 7	0.617 2	1

续表

权系数	指标	2012 年	2013 年	2014 年	2015 年	2016 年	2017 年
0.0792	制造业新产品开发项目数	0	0.250 8	0.346 7	0.024 6	0.454 1	1
0.0838	制造业 R&D 人员占就业人员人数比重	0	0.087 8	0.354 3	0.424 7	0.649 5	1
0.0906	制造业企业利润总额	0	0.018 5	0.429 5	0.638 3	1	0.715 2
0.0843	主营业务收入	0	0.339 7	0.651 4	0.766 8	1	0.897 5
0.0813	制造业就业人员人数	0	0.715 9	1	0.845 4	0.691 2	0.335 9
0.0906	制造业就业人员人均利润率	0.106 9	0	0.360 4	0.599 6	1	0.793 7
	评价值 $D_i(w)$	0.009 7	0.221 6	0.490 6	0.517 3	0.770 4	0.892 9
	排序号	6	5	4	3	2	1

　　根据表 6-7，2012～2017 年电气机械和器材制造业的智能化能力综合评价值呈现逐步上升趋势，这反映出该行业在智能化改造工程上取得了进步。观察图 6-26，除从业人数指标，其余指标评价值的整体趋势都是上升的；并且大部分指标评价值在 2015 年后实现大幅度的增长，这可能得益于《中国制造 2025》、"十三五"规划等战略的发布。2016年后出现回落的指标评价值有主营业务收入、利润总额和人均利润率，说明该行业的经济效益有所下降。

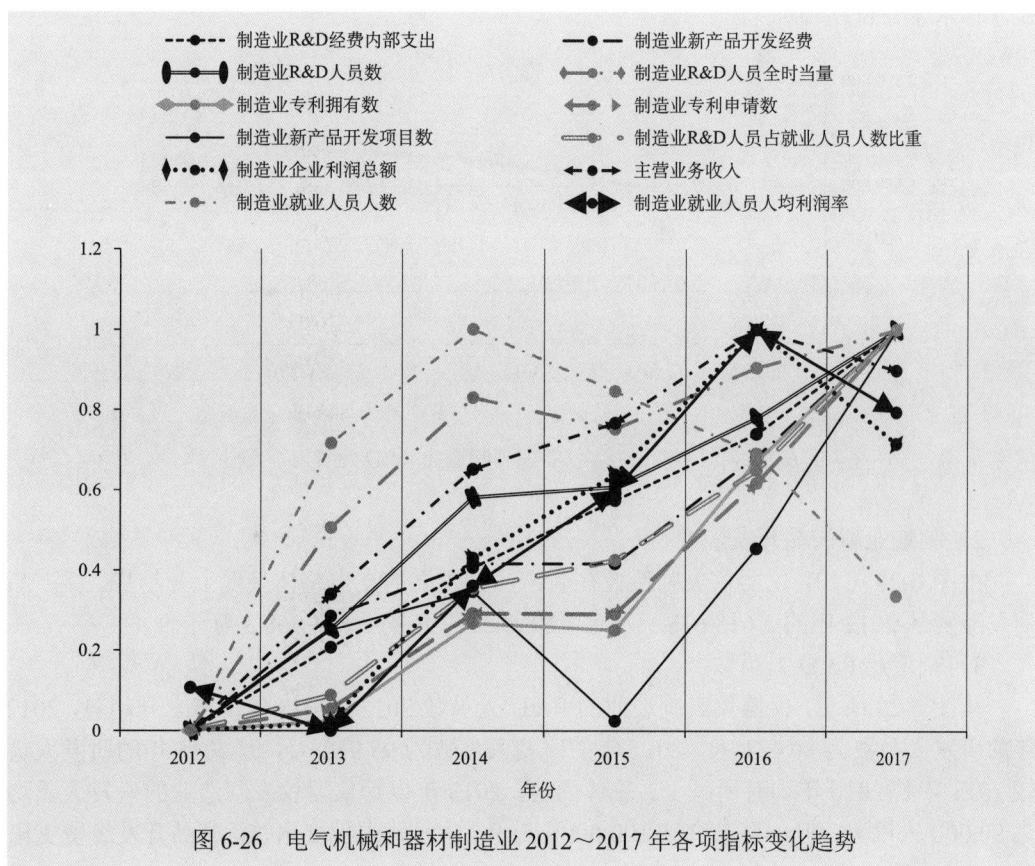

图 6-26　电气机械和器材制造业 2012～2017 年各项指标变化趋势

总体来说，电气机械和器材制造业近几年对科技创新进行了大量投入，对专利和新产品角度这部分投入也取得了较好的成果，但其市场表现评价值仍有波动，该行业要重视市场竞争力问题。"十三五"战略规划提到需要建设智能电网、大力开展国际性的电力项目合作，加强实施"走出去"战略，提升国际市场占有率，通过国际交流合作实现创新发展，从而提升国际竞争力。在这个过程中，需要拓展商业运营模式。由于电气机械和器材制造业不存在太多行业壁垒，所以可以通过大企业带动中小企业的方式形成"全产业链战略联盟"、产业聚集区等形式凸显竞争优势。

6.4　仪器仪表制造业

6.4.1　仪器仪表制造业"智能化"评价

1. 基础层

1）制造业 R&D 经费内部支出

从图 6-27 可以看出，仪器仪表制造业的研发经费显著逐年增加，从 2012 年的 1 237 248 万元增加到 2017 年的 2 102 352 万元，2017 年的研发经费和 2012 年相比增幅高达约 70%。这体现了仪器仪表制造业一直都很注重研发创新，可以预见仪器仪表制造业的研发经费投入在未来会持续增加。

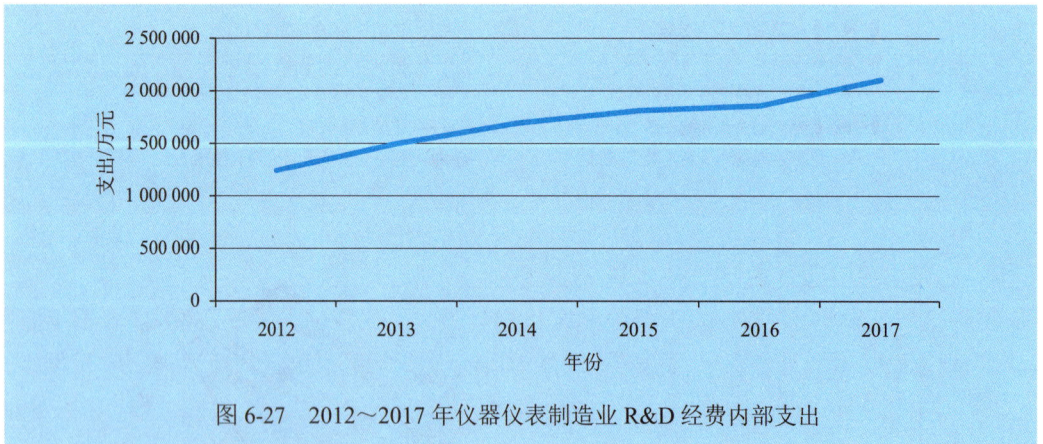

图 6-27　2012~2017 年仪器仪表制造业 R&D 经费内部支出

2）制造业新产品开发经费

由图 6-28 可知，仪器仪表制造业在新产品开发上的支出整体呈现上升趋势。新产品研发经费从 2012 年的 1 618 618.5 万元增加到 2017 年的 2 654 968.3 万元。

3）制造业 R&D 人员数

从图 6-29 所示，仪器仪表制造业的 R&D 人员数 2012~2017 年保持上升趋势，2012 年的研发人员数为 80 631 人，2017 年的研发人员数为 95 952 人。但 2015 年的研发人员较 2014 年和 2016 年均有所减少。总体而言，2013 年以后仪器仪表制造业的研发人员均为 90 000 人以上，但一直未突破 100 000。与 R&D 经费内部支出、新产品开发经费支出都呈现大幅度上升趋势相比，每年的 R&D 人员增幅较小，这说明可能仪器仪表制造业研发人员的研发效率有所提高。

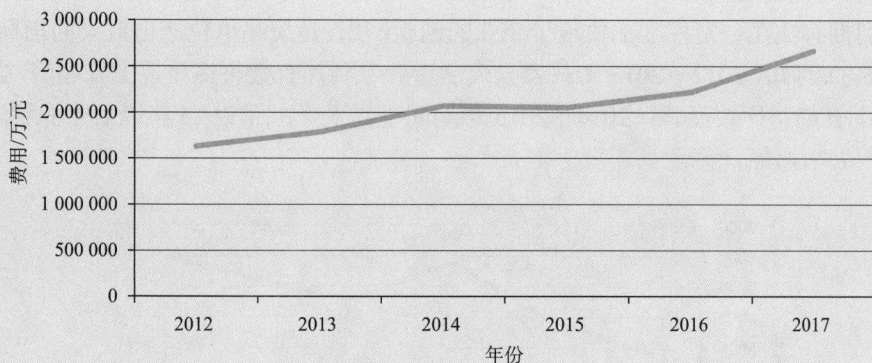

图 6-28　2012～2017 年仪器仪表制造业新产品开发经费支出

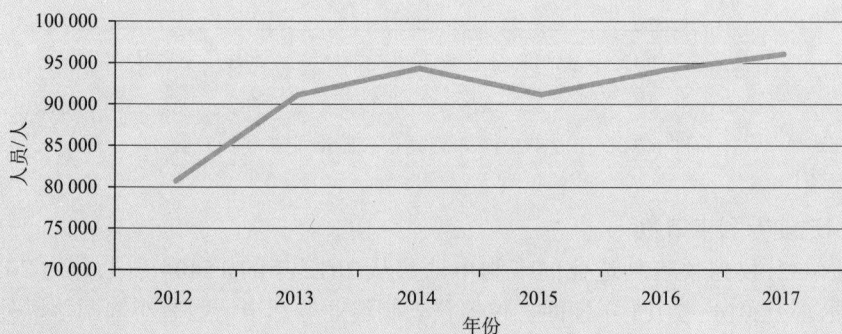

图 6-29　2012～2017 年仪器仪表制造业 R&D 人员数

4）制造业 R&D 人员全时当量

由图 6-30 可知，与研发人员数的变化趋势类似，仪器仪表制造业 R&D 人员全时当量的趋势也是呈现整体上升的趋势，然而 2014～2015 年制造业 R&D 人员全时当量略有下降，2015 年后小幅缓慢增长。

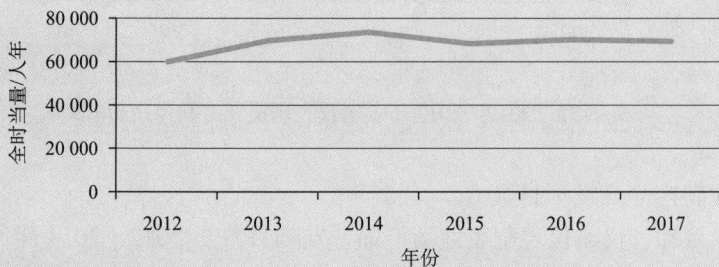

图 6-30　2012～2017 年仪器仪表制造业 R&D 人员全时当量

2. 应用层

1）制造业专利拥有数

专利拥有数在一定程度上体现了企业的创新产出，是反映单位产出效果的指标之一。通过图 6-31 可知，2012～2017 年仪器仪表制造业专利拥有数整体呈现上升趋势，2012～2014 年上升趋势比较显著；2014～2015 年期间小幅下降；而 2015 年以后企业制造业专利拥有数大幅增加。

图 6-31　2012～2017 年仪器仪表制造业专利拥有数

2）制造业专利申请数

由图 6-32，仪器仪表制造业的专利申请数从 2012 年的 15404 项上升为 2017 年的 23 449 项，除 2014～2015 年期间，仪器仪表制造业专利申请数有小幅回落以外，其他时段都保持着稳定增长。

图 6-32　2012～2017 年仪器仪表制造业专利申请数

3）制造业新产品开发项目数

由图 6-33 可知，仪器仪表制造业新产品开发项目数在 2012～2014 年间缓慢增长，2014～2015 年处于下降趋势，2015 年之后呈现大幅增长状态。仪器仪表制造业新产品开发项目数的趋势特点与申请专利数较类似。

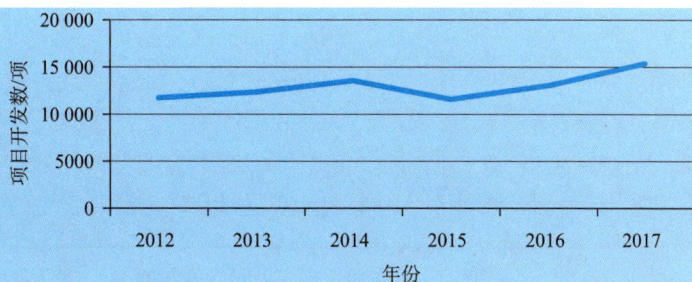

图 6-33　2012～2017 年仪器仪表制造业新产品开发项目数

4）制造业 R&D 人员占就业人员人数比重

从图 6-34 来看，仪器仪表制造业的 R&D 人员占就业人数比重在 2012～2017 年间呈现小幅上升趋势。与仪器仪表制造业的新产品开发项目数和申请专利数的变化趋势类似，2014～2015 年，仪器仪表制造业的 R&D 人员占就业人数比重略有小幅下降，2015 年以后增长较快。这可能说明仪器仪表制造业属于技术密集型产业，行业整体需要更多的研发人员。

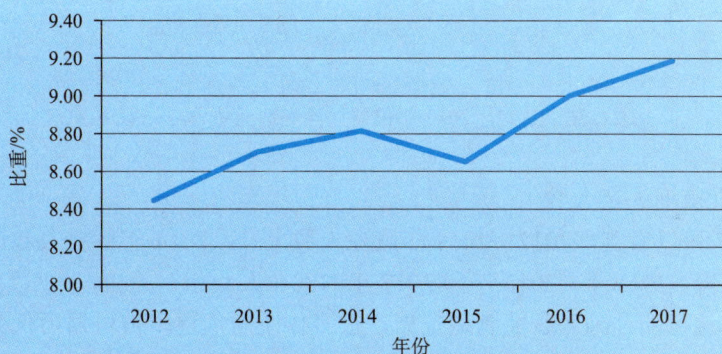

图 6-34　2012～2017 年仪器仪表制造业 R&D 人员占就业人员人数比重

3. 市场层

1）制造业企业利润总额

仪器仪表制造业近年来利润总额呈现稳定上升态势。从图 6-35 可知，2012～2017 年，仪器仪表制造业的利润总额从 575.54 亿元上升到 887.40 亿元，增加了 311.86 亿元，增幅高达 54%。说明仪器仪表制造业最近的发展态势相当迅猛。

2）主营业务收入

从图 6-36 可知，2012～2017 年期间，仪器仪表制造业的主营业务收入从 6656.48 亿元上升到 9999.50 亿元，增加了 3343.02 亿元，增幅高达 50%。仪器仪表制造业的主营业务收入与利润总额的变化幅度及趋势非常类似。

图 6-35　2012～2017 年仪器仪表制造业利润总额

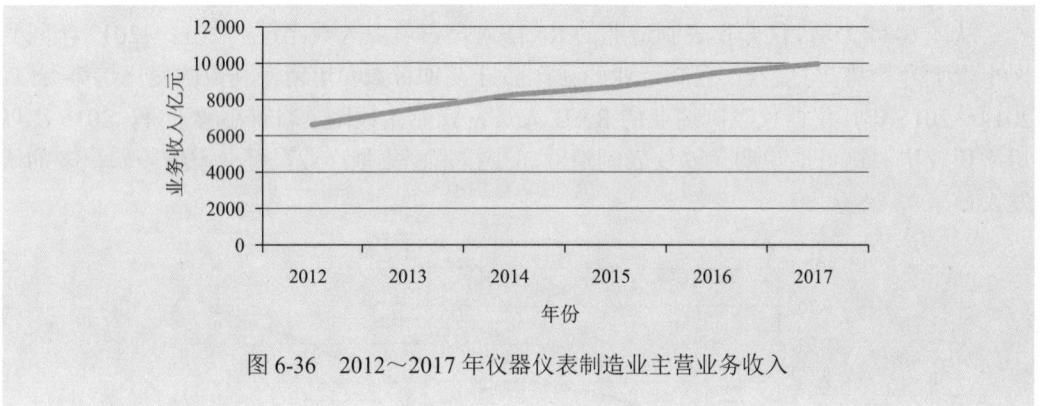

图 6-36　2012～2017 年仪器仪表制造业主营业务收入

3）制造业就业人员人数

从图 6-37 可以看到，2012～2014 年就业人数上升，2014 年就业人数达到顶峰，随后小幅缓慢下降。2015 年、2016 年和 2017 年的就业人数相对较稳，回归到与 2013 年就业人数相仿，这可能是因为智能制造发展，很多传统岗位逐步被机器所代替。结合前述研发人员占就业人数比重逐步增加的趋势，可以预见智能化、科技创新是仪器仪表制造业发展的主要趋势。

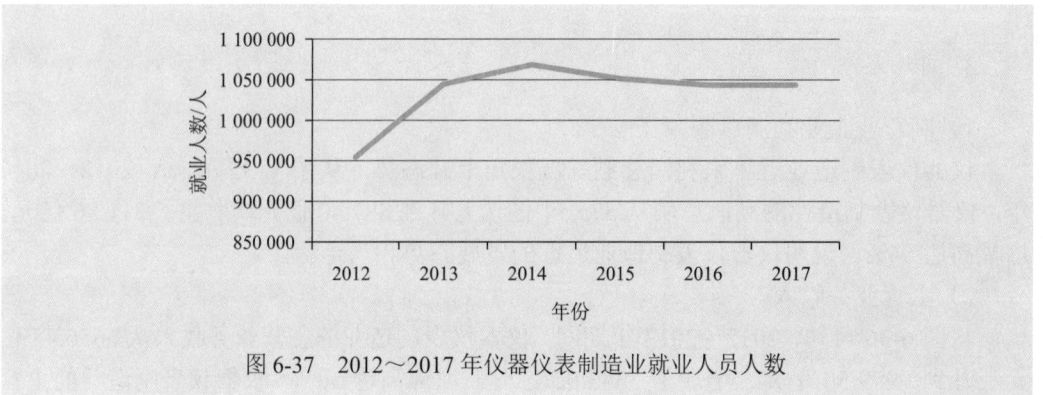

图 6-37　2012～2017 年仪器仪表制造业就业人员人数

4）制造业就业人员人均利润率

从图 6-38 可看出，2012～2017 年，仪器仪表制造业人均利润率稳定逐步上升，从

2012 年的 60 268.76 元/人上升到 2017 年的 84 959.31 元/人，增加 24 690.55 元/人，增幅高达 41%。随着就业人数减少，利润总额逐步增加，因而人均利润率也相应稳步增长。

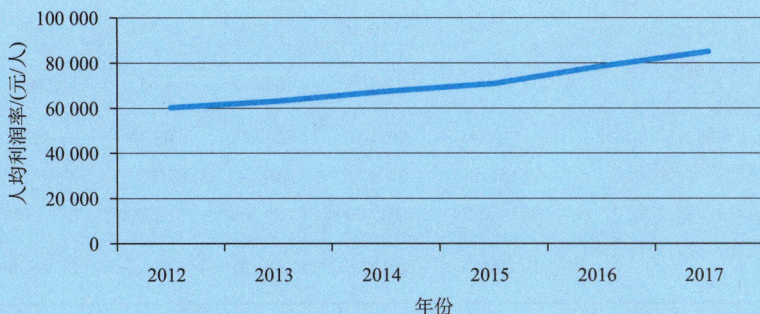

图 6-38　2012～2017 年仪器仪表制造业就业人员人均利润率

6.4.2　仪器仪表制造业"智能化"能力综合化评价

我国仪器仪表制造业发展迅猛，已经成为世界上第二大仪器仪表制造业大国。仪器仪表产业发展具有一定规模，仪器仪表产品也及较为丰富，许多产品接近或达到当期国际水平，很多产品都具有自主知识产权。随着 《中国制造 2025》发布，中国仪器仪表制造业将迎来重要的发展机遇，面向传统产业改造提升和战略性新兴产业发展的需求，针对制造过程中的感知、分析、决策、控制和执行等环节，融合集成先进制造、信息和智能等技术，实现制造业的自动化、智能化、精益化和绿色化。仪器仪表的应用越来越广泛说明我国从传统机械工艺转型走向智能化、高端化机械工艺的进程来越来越成熟。

根据 2012～2017 年《中国统计年鉴》《中国科技统计年鉴》《中国工业统计年鉴》以及国泰安数据库和万德数据库中仪器仪表制造业智能化方面的数据，选取能客观、分层次地反映制造业智能化的 12 项指标，使用"离差最大化"方法计算出每个指标的权重。结合各项指标的规范化数值，可得出 2012～2017 年中国仪器仪表制造业科技创新能力的综合评价值。依据各指标的原始数据、规范化数据、权重、智能化综合评价值及其排序结果，对智能化能力做出评价。中国仪器仪表制造业智能化能力各项评价指标的原始数据见表 6-8。

表 6-8　2012～2017 年仪器仪表制造业各项指标数据表

序号	指标	2012 年	2013 年	2014 年	2015 年	2016 年	2017 年
A1	制造业 R&D 经费内部支出/万元	1 237 248	1 492 889	1 690 342	1 809 272	1 857 045	2 102 352
A2	制造业新产品开发经费/万元	1 618 618.5	1 778 591.8	2 060 105.9	2 042 431.4	2 209 331.2	2 654 968.4
A3	制造业 R&D 人员数/人	80 631	90 992	94 246	91 038	94 009	95 952
A4	制造业 R&D 人员全时当量/人年	59 410.7	69 174.3	72 991.7	67 662	69 474	68 735
B1	制造业专利拥有数/项	4805	5950	7796	6554	7250	8055

续表

序号	指标	2012 年	2013 年	2014 年	2015 年	2016 年	2017 年
B2	制造业专利申请数/项	15 404	19 507	22 371	17 996	20 219	23 449
B3	制造业新产品开发项目数/项	11 717	12 330	13 540	11 571	13 037	15 367
B4	制造业 R&D 人员占就业人员人数比重/%	8.44	8.70	8.81	8.65	9.00	9.19
C1	制造业企业利润总额/亿元	575.54	660.01	720.55	745.37	819.78	887.4
C2	主营业务收入/亿元	6656.48	7512.28	8304.64	8713.57	9497.65	9999.5
C3	制造业就业人员人数/人	954 955.73	1 045 600	1 069 300	1 052 300	1 044 500	1 044 500
C4	制造业就业人员人均利润率/（元/人）	60 268.76	63 122.61	67 385.21	70 832.46	78 485.40	84 959.31

　　运用"离差最大化"方法，构造仪器仪表制造业 2012～2017 年各项指标规范化数据，计算结果如表 6-9 所示。

表 6-9　2012～2017 年仪器仪表制造业各项指标规范化数据表

序号	指标	2012 年	2013 年	2014 年	2015 年	2016 年	2017 年
A1	制造业 R&D 经费内部支出	0	0.295 5	0.523 7	0.661 2	0.716 4	1
A2	制造业新产品开发经费	0	0.154 4	0.426 0	0.408 9	0.570 0	1
A3	制造业 R&D 人员数	0	0.676 3	0.888 6	0.679 3	0.873 2	1
A4	制造业 R&D 人员全时当量	0	0.718 9	1	0.607 6	0.741 0	0.686 6
B1	制造业专利拥有数	0	0.352 3	0.920 3	0.538 2	0.752 3	1
B2	制造业专利申请数	0	0.510 0	0.866 0	0.322 2	0.598 5	1
B3	制造业新产品开发项目数	0.038 5	0.199 9	0.518 7	0	0.386 2	1
B4	制造业 R&D 人员占就业人员人数比重	0	0.348 5	0.498 5	0.279 8	0.749 6	1
C1	制造业企业利润总额	0	0.270 9	0.465 0	0.544 6	0.783 2	1
C2	主营业务收入	0	0.256 0	0.493 0	0.615 3	0.849 9	1
C3	制造业就业人员人数	0	0.792 7	1	0.851 3	0.783 1	0.783 1
C4	制造业就业人员人均利润率	0	0.115 6	0.288 2	0.427 8	0.737 8	1

　　计算仪器仪表制造业 2012～2017 年各项指标权重，综合评价仪器仪表制造业各年度"智能化"能力，计算结果如表 6-10 所示。

表 6-10　2012～2017 年仪器仪表制造业"智能化"能力及排序比较

权系数	指标	2012 年	2013 年	2014 年	2015 年	2016 年	2017 年
0.083 5	制造业 R&D 经费内部支出	0	0.295 5	0.523 7	0.661 2	0.716 4	1
0.078 8	制造业新产品开发经费	0	0.154 4	0.426 0	0.408 9	0.570 0	1
0.082 4	制造业 R&D 人员数	0	0.676 3	0.888 6	0.679 3	0.873 2	1
0.076 3	制造业 R&D 人员全时当量	0	0.718 9	1	0.607 6	0.741 0	0.686 6

续表

权系数	指标	2012 年	2013 年	2014 年	2015 年	2016 年	2017 年
0.090 8	制造业专利拥有数	0	0.352 3	0.920 3	0.538 2	0.752 3	1
0.087 4	制造业专利申请数	0	0.510 0	0.866 0	0.322 2	0.598 5	1
0.080 4	制造业新产品开发项目数	0.038 5	0.199 9	0.518 7	0	0.386 2	1
0.083 5	制造业 R&D 人员占就业人员人数比重	0	0.348 5	0.498 5	0.279 8	0.749 6	1
0.085 1	制造业企业利润总额	0	0.270 9	0.465 0	0.544 6	0.783 2	1
0.088 9	主营业务收入	0	0.256 0	0.493 0	0.615 3	0.849 9	1
0.076 4	制造业就业人员人数	0	0.792 7	1	0.851 3	0.783 1	0.783 1
0.086 6	制造业就业人员人均利润率	0	0.115 6	0.288 2	0.427 8	0.737 8	1
	评价值 $Di（w）$	0.003 1	0.385 5	0.654 1	0.493 3	0.713 3	0.959 5
	排序号	6	5	3	4	2	1

由表 6-10 可以看出，2012～2017 年期间，仪器仪表制造业的智能化水平略有波动但整体呈现上升趋势。2014～2015 年，仪器仪表制造业的智能化水平有所下降，但 2015 年以后，智能化水平稳步攀升。可以预见未来一段时间，仪器仪表制造业的智能化水平呈现稳步上升态势。

由图 6-39 可知，2012～2017 年仪器仪表制造业各项指标均在小幅度波动的情形下整体呈现上升趋势。2014～2015 年，仪器仪表制造业的新产品开发经费、制造业 R&D

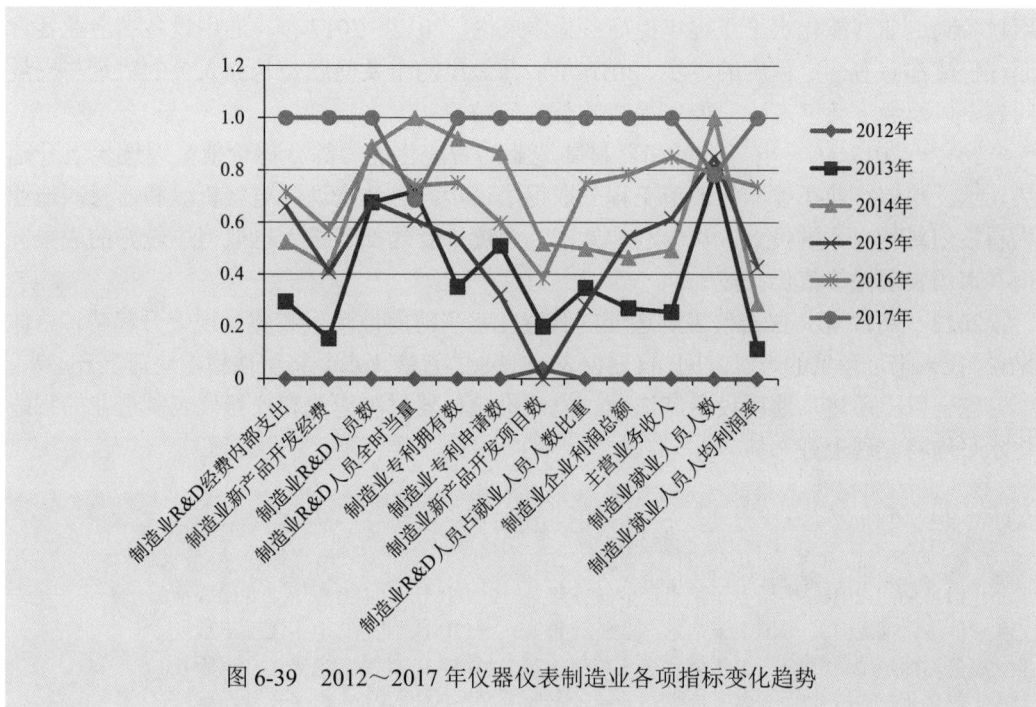

图 6-39　2012～2017 年仪器仪表制造业各项指标变化趋势

人员数、R&D 人员全时当量、专利拥有数、专利申请数、新产品开发项目数和 R&D 人员占就业人员人数比重等指标略有下降，但 2015 年之后逐渐稳步攀升。

6.5　本章小结

制造业是国民经济的主体，是立国之本、兴国之器、强国之基。18 世纪中叶，工业文明开启以来，世界强国的兴衰史和中华民族的奋斗史一再证明，没有强大的制造业，就没有国家和民族的强盛。打造具有国际竞争力的制造业，是我国提升综合国力、保障国家安全、建设世界强国的必由之路。中华人民共和国成立后，尤其是改革开放以来，我国制造业持续快速发展，建成了门类齐全、独立完整的产业体系，有力推动工业化和现代化进程，显著增强综合国力，支撑世界大国地位。然而，与世界先进水平相比，中国制造业仍然大而不强，在自主创新能力、资源利用效率、产业结构水平、信息化程度、质量效益等方面差距明显，转型升级和跨越发展的任务紧迫而艰巨。2015 年 3 月 5 日，李克强在全国两会上作《政府工作报告》时首次提出《中国制造 2025》的宏大计划。在《中国制造 2025》文件中，给出了十大重点发展领域包括新一代信息技术产业、高档数控机床和机器人、航空航天装备、海洋工程装备及高技术船舶、先进轨道交通装备、节能与新能源汽车、电力装备、农机装备、新材料、生物医药及高性能医疗器械 10 个重点领域。根据这些重点发展领域，本章选择了中国制造业中通用设备制造业、电气机械和器材制造业和仪器仪表制造业作为我们的重点研究对象。

2012~2017 年，通用设备制造业的智能化能力综合评价值呈上升趋势，这反映出通用设备制造业智能化水平正逐年提高。总体来说，2012~2017 年，通用设备制造业各方面评价值都有着一定程度的进步，2016 年后凸显出的主要问题是从业人员的数量与质量问题，以及经济新常态阶段如何提高效益的问题。

2012~2017 年，电气机械和器材制造业的智能化能力综合评价值呈现逐步上升趋势，这反映该行业在智能化改造工程上取得了进步。总体来说，电气机械和器材制造业为科技创新付出大量投入，从专利和新产品角度来看这部分投入也取得了较好的成果，但其市场表现评价值仍有波动。

2012~2017 年，仪器仪表制造业的智能化水平略有波动但整体呈现上升趋势。总体来说，在未来可预见的一段时间，仪器仪表制造业的智能化水平将呈现稳步快速上升态势。

综合以上所述，通用设备制造业、电气机械和器材制造业和仪器仪表制造业的智能化水平均将呈现上升态势。

参 考 文 献

工业和信息化部. 2018. 中国电子信息产业统计年鉴—2018[M]. 北京: 电子工业出版社.
工业和信息化部. 2017. 中国电子信息产业统计年鉴—2017[M]. 北京: 电子工业出版社.
工业和信息化部. 2016. 中国电子信息产业统计年鉴—2016[M]. 北京: 电子工业出版社.
工业和信息化部. 2015. 中国电子信息产业统计年鉴—2015[M]. 北京: 电子工业出版社.
工业和信息化部. 2014. 中国电子信息产业统计年鉴—2014[M]. 北京: 电子工业出版社.

工业和信息化部. 2013. 中国电子信息产业统计年鉴—2013[M]. 北京: 电子工业出版社.

国家统计局. 2018. 中国统计年鉴—2018[M]. 北京: 中国统计出版社.

国家统计局. 2017. 中国统计年鉴—2017[M]. 北京: 中国统计出版社.

国家统计局. 2016. 中国统计年鉴—2016[M]. 北京: 中国统计出版社.

国家统计局. 2015. 中国统计年鉴—2015[M]. 北京: 中国统计出版社.

国家统计局. 2014. 中国统计年鉴—2014[M]. 北京: 中国统计出版社.

国家统计局. 2013. 中国统计年鉴—2013[M]. 北京: 中国统计出版社.

国家统计局. 2018. 中国科技统计年鉴—2018[M]. 北京: 中国统计出版社.

国家统计局. 2017. 中国科技统计年鉴—2017[M]. 北京: 中国统计出版社.

国家统计局. 2016. 中国科技统计年鉴—2016[M]. 北京: 中国统计出版社.

国家统计局. 2015. 中国科技统计年鉴—2015[M]. 北京: 中国统计出版社.

国家统计局. 2014. 中国科技统计年鉴—2014[M]. 北京: 中国统计出版社.

国家统计局. 2013. 中国科技统计年鉴—2013[M]. 北京: 中国统计出版社.

国家统计局社会科技和文化产业统计司, 国家发展和改革委员会高技术产业司. 2018. 中国高技术产业统计年鉴—2018[M]. 北京: 中国统计出版社.

国家统计局社会科技和文化产业统计司, 国家发展和改革委员会高技术产业司. 2017. 中国高技术产业统计年鉴—2017[M]. 北京: 中国统计出版社.

国家统计局社会科技和文化产业统计司, 国家发展和改革委员会高技术产业司. 2016. 中国高技术产业统计年鉴—2016[M]. 北京: 中国统计出版社.

国家统计局社会科技和文化产业统计司, 国家发展和改革委员会高技术产业司. 2015. 中国高技术产业统计年鉴—2015[M]. 北京: 中国统计出版社.

国家统计局社会科技和文化产业统计司, 国家发展和改革委员会高技术产业司. 2014. 中国高技术产业统计年鉴—2014[M]. 北京: 中国统计出版社.

国家统计局社会科技和文化产业统计司, 国家发展和改革委员会高技术产业司. 2013. 中国高技术产业统计年鉴—2013[M]. 北京: 中国统计出版社.

撰稿人：孙薇　钟念　季良玉　李健旋

审稿人：刘军

第7章 中国制造业智能化发展：企业研究

7.1 引 言

制造业是实体经济的支柱，关乎国家长远战略，是提升国家竞争力和实现绿色化、可持续发展的源头，是建设现代化强国的产业基石。随着网络基础设施不断完善升级，5G商业应用持续推进，智能装备、智能系统和智能终端等智能产品需求逐步升温，人工智能、物联网和"云计算"等有关的智能应用新技术、新模式也不断涌现。制造业智能化发展将推动形成新的生产方式、产业形态、商业模式，成为我国社会经济生活领域重要的发展趋势，也成为企业创新发展的重要契机，深受企业内外重视。实践中也涌现一批有代表性的制造型企业，它们在大规模个性化定制、产品全生命周期数字一体化、远程运维、社会化协同、产品全生命周期可追溯、全生产过程能源优化管理、网络协同制造及智能工厂等方面累积了智能化经验，也创造了可观效益。

根据"德勤制造型企业调查2018"的数据显示，2013年，智能制造为企业带来的利润并不明显，55%的受访企业其智能制造产品和服务净利润贡献率为0～10%；2017年，就仅有11%的受访企业处于这个区间，而41%的企业其智能制造利润贡献率为11%～30%，利润贡献率超过50%的企业，由2013年受访企业占比14%提升到2017年的33%。智能制造利润贡献率明显提升，利润来源包括生产过程中效率的提升和产品服务价值的提升。为了进一步引导和激发制造企业的智能制造热情，2015年，我国工业和信息化部开始推进智能制造试点示范项目，其中2015年有46家企业、2016年有63家企业、2017年有97家企业和2018年有99家企业，总共有305家企业，涉及20多个行业。在行业发展趋势、政府政策以及寻求利润增长点的推动下，当务之急是要理清我国制造型企业智能化发展水平、评价体系，以便政府、行业和企业等多方评估智能制造发展水平，从而为政策制定者和企业管理者进行智能化发展水平的顶层设计和发展规划提供借鉴与参考。

因此，本章将从多视角层面构建制造型企业智能化发展水平评价指标体系，以智能制造上市企业为研究对象，评价分析制造业上市企业智能化发展状况，为促进制造业企业数字化、网络化和智能化进一步发展提供必要依据。结合OECD关于制造业技术分类程度以及数据可得性，选择具有高技术特性和高智能制造水平的计算机、通信和其他电子设备制造业（以下简称"电子设备制造业"）、汽车制造业和医药制造业的共计46家具有"工信部智能制造试点示范项目"的上市企业作为研究对象。

7.2 制造企业智能化发展水平的评价体系

制造型企业智能化发展是一个长期积累持续发展的过程，是制造自动化、信息化、网络化直至智能化持续应用到企业研发、生产运行管理和客户服务等领域的必由之路。

企业智能化应用及其效益都会受到相关领域人员的关注和重视。本节从多种视角构建制造型企业"智能化"发展水平评价指标体系，为相关人员评估企业智能化水平提供参考依据。

7.2.1　制造型企业智能化发展评价的相关文献述评

企业智能制造是信息技术与工业技术的深度融合，进一步扩展到制造过程中通信定位、先进传感、网络云计算、虚拟现实、人工智能等科技应用范畴，集成机器智能和人的智能，互相配合、相得益彰的过程，由低层级向高层级逐步演进，不同的智能化水平发展阶段表现出其独有的特征。

有关企业智能制造评价指标体系的指标选择问题，多数文献是从制造系统角度选择指标，可以全面准确地解释企业智能化发展情况（尹峰，2016），但相对来说指标数据的采集和量化较为不易；也有研究结合企业经济绩效等效度来测评，譬如，龚炳铮（2015）提出了一个包括生态环境、发展水平和企业效益 3 个一级指标的智能制造企业评价指标体系；邵坤和温艳（2017）则以基础设施、创新和绩效产出为基础建立了一种分级的智能制造能力评价指标体系；而工信部赛迪研究院等组织在评选"2017 中国智能制造百强企业"活动中采用了竞争力、智造能力、技术创新和发展潜力等评选指标进行综合评价。浙江省在 2016 版本智能制造评价办法"智能制造业综合指标先进性评价"中提出了评价指标及标准，即生产效率提高 20%以上、运营成本降低 20%以上、产品研制周期缩短 30%以上、产品不良率降低 20%以上、能源利用率提高 10%以上。

综上可见，企业智能制造评价指标体系设计和评价可以从不同的研究视角，探索性地描述企业智能制造发展状况，对企业智能制造持续健康发展具有一定基础性指导作用。制造业上市企业"智能化"发展状况不仅应反映出企业智能化发展关键要素，还要符合企业经济持续健康发展要求，也会通过各种渠道受到企业内外相关领域机构人员的极大关注，因此，对制造型企业智能化发展水平的评价，将从智能化发展信息基础层评价、智能化发展生产应用层评价与效率效益层评价等多个角度来综合考察，构建出制造业上市企业智能化发展水平评价指标体系。

7.2.2　制造型企业智能化发展水平的评价指标体系构建

根据制造企业智能化发展过程的一般规律，通常需要有一定的智能化发展基础，在智能装备层面上的单个技术点首先实现智能化突破，然后出现面向智能装备的组线技术，并逐渐形成高度自动化与柔性化的智能生产线。在此基础上，当面向多条生产线的车间管控、智能调度、物联网等技术成熟之后，才可形成智能车间。由此可见，智能制造系统的发展是由低层级向高层级逐步演进的，而在不同的发展阶段，制造系统的智能化水平均表现出其独有的特征。当然制造企业的智能化发展也需要受到市场的检验。根据这一逻辑，本章采用序列结构形式。各序列的细分内容如下。

1. 制造企业智能化发展的信息基础层评价

人才投入和资金投入是制造企业智能化发展的基础条件，没有一定的人才和资金积累是难以进行智能制造的顶层设计与产业布局。因此，本指标选取人才投入和资金投入两大二级指标,人才投入的三级指标细分为本科学历以上人员占员工总数的比例和研发人员占员工总数的比例;资金投入包括固定资产增长率和无形资产增长率。

2. 制造企业智能化发展的生产应用层评价

结合李廉水等(2019)提出企业智能制造应当具备产品智能化、装备智能化、生产方式智能化、管理智能化和服务智能化 5 个方面特征,本章将应用层的评价分为产品、生产、服务、装备和管理 5 个维度。

3. 制造企业智能化发展的效率效益层评价

制造企业的市场表现需要通过效益层的评价,这里的效益不仅仅是经济效益的评价,还包括社会效益的评价。本章的经济效益层评价选择成本费用利润率、总资产周转率和净资产收益率;而社会效益层评价选择智能制造对员工雇佣数量的影响。

制造型企业智能化发展水平评价指标体系如表 7-1 所示。

表 7-1　制造型企业智能化发展水平评价指标体系

一级指标	二级指标	三级指标	计算方法
信息基础层	人才投入	本科以上人员占比	(本科人员+研究生人员)/员工总数
		研发人员占比	研发人员/员工总数
	资金投入	固定资产增长率	(本年固定资产−上年固定资产)/上年固定资产
		无形资产增长率	(本年无形资产−上年无形资产)/上年无形资产
生产应用层	产品智能	研发强度	研发费用/主营业务收入
	生产智能	劳动生产率	主营业务收入/员工总数
	服务智能	第三方评价	外部机构包括券商机构、新闻媒体、学术机构关于本企业智能化话题的提及频率
	装备智能	专利应用	(实用新型专利申请量+发明专利申请量)/员工人数
	管理智能	软件应用	软件账面价值/员工总数
效率效益层	经济效益	成本费用利润率	净利润/(成本+费用)
		总资产周转率	主营业务收入/总资产
		净资产收益率	净利润/总资产
	社会效益	就业增长率	(本年就业人数−上年就业人数)/上年就业人数

7.2.3　制造型企业智能化发展水平评价方法

制造型企业智能化发展水平的综合评价,需要指标归一化、熵权-投影值计算和计算综合评分 3 个模型。

1. 指标归一化

构建的综合评价指标体系中指标量级和量纲并非都是统一的,将各指标放在一起进行综合评价时不能直接用于比较，因此需要对数据进行归一化处理，将指标数据都化为区间[0,1]之间的数字，以消除指标的量级和量纲差异，便于将各指标放在一起进行比较分析；此外，不同的指标具有不同的属性。有的指标是与效益成正相关，即指标值越大，目标效益越大，得分越高；有的指标是与效益负相关，即指标值越大，目标效益越小，得分越低；还有的指标是中间型的指标，当指标在一个合适的范围时，目标效益越大，得分越偏离这个范围，不论向上偏离还是向下偏离，都会降低效益。通过对这 3 类指标应用不同的归一化方法，将指标数据处理成与效益值、得分正相关的结果，便于进行比较分析和综合评价。

常用的指标的归一化方法有最大值法、极差变换法（也称极值法）、非线性归一化法、模糊数学法等，各种方法归一化计算结果一般不影响评价结论，本章针对不同的指标类型分别采用极差变换法方法和模糊数学方法：首先分析指标属性，将指标划分为正向指标、负向指标、区间指标 3 种，然后对正向指标、负向指标应用极差变换法进行归一化处理，对于区间指标应用模糊数学方法进行归一化处理。其计算公式如下。

1）正向指标

$$针对正向型指标的处理为： \quad a_{ij} = \frac{x_{ij} - m_j}{M_j - m_j} \tag{7-1}$$

2）负向指标

$$针对负向型指标的处理为： \quad a_{ij} = \frac{M_j - x_{ij}}{M_j - m_j} \tag{7-2}$$

其中，$M_j = \max x_j$，$m_j = \min x_j$。变换之后，指标极大值为 1，极小值为 0。

3）针对区间型指标采用隶属函数法：

$$A(x) = \begin{cases} 0 & x \leqslant a \\ \dfrac{x-a}{b-a} & a < x \leqslant b \\ 1 & b < x \leqslant c \\ \dfrac{a-x}{d-c} & c < x \leqslant d \\ 0 & x > d \end{cases} \tag{7-3}$$

其中，a，d 为函数的下限和上限；b，c 为适度区间 $[b,c]$ 的两端值。

2. 熵权-投影值计算

指标权重代表了每个指标对于评价目标的重要程度，用相应的权重与对应的属性值相乘可得到综合评价的得分。确定最合理、最具说服力的指标权重，才能得到合理、可信的综合评价结论。层次分析法、德尔菲法、变异系数法、人工神经网络方法、灰色关联赋权法、熵权-投影法等方法经常用于权重的计算。为了更客观地测度权重，本章采用组合赋权方法。现有组合赋权主要有 2 种类型：①乘法组合赋权法，②加法组合赋权法。在指标数目较多、各指标权重分布较平均时，乘法组合赋权法应用较多，但乘法组合赋权法具有一定的局限性，即乘法具有"倍增效应"。相比之下，加法组合赋权法的应用范围更广泛。

熵值赋权法是一种较为常用的赋值指标权重的方法，能克服主观因素，较为客观全面准确地反映指标数据所隐含的信息和规律。熵值赋权法能显著提高指标数据间的对比度和分辨率，有效避免因指标数据差异过小而导致分析评价困难等问题，具有较强的客观性、较高的精确性和科学性，能综合系统地反映指标信息的效用值。熵值赋权的计算方法如下。

1）计算熵权

j 个指标下第 i 个样本值占该指标的比重为

$$p_{ij} = \frac{x_{ij}}{\sum\limits_{i=1}^{n} x_{ij}} \quad (i=1,\cdots,n; \ j=1,\cdots,m) \tag{7-4}$$

$$e_j = -k\sum_{i=1}^{n} p_{ij} \ln p_{ij} (j=1,\cdots,m; \ k=1/\ln n>0), 若 p_{ij}=0, 则 p_{ij}\ln p_{ij}=0 \tag{7-5}$$

计算信息熵冗余度： $d_j = 1 - e_j \ (j=1,\cdots,m)$

得到各指标的权重：

$$w_j = \frac{d_j}{\sum\limits_{j=1}^{m} d_j} \quad (j=1,\cdots,m) \tag{7-6}$$

2）计算投影值

投影决策方法本质上是一种简单的加法组合赋权法，但与简单加法组合赋权法又并非完全一致，简单加法组合赋权法采用得分值作为评判决策方案优劣的标准，而投影决策方法则是以投影值的大小作为评判决策方案优劣的标准，两者显然具有不同的经济含义。另外，公式（7-6）采用的赋权系数也并非是原先给定的赋权系数，而是与原赋权系数的平方成正比的一组新的赋权系数，这表明重要指标的赋权系数将得到进一步加强。

首先定义各评价指标的理想属性值为 $X_j^* = \max x_{ij}$。由理想属性值构成的方案称理想方案，用 $\boldsymbol{A}^*$ 表示。决策方案 $\boldsymbol{A}_i$ 与理想方案 $\boldsymbol{A}^*$ 之间的夹角余弦为：

$$r_i = \frac{\boldsymbol{A}_i \cdot \boldsymbol{A}^*}{\|\boldsymbol{A}_i\| \cdot \|\boldsymbol{A}^*\|} = \frac{\sum\limits_{i=1}^{m} W_j X_{ij} \cdot W_j}{\sqrt{(W_j X_{ij})^2} \cdot \sqrt{W_j^2}} \quad i=1,2,\cdots,n \tag{7-7}$$

很显然，夹角余弦 $0 \leqslant r_i \leqslant 1$，且总是愈大愈好；愈大，表示决策方案 A 与理想方案 A^* 之间的变动方向愈是一致。但是，仅靠夹角余弦的大小还不能进行最优方案的决策。因为夹角余弦的大小只能反映各决策方案 $\boldsymbol{A}_i$ 与理想方案 $\boldsymbol{A}^*$ 之间的方向是否一致，不能反映各决策方案模（距离）的大小。设决策方案 $\boldsymbol{A}_i$ 的模：

$$d_i = \sqrt{\sum_{j=1}^{m} W_j Z_{ij}} \quad i=1,2,3,\cdots,n \tag{7-8}$$

模的大小与夹角余弦的大小结合考虑，能全面准确反映各决策方案与理想方案之间的接近程度。令

$$\boldsymbol{D}_j = d_i \cdot r_i \tag{7-9}$$

其中，$\boldsymbol{D}_j$ 表示决策方案在理想方案上的投影值大小，投影值越大表示方案愈好。

3. 计算综合评分

通过熵权-投影值计算组合投影值。投影值在一定时期内是相对稳定的，但随着智能化发展水平的变化，评估的权重可能会偏移，需要对权重的适用性进行辨识；如果不满足要求，需重新计算权重值，进而会影响最终投影值的大小。

7.3　制造企业智能化发展水平的分行业比较

根据以上构建的指标，收集整理相应的数据，数据主要从如下渠道获取：①上市企业官方网站。通过官方网站收集企业概况、行业发展动态、业务情况以及新闻动态等资料。②百度搜索引擎。通过百度网络搜索关于制造业上市企业智能化发展方面的新闻媒体报道、专家评论以及相关主题报道等。③有关企业智能化方面的报告和书籍。④学术期刊文献，在 CNKI 上以企业名称和"智能"为关键词检索已公开发表的文章。⑤专利数据库（国家知识产权局，2019）。⑥同花顺金融数据库。基于以上数据，本节分别对电子设备制造业、汽车制造业、医药制造业 3 个行业的上市企业的智能化水平进行比较和评价。

样本的筛选过程为：①统计 2015～2018 年工信部智能制造试点示范企业共计 305 家企业名单；②考虑数据可得性，将上述试点示范企业名单与上市企业名单进行匹配，若为上市企业，则保留并接行业分类，否则予以剔除。经过上述处理，共筛选出 130 家作为试点示范企业的上市企业，分属 22 个制造业行业。③考虑各行业的异质性，特别是行业现有的技术特性和智能制造水平，故选择电子设备制造业、汽车制造业、医药制造业 3 个行业的 46 家试点示范上市企业作为考察对象，其中电子设备制造业企业 23 家，汽车制造业企业 13 家，医药制造业企业 10 家。

7.3.1　电子设备制造业

我国电子设备制造业在各种外围结构件和元器件上面不断获取或扩大市场份额，呈现不断突破的态势，如摄像头模组、镜头、金属壳、屏幕、PCB 板、FPC 柔性印刷线路板、触摸屏等。相比其他行业来说，电子设备制造业产品和技术在智能制造领域有着广泛的应用，其发展应用成为制造业企业智能化发展的重要基础。本节将筛选出电子设备制造业的 23 家企业作为评价对象，首先对信息基础层、生产应用层和效率效益层的各子指标进行单项比较，再分别对 3 个层面进行综合比较。

1. 智能化发展信息基础层评价

1) 人才投入

智能技术的发展将减少电子设备制造业中大量中低技能工作岗位,新增一批从事信息技术、数据分析、研发工作的高技能工人和工程师,同时,需要不少机电一体化专家、信息技术解决方案 IT 架构师、用户界面设计师、机器人协调员、工业数据分析师等。因此急需一批融合机械、电子信息、自动化、计算机和工业工程 5 类学科的专业型、跨学科和具有交叉学科背景的工程师。计算机、通信和其他电子设备制造的 23 家上市企业 2018 年员工总数达到 381 635 人,其中研发人员总数达 89 384 人,占员工总数 23.42%;本科学历员工数量 77 970 人,占员工总数 20.43%;研究生学历员工 43 293 人,占员工总数 13.44%。

从图 7-1 可以看出,23 家电子设备制造业在人才投入方面存在如下特点。

(1) 研发人员投入数量和比例与主营业务范围的技术属性有关。研发人员最多的公司是中兴通讯(000063.SZ)25 969 人,占员工总数的 38.06%;研发人员最少的是彩虹股份(600707.SH)88 人,占员工总数的 4.52%。这与公司的产品技术属性有关,中兴通讯的主营业务范围包括生产程控交换系统、多媒体通信系统、通信传输系统,研制、生产移动通信系统设备、卫星通信、微波通信设备等项目的技术设计、开发、咨询、服务;而彩虹公司的主营业务范围包括平板显示器件及相关零部件、材料的生产、经营及技术开发、技术服务、技术转让;智能装备制造、销售及技术服务;厂房、场地、设备租赁;进出口业务,对外贸易经营等。因产品技术属性有差异,导致研发人员的投入数量也有很大差异。

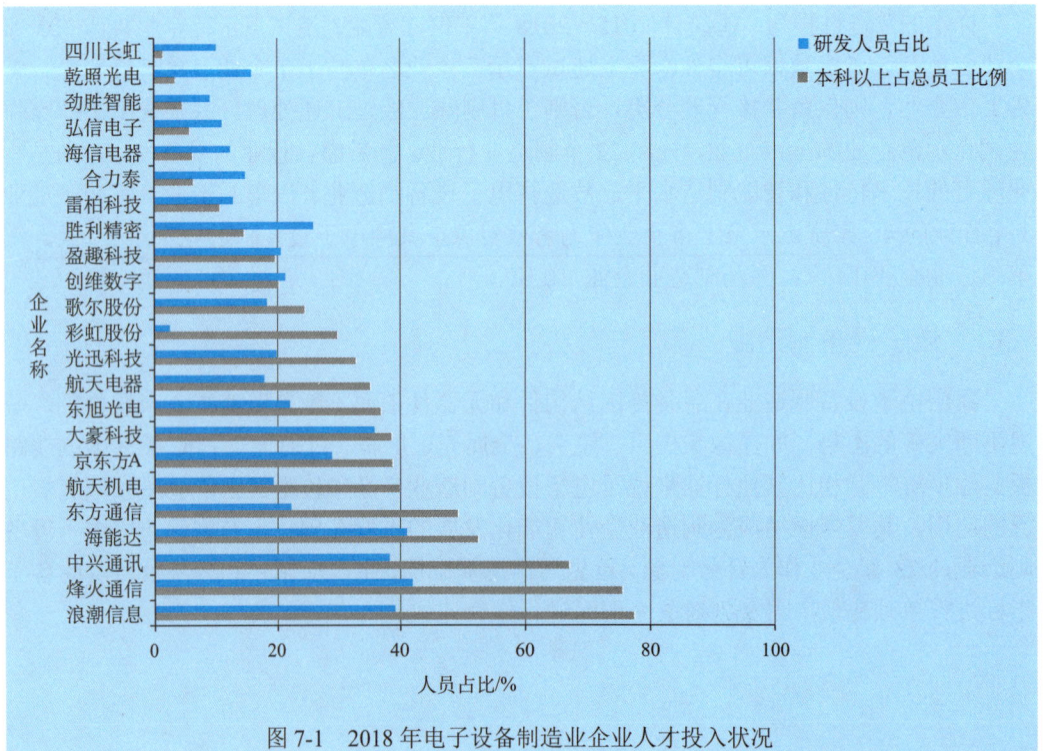

图 7-1　2018 年电子设备制造业企业人才投入状况

（2）23 家上市企业的研发人员与不同学历员工投入差异较大。研发人员投入数量均值 3886 人，标准差达到 6441.64；本科生投入数量均值 3390 人，标准差达到 5970.44；研究生投入数量均值 4806 人，标准差达到 4805.88，可以看出，研发人员、本科学历人才和研究生学历人才投入数值相差很大。劲胜智能（300083.SZ）和彩虹股份（600707.SH）研发人员比例在 10% 以下，四川长虹（600839.SH）、乾照光电（300102.SZ）、劲胜智能（300083.SZ）、弘信电子（300657.SZ）、海信电器（600060.SH）和合力泰（002217.SZ）本科以上的员工数量占比均在 10% 以下。作为智力密集型行业，这些公司需要加大人才结构的优化，提高研发人员和高学历员工的比例，才能保证为智能制造的顺利推进提供人才保障。

2）资金投入

资金投入评价中本节采用固定资产增长率和无形资产增长率 2 个三级细分指标。固定资产增长率越高，说明电子设备制造业投资越多；无形资产增长率越高，表示专利权、非专利技术、商标权、著作权、土地使用权、特许权、商誉等的价值越高。本节研究对象 2018 年固定资产为 2375 亿元，平均增长率为 63.11%；无形资产总值达 540 亿元，平均增长率为 31.38%。

从图 7-2 和图 7-3 可以看出，电子设备制造业的 23 家上市企业在资金投入方面存在如下特点。

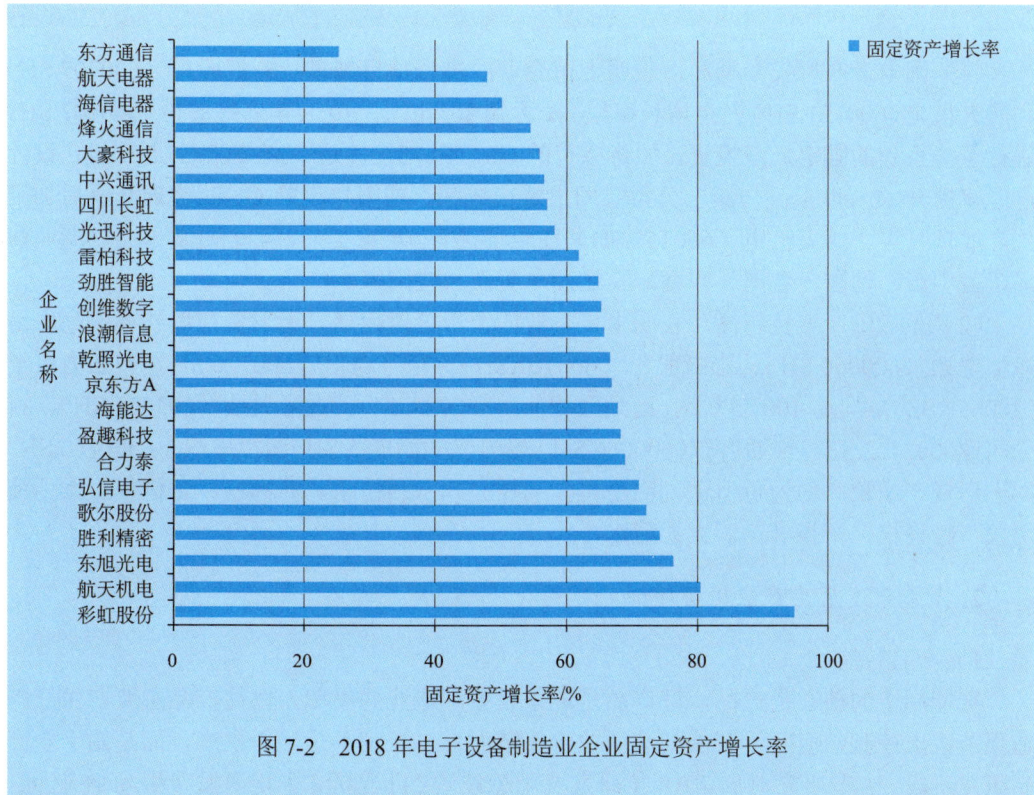

图 7-2　2018 年电子设备制造业企业固定资产增长率

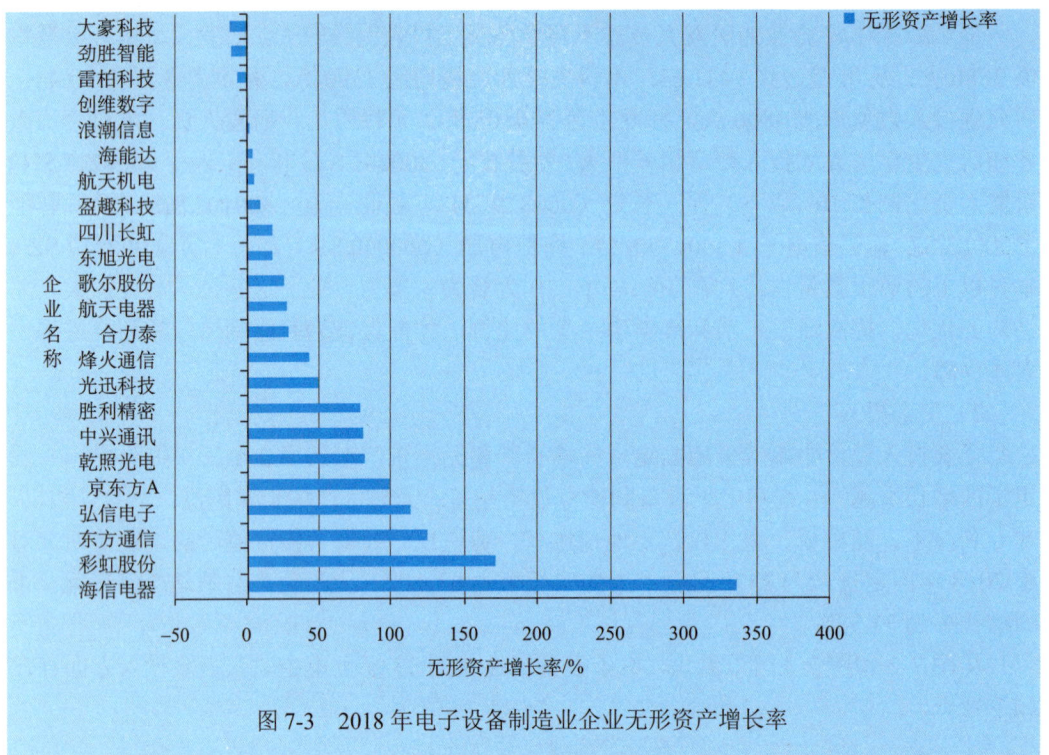

图 7-3   2018 年电子设备制造业企业无形资产增长率

（1）固定资产增长率越高，表明上市企业的投资项目越多。彩虹股份（600707.SH）和航天机电（600151.SH）固定增长率较高，达到80%以上。2018年彩虹股份（600707.SH）进行了一系列的固定资产投资，如将原有的 G6 产线陆续改造为高效能 G7.5 产线，设计产能将提升 60%以上；与康宁公司共同出资在成都、咸阳建设的 G8.6+玻璃基板后加工生产线项目等。航天机电（600151.SH）在全球拥有 14 家工厂，4 个研发中心，产业布局覆盖中国、韩国、泰国、印度，及欧洲与美洲一些国家。

（2）无形资产增长越高，表明上市企业的无形价值越高。无形资产增长率较高的是海信电器（600060.SH）、彩虹股份（600707.SH）、东方通信（600776.SH）和弘信电子（300657.SZ），均在 100%以上。而劲胜智能（300083.SZ）、大豪科技（603025.SH）、科伦药业（002422.SZ）、宇通客车（600066.SH）、天士力（600535.SH）和福田汽车（600166.SH）的无形资产增长率均为负值，说明公司专利权、非专利技术、商标权、著作权、土地使用权、特许权、商誉等价值大大缩水。

2. 智能化发展生产应用层评价

1）产品智能

智能制造的核心是产品，好产品是电子设备制造业的灵魂。以往产品主要在生产制造环节讲求控制，但对于智能制造企业价值链而言，控制不是始于生产，而是始于新产品研发阶段。本节研究对象 2018 年研发费用总额达 211 亿元，平均研发费用为 15 亿元，平均研发强度为 6.93%。

从图7-4可以看出，电子设备制造业的23家企业在产品研发强度方面存在如下特点：产品研发强度的数值均偏低。23家公司中只有5家企业：海能达（002583.SZ）、中兴通讯（000063.SZ）、彩虹股份（600707.SH）、航天电器（002025.SZ）和烽火通信（600498.SH）的研发强度在10%以上，余下公司均在10%以下。另外，公司之间产品研发强度的数值偏离不大。最大值与最小值的极差为13.35%，标准差为3.15%；最大是海能达（002583.SZ）的15.46%，最小值是东旭光电（000413.SZ）的2.11%。

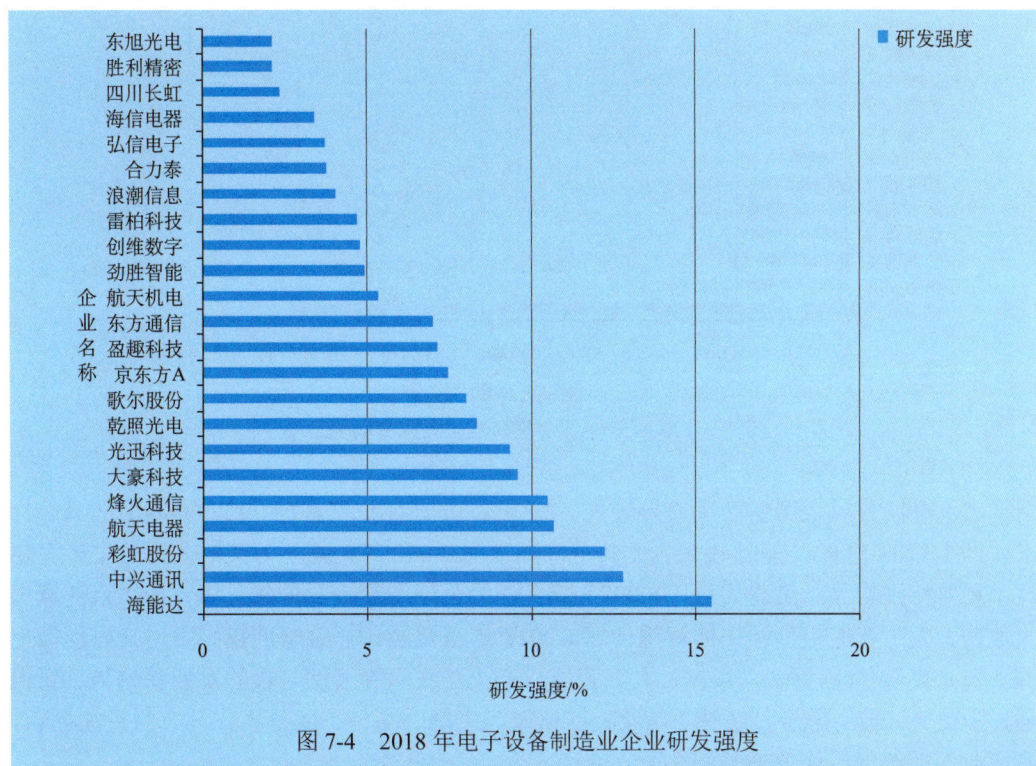

图 7-4　2018 年电子设备制造业企业研发强度

2）生产智能

智能生产会对生产状况、设备状态、能源消耗、生产质量、物料消耗等信息进行实时采集和分析，进行高效排产和合理排班，显著提高设备利用率。因此，可以显著提高劳动生产效率，这在人口红利消退、用工成本上升的背景下非常具有吸引力。本节研究对象2018年平均生产率总体提升14.8%左右。从图7-5可以看出，电子设备制造业的23家上市企业在生产方面存在如下特点：

（1）整体的生产率水平比较高。即使排名最后的乾照光电（300102.SZ）生产率水平都处于较高的水平。乾照光电（300102.SZ）的主营业务是超高亮度红黄光 LED 外延片及芯片领域，是国内该领域产量最大的企业之一，现有 MOCVD 共 36 个腔；该公司目前已成长为蓝绿光 LED 外延片及芯片领域的重要供应商，拥有 MOCVD 共 155 个腔。但由于受整个行业环境以及公司扩产影响，主营业务收入受到一些影响，使得企业生产率有所下降。

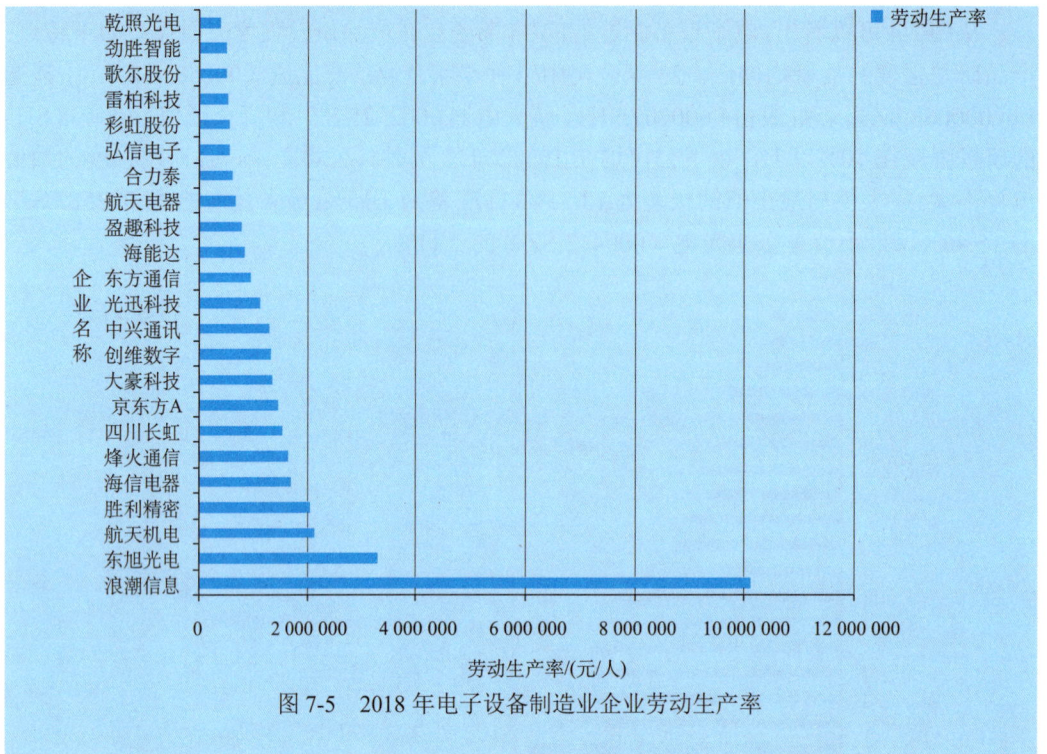

图 7-5　2018 年电子设备制造业企业劳动生产率

（2）不同公司之间生产率差异较大。23 家公司平均生产率为 1 437 604.86 元/人，标准差为 1 576 013.94，差异较大。尤其是浪潮信息（000 977.SZ）与其他公司的生产率相比，差异特别明显。浪潮信息（000977.SZ）作为全球智慧计算的领先者，为"云计算"、大数据、人工智能提供领先的智慧计算，2018 年在智慧计算战略的指导下，公司积极把握"云计算"、物联网、大数据、人工智能、工业互联网等智慧时代的发展新趋势、新机遇，坚持"开放、融合、敏捷"策略，在研发、生产、交付、服务模式等方面持续创新，各项业务持续保持快速增长势头。

3）服务智能

智能制造服务基于传感器和物联网（IoT），可以感知产品的状态，从而进行预防性维修维护，及时帮助客户更换备品备件，甚至可以通过了解产品运行的状态，为客户带来商业机会。还可以采集产品运营的大数据，辅助企业进行市场营销的决策。但智能制造服务衡量是相对主观的评价，为了保证指标评价的客观性和公正性，本节采用研究期限内公司智能服务被新闻媒体、券商机构与理论研究者提及的频次。本节研究对象的总体提及频次为 40 658 次，平均频次为 1768 次。

从图 7-6 可以看出，电子设备制造业的 23 家上市企业在服务方面的数值差异较大，这是由在行业中领导地位的不同以及智能产品及服务面向顾客群体的差异所导致的。新闻媒体和理论研究对公司智能产品及服务提及频次也存在很大差异。中兴通讯（000063.SZ）遥遥领先于其他公司，烽火通信（600498.SH）、四川长虹（600839.SH）、东方通信（600776.SH）、航天机电（600151.SH）的评价次数累积达到 1000 次以上；弘信电子（300657.SZ）不足 100 次，需要进一步提高智能产品的服务质量。

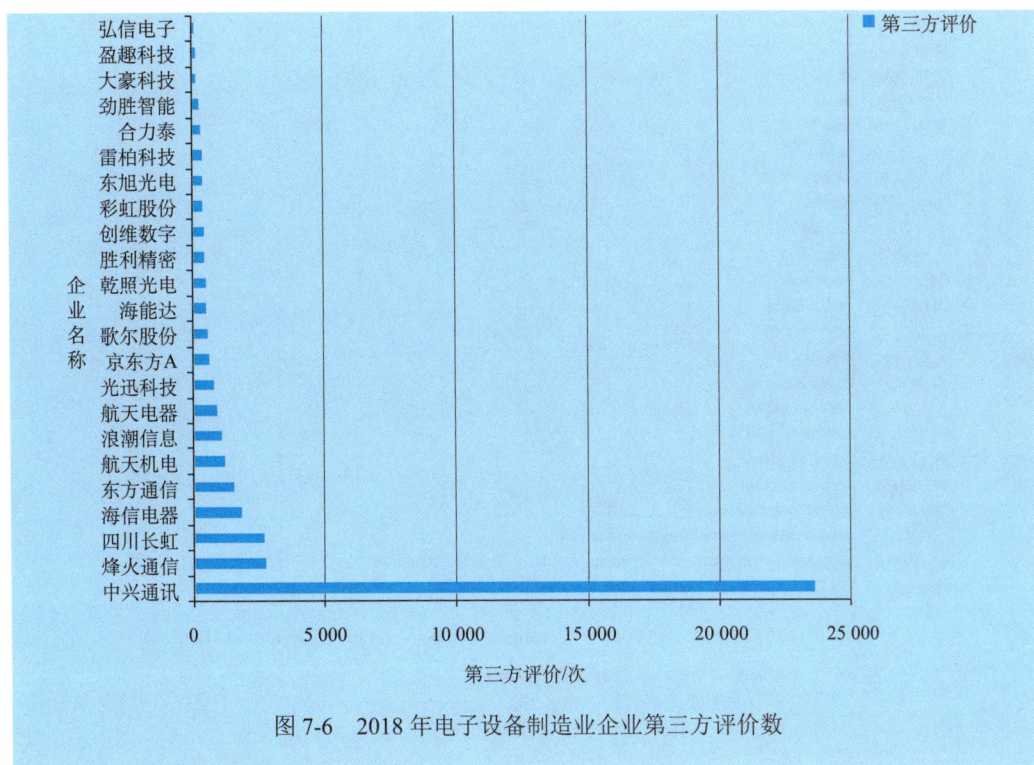

图 7-6　2018 年电子设备制造业企业第三方评价数

4）装备智能

智能制造是《中国制造 2025》发展规划的重要发展方向，是未来制造业发展的必然趋势。针对智能装备的技术水平评价，本节选择研究期间内公司申请的实用新型专利和发明专利数量。本节研究对象实用新型专利申请量平均为 1299 件，发明专利申请量平均为 1882 件。

从图 7-7 可以看出，电子设备制造业的 23 家上市企业在装备智能方面存在如下特点：公司的智能装备水平呈现较大的分化。按照人均拥有的专利数量计算，平均值为 20.16 件/百人，标准差为 28.98 件/百人。装备智能化水平最高的是浪潮信息（000977.SZ），专利 151.40 件/百人；紧随其后的是中兴通讯（000063.SZ），专利 119.09 件/百人，这与前期公司的人才投入和资金投入息息相关；弘信电子（300657.SZ）、胜利精密（002426.SZ）、劲胜智能（300083.SZ）、合力泰（002217.SZ）、航天机电（600151.SH）、歌尔股份（002241.SZ）、盈趣科技（002925.SZ）的专利水平不足 10 件/百人。

5）管理智能

智能制造管理的关键是工业软件，通过工业软件定义产品和生产体系，决定生产过程，不同生产设备之间既能够实现协作生产，还能对外部的环境变化做出及时反应。本节管理水平的衡量采用人均软件价值来反映水平高低，2018 年人均软件账面价值平均为 7802.32 元。

从图 7-8 可以看出，电子设备制造业的 23 家上市企业在管理智能方面存在如下特点：公司的管理水平高低不同。按照人均拥有的工业软件价值计算，平均值为 5158.99 元，标

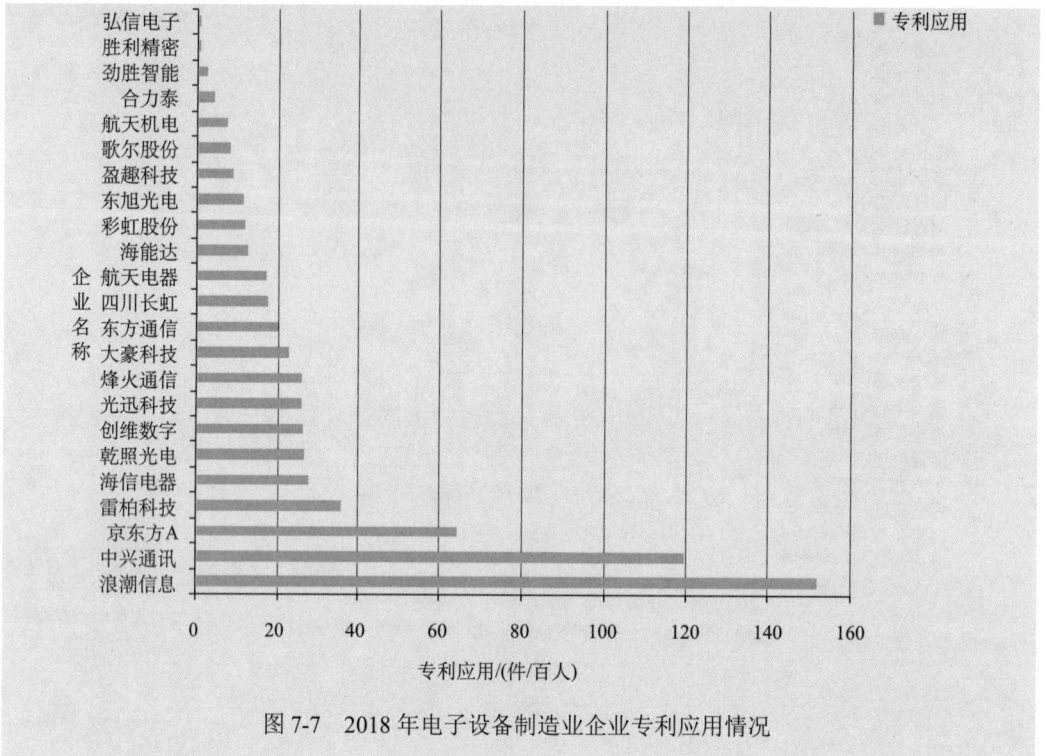

图 7-7　2018 年电子设备制造业企业专利应用情况

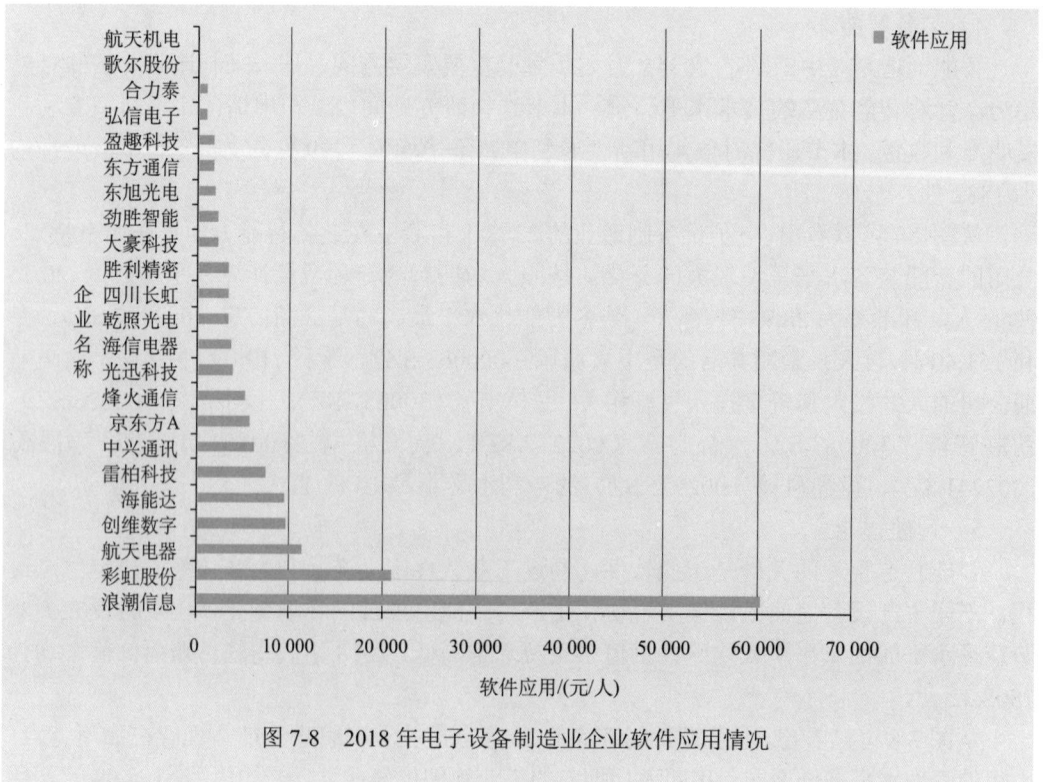

图 7-8　2018 年电子设备制造业企业软件应用情况

准差为 9553.12；管理水平最高的是浪潮信息（000977.SZ），人均软件价值 60 252.98 元；紧随其后的是中兴通讯（000063.SZ），人均软件价值 6006.68 元，这与公司产品技术属性有关；弘信电子（300657.SZ）、胜利精密（002426.SZ）、劲胜智能（300083.SZ）、合力泰（002217.SZ）、航天机电（600151.SH）的人均软件价值不足 1000 元。

3. 智能化发展效率效益层评价

1）经济效益

随着智能制造提高了劳动生产率，劳动力成本相对于总成本将减少，使处于成本边界上的制造业更容易扎根到劳动力成本较高的地区。此外，智能制造使得生产地点贴近客户群，变得经济可行。这往往意味着需要在高收入国家进行生产制造，这些都将会使得公司成本费用利润率、总资产周转率和净资产收益率得到有效改善。本节中研究对象 2018 年的平均成本费用利润率为 9.89%，平均总资产周转率为 72.31%，平均净资产收益率为 5.9%。从图 7-9 可以看出，电子设备制造业的 23 家上市企业在经济效益方面存在如下特点。

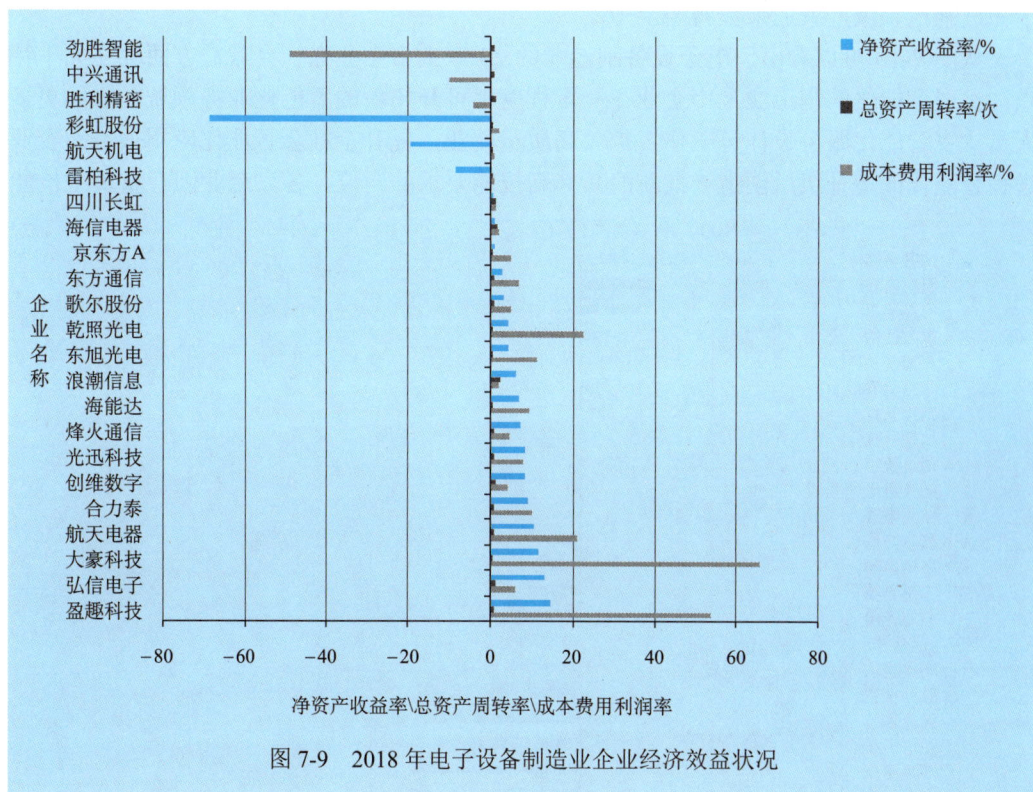

图 7-9　2018 年电子设备制造业企业经济效益状况

（1）公司的成本费用利润率、总资产周转率和净资产收益率有高有低。成本费用利润率指标中平均值为 8.52%，标准差为 16.91%；总资产周转率指标中平均值为 0.72 次，标准差为 0.36 次；净资产收益率指标中平均值为 5.48%，标准差为 14.93%。大豪科技（603025.SH）的成本费用利润率虽然高达 65.28%，净资产收益率 19.84%，但总资产周转率不足 1 次，需进一步提升；浪潮信息（000977.SZ）的总资产周转率为 2.16 次，但成本费用利润率不足 2%，净资产收益率不足 10%；盈趣科技（002925.SZ）净资产收益率达 30.20%，成本费用利润率虽然高达 53.47%，但总资产周转率只有 0.76 次。

（2）成本费用利润率、总资产周转率和净资产收益率 3 项指标均优于平均水平的公司仅有盈趣科技（002925.SZ），该公司主要产品是智能控制配件，公司不断优化 UDM 智能制造模式，持续加大研发投入及技术储备，持续开展"机器换人"，深入推动降本、增效、提质工作，并根据顾客需求扩大产能，各项经济效益表现较好。总资产周转率和净资产收益率均优于平均值的公司有弘信电子（300657.SZ）、创维数字（000810.SZ）、光迅科技（002281.SZ）、烽火通信（600498.SH）；成本费用利润率和净资产收益率均优于平均值的有大豪科技（603025.SH）、乾照光电（300102.SZ）和海能达（002583.SZ）。

2）社会效益

智能制造最大的社会效益是创造就业，为社会创造更多高技术含量的工作岗位。此外，制造业的工作对整体就业具有显著的乘数效应。在美国的经济环境中，平均而言，每新创造 1 个制造业的工作岗位将支持其他额外的 4 个工作岗位，但如果该工作岗位属于先进制造领域，就业乘数将增至 16。

从图 7-10 可以看出，电子设备制造业的 23 家上市企业在社会效益方面存在如下特点：实现智能化的制造业上市企业在一定程度上可开拓新的智能化业务领域，吸纳更多人员从事智能化服务设计等工作，扩大高质量就业，提升全社会智能化应用效益。企业进行智能化改造升级后创造一批新的具有高技能要求的岗位，各家企业因存量员工技能

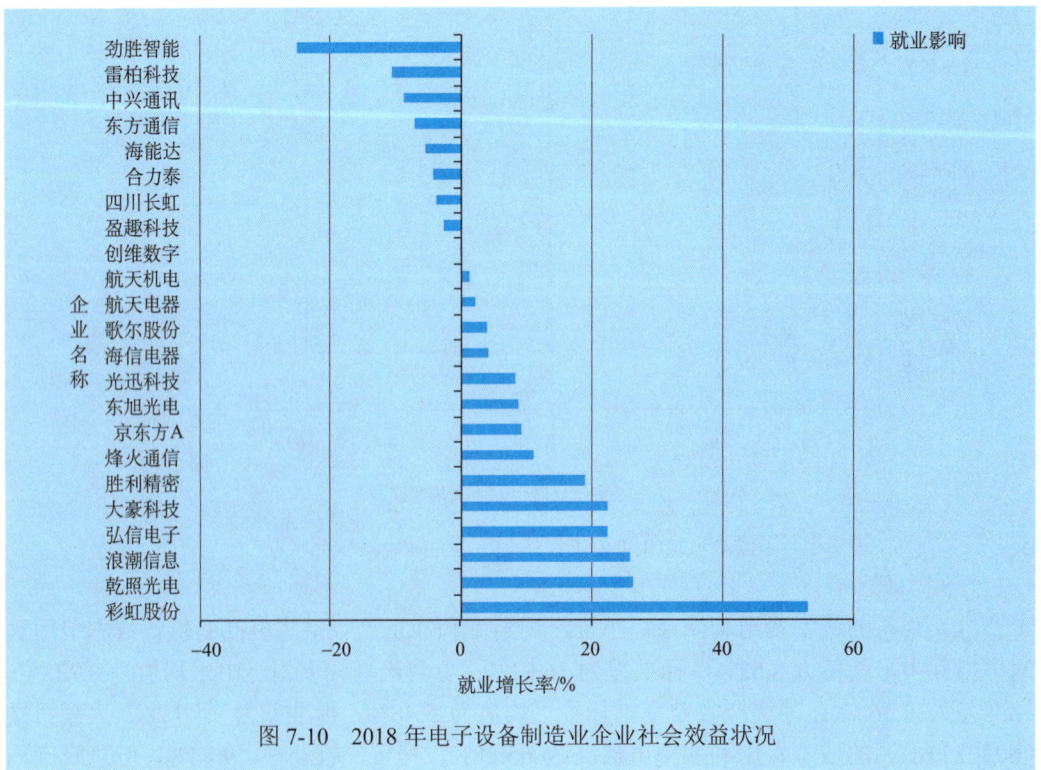

图 7-10　2018 年电子设备制造业企业社会效益状况

不同，所增加的岗位需求也呈现很大差异。23 家上市企业就业岗位平均增加 8.87％，标准差是 21.99%；其中岗位增加最多的是彩虹股份（600707.SH），达到 52.77%；就业增加比例 20% 以上的公司除了彩虹股份（600707.SH），还有乾照光电（300102.SZ）、浪潮信息（000977.SZ）、弘信电子（300657.SZ）、大豪科技（603025.SH）。但也有一些公司因为智能化改造升级后会减少或合并一些中低技能的岗位，使得工作岗位出现下降的态势，如创维数字（000810.SZ）、盈趣科技（002925.SZ）、四川长虹（600839.SH）、合力泰（002217.SZ）、海能达（002583.SZ）、东方通信（600776.SH）、中兴通讯（000063.SZ）、雷柏科技（002577.SZ）和劲胜智能（300083.SZ），2018 年员工就业人数比去年减少。

4. 行业综合评价

在分析单项指标的基础上，根据前文的熵权-投影法，计算出电子设备制造业 23 家上市企业信息基础层、生产应用层和效率效益层的投影值，并进行比较。

1）信息基础层

信息基础层主要涉及的是人才投入和资金投入情况，主要包含 4 个二级指标，运用熵权-投影法计算出 2018 年电子设备制造业 23 家上市企业的信息基础层的投影值，如图 7-11 所示。

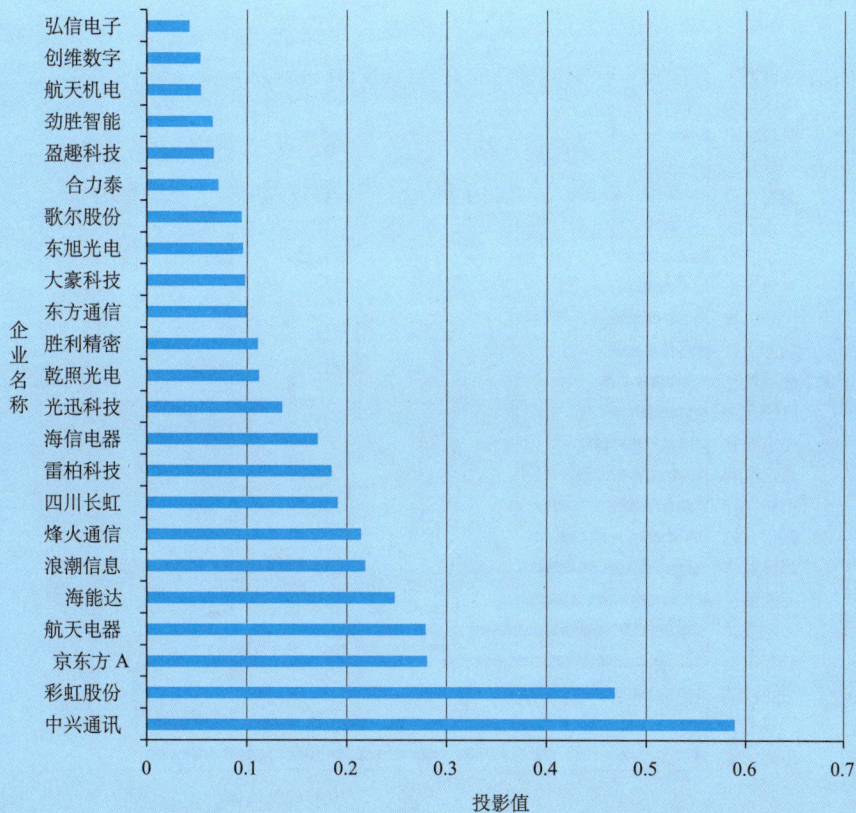

图 7-11　2018 年电子设备制造业企业信息基础层排名

智能化的本质是用数据+模型为企业提供服务，其核心是承载了大量基于微服务架构的数字化模型，而数字化模型是将大量工业技术原理、行业知识、基础工艺、模型工具等规则化、软件化和模块化，并封装为可重复使用的组件，因此企业必须要具备一定的信息基础、人才条件和资金的投入与沉淀。由图 7-11 可知，电子设备制造业的 23 家上市企业在信息基础层存在如下特点。

（1）投影值大小呈现一定的差异。其中投影值平均为 0.31，标准差为 0.16；投影值最大的公司是烽火通信（600498.SH）；投影值大于 0.5 以上的公司除了烽火通信（600498.SH），还有中兴通讯（000977.SZ）、浪潮信息（000977.SZ）、海能达（002583.SZ）、东方通信（600776.SH），说明这些公司的信息基础较好，能为智能制造提供基础保障。

（2）部分公司的投影值评价在 0.1 以下，需要加强人才、资金等各方面的投入。如劲胜智能（300083.SZ）的信息基础投影值为 0.09，2018 年下半年起，该企业整合消费电子精密结构件业务相关资产，未来将集中发展高端装备制造业务，公司的信息基础需要尽早夯实。

2）生产应用层

生产应用层主要涉及的产品、生产、服务、装备、管理的智能化，主要包含 5 个二级指标，运用熵权-投影法计算出 2018 年电子设备制造业 23 家上市企业的生产应用层的投影值，如图 7-12 所示。

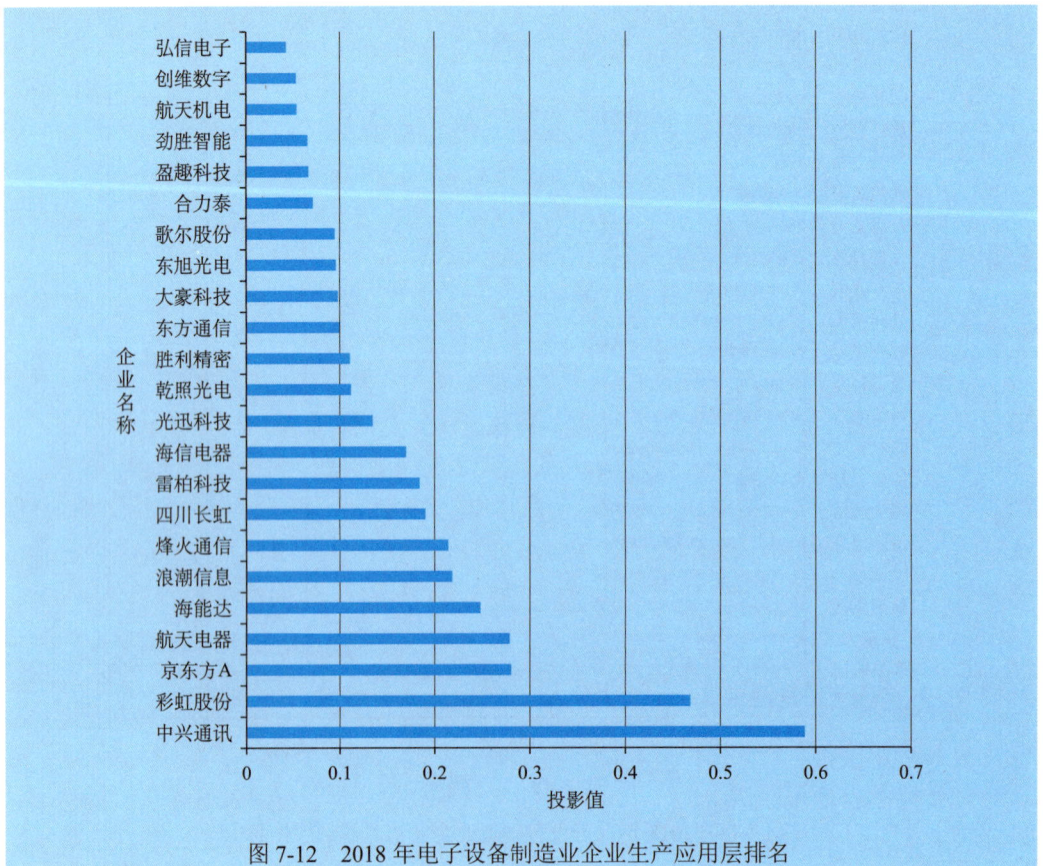

图 7-12　2018 年电子设备制造业企业生产应用层排名

　　智能化的生产应用需要在现场级和车间级实现底层设备横向互联以及与上层系统纵向互通的连接，如对现有工业装备或装置如机床、生产线等增加网络接口，对现有工业装置或装备附加传感器、执行器，以实现底层数据成规模采集、信息系统间数据共享，进行数据挖掘和分析应用。因此需要从产品、生产、服务、设备和管理 5 个方面做出相应的智能化工具、技术和思维的迭代。由图 7-12 可知，电子设备制造业的 23 家上市企业在生产应用层存在如下特点。

　　（1）投影值大小呈现一定的差异。其中投影值平均为 0.15，标准差为 0.12；投影值最大的公司是中兴通讯（000063.SZ），也是唯一生产应用的投影值超过 0.5 的公司。作为全球 5G 技术研究和标准制定活动的主要参与者和贡献者，中兴通讯的 5G RAN、5G Core 和传输网产品全面进入领导者象限；NB-IoT 处于综合技术竞争力第一阵营，2018 年为中国联通、中国移动、中国电信提供 NB-IoT 网络服务。

　　（2）部分公司的投影值在 0.1 以下，需要加强产品、生产、服务、装备和管理的智能化推进。歌尔股份（002217.SZ）、合力泰（002217.SZ）、盈趣科技（002925.SZ）、劲胜智能（300083.SZ）、航天机电（600151.SH）、创维数字（000810.SZ）和弘信电子（300657.SZ）的生产应用投影值较低，需要增加各方面的投入。

　　3）效率效益层

　　效率效益层主要涉及智能制造发展带来的经济效益和社会效益，主要包含 4 个二级指标，运用熵权-投影法计算出 2018 年电子设备制造业 23 家上市企业的效率效益层的投影值，如图 7-13 所示。由图 7-13 可知，电子设备制造业的 23 家在效率效益层具有以下特征。

　　（1）投影值大小相对差异不是特别大。其中投影值平均为 0.31，标准差为 0.12；投影值最大的公司是浪潮信息（000977.SZ），大小为 0.49。虽没有超过 0.5，但公司的未来发展依旧值得期待，2018 年，该企业积极把握"云计算"、物联网、大数据、人工智能、工业互联网等智慧时代的发展新趋势、新机遇，坚持"开放、融合、敏捷"策略，在研发、生产、交付、服务模式多方面持续创新，各项业务持续保持快速增长势头，同时积极布局未来，加速推进全球化战略和 AI 智慧计算平台布局。

　　（2）部分公司的投影值在 0.1 以下，需要改善成本费用利润率、总资产周转率和净资产收益等经济效益，同时也要通过员工岗位的调整尽快提高智能制造的社会效益。劲胜智能（300083.SZ）投影值大小为 0.04，究其原因是受全球智能手机市场负增长、5G 商用化，导致金属精密结构件需求转换为塑胶/玻璃等因素的影响，消费电子精密结构件行业整体订单量下滑，市场竞争加剧；加之国内宏观经济环境复杂、人力成本上升、融资困难导致财务费用较高，2018 年，公司消费电子精密结构件业务出现较大幅度亏损。

7.3.2　汽车制造业

　　汽车制造业属于离散型制造业，其产业集中度高，技术资金密集，具有产业链长和产业关联度高的特点，对其他离散型制造业智能制造转型升级具有很强的带动作用。随着智能化技术的发展，特别是工业机器人在汽车及其零部件制造、摩托车、工程机械等行业的应用，零部件生产的自动化水平及生产效率大大提高。汽车生产的冲压、焊装、涂装、总装 4 大生产工艺过程的智能化程度不断提高，生产更具有柔性，质量的可靠性也不断增强。目前智能化已经成为汽车制造业企业发展的重要趋势，其智能技术研发应用和产品受到业界和消费者的广泛关注。本节将筛选出汽车制造业的 13 家企业作为评价对象，首先对信息基础层、生产应用层和效率效益层的各子指标进行单项比较，再分别对三个层面进行综合比较。

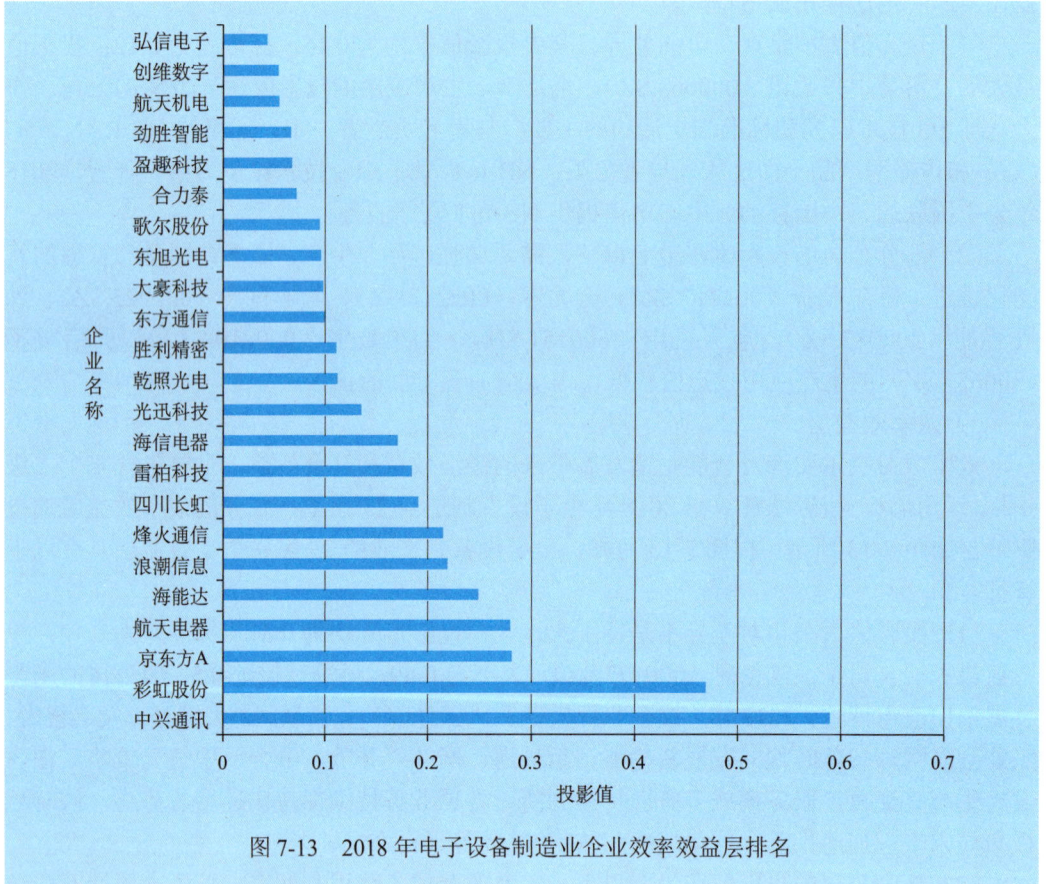

图 7-13   2018 年电子设备制造业企业效率效益层排名

1. 智能化发展信息基础层评价

1）人才投入

人才是企业发展最重要的资源，在企业智能制造发展过程中，人才既是智能制造技术的发明创造者，也是智能制造系统的应用者和传播者。人才投入对汽车制造业智能化发展的重要性不言而喻。此处以企业员工中研发人员占比和本科以上员工占比作为人才投入的测度变量，2018 年汽车制造业 13 家被评价公司的人才投入情况如图 7-14 所示。从图 7-14 可以看出，汽车制造业的 13 家公司在人才投入方面存在一定的特征。

（1）行业整体水平还有待提高。超过一半的企业的本科以上员工占比低于 20%，且仅有 2 家公司研发人员占比高于 20%，其余均在 10% 左右。

（2）企业之间的人才投入存在较大的差异，德赛西威（002920.SZ）在 2 个指标上均居于第一，特别在研发人员占比方面，德赛西威达到了 43.20%，远远高于行业内的其他企业。而天润曲轴（002283.SZ）的本科以上员工占比甚至不到 5%。

（3）除了天润曲轴和万丰奥威（002085.SZ）外，其余公司的本科以上员工占比均高于研发人员占比，研发人员投入还有较大的提升空间。

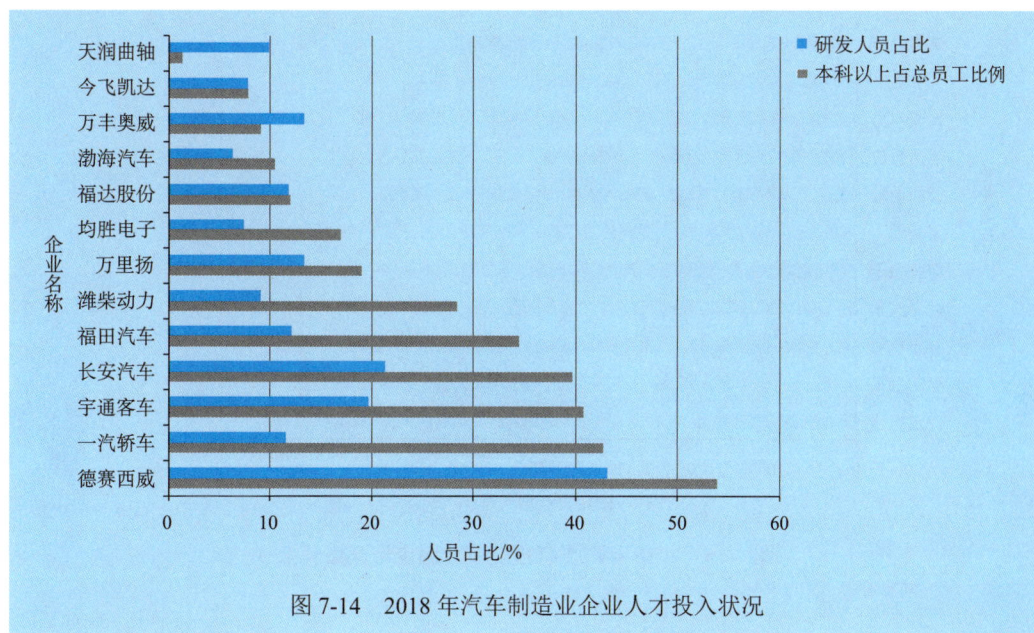

图 7-14　2018 年汽车制造业企业人才投入状况

2）资金投入

智能制造需要完善的信息基础设施作为基础和支撑，包括各种硬件设施和软件设施的建设，这些设施的建设往往需要大量的资金，并最终转化为可推动企业智能化发展的固定资产和无形资产。因此，资金的投入是衡量企业智能制造发展程度的重要指标。2018年汽车制造业的固定资产和无形资产的增长情况如图 7-15 和图 7-16 所示。

（1）汽车制造业企业的固定资产呈现出迅猛的增长态势，除了一汽轿车（000800.SZ）和宇通客车（600066.SH）外，其余 11 家公司的固定资产增长率均达到了 50% 以上，最高的今飞凯达（002863.SZ）甚至达到了 67.33%。

（2）行业内企业无形资产的增长率呈现出明显的分化情况。近一半的企业呈现出负增长，除了渤海汽车（600960.SH）的无形资产增长率达到了 44.50% 外，正增长的企业的增长率也并不高。这意味着，汽车制造业行业内的一些公司对无形资产的投入仍不充足，应加大投入力度。

2. 智能化发展生产应用层评价

1）产品智能

工业时代，产品的生产由企业决定，而智能制造能够实现个性化定制、极少量生产以及"云制造"等新模式，并把处理器、传感器、网络通信、传输系统、自动控制等技术融入汽车产品中，使得其具备动态感知能力，实现可追溯、可识别、可定位。智能制造下的汽车产品将是典型的高新技术综合体，汽车制造业上市企业研发强度越高有利于开发和生产智能产品。2018 年汽车制造业上市企业的研发强度如图 7-17 所示。

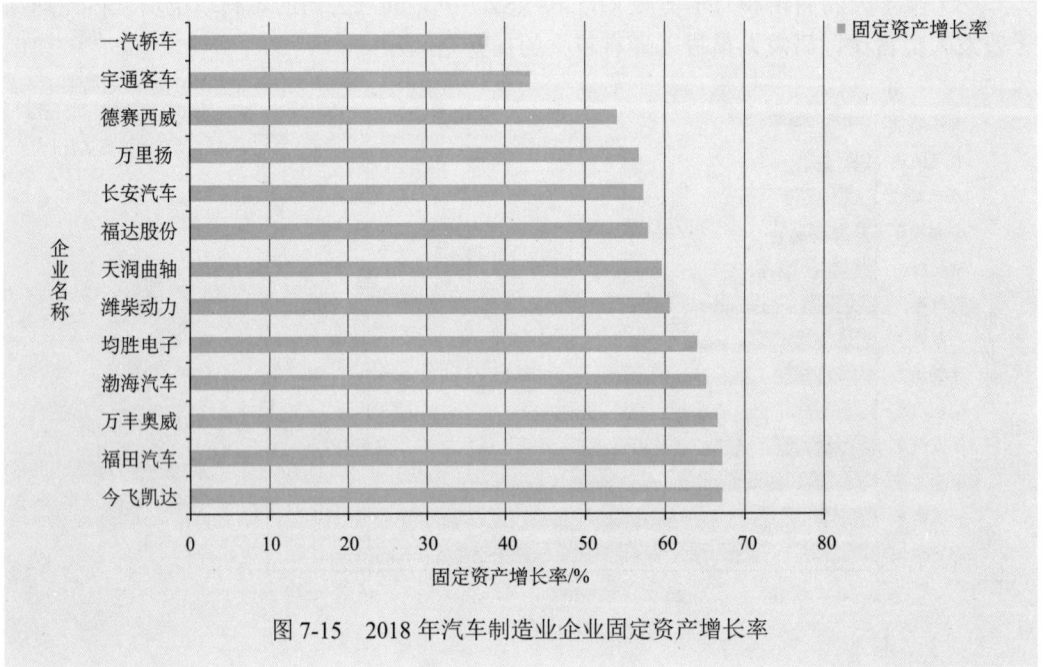

图 7-15   2018 年汽车制造业企业固定资产增长率

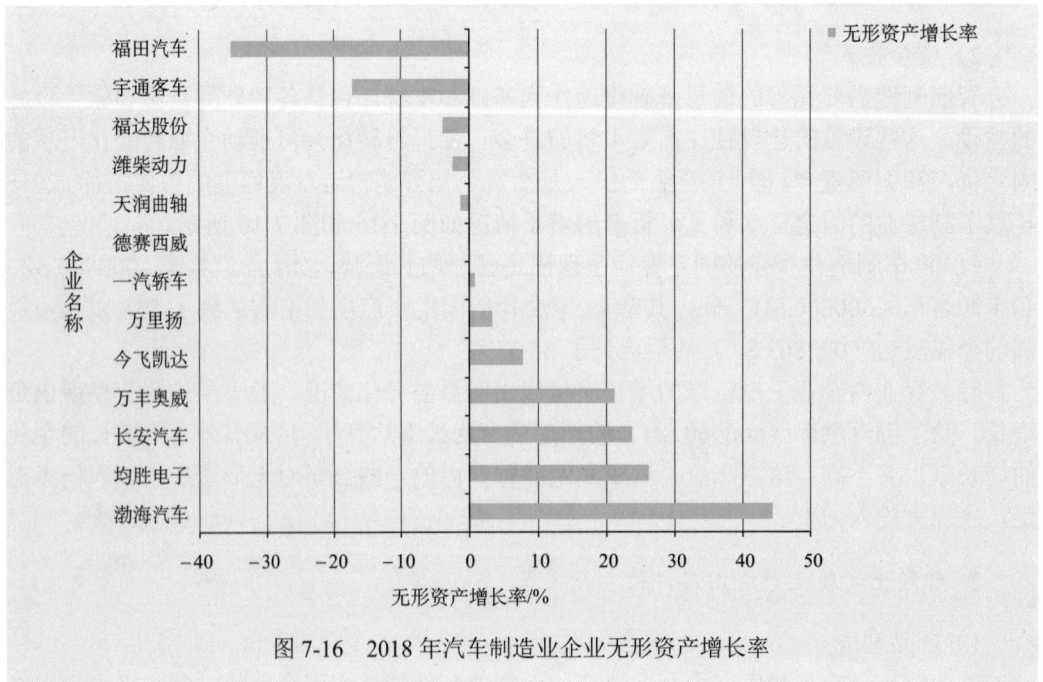

图 7-16   2018 年汽车制造业企业无形资产增长率

由图 7-17 可知，汽车制造业行业的上市企业研发强度较高，近一半的公司达到了 5%以上，最高的德赛西威（002920.SZ）达到了 10.04%。可以预期，如果这种研发强度能够保持或进一步提升，汽车制造业上市企业的产品智能化水平将会明显提升，甚至出现较大突破。

　2）生产智能

　智能制造通过数控机床、工业机器人等生产设备的应用，融合物联网、大数据等技术，使生产过程可控和高效，也实现了对劳动力的替代。这意味着企业的劳动生产率会有显著的提升。因此，以劳动生产率来反映生产过程的智能化，2018 年，汽车制造业上市企业的劳动生产率情况如图 7-18 所示。

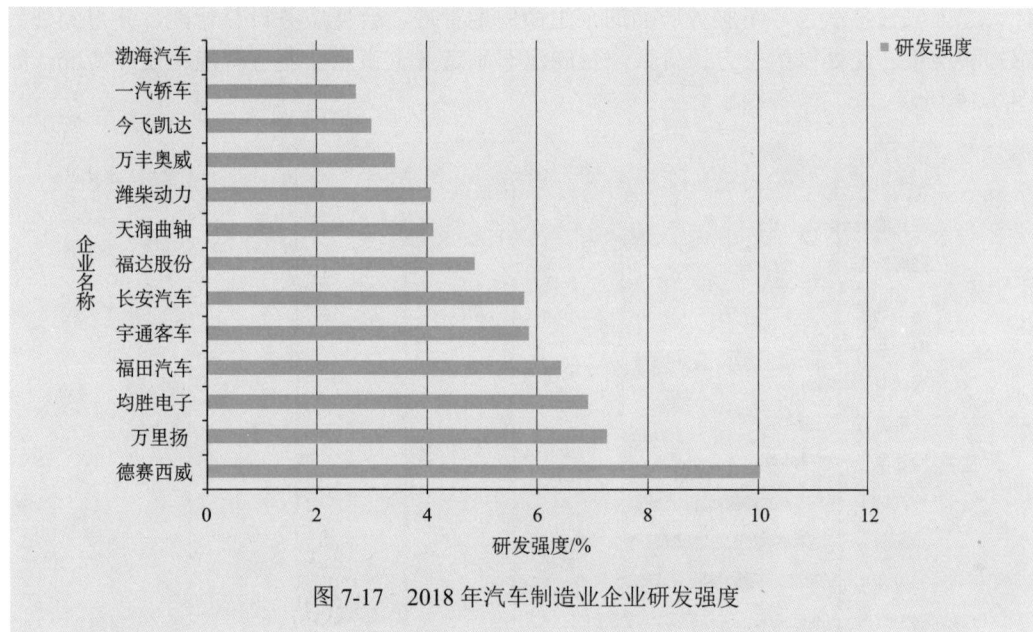

图 7-17　2018 年汽车制造业企业研发强度

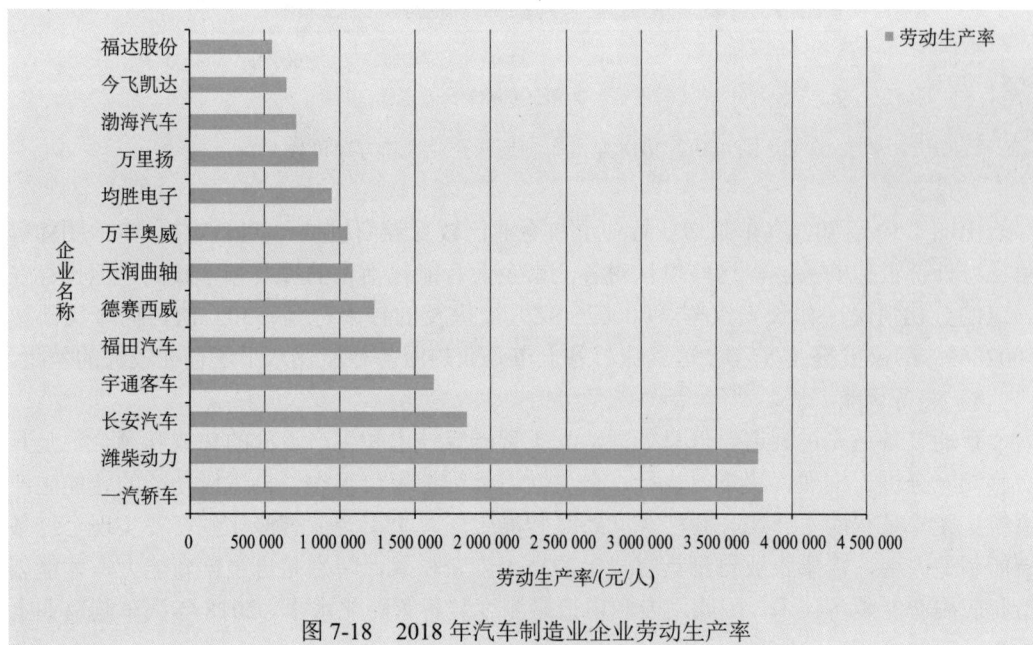

图 7-18　2018 年汽车制造业企业劳动生产率

由图 7-18 可知，汽车制造业行业上市企业的劳动生产率具有明显的层次性，一汽轿车（000800.SZ）和潍柴动力（000338.SZ）的劳动生产率在 3 800 000 元/人左右，明显高于其他公司。近一半的公司则在 1 000 000～2 000 000 元/人，表现得较为突出。整体而言，该行业上市企业的生产智能化水平较高。

3）服务智能

越来越多的汽车制造企业已认识到向生产服务型制造转型的重要性，并认为智能服务是智能制造的核心内容，未来将逐渐推行线上与线下并行的 O2O 服务。个性化研发设计、总集成、总承包等新服务产品的全生命周期管理，会使服务日益智能，并得到外界感知和反馈。此处以第三方评价数来反映汽车制造业上市企业服务智能化发展情况，如图 7-19 所示。

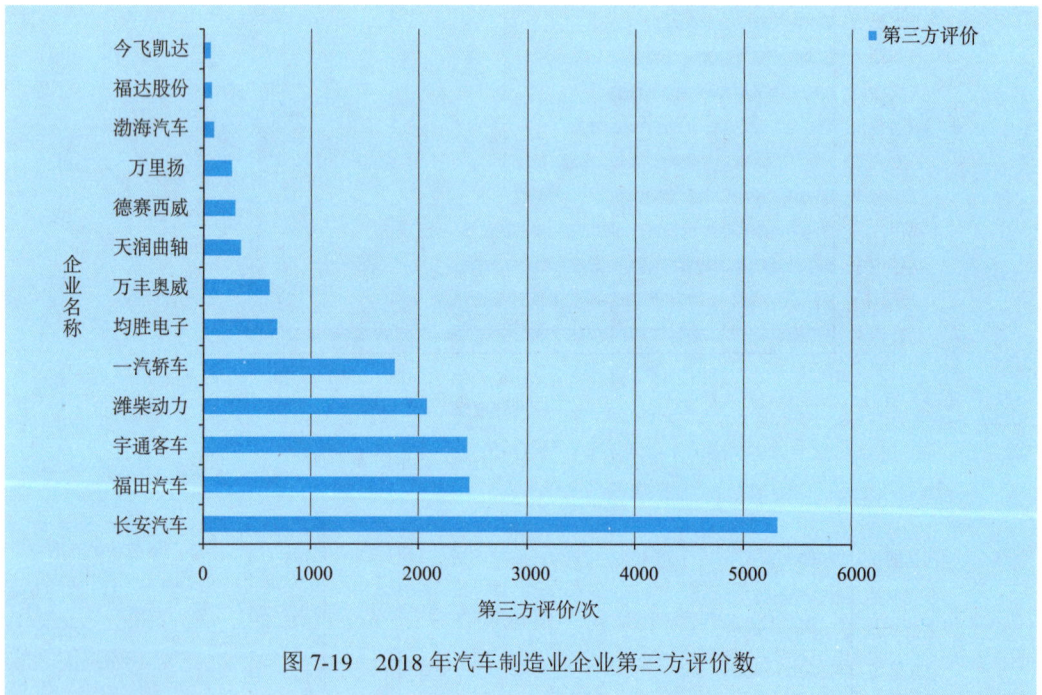

图 7-19　2018 年汽车制造业企业第三方评价数

由图 7-19 可知，汽车制造业行业上市企业比较受券商机构、新闻媒体、学术团体等第三方外部机构的关注，这些机构对各上市企业智能化话题的提及频率较高，但也存在一定的分化情况。如长安汽车（000625.SZ）被提及的频率达到 5303 次，而今飞凯达（002863.SZ）仅被提及 57 次。这意味着各上市企业的服务智能化水平还存在较大的差距。

4）装备智能

智能装备是先进制造、信息处理、人工智能等技术和生产设施的集成和融合，是具有感知、分析、推理、决策、执行、自主学习及维护等自组织、自适应功能的智能生产系统。无论是智能生产线、智能车间还是智能工厂，上市企业智能化生产要实现全链条智能制造改造，需要企业自身具有一定的技术创新积累，特别是自主创新能力，才能创造和应用智能装备技术。因此用专利申请量测度装备智能化水平。2018 年汽车制造业上市企业的专利应用情况如图 7-20 所示。

图 7-20 中显示，该行业上市企业专利申请量，整体水平较高，超过一半的上市企业，专利申请量可以达到 10 件/百人以上。特别是德赛西威（002920.SZ）和福田汽车（600166.SH），已经达到 35 件/百人左右，意味着该行业装备智能发展具有较坚实的基础。

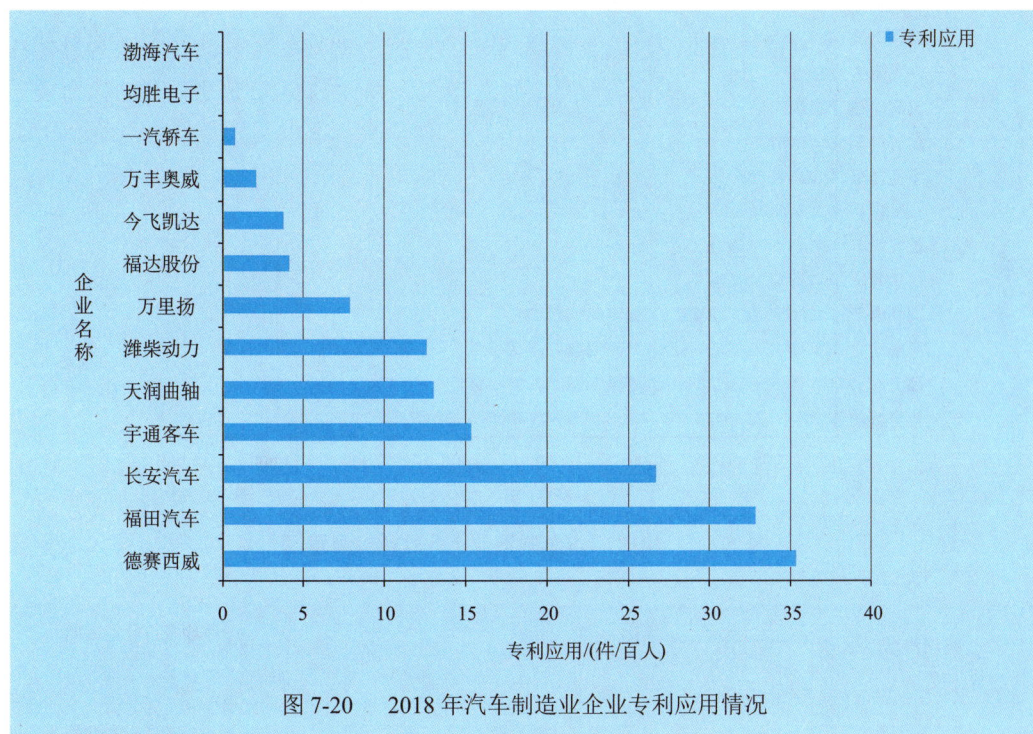

图 7-20　2018 年汽车制造业企业专利应用情况

5）管理智能

随着纵向集成、横向集成和端到端集成的不断深入，企业资源计划（enterprise resource planning，ERP）、制造企业生产过程执行系统（manufacturing execution system，MES）、产品生命周期管理（product lifecycle management，PLM）等软件的应用使企业数据的收集、传递、处理和存储的及时性、完整性不断提高，进而使管理更加高效智能。这需要投入一定经费研制或购买软件。相对来说企业软件应用越普遍，表明其管理智能化水平越高。2018 年汽车制造业上市企业的软件应用情况如图 7-21 所示。

汽车制造业上市企业的软件应用水平差距较大，德赛西威（002920.SZ）以 11845.39 元/人，居于第一，其余上市企业均在 8150 元/人以下，且近 2/3 的公司尚未达到 2500 元/人。由此可见，该行业上市企业可在更大范围内进行软件应用，以实现生产运作管理的自动化、信息化及智能化。

3. 智能化发展效率效益层评价

1）经济效益

智能化不是目的，而是企业创造价值的手段，因此智能化发展归根结底是为了获得更高的效益。从经济层面上看，企业经济效益的体现方式是更高的收益率、更快的周转率和更低的成本费用利润率。2018 年汽车制造业 13 家公司的智能化发展的经济效益情况见图 7-22。

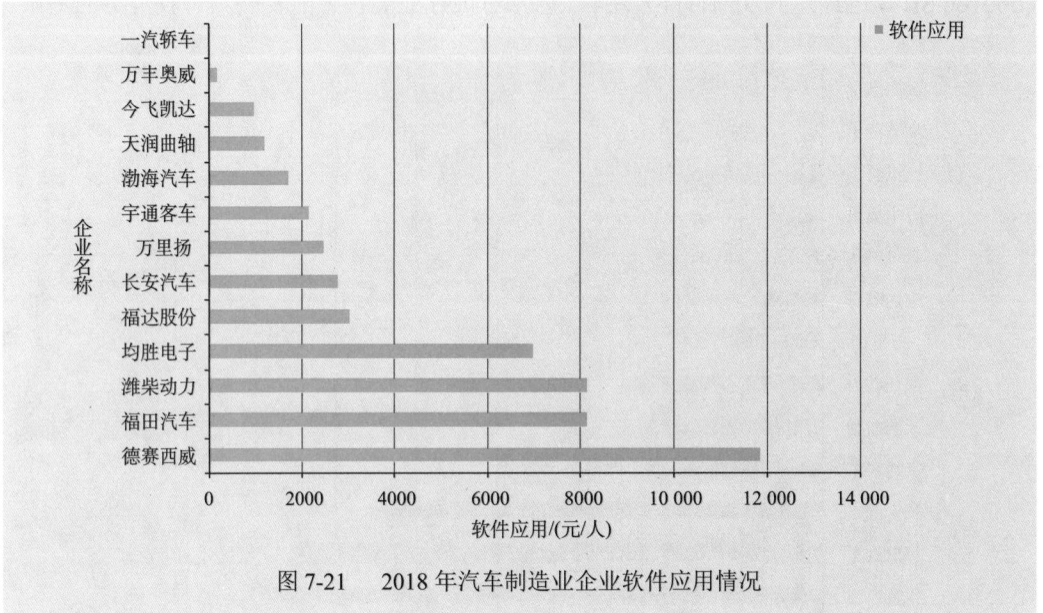

图 7-21　2018 年汽车制造业企业软件应用情况

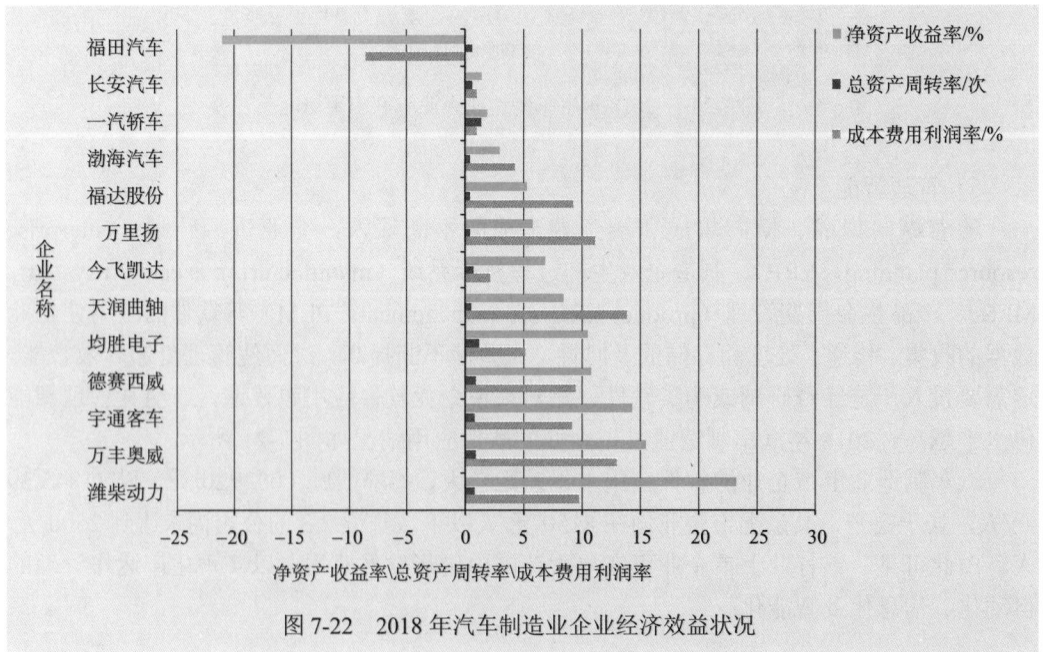

图 7-22　2018 年汽车制造业企业经济效益状况

（1）13 家上市企业中，有 5 家上市企业的净资产收益率达到 10%以上，其中潍柴动力（000338.SZ）以 23.23%居于第一，但仍有超过一半企业的净资产收益率在 8.50%以下，甚至存在收益率为负的企业，企业之间的差距十分明显。

（2）由行业性质决定，各公司的总资产周转率均不高，最高的一汽轿车公司也只达到 1.41 次，绝大多数公司的总资产周转率在 1 次以下。

（3）各公司的成本费用利润率均在 15%以内，表明汽车制造业企业的成本费用控制得较好。总体说来，该行业的企业经济效益创造能力仍有一定提升空间。

2）社会效益

除了经济效益外，社会效益创造也是智能制造发展的目的之一。智能制造一方面会造成劳动力替代，减少低端就业岗位，形成就业"挤出效应"，另一方面也会创造更多的新型就业机会，形成就业"创造效应"。因此此处以就业增长率来测度智能化发展的社会效益情况，如图 7-23 所示。

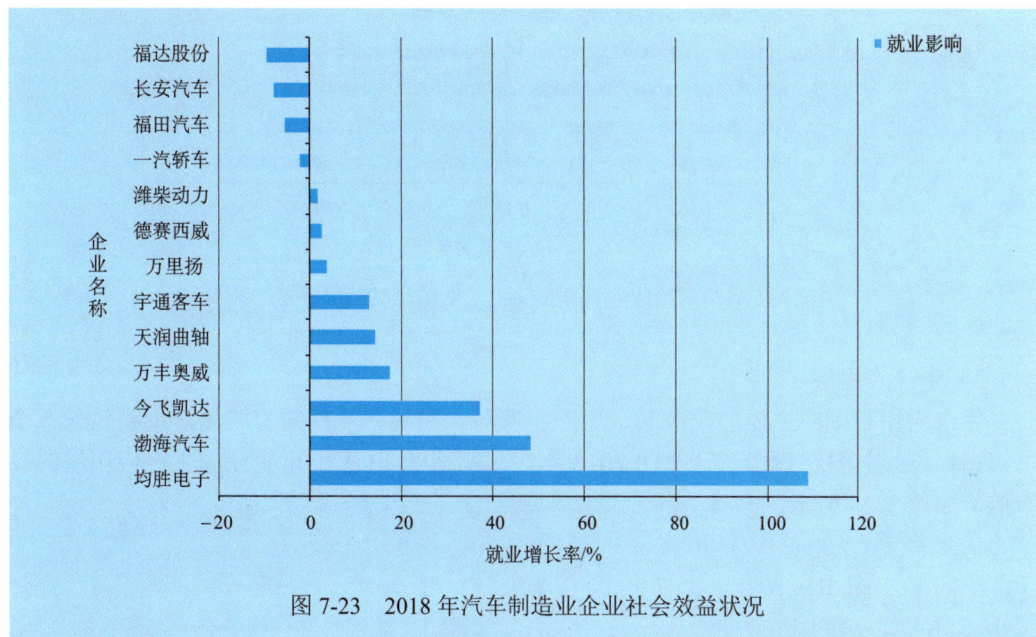

图 7-23　2018 年汽车制造业企业社会效益状况

从图 7-23 中可以看出，汽车制造业中有接近 1/3 公司的就业增长率为负，2/3 公司的增长率为正。整体而言，就业"创造效应"更明显，特别是均胜电子（600699.SH），其就业增长率达到了 109%，带来了可观的社会效益。

4. 行业综合评价

在分析单项指标的基础上，根据前文的熵权-投影法，计算汽车制造业 13 家上市企业信息基础层、生产应用层和效率效益层的投影值，并进行比较。

1）信息基础层

信息基础层主要涉及人才投入和资金投入情况，主要包含 4 个二级指标，运用熵权-投影法计算出 2018 年汽车制造业 13 家上市企业的信息基础层的投影值，如图 7-24 所示。

由图 7-24 可知，德赛西威（002920.SZ）、潍柴动力（000338.SZ）和福田汽车（600166.SH）的信息基础相对较好；福达股份（603166.SH）、今飞凯达（002863.SZ）和万丰奥威（002085.SZ）的信息基础相对较差，需要进一步进行人才和资金方面的投入，才能保证汽车企业的智能化发展。

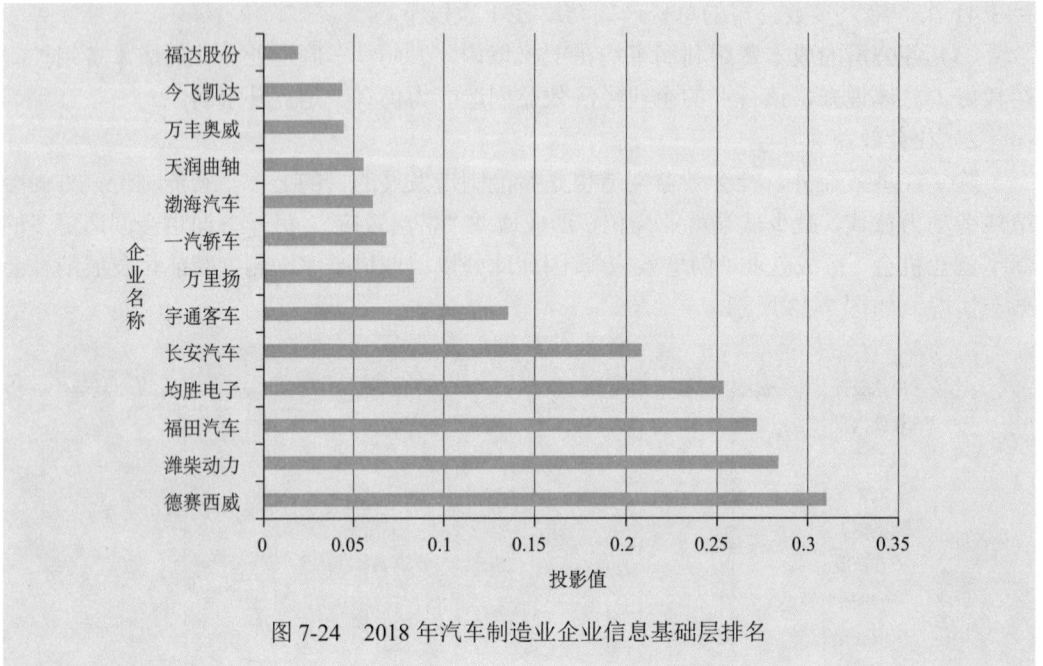

图 7-24　2018 年汽车制造业企业信息基础层排名

2）生产应用层

生产应用基础层主要涉及产品、生产、服务、装备、管理的智能化，主要包含 5 个二级指标，运用熵权-投影法计算出 2018 年汽车制造业 13 家上市企业的生产应用层的投影值，如图 7-25 所示。

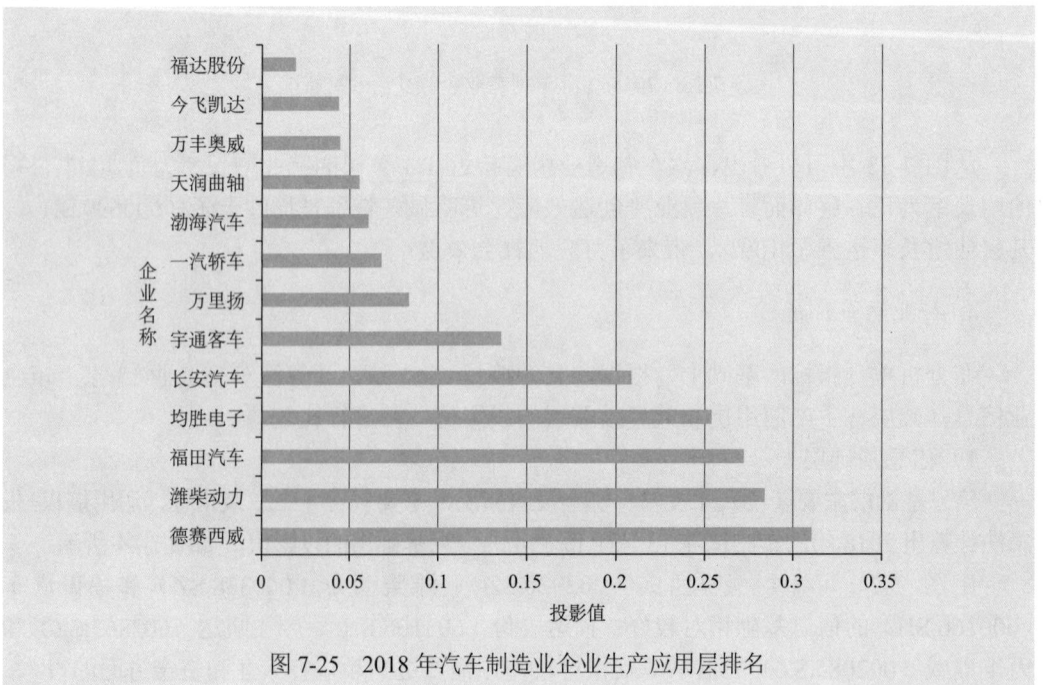

图 7-25　2018 年汽车制造业企业生产应用层排名

　　由图 7-25 可知，德赛西威（002920.SZ）、潍柴动力（000338.SZ）和福田汽车（600166.SH）的生产应用较好；福达股份（603166.SH）、今飞凯达（002863.SZ）和万丰奥威（002085.SZ）的生产应用较差，需要进一步在产品、生产、服务、装备和管理上进行智能化应用的改造。

　　3）效率效益层评价

　　效率效益层主要涉及智能制造发展带来的经济效益和社会效益，主要包含 4 个二级指标，运用熵权–投影法计算出 2018 年汽车制造业 13 家上市企业的效率效益层的投影值，如图 7-26 所示。

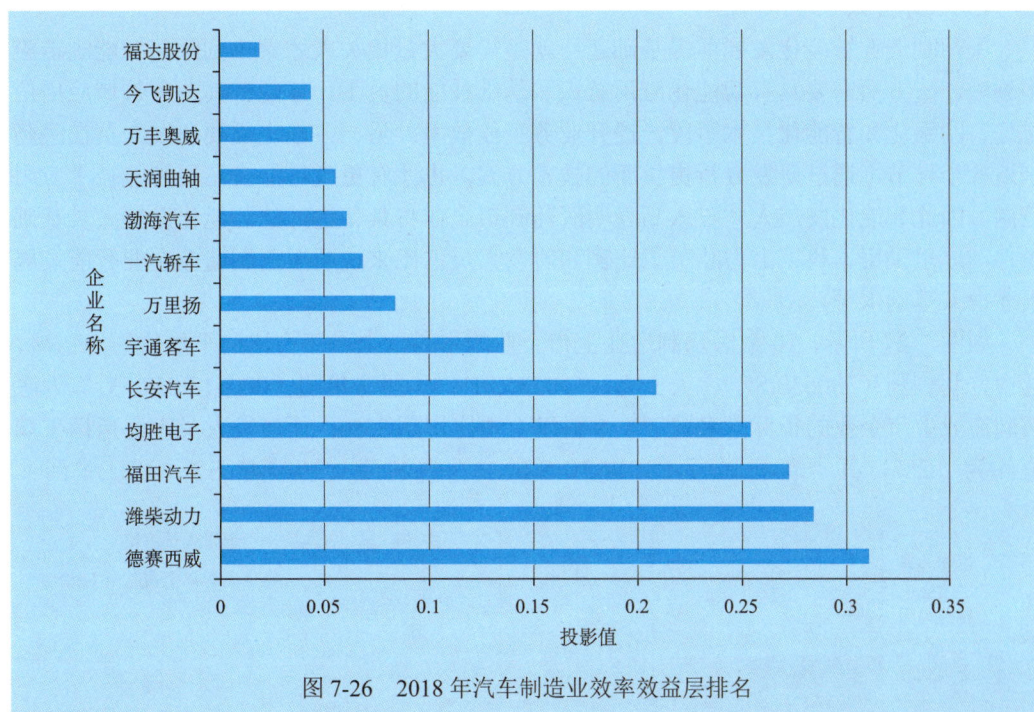

图 7-26　2018 年汽车制造业效率效益层排名

　　由图 7-26 可知，德赛西威（002920.SZ）、潍柴动力（000338.SZ）和福田汽车（600166.SH）的效率效益较好；福达股份（603166.SH）、今飞凯达（002863.SZ）和万丰奥威（002085.SZ）的效率效益较差，需要进一步优化生产体系，提高生产效率，提升社会效益。

7.3.3　医药制造业

　　医药制造业属于流程型制造业，也属于高新技术行业，其产品和服务关系生命健康安全。《中国制造 2025》将生物医药及高性能医疗器械列入突破发展的重点领域。2016年 10 月，工业和信息化部制定了《医药工业发展规划指南》，提出要加快推进医药工业与新一代信息技术深度融合，引导和支持企业拓展新领域，发展新业态。到 2020 年，医药生产过程自动化、信息化水平显著提升，大型企业关键工艺过程基本实现自动化，建成一批智能制造示范车间。由此可见，推进我国医药制造领域的智能制造进程刻不容缓。

医药制造业的智能化发展需要大量专业人员和资金技术投入，广泛涉及产品研发、生产、服务、装备和管理等各方面，为大众及时提供安全、个性化用药产品和治疗方案，给企业带来显著的经济效益，也为社会带来巨大价值。本节将筛选出医药制造业的 10 家属于智能制造试点示范项目的上市企业作为评价对象，首先对信息基础层、生产应用层和效率效益层的各子指标进行单项比较，再分别对 3 个层面进行综合比较。

1. 智能化发展信息基础层评价

医药制造业企业智能化发展信息基础层评价包括人才投入和资金投入评价两个方面。

1）人才投入

医药制造业智能化发展前提基础之一就是需要大量相关人才聚集到医药智能制造应用领域，一方面需要具有智能化应用意识和基础技能的员工，才能在其业务领域应用信息化、网络化和智能化技术手段，提升业务工作效率；另一方面也需要研发人员在医药制造各个环节，通过研发分析提供新的技术方案，也才有更大可能去拓展智能技术应用范围。因此智能化发展人才投入高表明医药制造企业将具备更好的智能化发展人员基础条件，这里采用本科以上占总员工比例和研发人员占比来说明医药制造业企业智能发展人才投入基础水平。

如图 7-27 所示，10 家医药制造业上市企业的本科以上员工占比的平均值约为 26%，其中普利制药（300630.SZ）、天士力（600535.SH）和丽珠集团（000513.SZ）3 家为医药制造业上市企业的指标排名前三，本科以上占比均超 33%；而研发人员占比指标平均值约为 12%，其中普利制药（300630.SZ）、香雪制药（300147.SZ）和江中药业

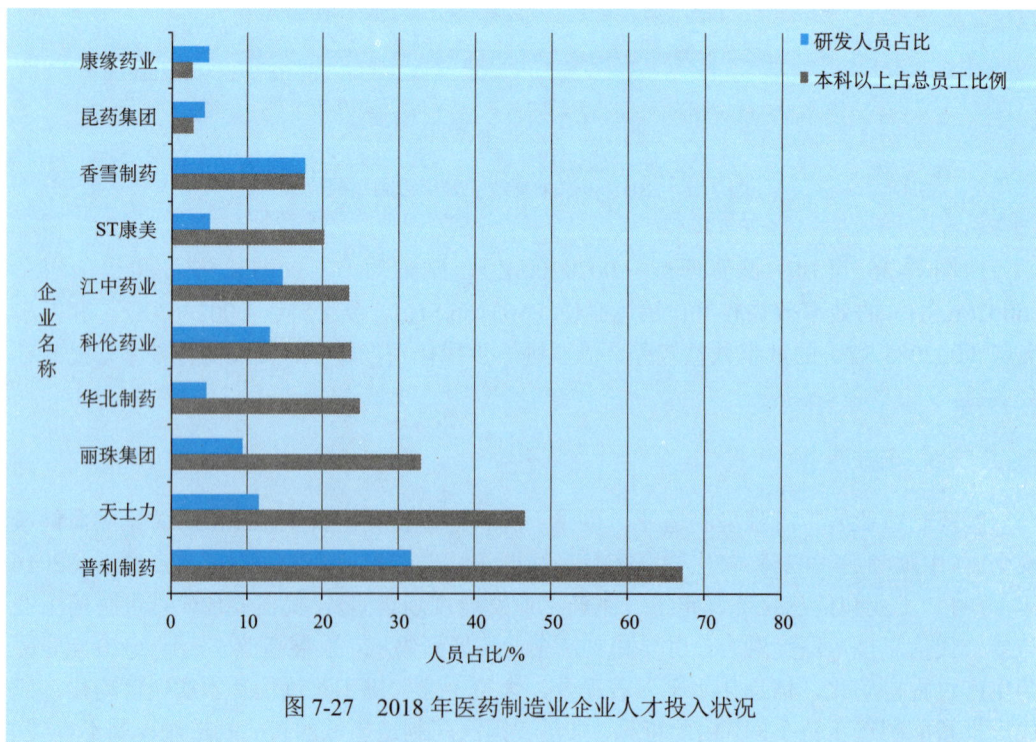

图 7-27　2018 年医药制造业企业人才投入状况

（600750.SH）3 家为医药制造业上市企业的指标排名前三，研发人员占比均超 14%。在未来医药制造业智能化发展过程中，人才投入指标作为智能化发展基础性指标，可以排名前三的企业指标值作为企业智能化发展标准和要求，并以此为基础获得更大进步。

　　2）资金投入

　　医药制造业智能化发展是一个高投入重积累的发展过程，需要足够的资金投入及其资产价值积累，不仅需要包括智能化设备、生产线、厂房等在内的各种固定资产积累，也需要重视包括专利权、商标权等各类无形资产的开发和维护。因此，智能化发展资金投入高，医药制造企业将能具有更强劲的智能化发展投融资基础条件和智能化发展承载力，这里采用固定资产增长率和无形资产增长率来说明医药制造业企业智能发展资金投入基础水平。

　　如图 7-28 和图 7-29 所示，10 家医药制造业上市企业的固定资产增长率平均值约为67%，其中 ST 康美（600518.SH）、香雪制药（300147.SZ）和科伦药业（002422.SZ）3家的指标名列前三，固定资产增长率均超 75%，这些数据显示出医药制造业上市企业智能化发展过程中固定资产增长明显，企业间差异不大，具有智能化固定资产投入基础优势；而无形资产增长率指标平均值仅约为 6%，其中香雪制药（300147.SZ）、华北制药（600812.SH）和 ST 康美（600518.SH）3 家医药制造业为上市企业指标排名前三，无形资产增长率均超 6%，10 家医药制造业上市企业的无形资产增长率最高达到了约 81%，而有 6 家医药制造业上市企业无形资产增长率为负值，可见在无形资产增长积累方面，企业间差异性较大，但医药制造业上市企业仍具有很大的发展空间，可以为重视无形资产的智能化挖掘所利用。

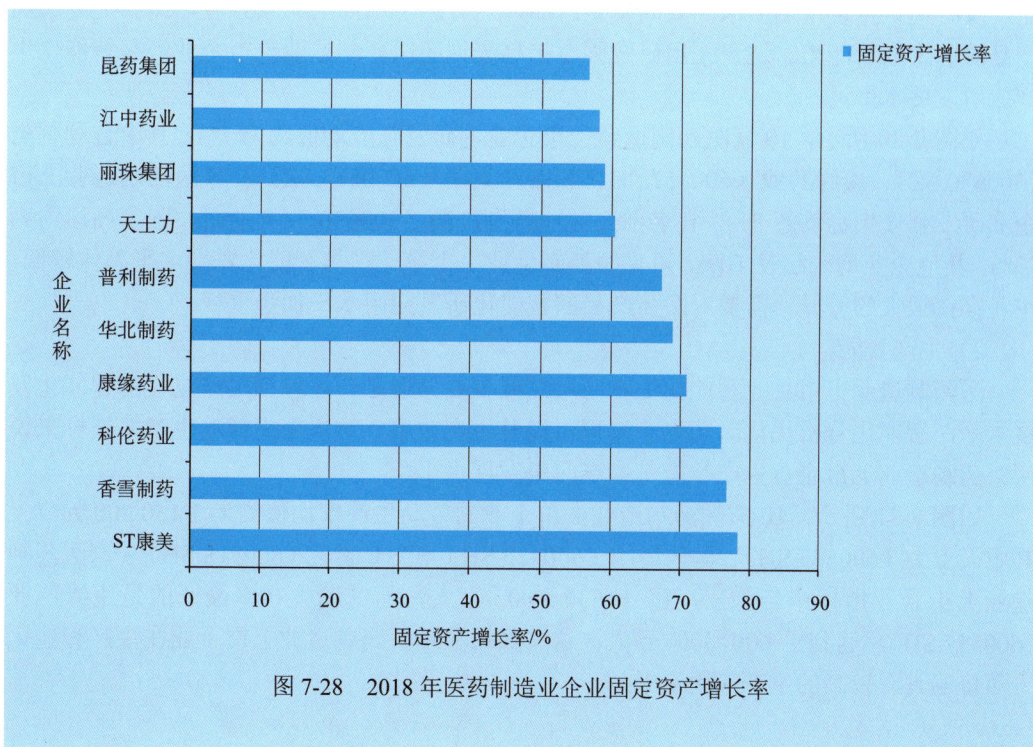

图 7-28　2018 年医药制造业企业固定资产增长率

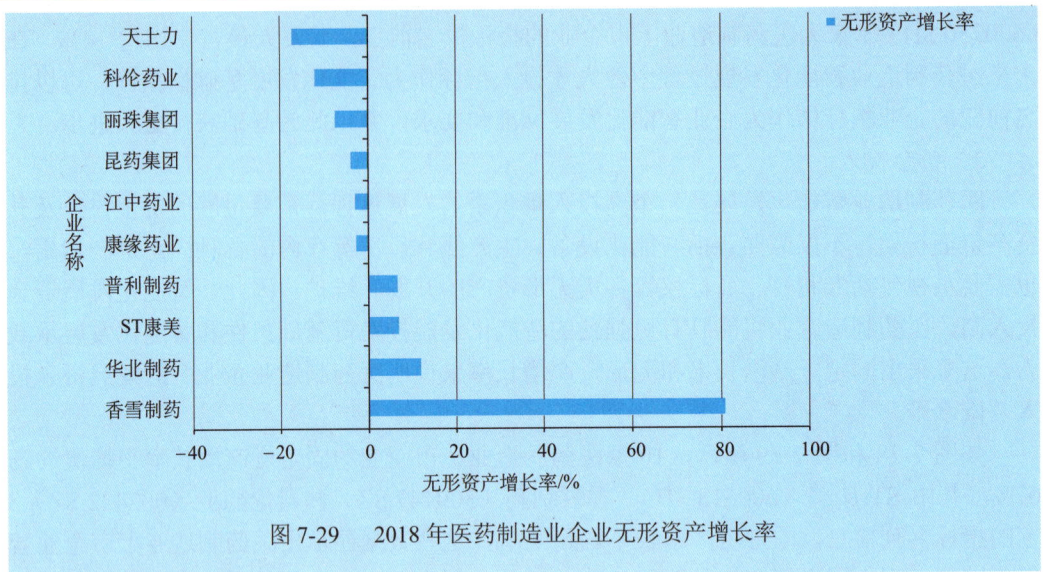

图 7-29　2018 年医药制造业企业无形资产增长率

2. 智能化发展生产应用层评价

医药制造业企业智能化发展生产应用层评价包括产品、生产、服务、装备和管理等方面的评价。

1）产品智能

医药制造业上市企业智能化生产应用发展重要体现之一就是医药产品研发的智能化，及时提供符合市场需求高效高质量产品，这有赖于更高的研发强度，需要提升医药产品的自主创新能力。这里采用研发强度指标来说明医药制造业上市企业产品智能化生产应用发展水平。

如图 7-30 所示，10 家医药制造业上市企业的研发强度均值约为 7%，其中普利制药（300630.SZ）、康缘药业（600557.SH）和丽珠集团（6000513.SZ）3 家医药制造业上市企业研发强度指标均超 7%，排名前三，而普利制药（300630.SZ）的研发强度高达约为23%，其他企业均未超过 10%，可见医药制造业上市企业产品智能化发展水平总体较低，也还存在很大的差异，需要对医药产品的智能化研发应用水平加强重视。

2）生产智能

医药制造业上市企业智能化生产应用发展重要体现之一还包括生产过程的智能化发展水平，智能化分析优化医药生产流程，提升生产效率。这里采用劳动生产率指标来说明医药制造业上市企业生产智能化生产应用发展水平。

如图 7-31 所示，10 家医药制造业上市企业的劳动生产率均值约为 1 130 000 元/人，其中天士力（600535.SH）、昆药集团（600422.SH）和 ST 康美（600518.SH）3 家医药制造业上市企业指标排名前三，超 1 530 000 元/人，而劳动生产率最低的是康缘药业（600557.SH），达到了 600 000 元/人。这些数据显示医药制造业上市企业在生产智能化方面普遍具有较高的生产应用水平。

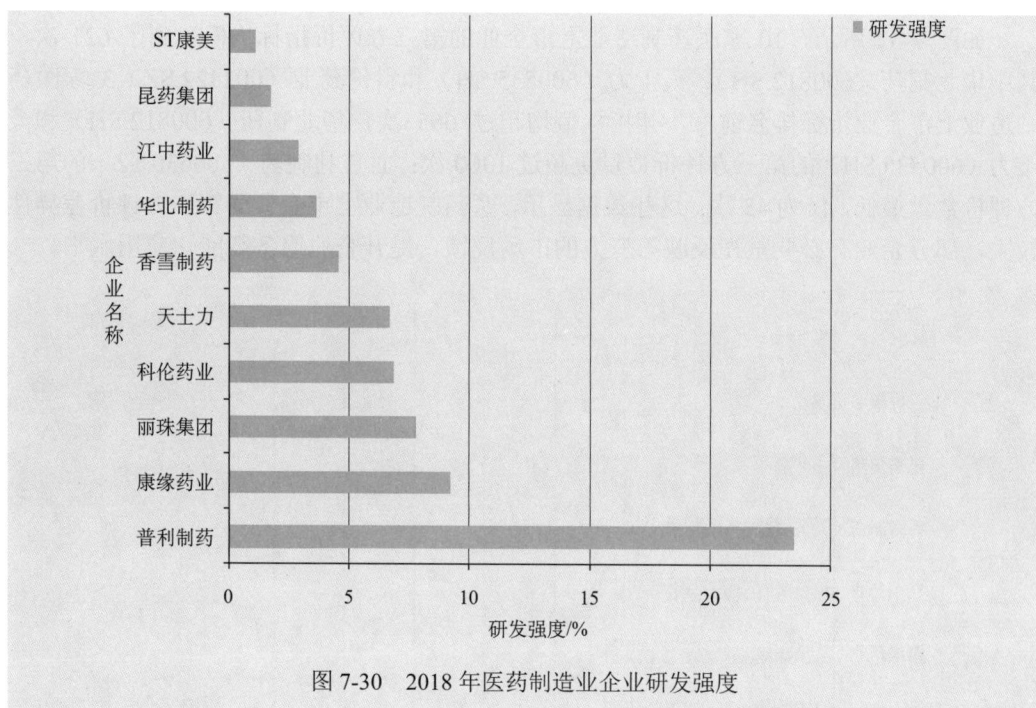

图 7-30　2018 年医药制造业企业研发强度

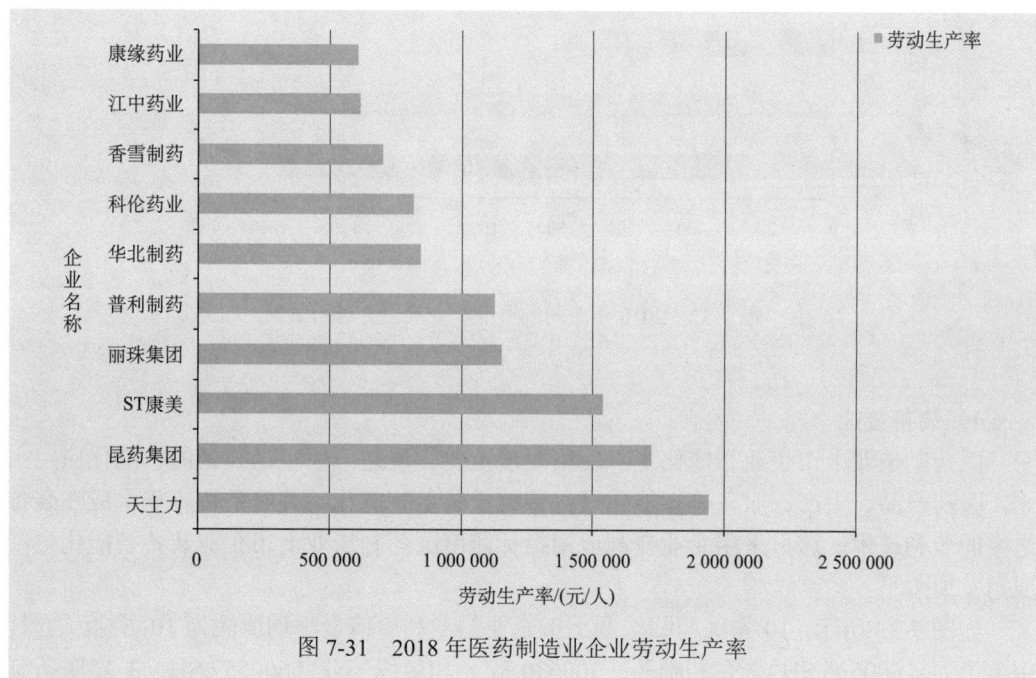

图 7-31　2018 年医药制造业企业劳动生产率

3）服务智能

医药制造业上市企业智能化生产应用发展重要体现之一还包括服务的智能化发展水平，提升服务相关的第三方的智能化生产应用体验价值，这里采用企业第三方评价指标衡量医药制造业上市企业服务智能化生产应用发展水平。

如图 7-32 所示，10 家医药制造业上市企业的第三方评价指标均值达到了 621 次，其中华北制药（600812.SH）、天士力（600535.SH）和科伦药业（002422.SZ）3 家医药制造业上市企业指标排名前三，其指标值均超过 665 次，华北制药（600812.SH）和天士力（600535.SH）的第三方评价数量更超过 1300 次；而普利制药（300630.SZ）的第三方评价数量最低，仅为 43 次。这些数据显示，医药制造业上市企业间第三方评价差异性较大，部分企业有必要重视反映第三方的市场反馈，提升企业服务智能化应用水平。

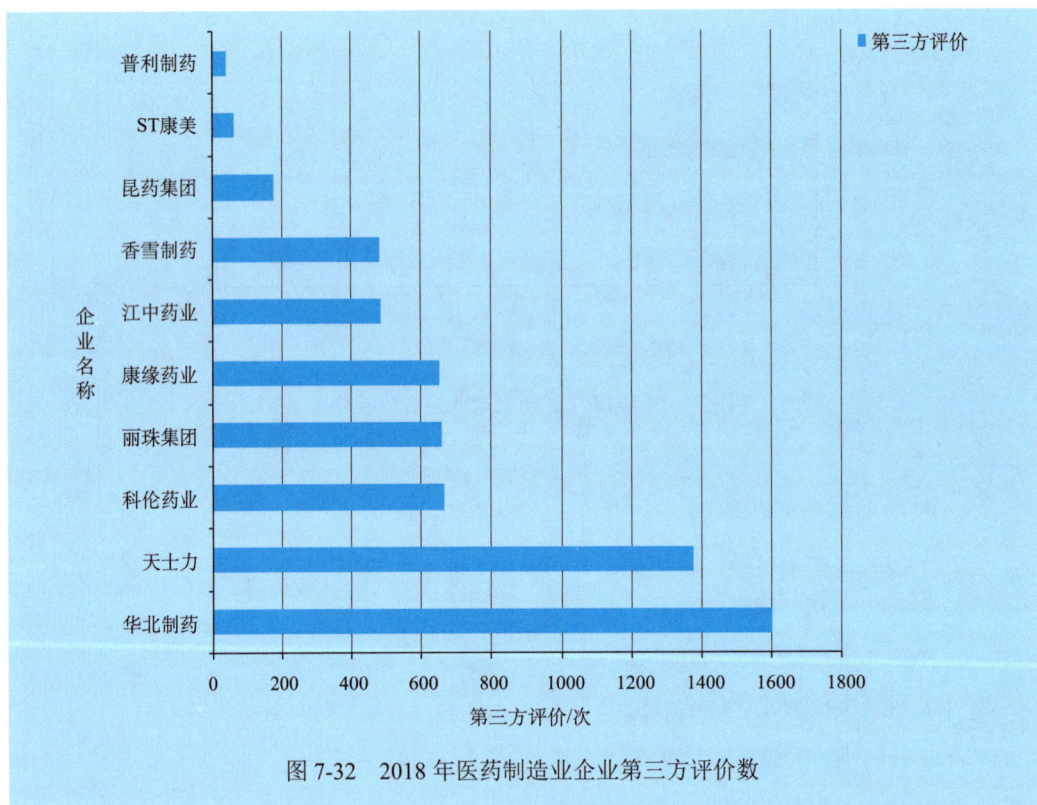

图 7-32   2018 年医药制造业企业第三方评价数

4）装备智能

医药制造业上市企业智能化生产应用发展重要体现之一还包括装备的智能化应用水平，医药产品、生产、服务等智能化过程依赖于装备智能化，关键是依赖于集成在装备之中的专利技术。这里采用企业专利应用指标测度医药制造业上市企业装备智能化生产应用发展水平。

如图 7-33 所示，10 家医药制造业上市企业的专利申请量平均值约为 10 件/百人，其中天士力（600535.SH）、普利制药（300630.SZ）和康缘药业（600557.SH）3 家医药制造业上市企业的指标排名前三，专利申请量均超 15 件/百人，凸显此 3 家医药制造业上市企业具备更强的技术创新能力，更有利于在装备智能化发展过程中消化、吸收和推广智能化技术。

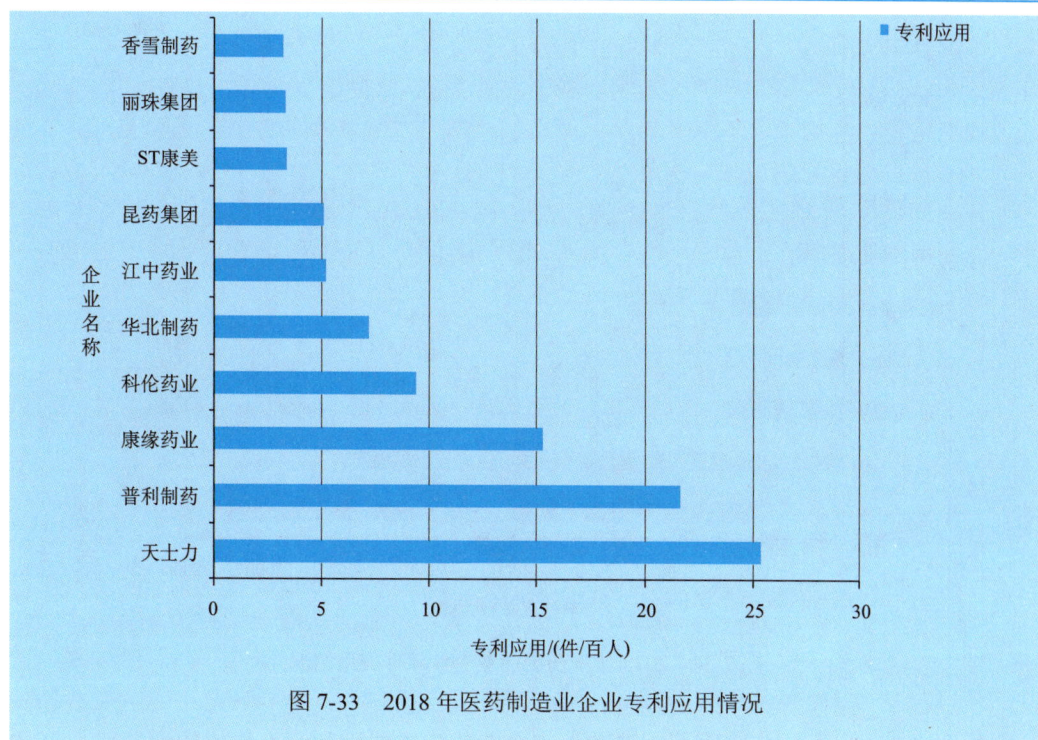

图 7-33　2018 年医药制造业企业专利应用情况

5）管理智能

医药制造业上市企业智能化生产应用发展重要体现之一还包括管理智能化应用水平，医药制造过程中涉及大量的人、财、物的资源配置、管理决策活动，相关软件应用的普及将提升决策活动效率，推动医药制造业智能化生产应用。这里采用反映企业研制或购买软件的经费应用投入程度来反映医药制造业上市企业管理智能化生产应用发展水平。

如图 7-34 所示，10 家医药制造业上市企业的软件应用均值约为 1932 元/人，其中普利制药（300630.SZ）、天士力（600535.SH）、香雪制药（300147.SZ）3 家医药制造业上市企业的指标排名前三，尤其是普利制药（300630.SZ）和天士力（600535.SH）的软件应用指标数值超过了 6111 元/人，与其他 8 家企业相比，有着较大优势。医药制造业上市企业应以普利制药（300630.SZ）和天士力（600535.SH）为标杆，加强企业管理决策活动的软件应用水平，推动更大范围实现生产运作管理的自动化、信息化及智能化应用。

3. 智能化发展效率效益层评价

1）经济效益

医药制造业上市企业推动智能化发展重要目标之一就是提升企业投入产出效率，收获更大经济价值。这里采用成本费用利润率、总资产周转率和净资产收益率等指标来说明医药制造业上市企业智能化发展所取得的经济效益。

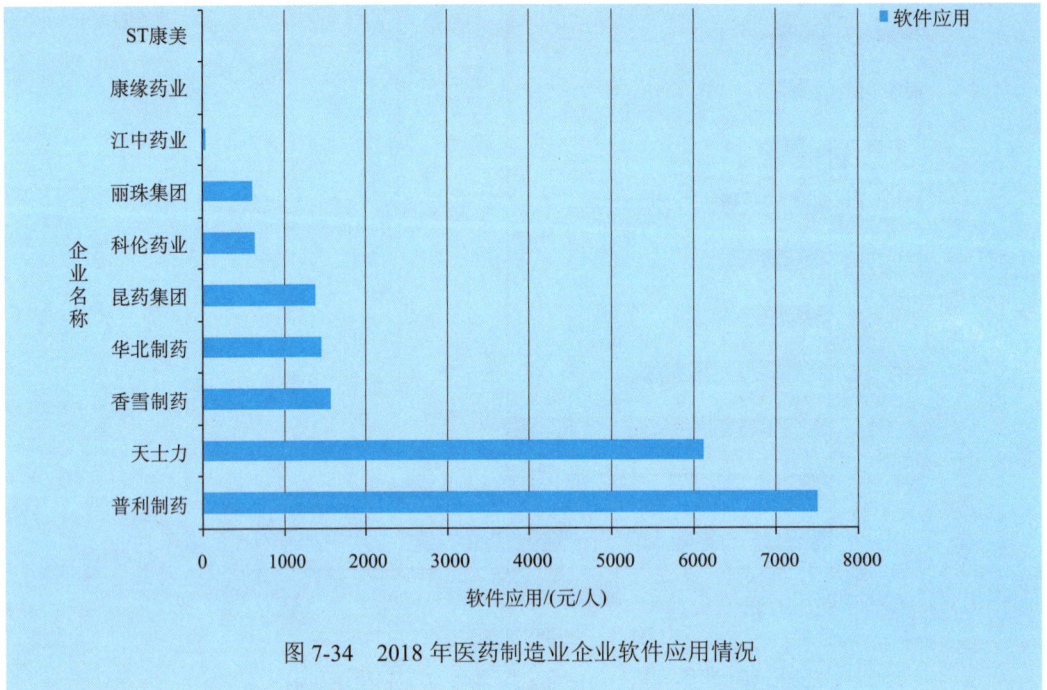

图 7-34 2018 年医药制造业企业软件应用情况

如图 7-35 所示，10 家医药制造业上市企业的成本费用利润率均值约为 20%，其中普利制药（300630.SZ）、江中药业（600750.SH）和丽珠集团（000513.SZ）3 家医药制造业上市企业的指标排名前三，成本费用利润率均超 20%，其中普利制药（300630.SZ）更是高达 74%。而 10 家制造业上市企业总资产周转率均值为 0.58 次，其中，昆药集团（600422.SH）、天士力（600535.SH）和康缘药业（600557.SH）3 家医药制造业上市企业在总资产周转率方面排名前三，均超 0.69 次。另外，10 家制造业上市企业净资产收益率均值约为 10%，其中普利制药（300630.SZ）、天士力（600535.SH）和江中药业（600750.SH）3 家医药制造业上市企业在净资产收益率方面排名前三，均超 15%。为有信心持续推进企业智能化应用，各医药制造业上市企业应以指标排名靠前的企业为标杆，努力提升自身经济效益水平。

2）社会效益

医药制造业上市企业推动智能化发展还有一类重要目标，即医药制造业企业利用智能化发展契机，树立企业良好的社会形象，提升企业的社会效益。这里仅采用就业增长率指标来说明医药制造业上市企业的社会效益水平。

实现智能化的制造业上市企业在一定程度上可开拓新的智能化业务领域，吸纳更多人员从事智能化服务设计等工作，扩大高质量就业，提升全社会智能化应用效益。如图 7-36 所示，10 家医药制造业上市企业的就业增长率均值约为 5%，其中，普利制药（300630.SZ）、ST 康美（600518.SH）和丽珠集团（000513.SZ）3 家医药制造业上市企业在就业影响指标上排名前三，均超 10%。另外，数据显示医药制造业上市企业在社会效益方面存在较大的企业差异性，部分企业有必要重视扩大智能化发展业务领域，吸纳培训智能化人才，为社会创造更大社会价值。

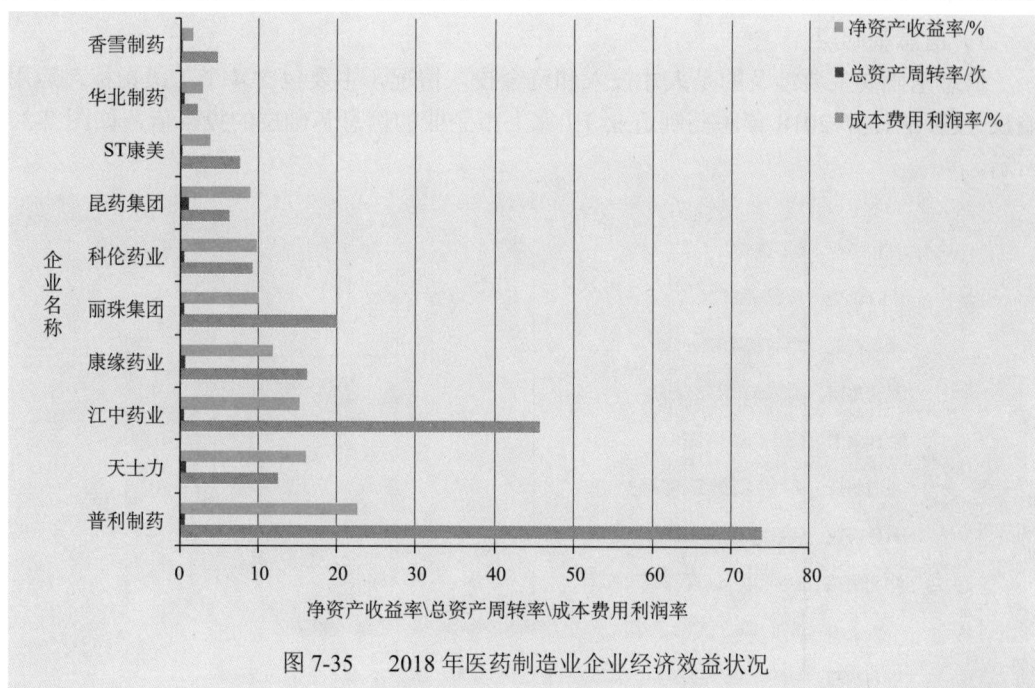

图 7-35　2018 年医药制造业企业经济效益状况

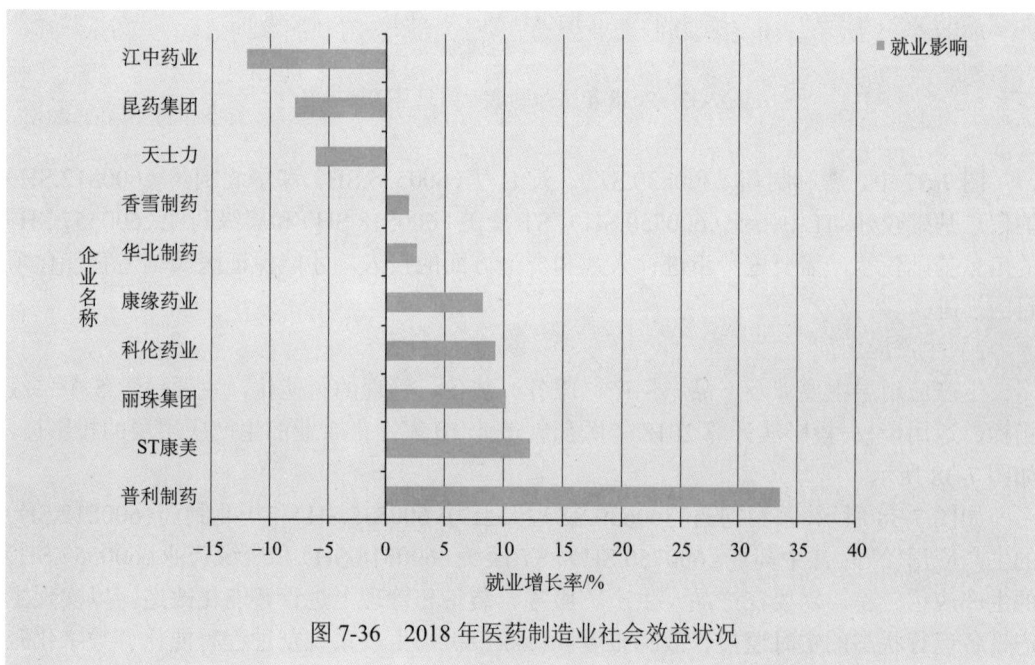

图 7-36　2018 年医药制造业社会效益状况

4. 行业综合评价

在分析单项指标的基础上，根据前文的熵权-投影法，计算出医药制造业 10 家上市企业信息基础层、生产应用层和效率效益层的投影值，并进行比较。

1）信息基础层

信息基础层主要涉及的是人才投入和资金投入情况，主要包含 4 个二级指标，运用熵权-投影法计算 2018 年医药制造业 10 家上市企业的信息基础层的投影值，如图 7-37 所示。

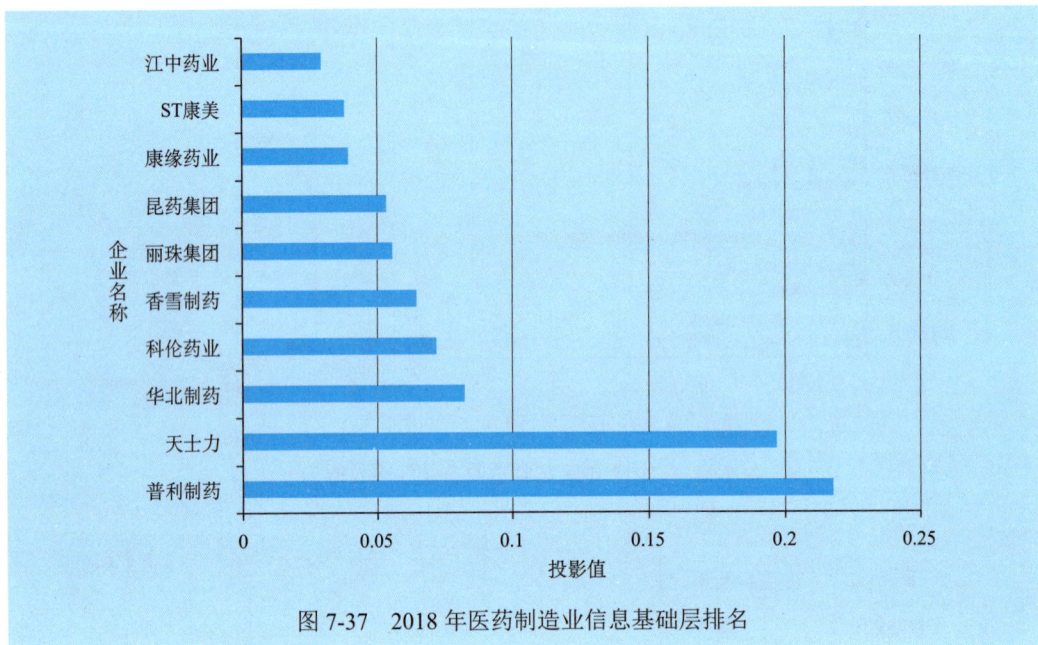

图 7-37　2018 年医药制造业信息基础层排名

图 7-37 中，普利制药（300630.SZ）、天士力（600535.SH）和华北制药（600812.SH）的信息基础较好；江中药业（600750.SH）、ST 康美（600518.SH）和康缘药业（600557.SH）的信息基础较差，需要进一步进行人才和资金方面的投入，才能保证医药制造智能化项目的推进。

2）生产应用层

生产应用层主要涉及产品、生产、服务、装备、管理的智能化，主要包含 5 个二级指标，运用熵权-投影法计算 2018 年医药制造业 10 家上市企业的生产应用层的投影值，如图 7-38 所示。

如图 7-38 所示，普利制药（300630.SZ）、天士力（600535.SH）和华北制药（600812.SH）的生产应用较好；江中药业（600750.SH）、ST 康美（600518.SH）和康缘药业（600557.SH）的生产应用较差，需要在产品、生产、服务、装备和管理上进行智能化改造，以实现生产设备运行状态的实时监控、故障报警和诊断分析、生产系统全过程智能化、数字化跟踪追溯。

3）效率效益层

效率效益层主要涉及智能制造发展带来的经济效益和社会效益，主要包含 4 个二级指标，运用熵权-投影法计算 2018 年医药制造业 10 家上市企业的效率效益层的投影值，如图 7-39 所示。

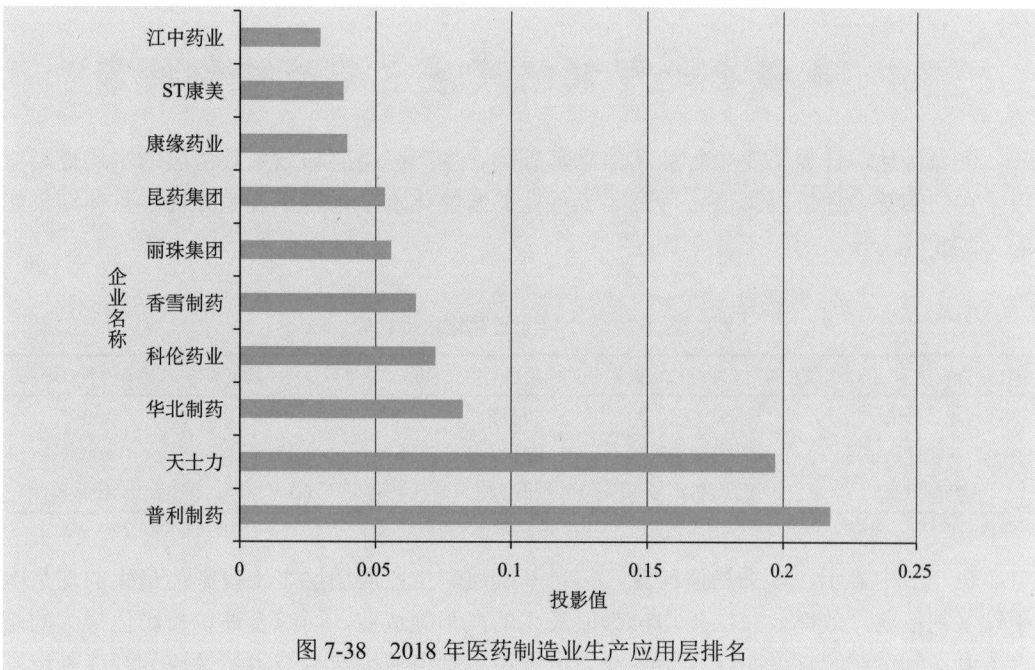

图 7-38　2018 年医药制造业生产应用层排名

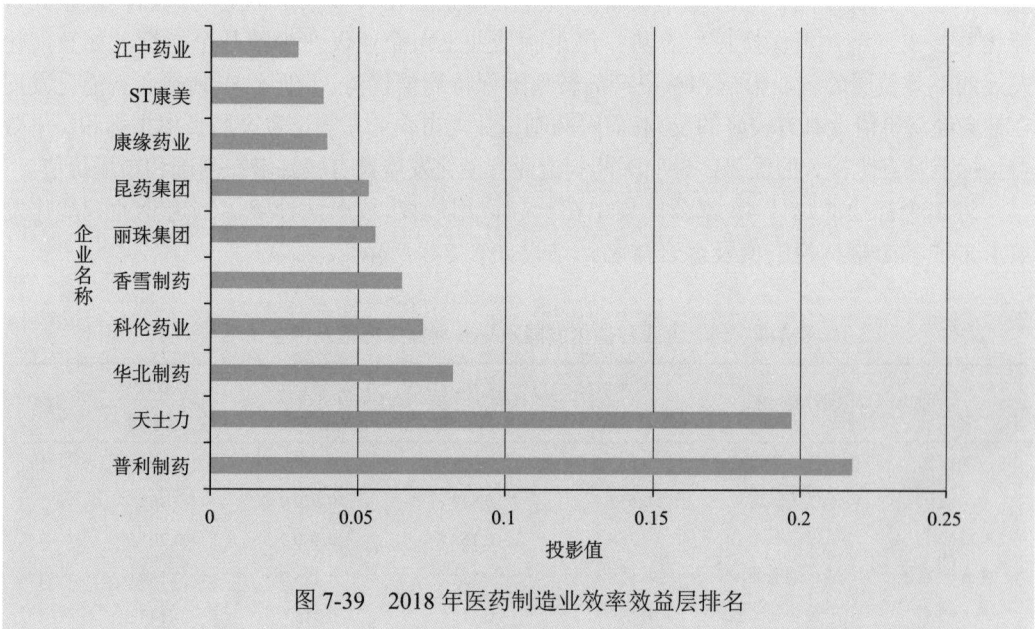

图 7-39　2018 年医药制造业效率效益层排名

从图 7-39 可知，普利制药（300630.SZ）、天士力（600535.SH）和华北制药（600812.SH）的效率效益较好；江中药业（600750.SH）、ST 康美（600518.SH）和康缘药业（600557.SH）的效率效益较差，需要进一步提升智能化发展水平，以打通从设计、生产到销售整个医药制造体系各个环节的互联互通，并在此基础上实现资源的整合优化和提高，提高企业的生产效率和产品质量。

7.4 制造企业智能化发展水平的综合排名

进一步地，计算了 3 个行业在信息基础层、生产应用层和效率效益层的平均投影值以及它们的综合评价投影值，考察 3 个行业的智能化水平是否呈现差异性。具体结果如表 7-2 所示。

表 7-2　3 个行业智能化水平比较

行业类别	信息基础层平均投影值	生产应用层平均投影值	效率效益层平均投影值	综合评价投影值
电子设备制造业	0.293 2	0.086 1	0.306 4	0.101 5
汽车制造业	0.275 8	0.075 2	0.306 6	0.092 2
医药制造业	0.290 2	0.077 5	0.304 9	0.094 9

表 7-2 中显示，以平均值计算，信息基础层和生产应用层平均投影值最大的均是电子设备制造业，效率效益层平均投影值最大的汽车制造业，而综合评价投影值最大的是电子设备制造业。这说明在 3 个行业中电子设备制造业因自身技术特性成为智能制造发展水平最有代表性的行业。电子设备制造业上市企业在大多数指标上均值高，反映其智能化发展水平整体上保持良好态势；汽车制造业上市企业仅在少数几个指标，如智能化发展效率效益层的就业影响和总资产周转率上保持均值优势，反映汽车制造业智能化发展在社会经济价值上具有较好的反响；而医药制造业上市企业在固定资产增长率指标和经济效益指标上具有比较大的优势，说明医药制造业智能化发展具有较好潜在基础和市场价值。

将 3 个行业的总计 46 家公司集中在一起，用熵权-投影法计算了制造企业智能化发展水平的各个指标投影值及综合排名，结果如表 7-3 所示。

表 7-3　制造企业智能化发展水平分指标投影值及综合排名

企业名称	所属行业	信息基础层投影值	生产应用层投影值	效率效益层投影值	综合评价投影值	排名
浪潮信息	电子设备制造业	0.633 0	0.650 4	0.489 9	0.690 9	1
中兴通讯	电子设备制造业	0.653 5	0.518 6	0.179 9	0.463 5	2
彩虹股份	电子设备制造业	0.360 5	0.168 0	0.460 3	0.207 7	3
德赛西威	汽车制造业	0.538 1	0.131 2	0.285 7	0.164 0	4
烽火通信	电子设备制造业	0.679 3	0.113 5	0.315 6	0.143 0	5
福田汽车	汽车制造业	0.227 2	0.134 7	0.202 2	0.141 0	6
长安汽车	汽车制造业	0.365 0	0.137 7	0.202 6	0.139 0	7
航天电器	电子设备制造业	0.322 0	0.114 2	0.274 6	0.137 9	8
潍柴动力	汽车制造业	0.211 4	0.127 3	0.274 7	0.136 1	9
京东方 A	电子设备制造业	0.480 1	0.117 4	0.267 7	0.135 8	10
普利制药	医药制造业	0.546 5	0.093 7	0.500 1	0.130 2	11

续表

企业 名称	所属行业	信息基础层 投影值	生产应用层 投影值	效率效益层 投影值	综合评价 投影值	排名
海能达	电子设备制造业	0.522 7	0.095 2	0.210 7	0.127 2	12
创维数字	电子设备制造业	0.244 3	0.104 5	0.269 5	0.122 2	13
天士力	医药制造业	0.300 9	0.102 1	0.236 0	0.115 3	14
海信电器	电子设备制造业	0.460 3	0.087 3	0.314 1	0.107 8	15
雷柏科技	电子设备制造业	0.141 4	0.090 0	0.164 6	0.098 1	16
均胜电子	汽车制造业	0.175 3	0.066 1	0.836 9	0.096 2	17
宇通客车	汽车制造业	0.317 3	0.078 4	0.334 5	0.091 1	18
光迅科技	电子设备制造业	0.346 3	0.071 4	0.308 5	0.089 5	19
四川长虹	电子设备制造业	0.102 6	0.086 7	0.266 0	0.087 3	20
东方通信	电子设备制造业	0.511 3	0.059 9	0.211 3	0.082 2	21
大豪科技	电子设备制造业	0.406 7	0.050 5	0.423 7	0.075 5	22
乾照光电	电子设备制造业	0.211 4	0.058 3	0.361 9	0.072 6	23
东旭光电	电子设备制造业	0.350 5	0.050 9	0.277 4	0.068 5	24
一汽轿车	汽车制造业	0.296 4	0.055 4	0.290 1	0.066 1	25
胜利精密	电子设备制造业	0.322 9	0.041 7	0.350 5	0.064 6	26
航天机电	电子设备制造业	0.337 7	0.040 7	0.237 9	0.055 2	27
华北制药	医药制造业	0.184 6	0.045 5	0.246 1	0.054 6	28
万里扬	汽车制造业	0.194 6	0.035 8	0.257 4	0.049 8	29
盈趣科技	电子设备制造业	0.247 0	0.027 9	0.303 0	0.045 3	30
香雪制药	医药制造业	0.295 8	0.025 4	0.226 6	0.044 0	31
科伦药业	医药制造业	0.204 6	0.030 0	0.292 8	0.042 6	32
丽珠集团	医药制造业	0.230 4	0.027 6	0.307 6	0.042 2	33
福达股份	汽车制造业	0.144 4	0.029 2	0.188 4	0.041 5	34
天润曲轴	汽车制造业	0.084 3	0.032 5	0.321 3	0.040 2	35
歌尔股份	电子设备制造业	0.274 8	0.020 2	0.280 8	0.036 6	36
渤海汽车	汽车制造业	0.154 6	0.016 2	0.474 1	0.035 5	37
康缘药业	医药制造业	0.062 5	0.031 0	0.305 9	0.035 1	38
昆药集团	医药制造业	0.056 0	0.027 6	0.242 6	0.033 5	39
万丰奥威	汽车制造业	0.165 7	0.018 7	0.368 3	0.032 4	40
弘信电子	电子设备制造业	0.228 3	0.009 4	0.396 0	0.030 1	41
今飞凯达	汽车制造业	0.113 9	0.013 8	0.436 1	0.029 0	42
合力泰	电子设备制造业	0.167 9	0.016 6	0.234 0	0.028 9	43
江中药业	医药制造业	0.219 5	0.014 9	0.225 4	0.028 4	44
劲胜智能	电子设备制造业	0.086 0	0.022 4	0.040 2	0.027 5	45
ST 康美	医药制造业	0.160 2	0.012 7	0.281 6	0.024 9	46

表 7-3 中显示，整体上，排名较靠前的公司多属于电子设备制造业，表明该行业上市企业的智能化发展水平相对较高，其次是汽车制造业上市企业，而医药制造业上市企

业的智能化发展水平相对靠后。

　　具体到公司层面，浪潮信息、中兴通讯和彩虹股份排名前三。要注意到的是，提升制造企业的智能化发展水平是系统工程。虽然有些企业单项指标能排在前列，如烽火通信公司的信息基础层排名第一，均胜电子的效率效益层排名第一，但最后的综合排名第一却是浪潮公司。浪潮公司的信息基础排名第三、生产应用层排名第一、效率效益层排名第三。浪潮公司作为全球专业的 AI 计算力厂商，从计算平台、管理套件、框架优化、应用加速 4 个层次致力于打造敏捷、高效、优化的 AI 基础设施。目前浪潮公司已成为百度、阿里巴巴、腾讯等客户最主要的 AI 服务器供应商，并与科大讯飞、字节跳动、小桔科技等在人工智能领域领先的科技公司保持系统与应用方面的深入紧密合作，帮助 AI 客户在语音、图像、视频、搜索、网络等方面取得数量级的应用性能提升。2018 年，浪潮公司为积极推动各产品线技术创新，强化技术突破，研发投入 18.94 亿元，占营业收入的 4.03%，这些无疑会影响当期的效率效益指标。但却可以助推浪潮公司持续打造整机柜服务器 SR、高端八路服务器 TS860、最高密度存储服务器 NF5486M5、密度优化服务器 i48、全闪存 HF5500 系统、K-DB 数据库、融合架构 I9000 刀片系统等系列的金刚钻产品。

7.5　本章小结

　　基于 3 个方面评估企业智能化发展情况，构建由 3 个一级指标、9 个二级指标和 13 个三级指标构成的企业智能化发展水平评价指标体系，该体系既反映制造型企业智能化发展所应具备的人才和资产储备基础，又能体现出企业智能化生产应用发展水平及其智能化发展社会经济效益。然后选取了具有较高智能化认知度的电子设备制造业、汽车制造业和医药制造业 3 个行业的示范制造型上市企业 46 家，运用熵权-投影法进行评价。结果显示，电子设备制造业整体上具有较高的智能化发展水平，其次是汽车制造业，最后是医药制造业。在具体到制造型上市企业智能化发展方面，浪潮信息和中兴通讯排名处在前两位，具有标杆性特点，尤其是浪潮信息在智能化人才投入、智能化生产、智能化装备及智能化管理等方面表现突出；而汽车制造业中德赛西威、福田汽车和长安汽车智能化发展水平排名靠前，尤其是德赛西威的研发人员占比具有较大优势，而长安汽车相对来说在智能化生产应用中表现较为优秀；医药制造业中普利制药的智能化发展水平排名处在本行业前端，其主要优势体现在产品研发强度和成本费用利润率等指标上；而其他智能化示范上市企业在智能化发展方面也有良好表现，相信在智能化持续发展方面具有很大潜力和空间。

　　制造企业的智能化发展需多方合力推动。"智能制造"已经成为全球价值链重构和国际分工格局调整背景下各国的重要选择。发达国家纷纷加大制造业回流力度，提升制造业在国民经济中的战略地位。毫无疑问，在此次大潮中中国正在积极寻求突破。除了政府支持，制造型企业更应积极打破行业壁垒，加快新产品开发。"智能制造"不仅能帮助制造型企业实现降本增效，也赋予企业重新思考价值定位和重构商业模式的契机。同时新进入者也在不断挑战传统市场参与者的地位，众多技术型企业加入战场推动工业企业探索商业模式创新。

参 考 文 献

龚炳铮. 2015. 智能制造型企业评价指标及评估方法的探讨[J]. 电子技术应用, 41(11): 6-8.

国家知识产权局. [2019-06-27]. 专利检索及分析[EB/OL]. http://www.pss-system.gov.cn/.

李廉水, 石喜爱, 刘军. 2019. 中国制造业 40 年: 智能化进程与展望[J]. 中国软科学, 1.

邵坤, 温艳. 2017. 基于因子分析法的智能制造能力综合评价研究[J]. 物流科技, 40(7): 116-120.

尹峰. 2016. 智能制造评价指标体系研究[J]. 工业经济论坛, 3(6): 632-641.

撰稿人：周飞雪　季良玉　李玮玮　李健旋
审稿人：刘军

第3部分

专题研究篇

第8章　智能制造开放式创新平台战略

平台化战略是智能制造发展的新方向，打造开放式创新平台是智能制造战略转型的重要举措。然而现有的研究缺乏对智能制造开放式创新平台的模式创新研究，也未能对平台战略的异质性足够重视。本章运用扎根理论，选取海尔、西门子两家典型智能制造企业进行双案例比较分析。通过资料的编码、译码、选择性译码等过程，总结两企业的平台化战略模型。其中，西门子侧重采取面向工厂管理与服务的开放式物联网云平台生态系统战略；海尔则着重推行直面用户的多平台大规模定制全流程创新生态圈战略。通过比较分析，本章发现两家企业在平台核心战略、平台流程战略、平台整合战略、平台保障战略、平台拓展战略等方面呈现异质性，并探讨这种异质性背后的经济、社会、文化和技术等方面的原因。

8.1　引　　言

在开放式创新背景下，实现"中国制造"向"中国智造"转变，需要构建新共享知识体系（陈万明和鲍世赞，2018）。为了实现知识共享，并结合智能制造的新型科技革命，需将智能制造平台的研究作为智能制造研究领域的新方向，以及将协同智能工厂的智能制造平台的研究作为主要研究关注点。在这场新型产业革命中，"智能制造"战略成为众多发达国家升级改造本国制造业的核心战略，如德国的"工业 4.0"，欧盟的"2020 增长战略"，英国的"高价值制造"，美国的《美国先进制造业领导战略》，日本的"互联工业"等。中国作为"制造大国"，为推动"智能制造"的发展，推行《中国制造 2025》战略，把"智能制造"作为战略的主攻方向，并通过实施具体措施以促进"智能制造"的发展。

围绕平台型战略的研究，现有的研究主要集中在平台的建设、平台战略的影响因素、平台用户行为研究。其中，平台的建设包括对开放式创新平台功能的设计（Simula 和 Ahola, 2014）、平台的分类（刘迪，2017）、细致的 OIP 设计特质（West 和 O'Mahony, 2008）等。开放式创新平台的影响因素也是开放式创新平台战略要考虑的问题，梁乙凯等（2017）分析了开放式创新平台的技术特质（相对优势、开放性、协同创新性、网络外部性）、组织情境（组织战略、高层支持、创新文化、组织规模）、外部环境（政策支持、外部压力）等因素对组织采纳决策具有直接影响作用。一些学者们从反面检验、完善平台战略角度对平台用户行为进行探究（张小宁和赵剑波，2015），平台在线用户群体之间的知识协作行为、用户知识共享的行为机理（李贺等，2017），用户的社会网络效应（陈佳丽等，2019），这些研究结论可为开放式创新平台战略提供服务用户的新思路，并已经形成有价值的理论贡献。然而现有的研究也存在不足：第一，现有研究主要是对平台企业的商业模式多层次的研究（韩卓然和吴正刚，2015），针对平台建设深层次的综合战略研究比较少。第二,现有研究更多侧重于对智能制造平台的战略的架构与实践(耿建光等,2018b),没有对实际智能制造平台的战略异质性进行研究。

针对现有研究不足,本章聚焦智能制造的开放式创新平台的战略,在双案例研究的基础上,采用扎根理论的研究方法,发现和挖掘战略的同质性,识别出二者在开放式创新平台建设上的战略异质性,分析出异质性背后的经济、社会、技术等影响因素,并提出中国智能制造企业建设开放式创新平台的战略建议。选取扎根理论以及中德制造企业的平台战略原因在于:一方面,现有智能制造开放式创新平台建设经验不成熟,平台建设的零散经验较多,针对平台建设的综合战略探究少,故而有必要进行智能制造开放式创新平台的综合战略研究。另一方面,厘清平台战略的同质性和异质性对于开放式创新平台的复制,智能制造平台的迁移发展具有重要现实意义,其中的平台战略异质性分析更能为智能制造平台转型提供针对性建议。

8.2 文 献 回 顾

8.2.1 智能制造的内涵与智能制造平台研究

自智能制造作为一项国家战略被提出后,对智能制造内涵及技术设备的研究成为智能制造研究的热点。对于智能制造的内涵定义,熊有伦(2013)从产业交叉融合的角度指出智能制造是工业化和信息化深度融合的产物,并概括了智能制造的范围:智能制造技术、智能制造装备、智能制造系统和智能制造服务及衍生出的各类智能产品。Hyoung 等(2016)认为智能制造是各种技术的集合和范例,可以通过人类技术和信息的融合促进现有制造业的战略创新。

现有的智能制造要实现开放式创新,不仅需要实现技术设备的创新,更多的是要实现共享平台效应。智能制造平台的研究包括基于代理人的工业制造系统智能控制平台(Colombo 等,2006)、零件智能制造车间调度云平台(刘志峰等,2019)、机器人仿真监控平台(王博等,2019)、大数据分析平台(Lee 等,2017)等,而 Lin 等(2017)基于半导体制造工艺的日益复杂,设计并实现了基于物联网(IoT)、云计算 (CC)、大数据分析(BDA)、 信息物理系统(CPS)、预测技术的智能制造平台 AMCoT,实现了提出的增产、保产五阶段方案。也有研究者注意到智能制造平台对于智能制造生态圈的支持、保障作用,如工业互联网质量服务平台对工业物联网的保障作用(鹿鸣,2018)、软件支撑平台为智能制造生态圈提供开放的软件 APP 构建环境(耿建光等,2018a)。极少数研究者从创新创业的角度研究智能制造平台,季六祥和盛革(2015)基于整合视角和创业创新生态逻辑,提出了一个涵盖云生态价值范式、云平台组织范式、云平台服务范式和云平台工具范式的云端生态圈范式,为新一代先进制造业的成长提供逻辑导向。张小筠(2018)认为智能制造企业应把握"大众创业、万众创新"的发展契机,鼓励"双创"与《中国制造 2025》紧密结合,建立"双创"孵化平台,使其成为对智能制造产业具有示范引领效应、能够提供专业服务和进行专业化管理的开放式创新工场,培育发展智能制造产业(Helfat 和 Quinn,2004)。无论是协同智能工厂的智能制造平台,还是支撑、保障智能制造生态圈的辅助性平台，大多数智能制造平台的研究仍基于技术设备视角，结合开放式创新的智能制造平台的研究比较匮乏。

8.2.2　开放式创新平台理论与智能制造研究

共享平台效应需要建立一个开放式创新平台来实现，开放式创新平台（open innovation platform, OIP）的概念来自开放式创新和分布式创新（Hippel,2005）。Hallerstede（2013）指出 OIP 结合了开放式创新与信息技术，是支持开放式创新战略的 IT 工具，能帮助企业吸引更多创新者在虚拟环境中提交创意且自由互动，不受时间和空间的限制，开展协作创新。Macredie 和 Mijinyawa（2011）肯定了开放式创新平台的积极作用，即打破了传统创新面临的资源困境和成果转化的边界障碍，具有无边界、全球化交流和共享等优势。

对于开放式平台的概念已经有了明确的定义，但是对于开放式创新平台的战略研究还有待完善。智能制造的智能化发展离不开开放式创新平台提供持续的创新动力，开放式创新强调外部知识资源对于创新过程的重要性，并要求企业从内部和外部两个渠道加快企业技术研发和商业化速度（Chesbrough,2004）。OIP 是汇聚创新资源、创新资本和创新人才的重要载体。其不仅可以为企业、高校、科研院所等多方创新主体破解创新难题、提升创新能力，又能实现创新资源的充分整合，形成资源的聚集效应，从而促进传统制造业的转型升级，有力推动智能制造的发展。许多企业纷纷布局打造智能制造开放式创新平台，如戴尔的 Idea Storm、三星的 Samsung Open Innovation Center、Makerbot 的 Thingiverse、乐高的 LEGO IDEAS、西门子的 MindSphere、海尔的 HOPE、美的的美创等，这些开放式创新平台有效地提高了企业创新质量与效率。虽然，对于平台功能设计、平台分类、平台设计、平台用户行为的探究等研究内容虽较丰富，但都是开放式创新平台战略零散的某一方面，针对开放式创新平台综合性的战略研究较少。

8.2.3　平台战略异质性

对于异质性的理论方面，一开始是从生态领域出发，后来逐渐应用到企业中。在生态空间领域中，异质性的研究包括空间缀块性和梯度（陈玉福和董鸣，2003）、景观空间异质性与生态系统服务的相互关系（刘绿怡等，2018）等。在企业层面，异质性的研究包括企业团队的异质性、异质性市场、企业管理等。如研究高管团队的社会资本、任期以及教育专业等异质性对企业社会绩效的影响（李冬伟和吴菁，2017）。从战略角度来看，从多元化战略异质性与企业集团异质性的关系研究资本市场的资源配置（李庭燎，2016）。从异质性市场角度，从政府采购、商业运营和私人乘用三类异质性市场比较的视角，研究新能源汽车产业发展（熊勇清和李小龙，2019）。从企业的贸易管理角度出发，关于异质性企业贸易理论的研究主要基于国家层面和企业层面，将平台之间的异质性纳入平台的定价模型中（任廷珍等，2018）。

异质性的理论正逐渐抽象，从生态到企业，再从企业到企业平台战略。而将异质性的概念运用在平台战略的研究较少，有的研究侧重平台之间的异质性、企业团队的异质性或者是资源异质性（袁中许，2019）。根据战略异质性的相关文献，企业采用异质性战略，将会在可靠性和合理性角度受到质疑（李高波和朱丹，2016）。由此推理有关平台型智能制造企业，开放式创新平台研究战略异质性将会遇到阻碍，对平台的建设有很大的影响。从外部来看会遇到资源的限制，从内部来看会遇到经营风险。因此，如何合理地从平台战略异质性角度来研究智能制造开放式创新平台需要多方面的努力。

8.2.4　简要评述

通过文献回顾，我们发现：首先，在研究内容上，智能制造平台相关研究总体较少，现有智能制造平台相关研究仍主要基于技术视角，将智能制造平台与开放式创新相结合的研究比较匮乏。基于企业研究基础上的开放式创新平台战略研究成果颇丰，但从平台战略异质性角度研究开放式创新平台的综合性的战略研究较少，尤其是结合智能制造背景的中德智能制造企业的 OIP 战略对比则更少。其次，在研究方法上，以往关于智能制造平台和开放式创新平台战略的研究，大都采用大样本的实证研究，从上而下提出研究假设，搜集数据，进行理论归纳和检验，采用扎根理论的研究方法自下而上进行的质性研究比较匮乏。最后，本章发现了已有研究在研究内容和方法上的不足，尝试性地将智能制造平台研究与开放式创新研究相结合，创新性地将扎根理论用于开放式创新平台的研究，可以很好地弥补定量研究的不足，完善智能制造和开放式创新平台相关理论。

8.3　研 究 设 计

8.3.1　研究方法

本章选择德国的西门子和中国的海尔作为研究案例，根据案例的信息，为避免冗杂信息对本质特征的掩饰，采用扎根理论方法。扎根理论是一种质化研究方法，其基本宗旨是从经验资料的基础上建立理论（Strauss，1987）。其精髓在于通过科学的逻辑，归纳、演绎、对比、分析，螺旋式循环地逐渐提升概念及其关系的抽象层次，最终形成新的概念或理论（Sudday，2006）。扎根理论主要包括 5 个操作程序：从资料中产生概念并逐级登录；不断地比较资料和概念，系统地询问与概念有关的生成性理论问题；发展理论性概念，建立概念和概念之间的联系；理论性抽样，系统地对资料进行译码；建构理论，力求获得理论概念的密度、变异度和高度的整合性（陈向明，1999）。扎根理论对资料的分析称为译码，指将所搜集或转译的文字资料加以分解、分析，将现象进行初步概念化；然后将初步概念化的现象第二次概念化、抽象化；再以适当方式将概念重新第三次抽象、提升和综合为范畴以及核心范畴的操作化过程（张敬伟和马东俊，2009）。

8.3.2　案例选取

本章选取中国和德国具有代表性的制造型企业，主要原因在于：首先，德国作为世界制造强国，提出"工业 4.0"，中国也提出了《中国制造 2025》，积极布局智能制造；其次，西门子和海尔是在各自国内分别率先响应智能制造的国家战略，率先进行开放式创新，明确提出建立开放式创新平台的企业。最后，德国的西门子和中国的海尔是享誉全球的大型制造企业，综合实力、国际竞争力均居行业前列，能够代表本国智能制造开放式创新平台建设的先进水平。

海尔创立于 1984 年，是全球大型家电企业。在全球有十大研发中心、21 个工业园、66 个贸易公司、143 330 个销售网点，用户遍布全球 100 多个国家和地区。2005～2012 年，探索"人单合一双赢"商业模式，以用户为中心，卖服务。2012 年 9 月，成立众创意（idea）平台，作为海尔创新设计中心运维的原创创意与设计收集平台。2013 年 10 月，上线致力于打造智慧家庭全球最大技术创新入口和交互平台的 HOPE。2017 年 4 月，在汉诺威工业博览会上，向全球发布了 COSMOPlat 开放型工业互联网平台，致力于成为互联网企业，颠覆传统企业自成体系的封闭系统，打造共创共赢新平台。

西门子创立于 1847 年，是全球电子电气工程领域的领先企业、全球领先的技术企业公司。业务遍及全球，专注于电气化、自动化和数字化领域。作为世界较大的高效能源和资源节约型技术供应商之一，西门子在高效发电和输电解决方案、基础设施解决方案、工业自动化、驱动和软件解决方案等领域占据领先地位。公司还是影像诊断设备，如计算机断层扫描和磁共振成像系统，以及实验室诊断和临床 IT 领域的领先供应商。1999 年，西门子在美国硅谷成立了第一个技术转化中心，致力于开放式平台的创建和企业的开放式创新发展。2016 年 4 月，在德国汉诺威工业博览会上正式发布 MindSphere（西门子工业云平台），积极布局开放式创新平台型的物联网生态圈。

8.3.3　数据来源

本章所查阅资料是文字碎片组合，主要来自已有文献、新闻报道、访谈记录等。自两大企业创始以来的，尤其来源于开放式创新平台的概念形成以来的实施措施、新闻解读、平台建立的内容。同时查阅"知网"相关文献，了解专家的解读与想法，收集企业内部的资料和公开发表的新闻，并浏览体验企业的官网。

8.3.4　扎根理论译码与分析

1. 西门子案例译码分析

扎根理论方法的分析过程可以分为三个主要步骤，依次为开放式译码、主轴译码和选择性译码。

1）开放式译码

开放式译码指将企业资料逐步进行概念化和范畴化，根据一定原则将大量的资料记录加以逐级缩编，用概念和范畴来正确反映资料内容，并把资料记录以及抽象出来的概念彻底打碎、分类重组并重新整理和归纳的过程（李志刚和李兴旺，2006）。开放式译码的目的在于指认现象、界定概念、发现范畴，也就是处理聚敛问题。

第一步，对收集到的资料进行初步整理，对这些资料进行现象摘要和贴标签，得到共计 136 个标签，用（a_x）标注，在 136 个标签的基础上进行初步概念化，得到 89 个初步概念，初步概念化用（aa_x）表示。为了说明开放式译码过程，对西门子记录资料的开放式译码举例如表 8-1 所示。

表 8-1 西门子资料的开放式译码分析

西门子开放式创新资料收集与整理（例证）	开放式译码	
	标签化（a）	初步概念化（aa）
……西门子数字化工厂集团首席执行官 Jan Mrosik 补充说："通过建立一个由不同行业领域、不同规模的工业企业和 IT 企业以及初创企业组成的全球化社区，我们致力于打造一个基于 MindSphere 的生态系统"（a_3）……全新的 MindSphere 合作伙伴计划是一个全球统一的三级（铂金、黄金和白银）结构，每一级都有明确的业务开发收益和要求（a_{10}）……服务提供商和用户的能源专家团队可以依托云端提供的诸多分析工具，结合自身的行业知识，进行全面深入的分析挖掘，找到能效优化的潜力空间，并提供实现优化的解决方案（a_{16}）……MindSphere 能借助云端的各种用户界面（UI）工具，第一时间向用户提供高度可视化的能源透明度（a_{27}）……李漓介绍，MindSphere 是基于云的开放式物联网操作系统，依托西门子在自动化、电气领域的优势（a_{33}）……制造商通过它可快速、高效地采集海量数据并挖掘数据中的价值，以最少的投入大幅提高生产设备的性能和可用性（a_{48}）。很多的服务提供商在同一个开放架构上运营，信息反馈到研发过程（a_{49}）……MindSphere 的诞生让设备和产品走下生产线之后仍然能够与虚拟世界保持联系，使得"数字化双胞胎"的寿命得以从产品设计和生产阶段延伸至产品的整个生命周期（a_{73}）……MindSphere 将物理世界与数字化世界连接起来，并提供强大的工业应用和数字化服务，帮助客户取得业务成功（a_{91}）……2019 年 4 月 1 日，MindSphere 在阿里云上成功部署并开始运营（a_{105}）。与中国电子科技集团有限公司（中国电科）战略合作，推动 MindSphere 在电子信息领域的应用开发（a_{128}）……	a_3：建立跨行业全球化社区 a_{10}：明确业务开发收益和要求 a_{16}：多种主体参与 …… a_{27}：平台信息对用户保持透明 a_{33}：依托西门子的行业优势 …… a_{48}：制造商可利用平台海量数据 a_{49}：信息反馈到后端 …… a_{73}："数字化双胞胎"延伸 a_{91}：物理世界与数字世界连接 a_{105}：平台复制 a_{128}：与其他公司战略合作 …… 共 136 个标签	…… aa_1：社区平台 （a_1, a_2, a_3） aa_2：平台即服务 （a_6, a_{10}） aa_3：主体开放 （a_{16}, a_{17}, a_{18}） aa_4：信息透明化 （a_{27}, a_{28}） …… aa_{17}：相对优势 （a_{33}, a_{34}） …… aa_{27}：大数据技术 （a_{47}, a_{48}） aa_{28}：信息传递（a_{49}, a_{50}, a_{51}） …… aa_{42}：数字化双胞胎 （a_{73}, a_{91}） …… aa_{63}：平台扩张 （a_{105}, a_{110}） aa_{78}：联盟战略 （a_{129}, a_{131}） …… 共 89 个初步概念

第二步，对已经得出的初步概念进一步归类、抽象，逐步提出概念 A 等，共计得到 47 个概念，这个阶段就是概念化阶段。

第三步，对已经得出的概念继续提炼和归类，逐一得出范畴 AA，共计得到 25 个范畴。概念化和范畴化都逐次暂时替代了资料内容，从而我们对资料的精炼和缩编也在逐渐深入，我们分析和研究复杂庞大资料数据的任务转而简化为考察这些概念，尤其是范畴间的各种关系和连接。最终我们提炼出了包括完全开放、外向式开放、全球化战略、完全开放战略、数字化转型等 25 个范畴。

2）主轴译码

主轴译码也叫二级译码，是译码程序的第二个阶段，其主要任务是发现并建立各个范畴之间的联系，通过分析各范畴之间的相互关系和逻辑顺序，建立主范畴，如表 8-2 所示。这一阶段是对开放性译码的延续与深化，将各自独立、分散的范畴按照一定的逻辑加以串联与衔接。在这个过程中，要通过经验资料反复验证和检验这些主次范畴之间的关联。通过对 25 个范畴进行详细对比和分析，一共得到 5 个主范畴：完全开放、外向式开放、数字化转型、产业链价值整合以及全球化战略。

表 8-2　西门子开放式创新平台战略的开放式译码过程

初步概念化（aa）	概念化（A）	范畴化（AA）
aa_1: 社区平台　（a_1, a_2, a_3）	A_1: 开放式网络（aa_1, aa_3, aa_4）	AA_1:完全开放（A_1, A_3, A_5）
aa_2: 平台即服务（a_6, a_{10}）	A_2: PaaS 模式（aa_2, aa_5）	AA_2: 外向式开放（A_2, A_4）
aa_3: 主体开放（a_{16}, a_{17}, a_{18}）	A_3: 交互需求　（aa_6, aa_7, aa_8）	AA_3: 全球化战略（A_{24}, A_{25}）
aa_4: 信息透明化（a_{27}, a_{28}）	……	AA_6: 完全开放战略（A_{17}）
……	A_{13}: 数据运营（aa_{27}, aa_{28}, aa_{42}）	AA_{N1}: 数字化转型（A_{13}, A_{14}）
aa_{17}: 相对优势（a_{33}, a_{34}）	A_{24}:平台复制（aa_{63}, aa_{64}）	AA_{N2}: 产业链价值整合（A_{26}, A_{27}）
……	A_{25}: 全球化战略（aa_{65}, aa_{67}）	
aa_{27}: 大数据技术（a_{47}, a_{48}）	A_{26}: 技术并购（aa_{43}, aa_{45}）	
aa_{28}: 信息传递（a_{49}, a_{50}, a_{51}）	A_{27}: 战略合作（a_{78}, a_{79}）	
……	……	
aa_{42}: 数字化双胞胎（a_{73}, a_{91}）	A_{N1}: 垂直市场增值（aa_{84}, aa_{85}）	
……	A_{N2}:物联网技术（aa_{74}, aa_{75}）	
aa_{63}: 平台扩张（a_{105}, a_{110}）		
aa_{78}: 联盟战略（a_{129}, a_{131}）		
……		
共 89 个初步概念	共 47 个概念	共 25 个范畴

3）选择性译码

选择性译码是指选择核心范畴，把它系统地和其他范畴予以联系，验证其间的关系，并把概念化尚未发展完备的范畴补充完整的过程（李志刚和王迎军，2007）。核心范畴是研究中最为重要的现象，能全面囊括最终的研究结果，起到提纲挈领的作用（费小东，2008）。通常通过故事线的方式进行探究。

就本章来说，可以从资料中摘出这样一条故事线：西门子凭借在自动化、电气化领域的相对优势，与合作伙伴共建基于云的开放式物联网操作系统，解决面向生产管理与服务的问题。采用平台即服务的 PaaS 模式，明确合作伙伴计划每一级的业务开发收益和要求，提供开放型 API 接口，方便合作伙伴和用户开发应用程序，即平台流程战略的体现；形成包括数据采集开发者、系统集成商、应用开发者、渠道合作伙伴、设备制造商和最终客户等多元主体在内的开放式网络，即平台完全开放战略的体现；贯穿平台始终的是西门子对数据的运营，平台向下提供数据采集 API，制造商通过它可快速、高效地采集海量数据并挖掘数据中的价值，以最少的投入，大幅提高生产设备的性能和可用性。多个服务提供商在同一个开放架构上运营，信息可反馈到研发过程。基于大数据的物联网技术将物理世界与数字化世界连接起来，并提供强大的工业应用和数字化服务，帮助客户取得业务成功，实现垂直市场的增值，即平台核心战略的体现。与此同时，平台国际市场的复制，战略联盟的成立体现了西门子开发工业云平台的国际化战略，此为西门子的平台拓展战略。

本着识别西门子构建开放型工业云平台的目的，综合概念、主范畴和副范畴彼此间的关系，以"构建面向工厂管理与服务的开放式物联网云平台生态系统战略"为核心范畴。这一核心范畴能较好涵盖主范畴的范围，突出西门子开放式创新平台的本质属性和战略着眼点。

2. 海尔案例译码分析

1）开放式译码

表 8-3 显示，对收集到的碎片化的资料（文献、新闻报道、访谈记录）进行初步整理、现象摘要和贴标签。针对海尔的文献研究比西门子更多，因此得到的标签更多，得到共计 219 个标签，用（a_x）标注，在 219 个标签的基础上进行初步概念化，得到 124 个初步概念，初步概念化用（aa_x）表示。

表 8-3 海尔资料的开放式译码分析举例

海尔开放式创新平台资料收集与整理（例证）	开放式译码	
	标签化（a）	初步概念化（aa）
……海尔贯彻"世界就是我的研发部，世界就是我的人力资源部"的理念（a_4）……在前端，海尔于 2012 年搭建了 HOPE——开放创新平台，形成创新生态系统和全流程创新交互社区（a_{10}）……在 HOPE 平台上，不论是技术需求方或是技术持有人，都可以发布技术需求，或是展示技术解决方案、推广宣传、促成商业合作（a_{16}）……"众创意"吸引了全球的优秀资深设计者，服务于海尔的新产品研发工作（a_{27}）……推出智慧家庭创新平台 U+平台，由此技术开发者均可免费在该平台上开发相关应用和产品（a_{33}）。工业 SaaS 作为工业 APP 双创平台，已有入驻服务商、企业与个人开发者，以及海尔自主开发的 APP 超过 1000 个，服务资源将近 4000 多个（a_{34}）……海尔基于市场需求分析大力开展产品模块化设计，以供应商为主的外部资源响应企业发布的模块开发和采购招标需求，参与海尔发布的模块开发，并从供应链端承接模块开发成果（a_{48}）……COSMOPlat 把大规模制造和定制化需求合二为一，既解决大规模制造成本的问题，也满足客户日益增长的问题（a_{55}）……海尔实现了与英特尔、通用电气等拥有强大研发、生产和检测能力的企业开展战略合作（a_{64}）……海尔制定了公平公开的奖励机制，所有设计方案的落地决策权都交给了用户，奖金设置和收益分成都是基于用户票选结果和参与程度（a_{73}）……员工与平台之间的互动关系是"按单聚散"，围绕"单"（用户需求）不仅形成自主经营体，还要整合外部资源，快速满足用户需求（a_{86}）……每个利共体都有"接口人"，建立用户交互和产品引领的开放生态圈（a_{91}）……各线班长会重点关注低落的员工（a_{137}）……	a_4: 领导层的国际视野 a_{10}: HOPE 开放创新平台 a_{16}: 技术需求和方案展示 a_{27}: "众创意"平台 a_{33}: U+创新平台 a_{34}: SaaS 双创平台 …… a_{48}: 产品模块化设计 a_{55}: COSMOPlat 定制平台 …… a_{64}: 与其他公司战略合作 a_{73}: 平台公平公开的奖励机制 …… a_{86}: 员工与平台"按单聚散" a_{91}: 内建"接口人"机制 …… a_{137}: 关注员工情况 ……	aa_1: 国际化经营（a_1, a_2, a_4） aa_4: 平台全流程开放（a_6, a_{10}） aa_8: 主体开放（a_{15}, a_{16}） aa_9: 创意开放（a_{27}, a_{28}） aa_{10}: 云资源开发（a_{33}, a_{34}） …… aa_{27}: 模块化设计（a_{47}, a_{48}） aa_{28}: 以用户为中心（a_{55}, a_{56}） aa_{30}: 建立联盟（a_{64}, a_{65}, a_{66}） …… aa_{42}: 奖励机制（a_{73}, a_{91}） aa_{63}: 人单合一模式（a_{86}, a_{87}） aa_{75}: 接口人机制（a_{91}, a_{92}） …… aa_{102}: 人文关怀（a_{137}, a_{138}） ……
	共 219 个标签	共 124 个初步概念

对已经得出的初步概念进一步归类、抽象，逐步提出概念（A）和范畴 （AA），最终得到包括战略理念、全流程交互社区、用户创新、PaaS 模式、模块化创新、平台活力、内部管理等 87 个概念以及 36 个范畴。分析过程举例如表 8-4 所示。

表 8-4　海尔资料的开放式译码分析

初步概念化（aa）	概念化（A）	范畴化（AA）
aa₁: 国际化经营　（a₁, a₂, a₄）	A₁: 战略理念（aa₁, aa₂, aa₃）	AA₁: 多平台战略（A₆, A₉）
aa₄: 平台全流程开放（a₆, a₁₀）	A₂: 全流程交互社区（aa₄, aa₉）	AA₂: 内向式开放（A₄₃）
aa₈: 主体开放　（a₁₅, a₁₆）	A₃: 用户创新（aa₈, aa₁₉）	……
aa₉: 创意开放（a₂₇, a₂₈）	A₆: PaaS 模式（aa₁₀, aa₁₁）	AA₆:大规模定制（A₇, A₈, A₁₀）
aa₁₀: 云资源开发（a₃₃, a₃₄）	A₇: 模块化创新（aa₂₇, aa₄₃）	AA₇: 创新链纵向整合（A₂, A₃）
……	A₈: 用户定制（aa₂₈, aa₃₂, aa₄₅）	……
aa₂₇: 模块化设计（a₄₇, a₄₈ ）	A₉: 供应商参与（aa₃₁, aa₃₃）	AA_{N1}: 多制度协同（A₂₄, A_{N1}）
aa₂₈: 以用户为中心（a₅₅, a₅₆）	A₂₅: 联盟战略（aa₃₀, aa₃₁）	……
aa₃₀: 建立联盟（a₆₄, a₆₅, a₆₆）	A₂₆: 平台活力（aa₄₂, aa₄₆）	
……	A₄₃: 创意输入（aa₉, aa₁₂）	
aa₄₂: 奖励机制（a₇₃, a₉₁）	A_{N1}: 内部管理（aa₆₃, aa₇₈, aa₁₀₂）	
aa₆₃: 人单合一模式（a₈₆, a₈₇）		
aa₇₈: 接口人机制（a₉₁, a₉₂）		
aa₁₀₂: 人文关怀（a₁₃₇, a₁₃₈）		
……		
共 124 个初步概念	共 87 个概念	共 36 个范畴

2）主轴译码

完成了开放式译码之后，将借助一种译码典范，主轴译码，也就是借助所分析现象的条件（因果条件和中介条件）、脉络（也就是该范畴性质的具体维度指标）以及在事件中行动者采取的行动或互动的策略和结果的典范模型，把各范畴联系起来，并将与研究问题最相关的范畴挑选出来形成主范畴，最终得到多平台战略、内向式开放、大规模定制、创新链纵向整合、多制度协同 5 个主范畴。

3）选择性译码

选择性译码的主要任务是从现有的概念范畴中通过全面系统的数据分析，从众多范畴中探索核心范畴，将研究的重心不断集中到与核心范畴相关的译码上，海尔的故事线可描述为：在企业管理者国际化经营理念下，海尔建立的开放式创新平台形成创新生态系统和全流程创新交互社区，平台资源开放、创意开放、用户开放，体现了平台的开放圈层战略；围绕用户需求，海尔通过吸引分布于全球的资源提交创意设计方案，整合了纵向创新链，即平台整合战略的体现；海尔建立了多个开放式创新平台，即平台拓展战略的体现；形成全流程开放交互社区，利用平台上的外部资源服务于海尔的创新发展及商业运营，即平台流程战略的体现；依托开放式创新平台进行模块化设计和产品定制，以用户为中心，提高智能制造的高精度和高效率，即平台核心战略的体现；保障开放式创新平台良好运营的中介是基于人单合一、接口人机制等制度以及充满人文关怀的企业文化。基于此故事线，将核心范畴确定为：直面用户的多平台大规模定制全流程创新生态圈战略。此战略说明了平台的本质特征与核心战略，且能揭示与其他副范畴的关联。

8.4　案例分析与发现

8.4.1　西门子开放式创新平台战略模型

基于开放式译码得到的"大数据技术""数字化双胞胎"等概念，概括出数字化转型（AA_{N1}）这一主范畴；基于"开放式网络""交互需求"等概念总结出完全开放（AA_1）这一主范畴；外向式开放（AA_2）这一主范畴来自"PaaS 模式"概念，也能很好地连接副范畴；基于"技术并购"和"战略合作"概念总结得到产业链价值整合（AA_{N2}）这一主范畴；基于"平台复制"等概念概括出全球化战略（AA_3）这一主范畴。分析主范畴与平台战略的转化关系，发现数字化转型是西门子平台的核心特点，完全开放体现了平台开放圈层的广泛性，外向式开放是基于平台流程视角的总结，产业链价值整合是平台整合策略的主要体现，全球化战略体现了平台的拓展战略。进而归纳出战略模型的平台核心战略、平台开放圈层战略、流程战略、开放整合战略、平台拓展战略，这些战略子要素视角的主范畴共同构成西门子开放式创新平台战略的核心范畴：构建面向工厂管理与服务的开放式物联网云平台生态系统战略，得到图 8-1 所示的西门子开放式创新平台战略模型。

1. 平台核心战略

西门子作为一家提供电气和自动化设备的公司在当今互联网时代深切感受到软件改变业务模式的案例日益增多，软件及软件相关事物的比重越来越大，由此开始将软件逐渐嵌入到工厂的生产和运维之中，并凭借软件来解决新的问题，应对新的挑战，产生新的价值。事实上，西门子已成为欧洲第二、全球前十的软件公司（顾硕，2017）。MindSphere是西门子基于云的开放式物联网操作系统，依托西门子在自动化、电气领域的优势，制造商通过它可快速、高效地采集海量数据并挖掘数据中的价值，以最少的投入大幅提高生产设备的性能和可用性。MindSphere 被设计为一个开放的生态系统，工业企业可将其作为数字化服务如预防性维护、能源数据管理以及工厂资源优化的基础。机械设备制造商及工厂建造者可以通过该平台监测其设备机群，以便在全球范围内有效提供服务，缩短设备停工时间，并据此开创新的商业模式（汪郡，2016）。MindSphere 还为西门子的工厂数字化服务奠定坚实的基础。MindSphere 的诞生让设备和产品走下生产线之后能够与虚拟世界保持联系，使得"数字化双胞胎"的寿命得以从产品设计和生产阶段延伸至产品的整个生命周期。MindSphere 将物理世界与数字化世界连接起来，并提供强大的工业应用和数字化服务，帮助客户取得业务成功。在行业内推动产品、设备等底层物理组件与 MindSphere 连接，为上层数字化应用及相应的数字化业务转型建立扎实的根基；西门子这一开放型平台的实施是基于对数据及其可以产生价值的理解，结合人工智能、大数据、"云计算"等技术手段，实现业务需求及业务模式要求下的数据分析，真正让数据变成信息、知识和洞察。MindSphere 平台是西门子开拓的新的发展模式，将业务、数据和技术紧密地结合起来，最大限度地发挥了数字化转型的效力。

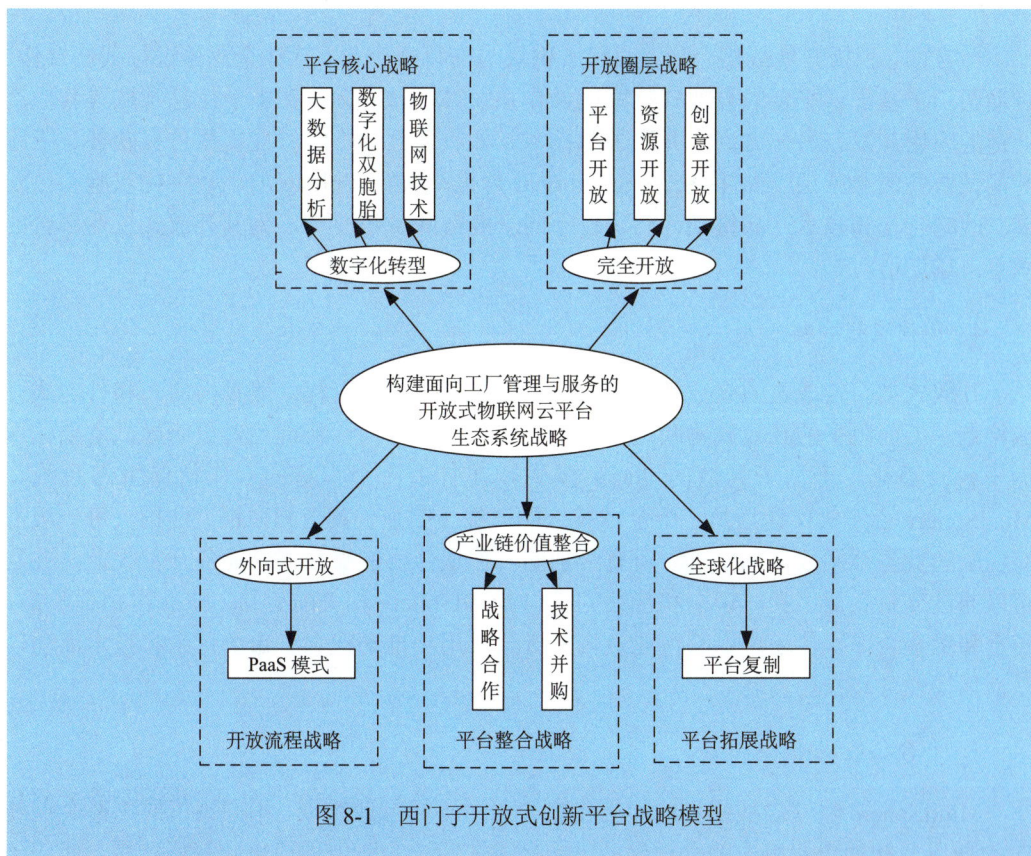

图 8-1　西门子开放式创新平台战略模型

2. 开放圈层战略

①平台开放。MindSphere 生态系统中包括数据采集开发者、系统集成商、应用开发者、渠道合作伙伴、设备制造商和最终客户开发和提供新的应用。②资源开放。西门子庞大的工业设备基础和覆盖众多行业的专业知识，为 MindSphere 带来独特的数据采集和价值挖掘优势。MindSphere 向下提供数据采集 API，即插即用的数据接入网关 MindConnect，为第三方设备的安全接入提供了多种方式，覆盖所有支持 OPC UA 通信技术的设备或系统，向上提供开发 API，方便合作伙伴和用户开发应用程序，使更多的程序开发者和最终用户借助这一平台开发或使用多样化的应用。MindSphere 借助云端的各种用户界面（UI）工具，第一时间向用户提供高度可视化的能源透明度。③创意开放。服务提供商和用户的能源专家团队可以依托云端提供的诸多分析工具，结合自身的行业知识，对平台上其他用户的问题进行全面深入的分析挖掘，找到能效优化的潜力空间，

并提供实现优化的解决方案。依托于 MindSphere 这一开放平台，分布于各处的服务西门子或其他合作伙伴的专家既可以了解制造业生产运营特点和行业知识，也可以熟悉能源领域。这些专家可以形成一个强大的"智囊团"，聚集起来，在经客户授权的前提下访问能耗数据（也可隐去客户身份信息），提供参考意见。

3. 平台整合战略

一方面，积极开展战略合作。西门子积极与高科技企业、软件企业等进行战略合作，推动西门子基于云平台的开放式物联网操作系统 MindSphere 在电子信息领域等其他产业链的应用开发。另一方面，并购外部技术。如收购面向汽车行业提供仿真软件、工程和测试服务的全球供应商 TASS International 以推动 MindSphere 的"数字化双胞胎"发展。战略合作和技术并购推动西门子在不同产业链的价值整合，为其开放式工业平台的垂直市场增值。

4. 开放流程战略

开放式创新较成熟的企业基本采取耦合型开放式创新流程，兼具内向式和外向式开放特点，但西门子的开放式物联网工业操作云平台的外向性特征相对更明显，主要体现为平台收益化。西门子开放的 PaaS 模式旨在打造一个丰富的合作伙伴生态系统，MindSphere 合作伙伴计划是一个全球统一的三级（铂金、黄金和白银）结构，每一级都有明确的业务开发收益和要求。所有级别的合作伙伴都能够获得新业务开发收益，并且可以通过交易登记工具，识别和帮助完成与 MindSphere 相关的交易，来获得相关收益。黄金和铂金合作伙伴还可以获得业务拓展资金，用于推动概念、市场营销和技术活动，从而加快业务和投资发展。

5. 平台拓展战略

MindSphere 建立的战略目的即为建立一个由不同行业领域、不同规模的工业企业和IT 企业以及初创企业组成的全球化社区。为了在后续实践中展现出此战略意图，西门子发布了物联网操作系统 MindSphere 中国版，MindSphere 在阿里云上部署运营（王乐和徐然，2018），这都是西门子开放式创新平台全球化战略拓展的体现。基于互联网的特点，平台的全球化战略有较强可实施性，但西门子作为智能制造的前沿企业，已在抢夺平台的国际化地位，并进行平台的国际化布局。

8.4.2　海尔开放式创新平台战略模型

通过扎根译码分析，基于"模块化创新""用户定制"等概念，分析主范畴与副范畴的关系抽象出大规模定制（AA_6）这一主范畴；基于"内部管理"等制度性概念得到多制度协同（AA_{N1}）这一主范畴；基于"创意输入"概念概括出内向式开放（AA_2）这一主范畴；基于 PaaS 模式等总结得出多平台战略（AA_1）；基于"用户创新""全流程交互社区"等概念抽象得到创新链纵向整合（AA_7）。分析各主范畴间的关系，进行选择性译码，得到"直面用户的多平台大规模定制全流程创新生态圈战略"这一核心范畴（梁海山和王海军，2018）。分析主范畴与平台战略的转化关系，发现"大规模定制"是海尔平台的核心战略，"内向式开放"是平台开放流程战略，"创新链纵向整合"是平台整合战略的主要体现，"多平台战略"体现了平台的拓展战略，"多制度协同"是对平台的保障战略。进而归纳出战略模型的平台核心战略、开放流程战略、平台整合战略、平台拓展战略、平台保障战略，这些战略子要素共同构成直面用户的多平台大规模定制全流程创新生态圈战略，得到了海尔开放式创新平台的战略模型，如图 8-2 所示。

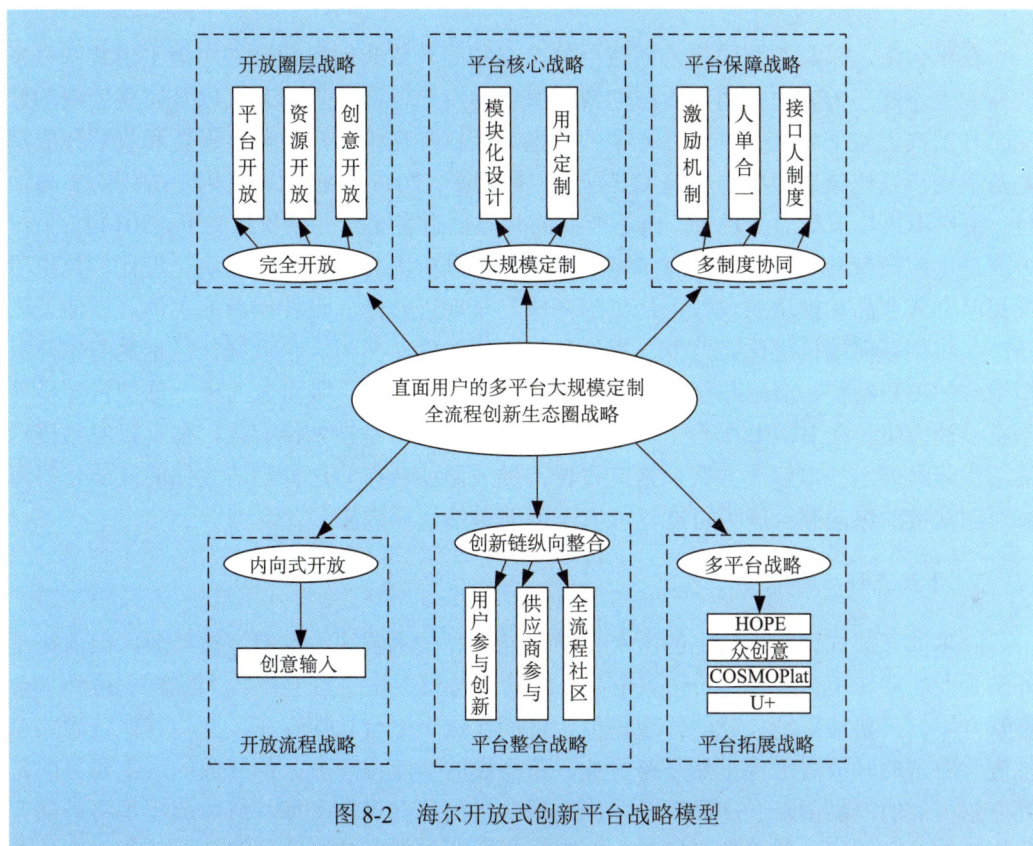

图 8-2　海尔开放式创新平台战略模型

海尔的开放式创新平台在开放圈层战略层面与西门子有着很强相似性，都推动平台开放、资源开放、创意开放，故在此就不做过多阐述。以下就海尔开放式创新平台的其他战略进行探讨。

1. 平台核心战略

海尔在产品设计、采购、生产和财务端中大力实施模块化设计，将模块化作为撬动企业转型的重要手段。以产品模块化为基础，海尔空调打破原来完全靠企业自主研发的模式，建立了资源无障碍准入、自运转和动态优化的生态圈，整合全球一流资源参与模块设计（史亚娟和庄文静，2018）。海尔空调由原来基于零部件的分散研发设计模式，转变为聚焦于模块级别的交互、开放式创新模式。模块化设计保障海尔在短时间内迅速响应客户大规模产品需求的能力。同时，坚持以用户为中心，实现用户需求、用户体验的迭代升级，建立了全球唯一能与用户零距离交互并唯一实现用户终身价值的大规模用户定制解决方案平台 COSMOPlat，为企业智能制造转型升级提供软硬一体的大规模定制整体解决方案和增值服务。海尔 COSMOPlat 具备全流程、全产业链的概念和能力，通过高内聚的系统架构和物理化的系统模块，实践了大规模定制业务，实现了高精度下的高效率（史亚娟和庄文静，2018）。

2. 平台整合战略

在平台上，以利益共同体为创新单位，在实施开放式创新的过程中衍生出共创共享的商业生态圈。一方面是用户参与创新。海尔向用户咨询发现、开发以及完善创新的意见。开发式创新平台上所有设计方案的落地决策权都交给用户，奖金设置和收益分成都是基于用户票选结果和参与程度（王露露和徐拥军，2017），极大尊重用户的创新参与地位。用户不再是被动的消费者，而是产品的共同创造者（高良谋和马文甲，2014）。另一方面是供应商参与早期创新。海尔基于市场需求分析大力开展产品模块化设计，让供应商提前介入产品和模块的设计，让供应商成为早期进行产品设计创新的主体，延伸了创新链，将创新前端模糊化。此外，其他异构主体的创新参与、全流程社区也是海尔开放型平台的重要特征，海尔与全球伙伴知识共享、资源共享，吸引分布于全球的资源提交创意设计方案。在 HOPE 平台上，不论是技术需求方或是技术持有人，都可以发布技术需求，或是展示技术解决方案、推广宣传，促成商业合作。这种创新主体的开放使得海尔对创新链的纵向整合成为可能，放大了创新链的协同效应。

3. 开放流程战略

海尔的开放式创新平台上的所有资源、能力和技术解决方案都可被释放，但前提是外部企业先要在平台上创造价值。企业外的其他参与主体相当于外部'创客'，可到平台贡献方案，只要被采纳，就能体现价值，进而在这个平台长期存在，并与其他资源共享价值。海尔的开放式平台虽然是跨行业、跨规模的全流程开放，但开放的最主要目的是为海尔内部的产品创新、产品研发、问题解决提供外部资源支撑。总体流程是将外部有价值的创意、知识、技术等资源整合起来，为企业创新及其商业化服务，是一个由外及内的"输入"过程，即内向式开放与创新。

4. 平台拓展战略

不同于西门子将同一个 MindSphere 工业物联网开放式云平台复制到国外的全球化战略，海尔是在国内开发多种类型、多个不同侧重点的开放式创新平台，包括起基础和后端作用的 COSMOPlat 工业互联网平台、全球化开放式社区 HOPE、侧重创意征集的"众创意"平台、可供技术开发者开发的智慧家庭创新平台 U+平台等。不同平台各有侧重，但又相辅相成，一起构成海尔开放式创新平台大生态圈，助力海尔的智能制造转型。

5. 平台保障战略

一方面是针对开放式平台的管理制度。为了激发开放式平台的创新活力，制定公平公开的奖励机制，不论企业内外参与人员均可通过创意或技术创新获得收益。另一方面是针对企业内部的管理，为了提升平台管理能力和构建平台创新体系，海尔实施了利益共同体、人单合一、接口人、商业生态圈制度等机制保障平台战略。海尔以"自主经营体"为单位，员工与平台之间的互动关系是"按单聚散"，围绕"单"（用户需求）不仅形成自主经营体，还要整合外部资源，快速满足用户需求。每个利益共同体都有"接口人"，接口人的任务是通过"内建机制，外接资源"建立用户交互和产品引领的开放生态圈。每个利益共同体都可以根据引领目标吸引外部资源，而不是通过企业层面的跨组织边界结构来接入创新资源。接口人机制类似在两个不同企业之间建立起"集体桥"而不是"独木桥"。通过这个分散的跨单元结构，"接口人"连接着供应商资源，这种链接由两个企业中成员广泛而直接的跨边界联系构成，实现了跨单元专业知识最短的联系距离，减少知识的损耗、失真和延迟。

8.4.3　智能制造开放式创新平台战略异质性分析

根据以上西门子和海尔开放式创新平台资料的扎根理论分析和战略模型构建，横向比较两智能制造企业，利用主范畴和概念化成果，可构建图 8-3 的两企业开放式创新平台比较图。西门子的开放式创新平台是基于完全开放、全球化战略、数字化转型、产业链价值整合、外向式开放的构建面向工厂管理与服务的开放式物联网云平台生态系统战略；海尔的开放式创新平台战略是基于完全开放、多平台战略、大规模定制、创新链纵向整合、内向式开放、多制度协同的直面用户的多平台大规模定制全流程创新生态圈战略。西门子和海尔作为开放式创新平台的建设者在平台开放圈层战略上保持着极高的同质性，即都保持平台的开放性、主体的开放性、资源的开放性以及创意的开放性，将平台对于开放式创新的作用发挥到最大，为企业的开放式创新提供强有力的平台支撑，增强企业的创新能力和效率。

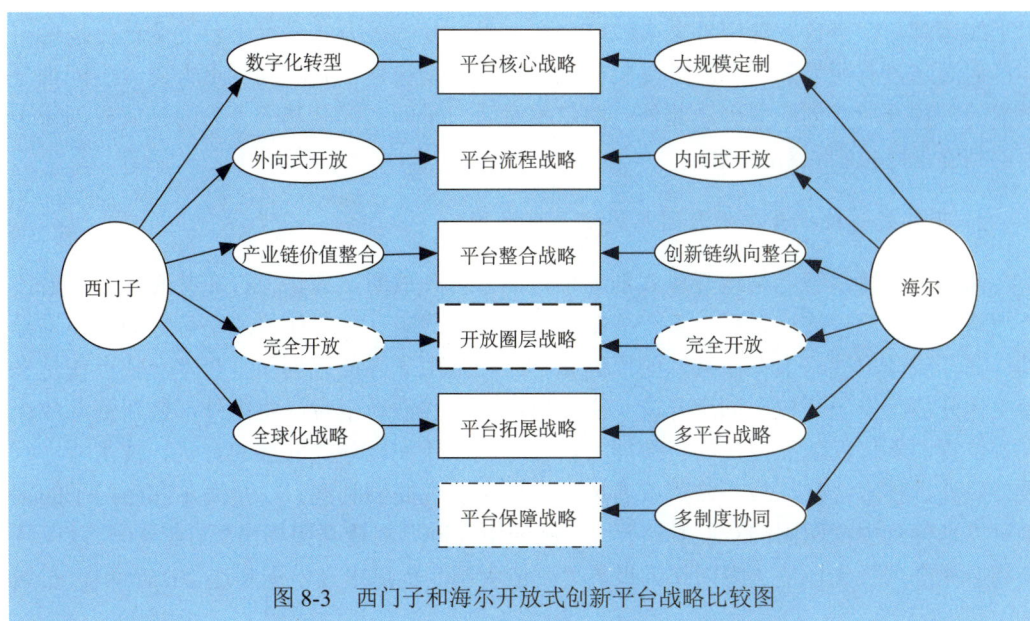

图 8-3　西门子和海尔开放式创新平台战略比较图

8.5　结论与启示

8.5.1　结论与探讨

本章运用双案例对比研究，自下而上进行案例资料的扎根理论分析，译码总结得到西门子和海尔智能制造开放式创新平台战略模型，并进行比较分析，结果表明：中德两国智能制造平台型企业战略异质性较大，西门子和海尔智能制造开放式创新平台在平台圈层战略具有共性，两家企业所处的经济、社会、文化、技术环境等是导致西门子和海尔智能制造开放式创新平台战略差异性的重要因素。

1. 中德两国智能制造平台型企业战略存在异质性

西门子的开放式创新平台是基于完全开放、全球化战略、数字化转型、产业链价值整合、外向式开放的构建面向工厂管理与服务的开放式物联网云平台生态系统战略；海尔的开放式创新平台战略是基于完全开放、多平台战略、大规模定制、创新链纵向整合、内向式开放、多制度协同的直面用户的多平台大规模定制全流程创新生态圈战略。①从平台核心战略来看，西门子主要是依靠大数据技术、数字化运营结合物联网技术进行数字化转型推动智能制造升级；海尔主要是采用模块化设计和用户定制实现大规模定制，推动智能制造的高精度和高效率。②从平台流程战略来看，两者虽然都有开放流程的存在，即内向流动和外向流动兼有，但西门子更倾向于外向式开放，将平台作为服务，平台收益化；海尔更倾向于内向式开放，将外部有价值的创意、知识、技术等资源整合起来，为企业创新及其商业化服务。③从平台整合战略来看，西门子通过战略合作、技术并购等方式，主要实现的是产业链的价值整合；海尔通过让用户、供应商、其他异构主体全流程参与创新，主要实现的是创新链的纵向整合。④从平台拓展战略来看，西门子只上线运营一个平台，在国外采取战略合作、平台复制等方式进行平台的全球化战略布局；而海尔没有明显的平台海外复制模式出现，而是构建了有不同侧重方向、不同细分效能的多种开放式创新平台。此外，海尔相对西门子而言，其基于人力的开放式创新平台的制度保障机制相对更全面。

2. 开放式创新平台在平台圈层战略具有共性

西门子和海尔智能制造开放式创新平台在平台开放圈层战略上存在共性，在平台核心战略、平台流程战略、平台整合战略、平台保障战略、平台拓展战略等方面存在差异性。在开放圈层战略上存在共性的原因如下：一是由于开放式创新平台本身特点就是平台主体开放、资源开放、创意开放。企业建立开放式创新平台，将内外部创新资源放在同等位置，不仅仅依靠内在的资源能力获取利润，还积极寻找外部的合资、技术特许、委外研究、技术合伙、战略联盟或者风险投资来实现高额利润。二是海尔和西门子的案例可以延伸到中德两国的智能制造行业。德国作为世界制造强国提出"工业 4.0"以保持其制造业全球领先地位，中国作为世界"制造大国"也提出《中国制造 2025》积极布局智能制造；西门子和海尔在各自国内率先响应智能制造的国家战略，也是率先进行开放式创新、明确提出建立开放式创新平台的企业。德国的西门子和中国的海尔是享誉全球的大型制造企业，综合实力、国际竞争力均居行业前列，在平台圈层战略层面具有共性，代表以扎根理论得出的智能制造的开放式创新平台战略具有实际意义，是能够代表国家智能制造开放式创新平台建设的先进水平。

3. 开放式创新平台战略的异质性的影响因素

西门子和海尔开放式创新平台战略的异质性则与经济、技术、社会、文化环境等因素有密切联系。

（1）从经济环境看。德国工业起步早，制造业产业规模大，自主创新能力强，开放式创新平台进行产业链价值整合，整合效应强，平台外向式开放优势明显；而中国工业起步晚，自主创新能力、产品附加值等与发达国家仍有一定差距，智能制造开放式创新平台因而倾向于整合纵向创新链和多平台战略，将外部创新资源、创意输入平台企业内部（即内向式开放）以提高创新能力。

（2）从技术环境看。德国拥有在自动化、电气领域的优势，制造优势突出，但互联网技术渗透程度相较于美国略逊一筹，打造 MindSphere 这一面向工厂管理与服务的工业生态系统有利于德国以后端的精益制造来提高前端的信息化水平，即数字化转型；我国技术积累相对落后，先进技术的产业化能力也与发达国家存在显著差距，缺乏自主工艺数据库和专家系统，这是我国发展智能制造产业的短板，数字化转型仍是开放式创新平台需重点攻坚的方向。与此同时，探索智能制造的模式创新也成为国内领军制造企业加快布局智能制造的新思路，海尔的智能制造平台以用户为中心，实行大规模定制的平台核心战略颠覆了传统家电业的制造模式，在全球范围内实现行业引领。

（3）从社会环境看。德国劳动力短缺，人口老龄化严重，基于人力资源的多机制保障对开放式创新平台的适用情境较少；而中国劳动力富足，基于人口红利的人单合一等多种平台保障机制成为海尔开放式创新平台战略的重要一环。

（4）从文化环境看。在德国，制造业已形成一种文化，其核心是标准主义、完美主义、精准主义、守序主义、专注主义、实用主义和信用主义，西门子在这种文化背景下采用平台复制的方式旨在建立全球性的专一性的智能制造云平台，向全球输出"工厂的标准"；而中国传统文化重视人本主义，以人为本，体现在海尔进行人文化管理，推进多机制协同开放式创新平台建设的过程中，以用户为中心的大规模定制战略上。

8.5.2　实践启示

本章对比得到西门子和海尔智能制造开放式创新平台战略的共性和特性，分析发现两家企业所处的经济、技术、社会、文化环境等是影响开放式创新平台战略的重要影响因素，由此对中国智能制造企业开放式创新平台建设提供实践启发。

（1）把握共性，做好平台顶层设计。开放式创新平台符合开放式创新的基本特征，平台是发挥开放式创新效益的载体，坚持平台开放、主体开放、资源开放、创意开放的圈层完全开放战略是智能制造企业建设开放式创新平台的共同选择。

（2）分析差异，进行选择性借鉴。西门子和海尔在开放式创新平台的平台整合战略、拓展战略等方面存在诸多平台战略差异，这与经济、社会背景密切相关。作为发展智能制造开放式创新平台的制造企业要仔细分析本企业所处的经济、技术、社会、文化环境等诸多影响因素，对西门子和海尔等代表性企业的经验进行选择性吸收，做出最适合本企业开放式创新平台建设的战略选择。

（3）抓住机遇，推进数字化转型。西门子制造优势突出，但仍通过智能制造开放式创新平台及后端的精益制造来提高前端信息化水平，进行数字化转型以保持世界领先水平。中国制造优势相对不足的制造企业更应该把握机遇，进行数字化转型，推动传统制造业升级增效。

（4）认清劣势，提高自主创新能力。中国制造企业的自主创新能力、产品附加值等与发达国家相比仍有一定差距。学习西门子的先进经验，通过开放式创新平台吸纳来自全世界的创新资源的同时，仍要提高自主创新能力，增强自身在国际智能制造领域的话语权。

参 考 文 献

陈佳丽, 吕玉霞, 戚桂杰, 等. 2019. 社会网络联系与用户创新研究——对乐高开放式创新平台的分析[J]. 科技进步与对策, 36(04): 98-105.

陈万明, 鲍世赞. 2018. 开放式创新视野的智能制造企业知识共享研究[J]. 改革, (10): 102-110.

陈向明. 1999. 扎根理论的思路和方法[J]. 教育研究与实验, 04: 58-63, 73.

陈玉福, 董鸣. 2003. 生态学系统的空间异质性[J]. 生态学报, 02: 346-352.

费小东. 2008. 扎根理论研究方法论: 要素、研究程序和评判标准[J]. 公共行政评论, 3: 23-43

高良谋, 马文甲. 2014. 开放式创新: 内涵、框架与中国情境[J]. 管理世界, 6: 157-169.

耿建光, 李大林, 方进涛. 2018a. 面向智能制造生态的软件支撑平台研究与实现[J]. 现代制造工程, 09: 94-98.

耿建光, 闫红军, 李大林. 2018b. 基于平台战略的企业智能平台的认识与实践[J]. 网信军民融合, 06: 73-77.

顾硕. 2017. 西门子 MindSphere 推进数字化进程[J]. 自动化博览, 07: 20-22.

韩卓然, 吴正刚. 2015. 平台企业战略管理研究[J]. 经济研究导刊, 23: 23-25.

季六祥, 盛革. 2015. 云端创业生态圈的理论基础与规划框架[J]. 管理学报, 12(11): 1646-1653.

李冬伟, 吴菁. 2017. 高管团队异质性对企业社会绩效的影响[J]. 管理评论, 29(12): 84-93.

李高波, 朱丹. 2016. 战略异质性与现金持有——基于预防动机的实证检验[J]. 东岳论丛, 37(08): 81-99.

李贺, 张克永, 洪闯. 2017. 开放式创新社区创客知识共享影响因素研究[J]. 图书情报工作, 21.

李庭燎. 2016. 多元化战略异质性、系族企业控股权性质与 ICM 配置效率——基于熵指数法和中国 A 股市场数据的实证研究[J]. 中国矿业大学学报(社会科学版), 18(04): 40-50.

李志刚, 李兴旺. 2006. 蒙牛公司快速成长模式及其影响因素研究——扎根理论研究方法的运用[J]. 管理科学.

李志刚, 王迎军. 2007. 继承式裂变创业的扎根理论方法研究[J]. 中国海洋大学学报(社会科学版), 2: 68-72.

梁乙凯, 戚桂杰, 周蕊. 2017. 开放式创新平台组织采纳关键因素研究[J]. 科技进步与对策, 34(06): 1-6.

梁海山, 王海军. 2018. 网络化下开放式创新平台构建策略——基于模块化视角[J]. 科技管理研究, 38(21): 11-17.

刘迪. 2017. 开放式创新平台中共同发明问题研究[J]. 科技进步与对策, 34(15): 1-9.

刘绿怡, 卞子亓, 丁圣彦. 2018. 景观空间异质性对生态系统服务形成与供给的影响[J]. 生态学报, 38(18): 6412-6421.

刘志峰, 陈伟, 杨聪彬, 等. 2019. 基于数字孪生的零件智能制造车间调度云平台[J]. 计算机集成制造系统, 5: 1-17.

鹿鸣. 2018. 工业互联网质量服务平台助力中国智能制造[J]. 高科技与产业化, 11: 38-41.

任廷珍, 周博然, 张书苑, 等. 2018. 基于异质性的跨境电商平台定价模型研究[J]. 现代商业, 19: 37-39.

史亚娟, 庄文静. 2018. 海尔 COSMOPlat 打通车间到客厅的"智造"第三极[J]. 中外管理, 01: 35-47.

汪郡. 2016. 西门子推出 MindSphere 开放工业云[J]. 轻工机械, 34(03): 48.

王博, 黎柏春, 杨建宇, 等. 2019. 智能制造系统的 6R 工业机器人仿真和监控平台[J]. 哈尔滨工程大学学报, 40(02): 365-373.

王乐, 徐然. 2018. 西门子携手阿里云推出 MindSphere[J]. 轻工机械, 36(06): 100.

王露露, 徐拥军. 2017. 海尔创新平台知识管理模式研究[J]. 现代情报, 37(12): 52-58, 63.

熊勇清, 李小龙. 2019. 新能源汽车供需双侧政策在异质性市场作用的差异[J]. 科学学研究, 37(04): 597-606.

熊有伦. 2013. 智能制造[J]. 科技导报, 31(10): 1.

袁中许. 2019. 资源异质性视角下中国稀土定价权缺失本真研究[J]. 中国人口·资源与环境, 29(04): 157-167.

张敬伟, 马东俊. 2009. 扎根理论研究法与管理学研究[J]. 现代管理科学, 02: 115-117.

张小筠. 2018. 智能制造企业"双创"孵化平台构建[J]. 企业管理, 10: 96-99.

张小宁, 赵剑波. 2015. 新工业革命背景下的平台战略与创新——海尔平台战略案例研究[J]. 科学学与科学技术管理, 36(03): 77-86.

Chesbrough H W. 2004. Open Innovation: the new imperative for creating and profiting from technology [J]. Journal of Engineering & Technology Management, 21(3): 241-244.

Colombo A W, Schoop R, Neubert R. 2006. An agent-based intelligent control platform for industrial holonic manufacturing systems[J]. IEEE Transactions on Industrial Electronics, 53(1): 322-337.

Hallerstede S H. 2013. Managing the lifecycle of open innovation platforms [J]. Markt Und Unternehmensentwicklung, 10. 1007/978-3-658-02508-3.

Helfat C E, Quinn J B. 2004. Open innovation: the new imperative for creating and profiting from technology by Henry Chesbrough [J]. Journal of Engineering & Technology Management, 21(3): 241-244.

Hippel E V. 2005. Democratizing innovation: the evolving phenomenon of user innovation [J]. Journal Für Betriebswirtschaft, 55(1): 63-78.

Hyoung S K, Lee J Y, Choi S S, et al. 2016. Smart manufacturing: Past research, present findings, and future directions [J]. International Journal of Precision Engineering and Manufacturing-Green Technology, 3(1): 111-128.

Lee J Y, Yoon J S, Kim B H. 2017. A big data analytics platform for smart factories in small and medium-sized manufacturing enterprises: an empirical case study of a die casting factory [J]. International Journal of Precision Engineering and Manufacturing, 18(10): 1353-1361.

Lin Y C, Hung M H, Huang H C, et al. 2017. Development of advanced manufacturing cloud of things (AMCoT) - a smart manufacturing platform[J]. IEEE Robotics and Automation Letters, 1.

Macredie R D, Mijinyawa K. 2011. A theory-grounded framework of open source software adoption in SMEs [J]. Expert Systems, 20(2): 237-250.

Simula H, Ahola T. 2014. A network perspective on idea and innovation crowdsourcing in industrial firms [J]. Industrial Marketing Management, 43(3): 400-408.

Strauss A L. 1987. Qualitative Analysis for Social Scientists [M]. Cambridge: Cambridge University Press.

Sudday R. 2006. What grounded theory is not [J]. Academy of Management Journal, 49(4): 633-642.

West J, O'Mahony S. 2008. The role of participation architecture in growing sponsored open source communities [J]. Industry & Innovation, 15(2): 145-168.

撰稿人：彭本红

审稿人：程中华

第9章　长江经济带智能制造能力综合评价

本章从产品创新能力、信息化服务水平、产品流通水平对长江经济带智能制造能力构建综合评价指标体系，并采用熵权法对总体智能制造能力水平进行综合评价。从评价结果来看，长江经济带智能制造的产品创新能力、信息化服务水平、产品流通水平和总体智能制造能力水平均呈现出自上游向下游递增的空间分布特征，上海、江苏、浙江 3 个省份的贴近度优于其他 8 个省份。从平均值来看，产品创新能力强于产品流通水平，产品流通水平强于信息化服务水平。

9.1　引　　言

2008 年，国际金融危机爆发，全球历经新一轮的产业调整浪潮：世界经济增长模式发生深刻变革，美、德、英、日、法等发达国家纷纷推出新的制造业发展战略，引导创新资源迅速向高端产业集聚，如美国的《美国先进制造业领导战略》、德国的"工业 4.0"、英国的"高价值制造"、日本的"互联工业"、法国的"新工业法国"战略等。各国都希望借助新一代信息技术、新能源新材料技术大力发展高端制造业，振兴国内经济。我国经济的整体发展处于增长阶段，转变经济发展方式刻不容缓，同时，为应对全球产业竞争格局的深刻变化，2015 年，中国政府提出《中国制造 2025》战略，大力推进智能制造，全面部署推进我国制造强国战略实施。因此，智能制造正成为我国产业发展和变革的重要方向，已成为全球新一轮制造业竞争的制高点。

中国制造业智能化的概念、内涵、发展现状、趋势和影响因素已经有了详细的分析，如何对智能制造能力进行评价，并快速有效地提升智能制造能力，是各级政府和企业所关心的问题。因此，智能制造能力评价是我国推进智能制造进程中一个不可避免的问题。长江经济带是我国经济重心所在、活力所在，对其智能制造能力的评价具有十分重要的意义。基于此，本章将对长江经济带制造业智能制造能力进行综合评价。

9.2　文　献　综　述

近几年，针对智能制造的能力评价的研究已经成为国内外学者研究的热点问题之一，对能力评价问题的研究主要包括评价指标体系的确定、智能制造能力评价模型方面。Frankowiak 等（2005）、Ruiz 等（2011）为了使企业更好地适应智能制造生产环境的要求，在生产过程的模拟仿真中加入了多主体系统，使企业的制造能力得到了提升，最后对该仿真方法的优势通过实际数据进行了验证，并采用模糊综合评价法对该模拟仿真后的制造系统的制造能力进行了评估。龚炳铮（2015）从生态环境、发展水平、企业效益三方面提出了三级指标的智能制造企业评价指标体系，并通过专家分析方法进行综合评价。《智能制造能力成熟度模型白皮书》（中国电子技术标准化研究院，2016）针对我国智能制造的特点及相关企业的生产实践经验，总结出一套适用于我国智能制造企业的智能制造评价模型，将智能制造进行归纳为"智能+制造"两个维度，并以 10 个一维形式的核心能力展现出来。尹峰（2016）在探讨智能制造概念、系统架构和关键要素的基础上，从生产线、车间（工厂）、企业、企业协同 4 个层级提出智能制造评价指标。董志学和刘英骥（2016）根据各省制造业发展的特点，把智能制造能力分为企业经营绩效水平、企业创新能力、产品流通能力、信息化服务水平 4 个一级指标和 14 个二级指标，利用因子分析法对我国 23 个省级行政区智能制造能力进行评价，得出相应得分并进行比较。邵坤和温艳（2017）把智能制造能力分解为创新能力、绩效产出能力、基础设施能力 3 个一级指标和 15 个二级指标，利用因子分析法对中国东部地区和中部地区的 19 个省份进行分析，得出各省份智能制造能力综合得分及排名。郑志强（2018）同样构建了类似的指标体系，并利用突变级数法得出 2016 年 GDP 总量排名前十的省份智能制造能力综合得分及排名。张艺（2018）从产品创新能力、信息化水平和产品流通能力 3 个方面筛选出 20 个二级指标，通过因子分析构建了一种智能制造能力评价指标体系，并通过 BP 神经网络对京津冀的智能制造水平进行评价。

综上所述，针对评价指标体系构建方面的研究大多以广义智能制造为评价对象，评价指标的选择也基本采用定性的方式确定，目前还没有针对智能制造其中的某一具体环节进行评价的指标体系构建的研究。在评价方法和模型的建立方面，目前的研究基本都使用相对比较简单的评价方法，如因子分析法、层次分析法和加权平均法等，相应的评价数学模型也大多比较简单。在实际应用中由于自身局限，评价结果也会有一定的偏差。因此，如何采用定量方法对评价指标体系中的各指标进行选取以及如何选择更加恰当的评价方法对智能制造能力进行评价，都有待于进一步的研究。

9.3　研　究　方　法

熵权 TOPSIS 法实质是对传统 TOPSIS 评价法的改进，通过熵权法确定评价指标的权重；再通过 TOPSIS 法，利用逼近理想解的技术确定评价对象的排序。熵权法是根据各评价指标提供的信息客观确定其权重，作为权数的熵权，它不仅能客观体现决策时某项指标的在指标体系中的重要程度，而且能突出地反映指标权重随时间的变化状况，因而非常适合区域智能制造能力评价研究。TOPSIS 法的核心思想是定义决策问题的最优解和最劣解的距离，最后计算各方案与理想解的相对贴近度，进行方案的优劣排序。使用 TOPSIS 法，确定权重是重要环节，而采用信息熵法可有效消除主观因素影响，熵权 TOPSIS 法的主要计算步骤如下：

（1）构建标准化矩阵。为统一评价指标的单位和量纲，本章采取极差法对数据行标准化处理，具体计算公式如下。

正向指标：

$$x'_{ij} = \frac{x_{ij} - x_{min}}{x_{max} - x_{min}} (i = 1, 2, 3, \cdots, m;\ j = 1, 2, 3, \cdots, n) \tag{9-1}$$

负向指标：

$$x'_{ij} = \frac{x_{max} - x_{ij}}{x_{max} - x_{min}} (i=1,2,3,\cdots,m;\ j=1,2,3,\cdots,n) \tag{9-2}$$

其中，x_{ij} 和 x'_{ij} 分别为第 i 年第 j 项指标的原始值和标准化值。

（2）计算信息熵。

$$H_j = -k \sum_{i=1}^{m} p_{ij} \ln p_{ij} \tag{9-3}$$

其中，$p_{ij} = \dfrac{x'_{ij}}{\sum_{i=1}^{m} x'_{ij}}$；$k = \dfrac{1}{\ln m}$。

（3）定义指标 j 的权重。

$$\omega_j = \frac{1-H_j}{\sum_{j=1}^{n}\left(1-H_j\right)} \tag{9-4}$$

其中，$\omega_j \in [0,1]$，$\sum_{j=1}^{n} \omega_j = 1$。

（4）计算加权矩阵。

$$\boldsymbol{R} = \left(r_{ij}\right)_{m\times n};\ r_{ij} = \omega_j \cdot x_{ij} (i=1,2,\cdots,m;\ j=1,2,\cdots,n) \tag{9-5}$$

（5）确定最优方案 $\boldsymbol{X}^+$ 和最劣方案 $\boldsymbol{X}^-$。

$$\boldsymbol{X}^+ = \left\{x_1^+, x_2^+, x_3^+, \cdots, x_n^+\right\}$$
$$x_j^+ = \max_j r_{ij} (i=1,2,3,\cdots,m) \tag{9-6}$$

$$\boldsymbol{X}^- = \left\{x_1^-, x_2^-, x_3^-, \cdots, x_n^+\right\}$$
$$x_j^- = \min_j r_{ij} (i=1,2,3,\cdots,m) \tag{9-7}$$

（6）计算单个样本与 $\boldsymbol{X}^+$ 和 $\boldsymbol{X}^-$ 的距离 D_i^+ 和 D_i^-。

$$D_i^+ = \sqrt{\sum_{j=1}^{n} \omega_j \left(r_{ij} - x_j^+\right)^2} (i=1,2,3,\cdots,m) \tag{9-8}$$

$$D_i^- = \sqrt{\sum_{j=1}^{n} \omega_j \left(r_{ij} - x_j^-\right)^2} (i=1,2,3,\cdots,m) \tag{9-9}$$

（7）计算各样本与正理想解的贴近度。

$$C_i = \frac{D_i^-}{D_i^+ + D_i^-} (i=1,2,3,\cdots,m) \tag{9-10}$$

9.4 实证研究——长江经济带智能制造能力综合评价

长江经济带包括 11 个省份（重庆、四川、贵州、云南、江西、湖北、湖南、安徽、江苏、浙江和上海），是中国经济与文化版图上的中枢和脊梁。但近年来依靠人口红利、资源消耗、环境污染为代价的发展优势在逐渐消退，传统社会经济发展模式仍未根本转变，致使长江经济带经济增速逐年放缓，陷入发展瓶颈。同时，随着打造产业集群的步伐不断提速，长江经济带将重点推进电子信息、装备、汽车、家电、纺织服装五大产业集群建设，而智能制造能力正是推动五大产业集群建设的关键。因此，研究整个区域的智能制造能力可以推动区域产业集群建设。

9.4.1 指标体系构建

建立系统科学的综合评价指标体系是实证研究的关键一步，综合评价长江经济带的智能制造能力，不仅是判断区域智能制造能力水平和趋势的基础，也是制定未来制造业相关法规对策的基础。在评价对象的选取方面，考虑到智能制造主要由中大型制造企业承担，因此，把年主营业务收入为 2000 万元及以上规模的工业企业作为研究对象。本章根据前文智能制造能力评价指标被引用的频率和长江经济带智能制造的发展实际情况，筛选出智能制造能力评价体系中的二级指标。然后，运用因子分析法对评价指标的样本数据进行分析以获取公共因子，并将其作为智能制造能力评价指标体系中的一级指标，从而构建出智能制造能力评价指标体系（表 9-1），最终以产品创新能力、信息化服务水平、产品流通水平三方面共 16 个指标来反映长江经济带 11 个省份的智能制造能力发展现状，本章的基础数据来源于《中国统计年鉴（2018）》。

表 9-1 智能制造能力评价指标体系

一级指标		二级指标	单位
A_1 产品创新能力	B_1	拥有 R&D（研究和试验）人员数量	人
	B_2	申请专利数	件
	B_3	企业年均信息化智能化投入	万元
	B_4	R&D（研究和试验）经费	万元
	B_5	研发新产品年产值	万元
	B_6	行政区域内有效发明专利数	件
	B_7	R&D（研究和试验）项目数	项
	B_8	行政区域内软件业年收入	万元
	B_9	规模以上工业企业的主营业务收入	万元
A_2 信息化服务水平	B_{11}	每百家企业拥有网站数	个
	B_{12}	每百人使用计算机台数	台
	B_{13}	移动互联网用户	万户
	B_{14}	平均增加新产品项目数	项
A_4 产品流通水平	B_{15}	平均拥有高等级公路里程	千米
	B_{16}	公路营运载货汽车拥有量	万辆

从表 9-2 中可以看出，二级指标的最优解 x_j^+ 和最劣解 x_j^- 之间的差值越大时，表示变异程度较大；其熵值较小，说明该项指标向决策者提供了更多的有用信息，从而权重越大；反之，指标的熵值越大，熵权就越小。在指标权重中，行政区域内软件业务年收入所占权重最大（＞0.09），R&D（研究和试验）项目数、拥有 R&D（研究和试验）人员数量、行政区域内有效发明专利数所占的权重也较大（＞0.08）。从权重大小可以看出，软件开发能力在长江经济带智能制造能力中占有最大权重，而研发成果与实力其次，产品流通水平所占权重较小，表明研发能力是智能制造的基础。同时由于提高产品创新能力软实力，相比于信息化服务、产品流通更困难，经济发达省份与较落后省份的产品创新能力差距较大，这可由 x_j^+ 与 x_j^- 之差较大体现；经济发达省份公共基础设施投入的速度放慢，而其他发展中的省份正加大对公共基础设施的建设力度，这可由 x_j^+ 与 x_j^- 之差较小体现。

表 9-2　各指标的最优解、最劣解、熵值和权值

指标	B_1	B_2	B_3	B_4	B_5	B_6	B_7	B_8
x_j^+	0.086	0.075	0.065	0.067	0.062	0.082	0.088	0.097
x_j^-	0.000	0.000	0.000	0.000	0.000	0.000	0.000	0.000
H_j	0.742	0.773	0.806	0.800	0.812	0.754	0.736	0.707
ω_j	0.086	0.075	0.065	0.067	0.062	0.082	0.088	0.097
指标	B_9	B_{10}	B_{11}	B_{12}	B_{13}	B_{14}	B_{15}	B_{16}
x_j^+	0.063	0.036	0.063	0.071	0.056	0.018	0.049	0.021
x_j^-	0.000	0.000	0.000	0.000	0.000	0.000	0.000	0.000
H_j	0.809	0.892	0.810	0.787	0.831	0.946	0.852	0.938
ω_j	0.063	0.036	0.063	0.071	0.056	0.018	0.049	0.021

9.4.2　智能制造能力评价结果与分析

根据计算可以得到长江经济带 11 个省份 2017 年智能制造能力综合评价结果与子系统评价结果（表 9-3）。此外，使用标准差分级法（V 为平均值，B 为标准差）将各个贴近度进行分级（表 9-4）。

表 9-3　智能制造能力各子系统得分与综合得分

省份	产品创新能力		信息化服务水平		产品流通水平		综合水平	
	得分	排序	得分	排序	得分	排序	得分	排序
上海	0.897	2	0.580	1	0.736	2	0.803	1
江苏	0.989	1	0.569	2	0.677	3	0.572	2
浙江	0.591	3	0.470	3	0.812	1	0.561	3
安徽	0.243	4	0.324	5	0.425	5	0.291	4

续表

省份	产品创新能力		信息化服务水平		产品流通水平		综合水平	
	得分	排序	得分	排序	得分	排序	得分	排序
江西	0.149	9	0.179	9	0.234	10	0.132	9
湖北	0.181	6	0.259	6	0.367	6	0.216	6
湖南	0.163	7	0.253	7	0.346	7	0.199	7
重庆	0.157	8	0.116	10	0.262	9	0.119	10
四川	0.190	5	0.411	4	0.661	4	0.278	5
贵州	0.103	11	0.112	11	0.216	11	0.108	11
云南	0.141	10	0.188	8	0.309	8	0.151	8

表 9-4　智能制造能力水平分级表

分级标准	$(0, V-B]$	$(V-B, V]$	$(V, V+B]$	$(V+B, 1)$
	低水平区	中水平区	较高水平区	高水平区
产品创新能力	(0,0.022]	(0.022,0.346]	(0.346,0.670]	(0.670,1)
信息化服务水平	(0,0.144]	(0.144,0.315]	(0.315,0.485]	(0.485,1)
产品流通水平	(0,0.239]	(0.239,0.459]	(0.459,0.678]	(0.678,1)
综合水平	(0,0.081]	(0.081,0.312]	(0.312,0.542]	(0.542,1)

9.4.3　智能制造子系统评价

　　产品创新能力水平的分类结果显示，研究区的产品创新能力水平整体上，下游地区优于中游地区和上游地区。下游地区，包含着研究区内产品创新能力水平的高水平区和较高水平区。其中上海、江苏、浙江的产品创新能力贴近度分别为 0.897、0.989、0.591，远高于其他省份。作为长江三角洲的核心省份，这 3 个省份拥有优越的区位条件、科技资源丰富、制造业基础雄厚、区域竞争力优势明显、创新成果多、人才集聚，产品创新能力水平相对比较理想。而长江中上游地区分布着大批老工业基地，传统工业基础坚实同时也面临增长乏力、转型缓慢的发展桎梏，除上海、江苏、浙江 3 个省份外，长江经济地带其他省份的产品创新能力水平均处于中水平区，且整体呈现自东向西递减趋势。

　　信息化服务水平的分类结果显示，研究区的信息化服务水平依然整体呈现出下游地区优于中游地区和上游地区的分布特征，各省份得分 0.1～0.6，区域差距较小，且信息化服务水平的平均值小于产品创新能力水平与产品流通水平，表明信息服务水平是长江经济带智能制造的劣势环节。其中信息化服务高水平省份包括上海、江苏，其信息化服务水平贴近度分别为 0.580、0.569，较高水平省份是浙江、四川，其信息化服务水平贴近度为 0.470、0.411，这些省份信息化服务能力的主要优势在于电子信息技术产业的雄厚基础。另外，重庆、贵州的信息化服务水平得分最低，分别为 0.116、0.112，这与 2 个省份的信息通信产业基础较差有密切关系，但近年来重庆、贵州两省份的信息化发展指数与信息通信应用技术指数增速均高于全国平均水平（中国电子信息产业发展研究院，

2016)，表明其在信息通信方面的发展潜力较大。

产品流通水平的分类结果显示，研究区的产品流通水平依然整体呈现出下游地区优于中游地区和上游地区的分布特征，其中高水平和较高水平省份包括上海、江苏、浙江和四川，其产品流通水平贴近度分别为 0.736、0.677、0.812 和 0.661，从原始数据观察，这些省份的高等级公路拥有量或载货汽车拥有量较高，所以公路货物的运载能力和运载效率较高。贵州的产品流通水平得分最低，得分为 0.216，从地形考虑，贵州山地、丘陵面积占土地总面积的 94.6%，交通是其发展的一大瓶颈。

为了系统研究 11 个省份在三大子系统中呈现出的整体规律，需对其智能制造能力水平进行综合评价。

9.4.4 智能制造能力水平综合评价

表 9-3 中综合水平评价得分和排序清晰显示出长江经济带智能制造能力水平的整体状况。高水平区包括上海、江苏、浙江，其综合水平贴近度分别为 0.803、0.572、0.561，智能制造发展得最为理想，除上海、江苏、浙江外，长江经济地带其他省份的智能制造能力水平均处于中水平区，且整体呈现自东向西递减趋势。在上述的分析中，无论是产品创新能力、信息化服务水平，还是产品流通水平，上海、江苏、浙江 3 个省份的贴近度均优于剩余的 8 个省份，且数值差距偏大，这种情况与当地企业利润水平、科技企业的扶植力度和交通基础设施投入等密切相关，这 8 个省份在经济发展方面也相对落后，受地域和自身发展的影响，在智能制造的发展方面也落后于经济发达的地区。

9.5 研究结论与政策建议

本章从产品创新能力、信息化服务水平、产品流通水平对长江经济带智能制造子能力系统进行评价，并对总体智能制造能力水平进行综合评价。从评价结果来看，长江经济带智能制造的产品创新能力、信息化服务水平、产品流通水平和总体智能制造能力水平均呈现出自上游向下游递增的空间分布特征，上海、江苏、浙江 3 个省份的贴近度均优于其他 8 个省份。从平均值来看，产品创新能力优于产品流通水平，产品流通水平优于信息化服务水平，根据研究结果，提出 4 条政策建议。

（1）协调经济带发展水平，共建制造业创新中心。长江经济带横跨我国东、中、西部，智能制造水平较高的省份均位于长三角地区，说明长江经济带智能制造发展极不均衡，需要区域协调发展，共同推进制造业智能化进程。长三角省份对中上游各省份的辐射带动能力有限，因此，在中上游城市群中选择交通区位好、经济实力雄厚、制造业基础雄厚、科技资源禀赋好、制度优势显著的城市，优先建立制造业创新中心。制造业创新中心的发展，可以较好服务长江中上游地区传统制造业转型和新兴产业发展，为这些地区注入新的增长动力和发展机遇。

（2）提高资金政策，提高自主创新能力。长江经济带各省份智能制造产品创新能力水平差异较大，各省份政府应有针对性地进行规制引导。产品创新能力水平处于中水平区的省份应完善产业创新体系，加大资金支持力度，对于示范性制造业企业给予一定补贴，拓宽企业投融资渠道，提高企业智能化改造的积极性。产品创新能力水平处于较高水平和高水平区的省份应着力于技术创新，尤其是原始性创新和关键共性技术创新，如智能制造关键技术装备、高可靠智能控制，进一步突破发展困境，引领智能化发展。

（3）提高信息服务水平，加强流通设施建设。信息化服务水平位于中、低水平区的省份应加大投入互联网基础设施建设，以互联网为纽带建设安全有效的智能传输网络，并从税收等方面加大对智能制造相关软件行业、电子信息技术产业的扶持，为具有潜力的企业提供更大的发展保障。产品流通水平处于中、低水平区的省份应完善交通物流体系，加大对公路、铁路、航空等交通基础设施建设的投入力度，完善交通网络，提高货物流通效率。同时，加大对智能制造产业相关的物流产业、材料产业的扶持力度。

（4）建立人才培养基地，加强人才队伍建设。长江经济带智能制造的发展需要强大的智力支持。一方面，要加强创新型人才队伍建设，依托国家相关人才工程、人才计划，通过建立创新型人才基地，重点培养紧缺专业人才、创新型科技人才和经济管理人才等。另一方面，要加强海外高层次人才引进，采取持股、技术入股、提高薪酬等更加灵活的政策措施，为数字化、智能化、网络化制造装备产业的长远发展造就雄厚的后备力量。最后，要优化人才培养机制。鼓励企业创新人才培养模式，激励高校和科研院所与企业联合培养智能制造装备重点领域的专业型人才、创新型人才和复合型人才。

参 考 文 献

董志学, 刘英骥. 2016. 我国主要省份智能制造能力综合评价与研究——基于因子分析法的实证分析[J]. 现代制造工程, (01): 151-158.

龚炳铮. 2015. 智能制造企业评价指标及评估方法的探讨[J]. 电子技术应用, 41(11): 6-8.

邵坤, 温艳. 2017. 基于因子分析法的智能制造能力综合评价研究[J]. 物流科技, 40(07): 116-120.

尹峰. 2016. 智能制造评价指标体系研究[J]. 工业经济论坛, 03(06): 632-641.

张艺. 2018. 基于 BP 神经网络的智能制造能力评价研究[D]. 昆明: 昆明理工大学硕士学位论文.

郑志强. 2018. 基于突变级数法的智能制造能力评价研究[J]. 经济论坛, 578(09): 27-32.

中国电子技术标准化研究院. 2016. 智能制造能力成熟度模型白皮书(1.0)[R].

中国电子信息产业发展研究院. 2016. 2015 年中国信息化发展水平评估报告[R].

Frankowiak M, Grosvenor R, Prickett P. 2005. A review of the evolution of microcontroller-based machine and process monitoring [J]. International Journal of Machine Tools & Manufacture, 45(4): 573-582.

Ruiz N, Giret A, Botti V, et al. 2014. An intelligent simulation environment for manufacturing systems[J]. Computers & Industrial Engineering, 76(C): 148-168.

撰稿人：唐德才
审稿人：李廉水

第10章 智能制造的市场结构和创新路径研究

对于传统制造业来说，规模错配往往是导致企业走向末路的原因。智能制造背景下，市场的规模效益出现两极分化：中间品标准件的生产向大规模自然垄断方向发展；制成品和服务市场向小规模个性化方向发展。在智能制造的终端，创新表现为连续产生的多元化结构；在标准件生产端，创新则表现为跃迁式创新和技术的代际更迭。最佳规模的边界将不再清晰，企业也可以有很多种最优选择。

智能化会对制造业市场结构、管理模式、生产过程和工作状态产生颠覆性影响，这基本已经成为学界共识。智能制造对市场结构和创新的底层作用，主要通过影响生产过程的最佳规模来实现。智能制造时代，技术会成为约束企业规模的核心力量，内部管理成本对企业规模的支配作用被弱化，有望打破企业的规模诅咒。企业的最佳规模选择，在智能制造时代会变得宽松很多。

10.1　智能制造的技术特征

智能制造的技术基础是信息技术，信息技术的快速发展催生了制造业的智能化。因此，智能制造的技术特征本质上由信息技术的特征决定。不同的是，信息技术的技术特征在制造业方面还出现了如下一些特别的表现。

10.1.1　制造技术高度共享

在传统制造中，制造技术主要以生产设备和原材料为载体进入生产过程，最终通过制成品的特征体现。比如，在服装的生产制造中，服装的生产工艺主要由制造流水线、布料和辅材（如纽扣、拉链等）、设计图纸三部分组成，这三部分本身又包含很多技术程序。一般而言，一个服装制造商选定了什么样的流水线，基本上决定了它的生产能力和生产效率，以及最佳规模。如果该服装生产商占有的市场能够满足生产线的最佳规模，就不存在产能浪费，为自己生产就够了；但是，如果该服装生产商占有的市场较小，或者由于其他原因导致一部分市场丢失，这时候若还只为自己生产，就会出现产能剩余，生产规模小于最佳规模。对于其他的服装生产商来说，则可能出现相反的情况，市场占有率大于生产线最佳规模，投资新的生产线不合算或者来不及，导致不得不向同类生产商求助。这样，制造技术共享的雏形就出现了。

在信息化不发达的时代，制造企业向同类生产企业购买技术服务的范围较小，选择的空间也不大。同时，制造企业也不可能长期依赖其他制造企业的技术来发展，毕竟制造企业的市场结构以竞争为主，当然不可能实现制造技术的高度共享。然而，在智能制造时代，制造企业的这种市场结构特征受到很大的冲击。

首先，制造企业之间的信息壁垒被打破。随着技术发展的速度越来越快，技术的跨行业应用也越来越广泛。制造企业依靠技术优势保持领先的可能性越来越小，企业寻求的是在短时间内释放技术潜在价值的方法。例如，当一种先进的制造技术被突破，传统的制造企业考虑的是如何利用新技术打击对手，扩大市场份额。但在智能制造时代，企业首先考虑的可能是如何迅速扩大技术的应用，以求在最短时间内把技术的优势发挥出来。因为技术进步的速度太快，技术优势很难长期保持。所以，制造技术高度共享的主观动力是充足的。

其次，信息技术的发展出现了很多技术平台，制造业内共享技术的物理手段已经比较成熟。通过互联网，制造商可以在全产业链选择合适的技术，用较短的时间购买技术服务，将别人的技术，当作一种生产要素，投入自己产品的生产中。这既可以保护自身的市场，又使得先进技术的优势得以发挥。从根本上讲，制造技术的高度共享，使得制造业内部的竞争关系得到缓和，制造业企业之间的市场争夺，出现了分化和分工的趋势，企业之间的合作空间增加。

再次，制造技术的共享性，加剧了制造技术的多元化发展，产业链内的分工越来越细，网络化越来越强，内生技术进步效应越来越突出。事实上，知识共享也是双赢的，这一点符合技术发展的总趋势。

总体来说，制造技术的高度共享，改变了制造业的内部竞争局面，制造业企业结构趋于扁平化，内部分工加剧，制造业之间的合作越来越多，交叉应用越来越多。智能制造的这一特点，从根本上打破了技术壁垒，扩大了技术溢出效应。制造技术高度共享，成为智能制造最大的技术特征，也会对市场结构产生深远的影响。

10.1.2　生产要素组织网络化

智能制造的另一个特征是生产要素组织的网络化。从要素组织结构看，智能制造与传统制造的最大不同，是生产要素的可选择空间呈指数级扩大。智能制造时代，对于每一个制造商来说，其面对的技术选择都不是确定的。与传统制造商不同的是，智能制造商不必将制造技术限定在某一水平，而是可以根据自己的发展战略，在全产业链寻找合适的技术。在确定技术选择以后，制造商同样可以在全产业链范围内，甚至跨产业链寻找、组织生产要素，包括人才、劳动力、原材料、设计、生产工艺等。

生产要素组织的网络化主要得益于信息化平台企业。随着互联网发展的不断深入，平台企业越来越完善，制造企业可以通过平台企业获取生产要素的信息，从而为生产要素组织的网络化提供可能。一方面，制造企业可以通过平台企业，寻找可以获取的生产要素，如技术、设计、工艺类型、原材料等；另一方面，制造企业还可以通过平台企业，获取产品信息，以便根据产品信息，修改自身的组织方式，获得最佳的生产决策。

10.1.3　制造过程智能化

在传统制造过程中，技术是嵌入式的，只有制造企业掌握大部分技术后，才可以组织生产；在智能制造时代，制造过程趋于智能化，制造过程智能化主要表现在 3 个方面。

（1）设计过程的智能化。在传统的制造设计中，要经历市场调研、技术改进、原材料匹配等一系列过程，才有可能进行产品的设计。所以，在传统制造过程中，制造设计的更新换代速度非常慢，一般多年不变。智能制造时代则不同，由于应用了高性能计算机以及机器学习技术，在产品设计过程中，计算机快速完成了大部分工作，包括信息的收集，方案的比对，甚至是小规模的出样，都可以通过智能化网络来完成。对于生产者来说，设计过程的智能化，更多表现为人对设计结果的选择，而不是对设计过程的过多关注，设计过程基本实现了智能化。

（2）生产过程的智能化。传统的生产流水线以人工加机器自动化为主要特征。智能制造时代则不同，生产过程以计算机程序为主导。计算机主导生产过程中的流程设计、原材料安排和生产加工。在这个过程中，人工是辅助的，一般只是执行一个选择过程。

（3）技术改进的智能化。智能制造过程还包含制造过程中发现问题并主动解决问题的过程。这是因为，计算机系统具备学习能力，能够根据制造过程的经验，不断提升制造水平，查漏补缺，不断优化过程，提高制造效率。从这个角度看，制造过程的智能化，将弱化产品生产过程的优势，生产商之间流程控制的比较优势不复存在。这一竞争环节被初始端的智能技术替代。

10.2　市场结构的两极分化与企业规模

从智能制造的技术特征看，它必然会对市场结构带来两方面的重大变化，并最终导致市场结构的两极分化。一方面，智能制造消灭了生产过程中组织的比较优势，使得这一竞争环节不复存在；另一方面，智能制造让初始端的制造技术优势更为明显。因此，智能制造不可避免地造成市场结构的根本性变化。

10.2.1　中间品标准件的超大规模化生产

智能制造时代，技术的传播速度非常快。某项技术一旦获得突破，就具备迅速实现市场价值的可能性。由于信息技术的高度发达，制造企业组织生产要素的网络化，制造技术的服务能力越来越强，范围越来越大，具有向自然垄断方向发展的趋势。如图 10-1 所示，在传统制造中，标准品（如零配件、标准件等中间品）的生产受制于技术工艺和原材料组织方式，边际成本随着规模下降到一定程度后，其下降趋势将不再显著，这一特征从根本上决定了标准品生产商会出现很多。例如，使用传统机床生产精度要求一般的零件，一个生产厂只要年产量达到 1000 件，边际成本就不再下降（如单件 200 元），技术带来的规模效益在较小的规模下就可以完全实现。这时候，即使有个生产厂年产达到 10 万件，其边际成本与 200 元也不会相差太远。因为技术的规模效益已经发挥完毕，只能依靠管理效应降低成本，发展空间有限。所以，在最佳规模较小的技术条件下，如果市场很大，必然会出现很多生产厂商。

智能制造中，技术的投入占比非常大，标准品的边际成本随着生产规模的不断扩大，呈现缓慢下降的趋势，并且这一趋势可以持续到非常大的生产规模。因此，智能制造时代，标准品的生产有产生自然垄断的趋势。例如，芯片的生产技术成本很高，生产规模 10 亿件与生产规模 9 亿件相比，边际成本可以下降 5%，甚至当生产规模达到 30 亿件时，边际成本还在下降。如果全球的芯片市场只有 20 亿件，那么只需要一个生产商就够了。这种技术特征使得客观上就不需要更多的生产商（出于防止垄断的情况除外）。

事实上，在信息时代，集成电路、电子标准件、芯片等标准件的生产已经出现了这种趋势。在这些领域，生产过程基本已经实现了初步的智能化，标准件的边际成本只能当生产规模很大的时候，才能降到较低水平。从市场应用角度看，这些可以出现在众多领域广泛应用的标准电子元器件，市场规模巨大，利润十分丰厚，但生产商数量却不多。一方面，这些标准件需要的生产技术水平较高，掌握这种技术的企业较少；另一方面，组织生产的资本门槛也较高，限制了一些厂商的进入。但是，导致这些标准品只有少量几家生产的根本原因还是智能制造时代标准品生产的自然垄断性。目前，在操作系统开发和智能芯片生产领域，只有为数不多的几个厂商，虽然有金融资本试图进入该领域，也做了技术布局，但最终都没有成功。在美国，谷歌公司（Google Inc.）一直涉嫌垄断，但美国政府也没有更好的方法处理这个问题，诸如操作系统、搜索引擎之类的技术，即使在客户量巨大的情况下，其边际成本仍有下降的趋势。试想一下，即使有新企业，它与谷歌公司（Google Inc.）的技术水平一样，这家企业也很难获得利润，完全没有参与"游戏"的动力。

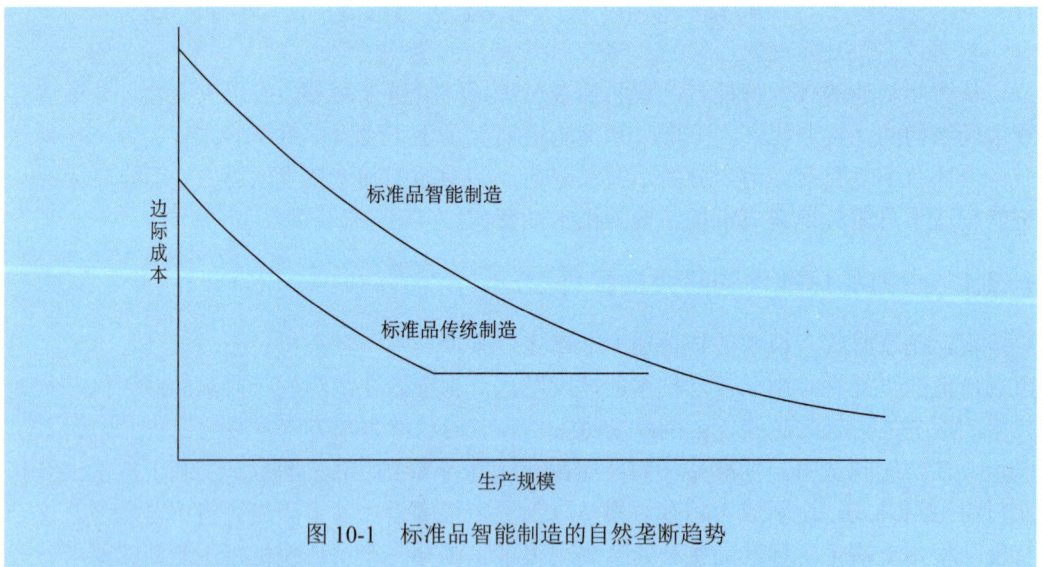

图 10-1　标准品智能制造的自然垄断趋势

10.2.2　制成品的小规模化生产

相反，在制成品方面，智能制造技术却制造了另外一个趋势，即生产的小规模化。在标准品和原材料方面，智能制造趋于大规模标准化定制，生产过程具有自然垄断的趋势。然而，智能制造在制成品方面，却具备了小规模生产的可能性。首先，智能制造技术大大降低了设计成本、出样成本，智能生产技术利用计算机系统，可以满足小规模生产的需要而不增加过多成本。这样，在制成品领域，制造商的进入门槛会很低，可以容纳很多生产商。如图 10-2 所示，在制成品领域，随着制造技术的不断提升，制成品的边际成本对生产规模的依赖会越来越小。

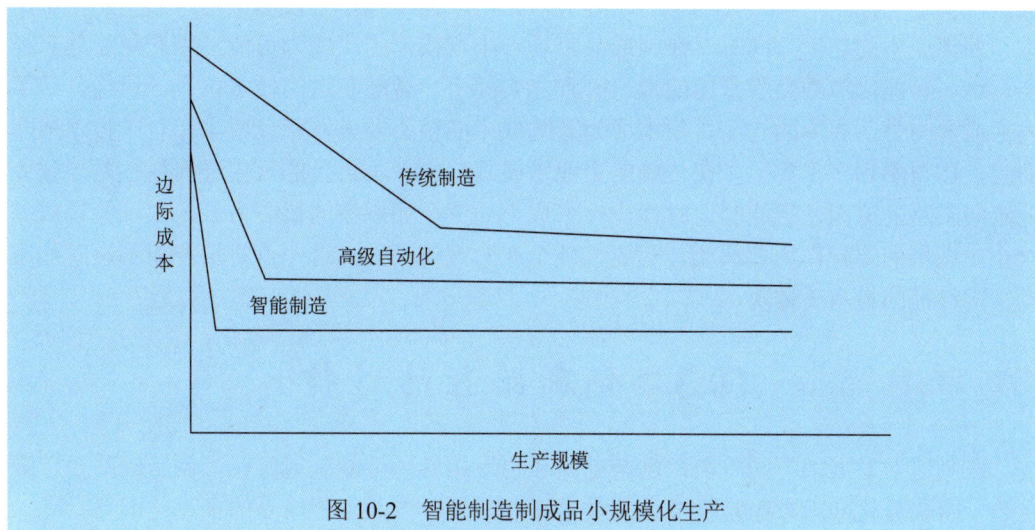

图 10-2　智能制造制成品小规模化生产

概括起来，智能制造的市场结构会趋于两极分化的趋势。标准品的生产趋于自然垄断，而制成品的生产则趋于充分竞争。从市场结构看，智能制造不会形成全产业链的垄断趋势，因此也就不用过多担心智能制造带来的市场效率损失。

值得注意的是，智能制造有消灭制造过程环节优势的可能性，也就是说，传统制造业人工的优势可能不复存在。在智能制造时代，制成品可以满足小规模定制化生产。制成品的投入分为两个部分：一部分是标准化的生产投入，如大规模定制的原材料、标准零件等；另一部分是个性化的生产投入，如手工制作、个性化设计等。标准化的生产投入几乎不存在比较优势，人工的比较优势会向制作的末端转移。这意味着，智能制造时代，劳动力的优势体现在终端产品的个性化生产上，不再体现在流水线上。

10.2.3　企业规模的确定

传统理论认为，企业规模由内部管理成本与市场交易费用的均衡决定。随着企业内部管理成本的上升，扩大企业规模带来的好处不断下降。当企业内部管理成本高于市场交易成本时，企业不再扩大规模，企业需要的资源不再通过内部组织生产，而是变成从市场直接获取。这个条件限制了企业规模的无限制扩大，至少告诉我们，企业的发展速度也大致遵循边际递减的规律。

智能制造对企业规模理论的冲击主要体现在两个方面：一方面，信息技术革命大大降低了市场交易费用，企业可以方便高效地使用互联网，收集信息的成本大大降低，理论上企业的规模应该越来越小，是因为市场越来越透明。按照市场充分竞争的逻辑分析，在交易费用极低的市场条件下，企业规模自然越小越好，这样就可以节约更多的管理成本。另一方面，智能制造的技术共享性，打破了技术壁垒的诸多限制，制造商对技术的认识发生了改变，同质化竞争减少，差异化竞争加剧，以市场换技术的情况逐渐增加，技术独享变成了技术共享，生产要素组织网络化，企业生产的规模效益规律被打破。

智能制造市场结构的两极分化，从根本上改变了传统理论对企业规模的认识。标准品大规模定制性生产具有自然垄断的趋势，生产规模由初始端技术决定，而不是内部成本与外部成本的均衡。同时，在制成品市场，小规模化生产成为可能，生产规模越来越小，这与智能化节约交易费用的推论一致。实际上，智能制造的技术革命，已经打破了内部成本与外部成本的均衡，技术成为影响成本的核心要素，管理成本相对于技术成本而言，显得不那么重要了。在传统的企业发展战略中，不恰当的规模选择往往是导致企业走向末路的原因，智能制造时代，技术成为约束企业规模的核心力量，内部管理成本对企业规模的支配作用被弱化，有望打破企业的规模诅咒，这一点将是智能制造时代市场结构特征的最本质体现。

10.3 创新路径的选择

在制造业发展的不同阶段，创新的路径也不相同。智能制造时代，创新的路径选择也趋于两极分化。一方面是标准品的技术跃迁，另一方面是制成品的多元化创新。

10.3.1 标准品生产的代际跃迁

智能制造时代，标准品的生产技术一经确定，很快就会形成自然垄断的趋势。因此，在标准品的生产领域，生产商很难选择连续性的创新过程。由于生产的规模非常大，生产技术的重置成本很高，所以生产商不会轻易进行微弱的技术创新，只有当技术创新积累到一定程度，创新品可能够产生的效果达到相当可观的程度，标准品的生产才会采用新技术。因此，在大规模制造的标准品领域，创新往往表现为代际跃迁。技术更新呈现代际发展过程，每一代技术相比于前一代而言，都有较明显的提升。这一规律在电子信息行业表现得十分明显，每当信息技术创新积累到一定程度，就会进行更新换代，从芯片技术到通信技术，大致都表现出类似规律。

如果将标准品的含义扩大到更宽的范围，我们会发现，在汽车制造、通用电器、计算机设备等以大量标准品为原材料的加工领域，创新的代际跃迁也非常明显。实际上，在这些行业，标准品生产技术的代际跃迁，在很大程度上也推动了制成品技术的代际跃迁。严格意义上讲，凡是符合大规模标准品生产特征的制造业，在智能制造时代，其创新路径，大致都会呈现代际跃迁的特征。例如，智能手机与前一代手机相比，经历的就是技术的代际跃迁。通信技术从 3G 到 4G，再到 5G 也是如此。

10.3.2 制成品的多元化创新

相较于大规模生产标准品和采用大量标准品进行大规模生产制成品的行业而言，很多制成品制造业的创新则表现为连续性的多元化创新。智能制造在满足制成品小规模生产的同时，也给小规模生产的创新提供了便利。因为生产规模小，生产过程智能化，这就给微创新提供了可能性。与大规模标准品定制相比，制成品市场的小规模样品化定制方式为一些个性化的改进提供了可能性。无论从原材料选取，还是从产品设计方面，只要个性化定制的总量积累到一定程度，就会产生更好的改进可能。在实际操作中会发现，接受个性化定制的制造商，往往可以在积累大量的生产经验以后，总结出更好的、更适合某一类人群的产品。这种创新具有很强的随机性，也不具备可复制性，但特别适合智能制造时代的制成品制造商。例如，基于微信端开发的各种微商城设计、淘宝上的模特试衣、抖音上的各种工件制作等，其创新方式五花八门，在满足消费者个性化需求的同时，又在不断地产生新的创新。

使用智能化设备进行小规模制成品定制，每个制造商的规模都有限，整个市场的制造商数量很大，每个制造商接纳的个性化需求也不一样，这些不同的需求在整个市场上自由组合，必然催生创新的多元化。由于智能制造过程本身具有很强的自我学习性，在满足各种不同的需求时，机器学习的结果也不一样。因此，在丰富的制成品市场，制造商可以被看作是一个充分竞争的群体，虽然他们都使用智能制造技术，但客户类型五花八门，所面对和解决的问题也各种各样，这种情况下产生的创新具有极大的不确定性。如果将制成品市场看作是充分竞争的市场，那么这种多元化创新就可以看作是一个连续发生的过程。

10.4 结 语

从技术演进角度看，技术对市场结构和生产规模的影响越来越大，智能制造市场产生两极分化，反映传统企业规模理论不再适应新的技术发展的事实。虽然智能制造在原材料和中间品端有趋于垄断的趋势，但在制成品方面，市场结构仍然是充分竞争的。制成品市场的充分竞争性，缓解了制造业内部的竞争矛盾，有利于制造业全产业链向扁平化方向发展，促进同质化竞争向差异化竞争转变。智能制造时代，制造业企业的选择只有两个：要么做超大规模的标准品生产商，要么做高精尖的差异化制成品生产商。人才的竞争也会集中在制造的前端和末端，中间环节基本实现无人化和智能化。劳动力优势在智能制造时代将不复存在，取而代之的是初始端的技术优势或制成品端的差异性技术微创新。智能制造时代，最佳规模将变成一个边界模糊的概念，企业可以有很多最优的选择。

撰稿人：蔡银寅
审稿人：刘军

第11章 信息共享对企业生产率的影响
——来自中国制造业企业调查数据的证据

本章利用 2012 年世界银行关于中国制造业企业的调查数据，从外部和内部两个维度探讨了信息共享对企业生产率的影响。结果显示，控制其他条件不变时，外部信息共享和内部信息共享都对企业生产率具有显著且稳健的正向促进作用，主要影响渠道是促进企业产品创新和管理创新，进一步研究发现，外部信息共享对企业生产率的促进作用要强于内部信息共享。异质性分析发现，区域归属、行业性质及企业规模、企业年龄的不同，信息共享对企业生产率的影响也有所不同。本章的回归结果为通过信息化建设促进中国企业生产率发展，提供了微观经验证据。

11.1 引　　言

近年来，人口红利减弱、国外资本回流、环保压力增加、贸易摩擦加剧等复杂的国内外环境因素使得中国经济增速放缓，要想中国经济保持高质量发展，避免进入"中等收入陷阱"，必须将提高生产率作为政府的政策目标和依据（刘志彪，2015）。信息通信技术和网络经济的发展为生产率的提升做出了重大贡献，成为各国经济保持竞争优势的关键因素（Bharadwaj 和 Konsynski，1999；Nakata 和 Kraimer，2008；Chakravarty 等，2013），但值得注意的是，"生产率悖论"（Solow，1987）的现象仍然存在（Stiroh，2002；Badescu 和 Garcés-Ayerbe，2009），众多学者认为，竞争优势的主要来源并不是信息通信技术本身，而是在其基础上的信息共享，现阶段的竞争是信息资源的竞争，信息通信技术只是为其服务的一个工具而已（Sanders 和 Premus，2011；Mithas 等，2011）。

网络经济的发展使得市场参与者之间的交流日益频繁，市场边界逐渐模糊，单打独斗、闭门造车的模式逐渐被淘汰，如何利用外部资源增强自身优势成为企业竞相追逐的目标，信息共享正是产生于此。目前国内外关于信息共享效应的研究，主要集中在供应链领域，缺少信息共享与生产率关系的直接研究。信息共享确实可以克服信息不对称、减少信息失真和"牛鞭效应"（Hsu 等，2008），促进供应链整体效益的提升，但不可否认的是，任何市场参与者都是逐利的行为个体，只有在保证自身利益的条件下，才有意愿进行信息共享；否则，受利益分配不均（Seidmann 和 Sundararajan，1998）和安全隐私保护、知识产权竞争等因素的影响（Li 等，2006），投机行为与道德风险将不可避免。据此，我们有必要厘清信息共享与企业生产率之间的关系，为企业制定相应的政策措施提供依据。

企业是市场参与者的中坚力量，正是大规模的企业集成才构成了现在的市场交易体系。从微观企业角度研究信息共享与生产率之间的关系，更能贴近现实，把握企业的异质性特征，克服宏观表达的粗糙性，加深我们对两者之间关系的认识，为宏观政策的制定提供微观证据。

本章试图在以下方面做出突破：首先，打破前人研究的固有思维，摒弃供应链管理和企业联盟等多企业研究方法，从经济学角度，探讨信息共享与单一企业生产率之间的关系，拓展了信息共享效应的研究领域；其次，与之前学者采用的单变量不同，根据研究范围的不同，将信息共享分为外部信息共享和内部信息共享两个维度，分别探讨两者对企业生产率的影响路径，丰富了理论分析与实证研究；再次，与大量的宏观省际数据和中观产业数据的运用不同，本章利用 2012 年世界银行的制造业企业调查数据，从微观层面探讨了信息共享对企业生产率的影响，弥补了目前微观研究不足的缺陷；最后，针对联立性偏误和遗漏变量所产生的内生性问题，分别运用工具变量和上市公司匹配数据进行了处理效应模型分析和双向固定效应模型回归，较大程度上缓解了内生性对本章实证研究的影响，提高了研究结论的可信度。

11.2　文　献　综　述

11.2.1　信息共享和供应链绩效

信息共享效应的研究最早开始于信贷市场，学者们认为贷款人之间共享借款人信用、信贷市场环境等信息，有助于防范风险，稳定利润（Pagano 和 Jappelli，1993；Brown 等，2009；Houston 等，2010；Hahm 和 Lee，2011）。之后，该类研究扩展到供应链领域，主要是关于各成员企业之间开展信息交流与合作对整个团队效益的影响。

Yu 和 Cheng（2002）证实了在两级分散的供应链中，增加供应商和零售商之间的信息共享能够促进整个供应链的帕累托改进，具体来说，供应商可以在降低库存水平和减少成本方面获得好处。Zhou 和 Benton（2007）基于北美 125 家制造业企业数据，验证了有效的信息共享会改善供应链的实践效果，并指出信息共享和供应链实践都有利于提升供应链绩效。Prajogo 和 Olhager（2012）基于 232 家澳大利亚的企业数据，发现信息技术与信息共享通过物流一体化来促进供应链绩效的提升。Schloetzer（2012）指出广泛的信息集成和信息共享对供应链的财务绩效具有积极影响，并加强了供应商与经销商的后续合作。叶飞和李怡娜（2006）及曾敏刚和吴倩倩（2013）以广东珠三角地区为调查对象，分别论证了信息共享对企业运营绩效和供应链绩效的积极影响。冯长利等（2015）以供应链敏捷性和环境动态性为中介变量，研究了知识共享对企业绩效的影响，认为知识共享不仅对企业绩效产生直接影响，还通过上述两个因素对其产生间接影响。简兆权等（2018）基于广东珠三角地区的样本数据，分析了信息共享对创新绩效的影响，发现信息共享对企业创新绩效具有积极作用，网络能力在其中起中介作用。

信息共享对供应链整体绩效的影响多为正面的，但涉及单个企业的效益分配时，结果并不一致。Seidmann 和 Sundararajan（1998）虽然肯定了信息共享对供应链的绩效，但却指出，供应链中的企业成员在其中的收益分配并不均衡，相对于零售商的较大获益，供应商并没有获得应有的回报，反而因为零售商收益的增加，自身利益从中受损。Baihaqi

和 Sohal（2013）认为信息共享与组织绩效之间并没有直接的关系，它们之间的关系是通过供应链之间的协作来实现的，也就是说信息共享是必不可少的，但本身并不足以为企业带来显著的绩效提升。霍沛军（2002）通过引入信息不对称的双寡头模型，研究了信息共享对企业运营绩效的影响，结果显示，信息共享中存在着"囚徒困境"，每个企业都想在满足协议基本要求的前提下，减少自己提供给对方的信息，试图增加自己的利益，但结果每个企业的利益都会减少。陶文源等（2002）把供应商的信息引入到制造商的决策中，分析了供应商与制造商信息共享对供应链效率的影响，发现信息共享降低了供应链成本，改善了供应商服务，但是成本较高的供应商并没有从中获益，还要被迫与制造商共享信息；而制造商和成本低的供应商都从中获得较大收益。这说明信息共享虽然提高整个供应链的效率，但并不代表着供应链环节中的每个企业成员就一定获益。

11.2.2　信息通信技术与生产率

这方面的研究，主要是通过探讨信息通信技术对生产率的影响来验证"生产率悖论"是否存在。Bharadwaj（2000）基于资源基础理论，将信息通信技术视为一种内部资源，认为具有较强信息通信技术能力的企业在财务绩效或企业盈利方面比一般企业具有更好的表现，进而企业竞争力更强，促进生产率提升。Timmer（2005）比较了欧盟和美国之间生产率的差异，认为两者生产率差异的主要来源是信息技术资本的深化和信息技术产品所带来的全要素生产率的增长，这说明美国生产率远高于欧盟的主要原因是信息通信技术发展的优势。邵宇开等（2006）从宏观区域层面分析了信息化与劳动生产率之间的关系，发现中国的信息化与生产率整体上具有正相关关系，同时又具有明显的不平衡性，与中国经济的"二元性"相似，信息化与生产率之间的关系也具有"二元性"特征。汪淼军等（2007）对浙江企业信息化的实证研究表明，企业生产绩效随着信息化投资的增加而提升，且企业信息化投资的效率要远高于物质投资。郭家堂和骆品亮（2016）采用省级面板数据验证了互联网对中国全要素生产率的积极影响，认为 Solow（1987）提出的"生产率悖论"并不符合中国实际，他可能忽略了信息通信技术对网络扩散的支持作用。

也有学者认为信息通信技术的作用可能被高估了，"生产率悖论"确实存在。Stiroh（2002）基于美国制造业行业的研究，认为没有证据表明信息技术的溢出或网络效应会带来全要素生产率的增长。Badescu 和 Garcés-Ayerbe（2009）以西班牙 341 家企业为研究对象，发现信息化投资与生产率之间并没有正相关关系，这可能与信息化使用后的滞后效应有关。张之光和蔡建峰（2012）认为信息技术投资对中国经济增长的作用并不明显，而且会导致产出绩效的减少，证实了"生产率悖论"的存在。靖飞和俞立平（2013）发现信息化对经济增长的贡献要小于劳动力和资本，反而是经济增长对信息化的带动作用更为明显。

通过以上文献述评，我们了解目前关于信息共享及生产率方面的研究主要分散在信息共享与供应链绩效、信息通信技术与生产率两个方面，缺乏对信息共享与生产率关系的直接研究，这是我们研究信息共享与生产率关系的前提，体现了本章研究的必要性。

11.3　机理分析与研究假设

关于信息共享，并没有明确的定义，普遍认为，信息共享是供应链中企业成员之间数据与资料的分享与交流，不同学者根据不同的研究视角对其做出了不同的分类（Lee和 Whang，2000；Carr 和 Kaynak，2007）。本章在此基础上，突破供应链范畴，从一般企业角度，将信息共享分为内部和外部两个维度。其中，前者是指企业内部各部门在集体目标的制约下开展经营活动与业务流程等信息的共享；后者，则是企业与外部同行、合作者甚至竞争者之间关于生产、经营、研发、管理等信息的共享，目的是加强沟通、节约成本、提高效率、优化资源配置。

在 Timmer（2005）和王艾敏（2015）研究的基础上，采用经典的科布-道格拉斯生产函数，将信息共享作为一种独立的要素投入，探讨其对企业生产率的影响。

改良的生产函数为

$$Y = A K^{\alpha} L^{\beta} P^{\gamma} \tag{11-1}$$

其中，Y 为产出；K 为资本投入，资本投入中包括信息基础设施的投入；L 为劳动力；P 为信息共享要素，是我们在生产函数中基于信息基础设施加入的，前文中提到，简单的信息资本投入并不能带来企业生产率的大幅度提升，只有以信息资本为契机，开展系统的信息共享才能发挥其规模优势，因而我们有理由将信息共享作为一种单独的要素投入，来探讨其对企业产出的影响；A 为全要素生产率，代表着除了资本投入、劳动力投入和信息共享要素之外的所有要素的投入贡献；α，β 和 γ 分别代表着相应要素的弹性系数。由于我们要考察的是信息共享对企业生产率的影响，而 Y 代表的是企业总产出，所以我们对该模型做出改动。等式两边同除以常数 C，C 代表着企业当年的固定投资总额，此时的生产函数为

$$\frac{Y}{C} = \frac{AK^{\alpha}L^{\beta}P^{\gamma}}{C} \tag{11-2}$$

为了减少异方差，我们对等式两边分别取对数，得到新的函数模型：

$$\ln Y - \ln C = \ln A + \alpha \ln K + \beta \ln L + \gamma \ln P - \ln C \tag{11-3}$$

进一步推导，可得到我们最终使用的理论模型：

$$Y_{ti} = \alpha K_{ti} + \beta L_{ti} + \gamma P_{ti} + e \tag{11-4}$$

其中，Y 是企业生产率；K，L 和 P 分别是资本，劳动力和信息共享；α，β 和 γ 分别是相应生产要素的弹性系数；e 是全要素生产率 A 的对数。依据该模型，本章分别探讨外部信息共享和内部信息共享对企业生产率的影响。

外部信息共享主要侧重于企业与外部市场参与者之间的交流与合作，根据资源的有限性理论，企业仅仅依靠自身的特定资源是无法获得长期效益的，必须与其他市场参与者开展积极的信息共享与交流，将其与自身特质相结合，才能获得生产率的稳步提升，带来源源不断增长的利益。首先，外部信息共享减少了信息不对称与信息失真现象，降低了企业的交易成本和"牛鞭效应"（Hsu 等，2008），使企业更容易接触行业内的先进技

术与发展前沿，让企业迸发新想法，开发新产品，改进产品生产流程，提升企业生产率。其次，外部信息共享能打破地域壁垒，促进不同企业文化的交流与碰撞，有利于知识技术的吸收与企业内核的重塑，提高企业智力资本，增强企业管理弹性，提高企业生产率。最后，企业外部信息共享有利于形成基于自身特定优势的战略联盟，打造产业集群高地，通过资源互补，提高企业创新水平和整体实力。外部信息共享通过促进企业产品创新和管理创新提升企业生产率。

内部信息共享主要侧重于企业内部各部门之间的信息传递与汇总，企业内部各部门不是独立的存在，而是一个命运共同体，只有各部门之间相互交流与融合，才能增强企业自身的凝聚力，为企业生产率的提升提供稳定的培育环境。首先，内部信息共享能够减少企业内部的组织冗杂度和工作失误率，提升产品与服务质量，进而提升企业整体的工作效率与运营活力。其次，内部信息共享能够加深员工对本职工作的认同感与归属感，提高学习积极性与工作参与度，增强研发创新能力，改善企业规划，提升企业预期，进而提高企业生产率。最后，内部信息共享可以通过知识与经验的交流提升企业的过滤能力与抗风险能力，快速消化和吸收获得的信息资源，制定相应的政策措施以应对激烈的竞争环境。内部信息共享通过促进企业管理创新提升企业生产率。

综合以上观点，本章提出两点研究假设。

（1）假设 1：控制其他条件不变时，外部信息共享和内部信息共享都对企业生产率具有显著促进作用。

（2）假设 2：信息共享对企业生产率的主要影响渠道是企业产品创新和管理创新。

11.4　研　究　设　计

11.4.1　模型构建

根据上述理论分析，结合所使用的数据，构建以下模型来验证信息共享对企业生产率的影响。

$$\text{productivity}_{ips} = \alpha_0 + \alpha_1 \text{exshare}_{ips} + \alpha_2 X_{ips} + \mu_{ips} \tag{11-5}$$

$$\text{productivity}_{ips} = \beta_0 + \beta_1 \text{inshare}_{ips} + \beta_2 X_{ips} + \sigma_{ips} \tag{11-6}$$

其中，productivity 表示企业生产率；exshare 和 inshare 分别代表企业外部信息共享和内部信息共享；X 为一系列控制变量；i，p 和 s 分别表示企业，省份和行业部门；μ 和 σ 为随机误差项。上述两个模型分别衡量外部信息共享和内部信息共享对企业生产率的影响。

11.4.2　变量选取

1. 被解释变量

本章主要探讨的问题是信息共享对企业生产率的影响，被解释变量为企业的劳动生产率，它代表着一定要素投入量，特别是劳动要素投入量所带来的产出值的相对大小。

由于所使用的数据是世界银行关于中国制造业企业 2009～2011 年的调查数据,定义企业 2011 年的销售总额与当年的就业总人数之比来表示企业劳动生产率,为缓解异方差,对该数值进行对数化处理。同时,为保证实证结果的完整性与稳健性,结合使用的数据,使用索罗剩余法对企业的全要素生产率进行测算(张三峰和魏下海,2019)。在科布-道格拉斯生产模型的基础上,采用企业 2011 年的销售总额作为产出 Y;企业 2011 年固定资产折旧后的净值作为资本要素 K;企业 2011 年的就业总人数作为劳动要素 L;计算出企业的全要素生产率,作为企业劳动生产率的替换变量,纳入回归分析。

2. 解释变量

本章的核心解释变量为企业外部信息共享与内部信息共享。外部信息共享选取调查数据中关于"企业是否与材料供应商分享需求计划""企业是否与客户分享生产和补货计划""企业是否与材料供应商分享原材料库存信息""企业是否与客户共享产成品库存信息"的问答,为便于变量的理解与分析,我们将其设置为"是"为"1","否"为"0",将 4 个变量值相加,得到综合的外部信息共享变量。内部信息共享变量采用调查数据中关于"企业运营过程中,有多少机构使用企业统一提供的数据和软件"的问答,企业对该问题的回答选项分别为"没有""有一些""全部",将这些选项依次赋值为"1""2""3",数值越大,则表示企业内部信息共享程度越高。

在考察企业生产率的影响因素时,还应纳入一些其他其紧密相关的控制变量:①企业年龄(year)。企业成立年限的长短对企业生产率具有较大影响,采用"2011-企业开始经营时间"的对数来表示企业年龄变量。②企业规模(size)。企业规模的大小直接关系组织内部上行下达的速度,关系企业处理业务的效率;根据前人研究,企业规模变量通常由年度销售总额、固定资产总额、企业总资产的对数来表示。由数据的可得性,这里采用"企业成立初期就业总人数"的对数来表示。③企业出口(export)。企业出口可以通过本土产品与国外产品的交流与竞争,促进产品的更新与改进,对生产率产生一定刺激作用。同时,出口也可以扩大企业产品的知名度,创造品牌效应,促进企业生产率的提升,据此设置相应的出口虚拟变量,"企业直接或间接出口"为"1","企业全部内销"为"0"。④设备使用率(capacity)。企业的设备使用率代表着等量设备产出值的相对大小,设备使用率越高,产品成本越低,但同时,产品生产过多会带来一定的产品积压与产能过剩,设备的损耗也会增加,又间接影响企业生产率的变化。⑤竞争程度(competition)。市场竞争程度能够激发企业的学习与研发动力,改善企业的生产率,但竞争程度过大也会导致一部分企业由于压力过大而退出市场,根据企业面对的竞争对手的多寡设置相应的虚拟变量,"竞争激烈"为 1,否则为"0"。⑥员工素质(education)。企业的员工素质代表着企业在技术研发、产品生产及组织管理等方面的能力,直接影响企业的生产效率,采用企业员工的平均受教育年限来衡量员工素质。⑦所有权性质(gov)。考虑到企业所有制结构的不同,根据企业国有股份的比例设置所有制变量,数值越大,代表国有股份比例越高。⑧国际质量认证(certify)(郑妍妍等,2015)。国际质量认证代表着本土产品在国外所获得的质量与销量的肯定,直接关系企业后续的生产研发与市场占有,根据"企业是否获得国际质量认证"的问答设置虚拟变量,"是"为"1","否"

为"0"。⑨融资约束（finance）。企业获得资金的难易程度会影响企业的发展潜力，根据企业自身所感知的难易程度设置融资约束变量，"有融资约束"为"1"，否则为"0"。

此外，本章还设置了相应的行业和区域变量来保证结果的准确性。行业变量中，删除了非制造业行业的变量，同时对制造业行业内部的具体部门类别进行控制；区域变量中，根据城市的分布设置了相应的省份变量，以"安徽省"为基准组，"所在省份"为"1"，"其他"为"0"，选取安徽省为基准组，安徽省作为东部和中西部地区的过渡地带，能够较好地衔接两个区域，利于把握区域发展的异质性差异。

11.4.3　数据来源与描述性统计

本章所使用的数据来源于 2012 年世界银行关于中国企业的调查数据，该调查数据涵盖了中国 12 个省份中 25 个城市的 2700 家企业。调查问卷的内容主要包括企业的基本信息、基础设施和服务、销售与供应情况、市场竞争环境、企业固定资产、技术创新、各项财务指标以及雇佣状况等，内容较为全面。对于数据中"不知道"或"不回答"的选项，都作为"缺失值"处理，由于数据样本量较大，这些缺失值不会影响实证结果。表 11-1 是主要变量的描述性统计。

表 11-1　主要变量的描述性统计

主要变量	样本量	均值	标准差	最小值	最大值
productivity	1692	12.47	1.04	8.91	17.77
exshare	1657	1.81	1.51	0.00	4.00
inshare	983	2.53	0.59	1.00	3.00
year	1648	2.33	0.57	0.00	4.82
size	1562	3.37	1.24	0.00	9.66
export	1693	0.33	0.47	0.00	1.00
capacity	1654	0.87	0.11	0.07	1.00
competition	1693	0.65	0.48	0.00	1.00
education	1655	10.18	1.88	1.00	18.00
gov	1689	0.03	0.17	0.00	0.95
certify	1676	0.72	0.45	0.00	1.00
finance	1693	0.15	0.36	0.00	1.00

11.5　实证结果与分析

11.5.1　基本回归结果

为减少异方差对实证结果的干扰，采用怀特（White）推导出的异方差一致协方差矩阵，对模型的标准误差进行修正，缓解了模型的异方差问题，使结果更为可靠。

（1）将被解释变量分别为企业劳动生产率和全要素生产率的回归结果进行对比。如

表 11-2 所示，可以发现当被解释变量为劳动生产率时，在模型 1 和模型 2 中，外部信息共享显著正相关于企业生产率，回归系数为 0.077 2；内部信息共享正相关于企业生产率，回归系数为 0.117 7，两者分别在 1% 和 10% 的水平上显著。可以发现，相较于外部信息共享，内部信息共享的显著性较弱。当被解释变量为全要素生产率时，在模型 3 和模型 4 中，外部信息共享与全要素生产率显著正相关，而内部信息共享对全要素生产率虽然也具有正面影响，但并不显著，基本上验证了被解释变量为劳动生产率时的回归结果。需要指出的是，内部信息共享侧重于企业内部管理和员工关系方面，对内部组织方面的政策调整都是长期措施，加上企业员工知识水平的提升和工作经验的增加也有一定的时效限制，因此内部信息共享对企业生产率的影响显著性较弱。

（2）控制变量方面。　①企业年龄对企业生产率具有一定的正面影响。企业在成立之初，各事项还未步入正轨，企业需要为未来的生产经营活动做多方准备，需投入大量人力物力，因此产出很少或几乎没有产出；随着企业年龄的增加，生产经营较为稳定，内部管理较为科学，企业生产率不断提升；但同时，随着企业年龄的继续增加，企业活力日渐衰退，发展后劲不足，又会对企业生产率产生一定的抑制作用。②企业规模对企业生产率具有一定的正面影响。企业规模较小时，企业人员与机构较为简单，学习能力强，成长速度快，但抗风险能力较弱，不足以为企业生产率带来明显提升；随着企业规模不断扩大，组织人员日益完善，职责权限日渐明晰，企业生产率在各部门的相互配合下稳步提升；但随着企业规模的继续扩张，企业资源趋于饱和，管理机构不断僵化，又会对企业生产率产生一定的抑制作用。③企业出口和企业生产率显著正相关。企业出口可以在国际市场上提高企业的知名度，扩大销售，同时也能够让企业学习国外相似产品生产的技术与经验，通过出口带来的学习与溢出效应提高自身的生产效率（刘志彪和张杰，2009）。④员工素质与企业生产率显著正相关。员工受教育时间的长短大致体现员工的整体素质，员工素质越高，学习与管理水平越高，对新兴知识与信息的消化与吸收能力也越强，能够迅速将其转化为企业生产力。⑤国际质量认证对企业生产率具有一定的正面影响。企业拥有国际质量认证代表着企业的产品资质受到了国际市场的认可，有利于拓展企业发展领域，扩大企业产品销售；但同时，国外质量认证又使得企业面临的竞争对手和市场风险更为强劲，这会对企业生产率产生一定冲击。⑥融资约束对企业生产率具有一定负面影响。企业获取资金的难度越大，则企业的生产经营活动就会越受约束，进而影响企业生产率；但同时，这种约束也会刺激企业利用现有资源开展技术创新，缓解融资约束的负面影响。

其他控制变量中，企业的设备使用率一定程度上代表着企业的产能，设备使用率越高，企业产品成本越低，越有利于减少投入；但同时产品过多带来的产能过剩和设备磨损又会对企业生产率产生抑制作用。市场竞争程度越高，会在一定程度上刺激企业进行技术研发，提高企业创新能力，促进企业生产率的提升；但若市场竞争程度过大，会造成企业内外环境的不稳定，甚至有些企业会被迫退出市场，这又会抑制企业生产率的提升，甚至会导致生产率下降。企业所有制结构中，与一般私企或外资企业相比，国有企业由于优越的体制政策，在生产率提升方面具有较大优势；但由于一些企业内部行政化较为严重，企业运行活力一般，又会对企业生产率产生相应的抑制作用。

表 11-2 基本回归结果

变量	模型 1 prod	模型 2 exshare	模型 3 prod	模型 4 inshare
exshare	0.077 2***		0.043 8**	
	(0.019 3)		(0.018 9)	
inshare		0.117 7*		0.097 5
		(0.070 1)		(0.068 3)
year	0.031 2	0.092 1	0.037 2	0.060 4
	(0.053 2)	(0.069 5)	(0.053 3)	(0.071 5)
size	0.006 8	0.037 1	−0.002 4	0.025 2
	(0.027 3)	(0.036 9)	(0.027 0)	(0.035 8)
export	0.152 7**	0.241 2***	0.151 9**	0.220 6***
	(0.062 0)	(0.081 9)	(0.059 5)	(0.078 6)
capacity	0.006 6	−0.068 5	0.222 3	0.318 7
	(0.297 9)	(0.336 9)	(0.300 9)	(0.338 2)
competition	−0.065 5	−0.078 4	−0.060 4	−0.036 1
	(0.064 4)	(0.083 0)	(0.063 6)	(0.082 0)
education	0.023 4	0.042 0*	0.034 0**	0.045 2*
	(0.017 0)	(0.024 2)	(0.016 7)	(0.023 6)
gov	0.107 1	0.074 6	0.232 8	0.240 8
	(0.226 7)	(0.242 1)	(0.190 5)	(0.204 1)
certify	0.084 4	0.130 8	0.022 4	0.007 1
	(0.061 6)	(0.087 3)	(0.059 0)	(0.085 3)
finance	−0.023 2	−0.081 7	−0.135 7**	−0.218 2**
	(0.071 6)	(0.091 8)	(0.068 5)	(0.089 9)
province	控制	控制	控制	控制
industry	控制	控制	控制	控制
constant	11.274 3***	11.153 2***	−1.436 4***	−1.460 7***
	(0.411 2)	(0.505 8)	(0.431 1)	(0.521 6)
observations	1438	894	1222	755
R^2	0.099 9	0.121 5	0.120 2	0.150 3

注：①括号里为异方差稳健标准误。②*、**、***分别表示在 10%、5%和 1%上显著。

11.5.2 内生性处理

本章实证研究中可能会因为联立性偏误或遗漏变量问题而存在一定的内生性,据此,寻找工具变量和新的样本数据进行了内生性缓解和面板补充回归,以提高实证检验的可信度。

1. 处理效应模型

根据 2005 年世界银行对中国 120 个城市中企业营商环境的调查数据,将企业内部接受正规 IT 培训的劳动力比例和采用微机化办公的员工比例的乘积作为样本企业的基本信息化办公水平(office);同时按照企业所在城市类别求取平均数,与本章所使用的 2012 年世界银行的调查数据进行匹配,得到样本城市层面的企业整体信息化水平,也就是我们所寻找的工具变量。采用该指标作为工具变量的原因主要有两点:一是满足工具变量的相关性,2005 年城市层面的企业整体信息化办公水平,与具体企业经营活动中的微机化使用情况紧密相关;同时通过各企业的相互交流与融合影响 2012 年城市层面的整体信息化办公程度。二是满足工具变量的无关性,2005 年城市层面的企业整体信息化办公水平代表着一定阶段的整体技术水平与信息储备容量,可能会通过企业内外部的信息交流与合作对企业生产率产生间接影响,但信息共享并不直接影响 2012 年企业的生产效率。采用该工具变量构建处理效应模型,处理效应模型中的解释变量需要是 0~1 变量,我们对外部信息共享和内部信息共享两个核心解释变量做虚拟化处理,被解释变量与控制变量不变。两步法和 MLE 最大似然法估计结果如表 11-3 和表 11-4 所示。

表 11-3　两步法估计结果

变量	模型 1 prod	模型 2 exshare	模型 3 prod	模型 4 inshare
exshare	4.5799^{**} (1.9763)			
inshare			13.7116^{*} (7.9264)	
office		3.3116^{***} (1.1881)		3.8322 (2.4926)
year	0.0401 (0.0683)		0.0355 (0.1074)	
size	0.0194 (0.0333)		0.0166 (0.0525)	
export	0.1472 (0.0906)		0.1683 (0.1423)	
capacity	-0.0390 (0.3690)		-0.0418 (0.5839)	
competition	-0.0666 (0.0872)		-0.0802 (0.1359)	
education	0.0175 (0.0223)		0.0149 (0.0346)	
gov	0.0130 (0.2431)		0.0163 (0.3710)	

续表

变量	模型 1 prod	模型 2 exshare	模型 3 prod	模型 4 inshare
certify	0.086 0		0.086 1	
	(0.093 1)		(0.142 6)	
finance	−0.006 2		0.002 4	
	(0.109 4)		(0.169 6)	
province	控制	控制	控制	控制
industry	控制	控制	控制	控制
Constant	10.444 8***	−1.051 4***	−1.875 0	1.621 7***
	(0.639 1)	(0.095 5)	(7.752 2)	(0.180 5)
Observations	1455	1455	1455	1455

注：①括号里为异方差稳健标准误。②*、**、***分别表示在 10%、5% 和 1% 上显著。

表 11-4　MLE 最大似然法估计结果

变　量	模型 1 prod	模型 2 exshare	模型 3 prod	模型 4 inshare
exshare	1.055 8***			
	(0.276 4)			
inshare			1.064 2**	
			(0.482 2)	
office		3.621 3***		4.659 6*
		(1.114 2)		(2.591 2)
year	0.060 5		0.057 7	
	(0.048 6)		(0.048 7)	
size	−0.005 1		−0.003 7	
	(0.023 3)		(0.023 4)	
export	0.124 9**		0.141 5**	
	(0.062 8)		(0.063 0)	
capacity	0.128 1		0.060 0	
	(0.263 5)		(0.261 9)	
competition	−0.092 1		−0.107 9*	
	(0.060 4)		(0.060 4)	
education	0.043 3***		0.039 3***	
	(0.014 9)		(0.015 0)	
gov	−0.030 8		−0.050 5	
	(0.160 6)		(0.160 3)	
certify	0.169 3***		0.171 6***	
	(0.064 0)		(0.063 9)	

续表

| 变 量 | 模型 1 | 模型 2 | 模型 3 | 模型 4 |
	prod	exshare	prod	inshare
finance	0.004 6		−0.004 4	
	(0.075 6)		(0.075 2)	
region	0.068 9		0.074 3	
	(0.072 0)		(0.071 9)	
sector	0.137 8**		0.138 5**	
	(0.061 6)		(0.061 6)	
constant	11.305 5***	−1.073 5***	10.595 9***	1.565 5**
	(0.324 9)	(0.091 3)	(0.559 1)	(0.185 5)
observations	1455	1455	1455	1455

注：①括号里为异方差稳健标准误。②*、**、***分别表示在10%、5%和1%上显著。

采用两步法估计时，在模型 1 与模型 2 中，工具变量 office 对外部信息共享具有显著正面影响，且外部信息共享与企业生产率仍在 5%水平上显著正相关，回归系数为 4.579 9，说明外部信息共享通过内生性处理之后与企业生产率仍显著正相关，这与前文的实证分析保持一致。在模型 3 和模型 4 中，内部信息共享通过内生性处理之后对企业生产率仍具有正面影响，但显著性较弱；且工具变量 office 对内部信息共享虽具有一定的正面影响，但不显著，说明内部信息共享的内生性问题还需要进一步检验。

为保证内生性处理的完整性，进行更有效率的 MLE 最大似然法估计，为防止出现有缺失值的不连续区域，保证 MLE 方法的收敛性，将区域和行业控制变量进行虚拟化处理，用"东部沿海和中西部地区""资本密集型企业和劳动密集型企业"二值变量替代。在模型 1 和模型 2 中，工具变量 office 对外部信息共享作用显著，外部信息共享通过内生性处理之后仍在 1%的水平上显著，回归系数为 1.055 8，说明外部信息共享通过内生性处理之后与企业生产率仍显著正相关，与两步法估计完全一致。在模型 3 和模型 4 中，工具变量 office 对内部信息共享作用显著，内部信息共享通过内生性处理之后仍在 5%的水平上显著，回归系数为 3.621 3。但需要注意的是，这里的 p 值高达 0.36，这说明似然比检验（likelihood ratio, LR）结果接受了"内部信息共享不存在内生性"的假设，即内部信息共享可以直接进行回归估计。综上，外部信息共享和内部信息共享的回归结果都通过了内生性检验。

2. 面板数据回归

对于遗漏变量造成的内生性问题，本章采用基于面板数据的双向固定效应模型进行回归。所采用的数据分别来源于 CNRDS 上市公司基本信息数据库和国泰安上市公司治理结构数据库，两者分别披露了 1990 年和 1999 年以来上交所和深交所上市公司的基本信息，包括股票代码、经营范围、注册资本、所属行业及董监高资料、高管人员变动与股权变动等情况。具体而言，将两个数据库中关于上海证券交易所（上交所）和深圳证券交易所（深交所）上市公司 2008~2017 年的数据进行匹配与整合，删除重复的数据，得到 687 家企业 5064 个样本量，构成一个 10 年期非平衡面板数据。

这里构建的回归模型为

$$Y_{it} = \alpha + \beta X_{it} + \gamma Z_{it} + \mu_{it} \tag{11-7}$$

其中，Y 为被解释变量，这里是企业的劳动生产率，由企业当年主营业务收入与员工人数之比的对数表示；同时，采用前文所述方法，将企业主营业务收入、固定资产总额、员工总人数分别表示企业总产出 Y，企业资本 K 和劳动力 L，计算企业当年的全要素生产率，作为劳动生产率的替换变量，以保证计算过程的稳健性。X 为两个核心解释变量，外部信息共享选取数据中"企业与商业伙伴是否建立了战略机制与平台，包括长期的战略合作协议、共享的试验基地、共享的数据库以及稳定的沟通交流平台"代表企业与外部市场成员进行信息共享与交流的状况，有则为"1"，没有则为"0"；内部信息共享选取数据中"企业有较好的沟通渠道让员工意见或建议传达到高层"代表企业内部员工与员工、员工与领导之间的交流程度，有则为"1"，没有则为"0"。Z 为企业年龄、企业规模、员工素质、企业质量认证、国有产权比例、女性高管等一系列控制变量；其中，企业年龄、企业规模的计算方法和前文一致，员工素质由"企业是否对职工进行职业培训"来表示，"是"为"1"，"否"为"0"；企业质量认证由"企业在产品生产方面是否获得了质量认证和荣誉"，"是"为"1"，"否"为"0"；国有产权比例代表着国家或政府对企业的控制程度，代表着企业的产权性质；女性高管由"企业的 CEO 或董事长是否为女性"，"是"为"1"，"否"为"0"。同时，加入了企业年份变量，采用双向固定效应模型，以衡量时间变化对企业生产率的影响。i，t 分别表示企业样本和时间变量，μ 为随机误差。回归结果如表 11-5 所示。

表 11-5　面板数据回归结果

变　量	模型 1 prod	模型 2 prod	模型 3 tfp	模型 4 tfp
exshare	0.031 9**		0.031 2**	
	(0.016 0)		(0.014 9)	
inshare		0.011 1		0.009 0
		(0.015 4)		(0.014 1)
age	−0.048 9	−0.047 6	−0.219 5	−0.218 0
	(0.149 3)	(0.148 6)	(0.146 2)	(0.145 7)
size	−0.682 7***	−0.681 1***	−0.383 1***	−0.381 5***
	(0.048 4)	(0.048 5)	(0.037 0)	(0.037 1)
quality	0.011 0	0.013 0	0.001 1	0.003 1
	(0.014 8)	(0.014 9)	(0.013 7)	(0.013 6)
train	0.039 0	0.039 0	0.025 4	0.025 6
	(0.027 7)	(0.027 7)	(0.026 9)	(0.026 9)
gov	0.176 5***	0.178 2***	0.074 7	0.076 5
	(0.063 9)	(0.064 1)	(0.059 1)	(0.059 4)

续表

变　量	模型 1 prod	模型 2 prod	模型 3 tfp	模型 4 tfp
woman	−0.056 5**	−0.054 8**	−0.032 8	−0.031 3
	（0.027 3）	（0.027 2）	（0.024 6）	（0.024 5）
year	控制	控制	控制	控制
constant	20.328 7***	20.317 2***	3.750 3***	3.738 8***
	（0.511 5）	（0.510 9）	（0.452 0）	（0.451 5）
observations	5064	5064	5064	5064
n	687	687	687	687
R^2	0.442 2	0.441 5	0.241 8	0.240 9

注：①括号里为异方差稳健标准误。②*、**、***分别表示在 10%、5%和 1%上显著。

如表 11-5 中所示，模型 1 和模型 2 的结果表明，外部信息共享与企业劳动生产率显著正相关，回归系数为 0.031 9，在 5%的水平上显著，内部信息共享虽然对企业生产率具有一定的正面影响，但并不显著，这可能受到了时间因素、企业异质性因素影响。总体来看，企业信息共享越积极，企业的生产效率越高。模型 3 和模型 4 的结果表明，在替换了被解释变量以后，实证结果并没有发生较大变化，外部信息共享与企业全要素生产率显著正相关，内部信息共享对企业全要素生产率具有一定的正面影响，但并不显著。该结论与前文中的基本回归结果基本一致，即通过采用双向固定效应模型对面板数据进行回归，结果仍然表明信息共享特别是外部信息共享对企业生产率具有稳定的促进作用，企业应依托现阶段信息化市场的发展趋势，积极发挥信息共享对企业生产率的贡献程度。

11.5.3　异质性分析

1. 地区分析

鉴于我国区域发展的不平衡性，区域归属不同，信息共享与企业生产率之间的关系可能也有所不同。通过对东部沿海地区和中西部地区进行对比分析，发现在东部沿海地区，外部信息共享对企业生产率的促进作用要优于内部信息共享；在中西部地区，内部信息共享对企业生产率的促进作用要优于外部信息共享（表 11-6）。

表 11-6　地区分析结果

变　量	东部沿海地区		中西部地区	
	模型 1 prod	模型 2 prod	模型 3 prod	模型 4 prod
exshare	0.080 2***		0.036 0	
	（0.020 8）		（0.058 0）	
inshare		0.047 9		0.408 6***
		（0.085 7）		（0.123 0）
year	0.087 2	0.166 3**	−0.206 1	−0.222 3

续表

变　量	东部沿海地区		中西部地区	
	模型 1	模型 2	模型 3	模型 4
	prod	prod	prod	prod
	(0.057 9)	(0.079 7)	(0.132 4)	(0.143 9)
size	0.006 2	0.045 9	−0.022 8	−0.059 0
	(0.030 6)	(0.042 6)	(0.058 9)	(0.066 5)
export	0.143 8**	0.247 0***	0.192 9	0.224 1
	(0.066 9)	(0.092 8)	(0.178 5)	(0.188 5)
capacity	−0.038 9	−0.158 3	0.967 1	0.672 2
	(0.310 7)	(0.362 7)	(1.158 8)	(1.137 7)
competition	−0.045 0	−0.087 7	−0.185 6	−0.102 3
	(0.070 9)	(0.097 1)	(0.165 2)	(0.183 4)
education	0.016 9	0.042 9	0.069 4	0.047 5
	(0.017 9)	(0.026 2)	(0.060 9)	(0.073 5)
gov	0.056 8	0.106 5	0.531 0	0.361 0
	(0.239 0)	(0.259 6)	(0.786 7)	(0.829 2)
certify	0.063 0	0.083 1	0.191 8	0.489 6***
	(0.068 0)	(0.100 3)	(0.158 0)	(0.182 3)
finance	−0.034 9	−0.066 6	0.082 4	−0.035 4
	(0.079 5)	(0.110 5)	(0.177 0)	(0.176 9)
province	控制	控制	控制	控制
industry	控制	控制	控制	控制
constant	11.795 3***	11.513 3***	10.643 1***	10.757 6***
	(0.467 1)	(0.605 0)	(1.258 9)	(1.375 3)
observations	1156	670	282	224
R^2	0.088 8	0.125 9	0.221 4	0.211 3

注：*、**、***分别表示在 10%、5% 和 1% 水平上显著。

可能因为东部沿海地区，经济发展水平和市场化水平具备基础优势，企业发展的包容性与活跃度较高，信息在该地区的敏感度更强，企业有意愿通过信息共享获得利益增值，进而产生规模递增效益，达到"1+1＞2"的效果；但同时，东部沿海地区企业的内部管理已处于中高水平，员工微机化办公也处于稳定状态，内部信息共享效果已经达到了企业预期，发展潜力逐渐减弱，因而内部信息共享虽对企业生产率具有正面影响，但回归系数并不显著。在中西部地区，信息基础设施不完善，甚至有些企业还处在纯手工办公的状态，在国家政策的影响下，该地区企业开始进行大规模的信息基础设施投资，打造微机化办公环境，一旦企业内部信息共享系统正规运行，企业生产率就会得到稳步提升；中西部地区的经济发展水平和市场化程度的改善是一个长期缓慢的过程，因而受其约束的外部信息共享虽然对企业生产率具有正面影响，但回归系数并不显著。

2. 行业分析

不同性质的行业，所依赖的要素偏向也有所不同，可能会对信息共享与企业生产率的关系产生影响。依据戴觅等（2014）的研究，将企业样本分为资本密集型企业和劳动密集型企业，通过对两类企业对比分析发现，无论是资本密集型企业还是劳动密集型企业，外部信息共享都对企业生产率具有显著正面影响，而内部信息共享对企业生产率虽有正面影响，但并不显著（表 11-7）。

表 11-7　行业分析结果

变　量	资本密集型		劳动密集型	
	模型 1	模型 2	模型 3	模型 4
	prod	prod	prod	prod
exshare	0.074 3***		0.071 7**	
	（0.023 1）		（0.034 8）	
inshare		0.096 8		0.139 9
		（0.084 5）		（0.117 4）
year	−0.002 0	0.082 7	0.183 5**	0.184 8
	（0.064 0）	（0.083 8）	（0.088 8）	（0.119 9）
size	0.003 7	0.030 9	0.017 1	0.043 1
	（0.031 8）	（0.043 2）	（0.051 3）	（0.070 8）
export	0.222 5***	0.288 6***	−0.012 4	0.144 5
	（0.075 5）	（0.096 2）	（0.107 2）	（0.165 0）
capacity	0.253 8	0.196 7	−0.890 7	−0.763 8
	（0.324 4）	（0.352 7）	（0.649 5）	（0.836 2）
competition	−0.089 2	−0.113 1	−0.012 8	0.082 1
	（0.078 3）	（0.099 7）	（0.115 9）	（0.155 6）
education	0.019 6	0.043 4	0.043 8	0.041 6
	（0.019 2）	（0.027 6）	（0.035 1）	（0.045 3）
gov	0.091 5	0.077 6	−0.016 6	−0.065 4
	（0.275 0）	（0.291 6）	（0.337 7）	（0.383 8）
certify	0.043 1	0.044 1	0.237 7**	0.362 2**
	（0.074 5）	（0.106 3）	（0.108 6）	（0.154 8）
finance	−0.082 5	−0.124 3	0.186 1	0.026 3
	（0.085 0）	（0.110 0）	（0.127 5）	（0.174 9）
province	控制	控制	控制	控制
industry	控制	控制	控制	控制
constant	11.161 3***	11.043 4***	11.330 2***	11.092 2***
	（0.464 6）	（0.552 6）	（0.820 8）	（1.101 0）
observations	1045	646	393	248
R^2	0.091 1	0.098 5	0.200 8	0.275 6

注：*、**、***分别表示在10%、5%和1%水平上显著。

可能因为在资本密集型企业中，企业多采用自动化设备生产运营，企业整体技术水平和员工素质较高，对信息资源的需求也较高，通过外部信息共享，企业能够迅速将所获得的信息资源转化为企业生产力；同时，资本密集型企业的信息通信设施较为完善，内部信息共享机制运行良好，企业文化凝聚力也较强，内部信息共享已达到较高水平，边际收益越来越弱，因而内部信息共享对企业生产率具有正面影响，但并不显著。劳动密集型企业的生产运营相对简单，企业整体技术水平和员工素质较低，抗风险能力较差，资源开发不足，通过外部信息共享，可以提高企业员工的知识文化和专业素质，有利于企业资源挖掘和转型升级，提高企业生产率；同时，劳动密集型企业内部办公环境较差，管理较为松散，生产效率低下，通过开展内部信息共享活动，能够在加强交流的同时，开展企业内部职员的技能培训和经验指导，有利于企业生产率的提升，但由于企业生产类型较为单一，发展潜力有限，内部信息共享并不能带来规模收益，因此，内部信息共享对企业生产率具有正面影响，但并不显著。

3. 企业规模分析

企业规模大小的不同，生产率的提升速度会有所差异，实证结果检验也会有所不同。根据世界银行调查数据中企业规模的分类，将员工人数超过 100 人的设定为大型企业，其他的为中小型企业。通过类比分析发现，在中小企业中，外部信息共享和内部信息共享对企业生产率都具有显著的正面影响；而大型企业中，只有外部信息共享对企业生产率具有显著的正面影响，内部信息共享对企业生产率的影响并不显著（表 11-8）。

表 11-8　企业规模分析结果

变　量	大型企业		中小型企业	
	模型 1	模型 2	模型 3	模型 4
	prod	prod	prod	prod
exshare	0.096 2***		0.072 5***	
	(0.034 7)		(0.023 3)	
inshare		−0.083 0		0.220 5***
		(0.148 3)		(0.080 8)
year	0.091 5	0.139 5	−0.015 4	0.033 3
	(0.090 8)	(0.110 8)	(0.069 9)	(0.093 4)
size	0.062 7	0.048 2	−0.053 6	−0.043 4
	(0.055 1)	(0.066 6)	(0.037 9)	(0.058 5)
export	0.216 3**	0.274 9**	0.129 0*	0.222 4**
	(0.108 6)	(0.129 9)	(0.074 2)	(0.107 0)
capacity	0.335 7	0.463 1	−0.164 4	−0.407 3
	(0.572 6)	(0.646 8)	(0.341 2)	(0.385 1)
competition	−0.215 8*	−0.236 9	0.022 0	0.036 7
	(0.122 9)	(0.145 8)	(0.078 0)	(0.106 8)

续表

变　量	大型企业		中小型企业	
	模型 1	模型 2	模型 3	模型 4
	prod	prod	prod	prod
education	0.035 9	0.081 5[*]	0.014 4	0.018 1
	(0.038 0)	(0.044 3)	(0.019 5)	(0.030 1)
gov	0.652 8[*]	0.713 4[*]	−0.208 2	−0.260 9
	(0.388 7)	(0.398 3)	(0.273 8)	(0.299 4)
certify	0.258 8[*]	0.312 1[*]	0.071 4	0.047 3
	(0.137 3)	(0.164 5)	(0.071 0)	(0.110 3)
finance	0.158 6	0.192 6	−0.091 6	−0.225 9[***]
	(0.132 4)	(0.173 2)	(0.087 5)	(0.113 6)
province	控制	控制	控制	控制
industry	控制	控制	控制	控制
constant	10.628 5[***]	10.450 7[***]	11.608 3[***]	11.813 1[***]
	(0.762 3)	(0.882 5)	(0.506 7)	(0.705 0)
observations	470	358	968	536
R^2	0.175 8	0.206 4	0.111 3	0.147 5

注：*、**、***分别表示在 10%、5% 和 1% 水平上显著。

可能因为在中小型企业中，企业处于成长阶段，企业运行还不规范，外部供应与合作关系也不稳固，企业各项设施和程序都需建设和规划；但相对于大型企业而言，中小型企业较为活跃，成长速度与发展潜力相对较大，一旦内外部信息共享机制建立并正常运行，企业的生产率就会得到迅速提升。因而我们认为在中小型企业中，外部信息共享与内部信息共享都会显著提升企业生产率。对于大型企业来说，能够发展到现在的规模，说明企业已经处于相对完善和稳定的状态，企业内部基础设施、管理机制及奖惩制度都运行良好，内部信息共享作用的发挥也很稳定。因此，在大型企业中，内部信息共享对生产率的影响潜力不大，若不顾现实一味地加强内部信息系统建设，反而会因为资源冗乱对企业生产率带来不利影响。而外部信息共享通过企业与外界的交流与学习能够为已经趋于僵化的企业注入新的动力与活力，有利于企业开拓新思维，提升创新能力。因此，在大型企业中，外部信息共享对企业生产率的影响仍然显著。

4. 企业年龄分析

与企业规模类似，企业年龄长短的不同，企业的运行机制也会有所不同，实证检验也会有所不同。按照企业年龄的分位数将样本企业分为初创期和成熟期两类（董晓芳和袁燕，2014）。通过类比分析发现，在初创期企业中，外部信息共享和内部信息共享都对企业生产率具有显著的正面影响；而在成熟期企业中，只有外部信息共享对企业生产率具有显著的正面影响，内部信息共享对企业生产率的影响并不显著，该结论与上文企业规模分析的结果一致，具体原因我们不再赘述（表 11-9）。

表 11-9 企业年龄分析结果

变量	成熟期企业		初创期企业	
	模型 1 prod	模型 2 prod	模型 3 prod	模型 4 prod
exshare	0.104 9[***]		0.055 6[*]	
	(0.026 3)		(0.028 3)	
inshare		0.076 2		0.193 6[*]
		(0.092 0)		(0.102 2)
year	0.134 8	0.281 4[**]	0.038 7	0.008 7
	(0.101 7)	(0.129 9)	(0.128 2)	(0.156 5)
size	−0.040 3	−0.035 4	0.058 9	0.109 8[**]
	(0.036 1)	(0.050 5)	(0.041 3)	(0.052 6)
export	0.077 0	0.231 0[**]	0.288 4[***]	0.320 1[**]
	(0.080 4)	(0.101 6)	(0.100 2)	(0.137 3)
capacity	0.616 1	0.486 1	−0.652 2	−0.559 2
	(0.392 0)	(0.439 7)	(0.414 9)	(0.501 5)
competition	−0.106 2	−0.095 1	−0.011 8	−0.078 4
	(0.086 3)	(0.110 7)	(0.103 2)	(0.136 8)
education	0.023 0	0.038 6	0.032 3	0.048 0
	(0.022 0)	(0.031 0)	(0.026 1)	(0.038 6)
gov	0.237 8	0.058 8	0.053 4	0.062 6
	(0.330 0)	(0.347 4)	(0.310 3)	(0.322 3)
certify	0.007 3	0.026 7	0.265 1[***]	0.318 3[**]
	(0.081 1)	(0.110 6)	(0.099 2)	(0.157 3)
finance	−0.057 5	−0.043 4	0.075 6	−0.072 0
	(0.090 8)	(0.113 8)	(0.121 7)	(0.152 9)
province	控制	控制	控制	控制
industry	控制	控制	控制	控制
constant	10.625 9[***]	10.661 6[***]	11.678 8[***]	11.126 8[***]
	(0.585 0)	(0.722 9)	(0.679 2)	(0.791 9)
observations	831	531	607	363
R^2	0.103 1	0.119 6	0.167 9	0.227 0

注：*、**、***分别表示在 10%、5% 和 1% 水平上显著。

11.6 结论与政策建议

与以往的研究不同，本章利用 2012 年世界银行关于中国制造业企业的调查数据，从外部和内部两个维度探讨了信息共享对企业生产率的影响。结果显示，控制其他条件不变时，外部信息共享和内部信息共享对企业生产率具有显著且稳健的正向促进作用，主要影响渠道是企业产品创新和管理创新，进一步研究发现，外部信息共享对企业生产率的促进作用要强于内部信息共享。异质性分析发现，区域归属、行业性质、企业规模及企业年龄的不同，信息共享对企业生产率的影响也有所不同。根据上述研究结果，对现有信息共享的实施提出相应的政策建议。

对于企业自身而言，首先，要摒弃那些以自我为中心的机会主义与投机主义倾向，树立大局观念，积极参与外部信息共享活动，与外部市场参与者交流与互动，了解先进的生产技术与发展方向，加强企业文化的厚度与精度，提高自身技术创新水平和产品研发能力，促进企业生产率的提升；其次，打造企业内部信息共享平台与设施，为企业内部业务交流与员工互动提供支持，加强企业的内部管理创新，增强企业凝聚力，推动企业内部流程再造，促进企业生产率提升；最后，制定企业员工定期培训与学习计划，增强企业内部对所获外部信息资源的消化与吸收能力，并将其与自身特质相结合，促进企业生产率的提升。

对于政府而言，首先，鼓励企业积极参与信息共享特别是外部信息共享活动，同时因地制宜地促进信息通信技术等基础设施的建设，完善硬件条件，为企业内外部信息共享实施提供基础；其次，把握市场调控力度，完善市场化环境，提高市场化水平，为企业信息共享提供外部环境的支持等。

参 考 文 献

戴觅, 余淼杰, Madhura M. 2014. 中国出口企业生产率之谜: 加工贸易的作用[J]. 经济学(季刊), 13(02): 675-698.

董晓芳, 袁燕. 2014. 企业创新、生命周期与聚集经济[J]. 经济学(季刊), 13(02): 767-792.

冯长利, 张明月, 刘洪涛, 等. 2015. 供应链知识共享与企业绩效关系研究——供应链敏捷性的中介作用和环境动态性的调节作用[J]. 管理评论, 27(11): 181-191.

郭家堂, 骆品亮. 2016. 互联网对中国全要素生产率有促进作用吗? [J]. 管理世界, (10): 34-49.

霍沛军. 2002. 信息共享—效应与问题[J]. 系统工程理论与实践, (6): 105-107.

简兆权, 李敏, 叶赛. 2018. 企业间关系承诺与信息共享对服务创新绩效的影响——网络能力的作用[J]. 软科学, 32(07): 70-73, 88.

靖飞, 俞立平. 2013. 信息化与经济增长——中国存在生产率悖论吗[J]. 情报杂志, (3): 203-206.

刘志彪. 2015. 提升生产率: 新常态下经济转型升级的目标与关键措施[J]. 审计与经济研究, 30(04): 77-84.

刘志彪, 张杰. 2009. 我国本土制造业企业出口决定因素的实证分析[J]. 经济研究, 2009, 44(08): 99-112, 159.

邵宇开, 王浣尘, 曾赛星. 2006. 区域信息化与劳动生产率相关关系的实证分析[J]. 科学学研究, 24(2): 233-236.

陶文源, 寇纪淞, 李敏强. 2002. 信息共享对供应链的影响[J]. 系统工程学报, 17(6): 486-489.

汪淼军, 张维迎, 周黎安. 2007. 企业信息化投资的绩效及其影响因素: 基于浙江企业的经验证据[J]. 中国社会科学, (06): 81-93, 206.

王艾敏. 2015. 中国农村信息化存在"生产率悖论"吗? ——基于门槛面板回归模型的检验[J]. 中国软科学, (7): 42-51.

叶飞, 李怡娜. 2006. 供应链伙伴关系、信息共享与企业运营绩效关系[J]. 工业工程与管理, (6): 89-95.

曾敏刚, 吴倩倩. 2013. 信息共享对供应链绩效的间接作用机理研究[J]. 科学学与科学技术管理, 34(6): 22-30.

张三峰, 魏下海. 2019. 信息与通信技术是否降低了企业能源消耗——来自中国制造业企业调查数据的证据[J]. 中国工业经济, (02): 155-173.

张之光, 蔡建峰. 2012. 信息技术资本、替代性与中国经济增长——基于局部调整模型的分析[J]. 数量经济技术经济研究, (9): 71-81.

郑妍妍, 李磊, 庄媛媛. 2015. 国际质量标准认证与企业出口行为——来自中国企业层面的经验分析[J]. 世界经济研究, (07): 74-80+115+128-129.

Badescu M, Garcés-Ayerbe C. 2009. The impact of information technologies on firm productivity: empirical evidence from Spain [J]. Technovation, 29(2): 122-129.

Baihaqi I, Sohal A S. 2013. The impact of information sharing in supply chains on organisational performance: an empirical study[J]. Production Planning & Control, 24(8-9): 743-758.

Bharadwaj A S. 2000. A resource-based perspective on information technology capability and firm performance: an empirical investigation[J]. MIS Quarterly, 24(1): 169-196.

Bharadwaj A S, Konsynski B B R . 1999. Information technology effects on firm performance as measured by Tobin's q [J]. Management Science, 45(7): 1008-1024.

Brown M, Jappelli T , Pagano M. 2009. Information sharing and credit: firm-level evidence from transition countries [J]. Social Science Electronic Publishing, 18(2): 151-172.

Carr A S, Kaynak H. 2007. Communication methods, information sharing, supplier development and performance: An empirical study of their relationships [J]. International Journal of Operations & Production Management, 27(4): 346-370.

Chakravarty A, Grewal R, Sambamurthy V. 2013. Information Technology Competencies, Organizational Agility, and Firm Performance: Enabling and Facilitating Roles [M]. Catonsville: INFORMS: 976-997.

Hahm J H, Lee S. 2011. Economic effects of positive credit information sharing: The case of Korea [J]. Applied Economics, 43(30): 4879-4890.

Houston J F, Lin C, Lin P, et al. 2010. Creditor rights, information sharing, and bank risk taking[J]. Journal of Financial Economics, 96(3): 485-512.

Hsu, C C, Kannan V R, Tan K C, et al. 2008. Information sharing, buyer‐supplier relationships, and firm performance[J]. International Journal of Physical Distribution & Logistics Management, 38(4): 296-310.

Lee H L, Whang S. 2000. Information sharing in a supply chain [J]. International Journal of Manufacturing Technology and Management, 1(1): 79-93.

Li J, Sikora R, Shaw M J, et al. 2006. A strategic analysis of inter organizational information sharing [J]. Decision Support Systems, 42(1): 251-266.

Mithas S, Ramasubbu N, Sambamurthy V, et al. 2011. How information management capability influences firm performance [J]. Mis Quarterly, 35(1): 237-256.

Nakata C, Kraimer Z M L. 2008. The complex contribution of information technology capability to business performance [J]. Journal of Managerial Issues, 2008, 20(4): 485-506.

Pagano M, Jappelli T. 1993. Information sharing in credit markets [J]. The Journal of Finance, 1993, 48(5): 26.

Prajogo D, Olhager J. 2012. Supply chain integration and performance: The effects of long-term relationships, information technology and sharing, and logistics integration[J]. International Journal of Production Economics, 135(1): 514-522.

Solow R. 1987. We'd Better Watch Out [M]. New York City: New York Times Book Review, 12(7): 36.

Sanders N R, Premus R. 2011. Modeling the relationship between firm IT capability, collaboration, and performance[J]. Journal of Business Logistics, 26(1): 1-23.

Schloetzer J D. 2012. Process integration and information sharing in supply chains [J]. The Accounting Review, 87(3): 1005-1032.

Seidmann A, Sundararajan A. 1998. Sharing logistics information across organizations: technology, competition and contracting[J]. Information Technology and Industrial Competitiveness: 107-136.

Stiroh K J. 2002. Are ICT spillovers driving the new economy? [J]. Review of Income and Wealth, 48(1): 33-57.

Timmer M P. 2005. Does information and communication technology drive EU-US productivity growth differentials? [J]. Oxford Economic Papers, 57(4): 693-716.

Yu Z, Cheng H Y C E. 2002. Modelling the benefits of information sharing-based partnerships in a two-level supply chain [J]. The Journal of the Operational Research Society, 2002, 53(4): 436-446.

Zhou H, Benton W C. 2007. Supply chain practice and information sharing [J]. Journal of Operations Management, 2007, 25(6): 1348-1365.

撰稿人：张三峰　刘军

审稿人：李廉水

第12章 智能化对技术进步偏向的影响

本章通过构建包含智能化与偏向性技术进步的资本-劳动要素组合的标准化(CES)生产函数模型，采用2004～2015年中国省级面板数据，利用工具变量和中介检验方法实证检验智能化对偏向性技术进步的影响及其机制。研究表明，考察期内中国各省份技术进步总体呈现资本偏向特征，即技术进步提高了资本的相对边际产出。但近年来，劳动偏向性技术进步愈发显著；智能化与技术进步偏向之间存在显著负向影响，智能化水平越高，技术进步越偏向劳动，在考虑内生性问题和稳健性问题后，负向影响依然稳健；中介检验表明，智能化不仅通过影响要素效率引发技术进步的劳动偏向，还通过缓解要素价格的扭曲程度，导致技术进步的进一步劳动偏向。结论表明，智能化是促进中国经济发展、改善劳动收入分配的重要路径。

12.1 引言及文献综述

党的十九大报告指出，我国经济已由高速增长阶段转向高质量发展阶段，要推动互联网、大数据、人工智能和实体经济深度融合。据埃森哲（Accenture）预测，到2035年，人工智能有望将中国的经济总量提升7.111万亿元，促进劳动生产率提升27%，推动农林渔业、制造业、批发和零售业产值分别提升1.8%、2%和1.7%。可以预见，人工智能等新一代信息技术在生产过程中与生产要素的耦合发展，将重新振兴中国产业的发展并激活经济的增长潜能。然而，技术并不总是中性无偏的，生产要素相对价格的变化会诱使技术倾向于相对价格较低的要素，从而产生偏向性技术进步。若技术进步提高了资本的相对边际产出，则称之为资本偏向性技术进步，反之则为劳动偏向性技术进步（Hicks，1932）。智能技术通过补充与替代现有的生产要素，可以不同程度地提升资本与劳动生产率（Purdy和Daugherty，2016；Graetz和Michaels，2018；Kromann等，2016），但这种对资本与劳动生产率的非对称影响，改变了生产要素的相对边际产出，导致技术进步呈现偏向性。而技术进步的不同偏向是影响要素报酬分配变化、技能溢价等非均衡经济增长的重要原因（Acemoglu，2002；黄先海和徐圣，2009；戴天仕和徐现祥，2010）。由此可见，探讨智能技术对技术进步偏向的影响及其机制，不仅对新一轮科技革命和产业革命的健康推动具有重大意义，也为中国在智能化发展过程中改善劳动收入分配等民生问题，实现经济的均衡发展提供新的视角。

自Hicks（1932）提出技术进步的方向以来，偏向性技术进步得到了众多学者的发展（Kennedy，1964；Samuelson，1965；Diamond，1965；Acemoglu，1998）。Acemoglu（2002）利用内生增长模型系统阐释了偏向性技术进步的内生机制。假定任意两种生产要素 Z、L，当要素替代弹性大于1时，要素 Z 相对市场规模的增大会激励厂商选择 Z 要素增强型技术进步，使得技术进步偏向于要素 Z；当要素替代弹性小于1时，要素 Z 相对市场规模扩大,使得要素 Z 的相对价格下降,激励厂商选择与要素 L 相匹配的技术进步,形成 L 偏向技术进步;当要素替代弹性等于 1 时,技术进步呈现中性。在 Acemoglu 的研究基础上,一些学者实证测度了地区、产业的技术进步偏向性,发现偏向性技术进步是现实存在并呈现资本偏向的特征(David 和 van de Klundert,1965;Klump 等,2007;陈晓玲和连玉君,2012;潘文卿和吴天颖,2018;袁礼和欧阳峣,2018)。一些学者进一步聚焦于国际贸易、市场结构、人口年龄结构、环境规制、R&D 投入等方面,阐述了技术进步偏向的原因(Acemoglu,2003;潘士远,2007;张莉等,2012;邓明,2014;Greaker 等,2018;杨翔等,2019)。

现有的文献为我们理解偏向性技术进步及其成因提供了有益见解。然而,目前关于偏向性技术进步的研究主要从市场性因素、政府性因素等方面考察其外生诱因,而从人工智能等技术的内生视角解读技术进步偏向的文献尚不多见。自第一次工业革命爆发以来,现代化技术借助于机器设备等实现了对人类体力劳动的替代,但在机器替人过程中必然会消灭或取代就业岗位,由此引发技术进步的就业替代效应。然而,在资本不断深化的同时,自动化进程的推进也提升了与之互补的技能劳动的需求,技术进步将呈现资本偏向和技能偏向的双重特征(宋冬林等,2010)。与以往不同的是,以人工智能等为代表的智能技术,不仅将传统技术自动化,实现了对人类体力劳动的替代,更实现了对人类脑力劳动的延伸和替代,这无疑将引起更为激烈的就业替代效应,进一步削弱劳动力的竞争优势。此外,人工智能作为一种新型的通用目的技术,具有渗透性的特征,在大数据、移动互联网、超级计算、传感网、脑科学等新兴技术的驱动下,将快速演变至经济社会的各个领域,从而对劳动就业产生革命性的影响(王君等,2017;Trajtenberg,2018)。但也有学者指出,从长期来看,智能技术对劳动力的替代效应确实存在,但在智能化进程的推进过程中,传统产业衰退的同时也形成了新产业,新产业的产生也创造诸多新的工种和岗位,对劳动力的净需求反而会上升(Acemoglu 和 Restrepo,2018)。同时,智能技术通常会替代培训需求度较高的任务,高度复杂的任务不易被智能技术所替代,因此需要增加不易被替代岗位的数量才能匹配提升的生产率,产生对就业的补偿效应(Feng 和 Graetz,2015)。可见,智能技术对劳动力的补充与替代必然会影响资本与劳动的要素份额和边际产出,从而影响技术进步的偏向。那么,智能化发展将如何影响技术进步的方向?智能化发展对技术进步偏向的影响机制又是什么?针对这些问题,本章将智能技术与偏向性技术进步纳入同一分析框架,在 CES 生产函数下,剖析智能化发展对技术进步偏向性的影响及其机制,利用 2004~2015 年省级面板数据实证检验智能化发展对偏向性技术进步的影响及其中介效应,进一步揭开技术进步偏向的"黑箱"。

与现有文献相比,本章的边际贡献在于:①研究视角上,目前关于技术进步偏向性的研究主要探究其外生因素,本章从技术进步的内生视角解读技术进步产生偏向的原因,弥补智能化相关领域研究的不足,也一定程度扩展了偏向性技术进步的理论研究;②研究方法上,利用工具变量法和中介检验法,充分考虑模型的内生性问题及影响的传导机制,从而准确刻画智能化发展对偏向性技术进步的影响及其机制;③研究意义上,探讨智能化发展对偏向性技术进步的影响,不仅有利于深入理解智能化发展的规律与特点,实现中国智能技术的健康发展,也为理解技术进步偏向性,解决目前劳动报酬份额持续下降等问题提供了一个新的解决思路。

12.2　理论机制分析

为从数理角度演绎智能化对技术进步偏向性的影响机制，本章借鉴 Acemoglu（2002）和 Aghion 等（2017）的研究，建立包含智能技术的资本-劳动要素组合的标准化（CES）函数，考察两者的关系。假定总产出 Y 来自资本要素产出和劳动要素产出，设定只存在资本与劳动生产要素的 CES 生产函数：

$$Y = \left[\alpha Y_K^{\frac{\varepsilon-1}{\varepsilon}} + (1-\alpha) Y_L^{\frac{\varepsilon-1}{\varepsilon}} \right]^{\frac{\varepsilon}{\varepsilon-1}} \tag{12-1}$$

其中，α，$1-\alpha$ 分别为资本与劳动的要素份额；ε 为资本对劳动的替代弹性；Y_K，Y_L 的生产函数为

$$Y_K = A_K K，\ Y_L = A_L L \tag{12-2}$$

其中，K, L 为生产过程中投入的资本与劳动要素；A_K，A_L 分别表示资本增强型技术（资本效率）和劳动增强型技术（劳动效率）。总产出 Y 则可以表示为

$$Y = \left[\alpha (A_K K)^{\frac{\varepsilon-1}{\varepsilon}} + (1-\alpha)(A_L L)^{\frac{\varepsilon-1}{\varepsilon}} \right]^{\frac{\varepsilon}{\varepsilon-1}} \tag{12-3}$$

利用式（12-3），资本与劳动的边际产出可表示为

$$\mathrm{MP}_K = \alpha Y^{\frac{1}{\varepsilon}} A_K^{\frac{\varepsilon-1}{\varepsilon}} K^{-\frac{1}{\varepsilon}}，\ \mathrm{MP}_L = (1-\alpha) Y^{\frac{1}{\varepsilon}} A_L^{\frac{\varepsilon-1}{\varepsilon}} L^{-\frac{1}{\varepsilon}} \tag{12-4}$$

其中，MP_K，MP_L 分别表示资本与劳动的边际产出。

综合式（12-4）与 Acemoglu（2002）对偏向性技术进步的定义，技术进步偏向性可表示为

$$\mathrm{dtc} = \frac{\partial \left(\dfrac{\mathrm{MP}_K}{\mathrm{MP}_L} \right)}{\partial \left(\dfrac{A_K}{A_L} \right)} = \frac{\alpha}{1-\alpha} \frac{\varepsilon-1}{\varepsilon} \left(\frac{A_K}{A_L} \right)^{-\frac{1}{\varepsilon}} \left(\frac{K}{L} \right)^{-\frac{1}{\varepsilon}} \tag{12-5}$$

其中，dtc 表示技术进步偏向性，若 $\mathrm{dtc} > 0$，则表示技术进步是资本偏向；若 $\mathrm{dtc} < 0$，则表示技术进步为劳动偏向；若 $\mathrm{dtc} = 0$，技术进步则呈现无偏中性。

从理论上看，智能技术一方面可以通过替代劳动力执行复杂任务，实现生产效率的提升（Makridakis，2017），另一方面通过人机交互等实现劳动力的补充，提升劳动力技能（Graetz 和 Michaels，2018）。因而，智能化将对 A_K 和 A_L 产生差异化影响。假定资本增强型技术 A_K 和劳动增强型技术 A_L 的提升一部分来源于智能化，另一部分来自非智能资本与劳动要素的投入。借鉴 Aghion 等（2017）的研究，建立智能化对资本和劳动增强型技术影响的理论模型：

$$A = \left(\int_0^1 X_i^{\rho} \mathrm{d}i \right)^{1/\rho} \tag{12-6}$$

其中, ρ 为智能化对资本和劳动要素的替代参数, $\rho \leqslant 1$ 且 $\rho \neq 0$; X 为提高要素增强型技术的投入。若要素增强型技术进步来自智能化,非智能资本与劳动将被智能化所替代;若要素增强型技术进步提升未实现智能化,则由传统资本和劳动要素(非智能化)提供,即

$$X = \begin{cases} K \text{或} L & \text{非智能化} \\ I & \text{智能化} \end{cases} \tag{12-7}$$

于是,资本效率 A_K 和劳动效率 A_L 可进一步表示为关于智能化和要素投入的生产函数:

$$A_K = \left[\beta_K I^{\rho_K} + (1-\beta_K) K^{\rho_K}\right]^{1-\rho_K}, \quad A_L = \left[\beta_L I^{\rho_L} + (1-\beta_L) L^{\rho_L}\right]^{1-\rho_L} \tag{12-8}$$

其中, I 表示智能化; β_K, β_L 分别表示资本效率和劳动效率中因智能化而提升的份额; ρ_K, ρ_L 分别表示智能化对资本要素和劳动要素的替代参数。将式(12-8)代入式(12-5)中,技术进步偏向可表示为

$$\text{dtc} = \frac{\alpha}{1-\alpha} \frac{\varepsilon-1}{\varepsilon} \left\{ \frac{\left[\beta_K I^{\rho_K} + (1-\beta_K) K^{\rho_K}\right]^{1-\rho_K}}{\left[\beta_L I^{\rho_L} + (1-\beta_L) L^{\rho_L}\right]^{1-\rho_L}} \right\}^{-\frac{1}{\varepsilon}} \left(\frac{K}{L}\right)^{-\frac{1}{\varepsilon}} \tag{12-9}$$

为便于讨论,假设 $\rho_K \to 0$, $\rho_L \to 0$,则式(12-9)可表示为

$$\text{dtc} = \frac{\alpha}{1-\alpha} \frac{\varepsilon-1}{\varepsilon} \left(\frac{I^{\beta_K} K^{1-\beta_K}}{I^{\beta_L} L^{1-\beta_L}}\right)^{-\frac{1}{\varepsilon}} \left(\frac{K}{L}\right)^{-\frac{1}{\varepsilon}} \tag{12-10}$$

为探究智能化与技术进步偏向性的关系,进一步对式(12-10)关于 I 求偏导:

$$\frac{\partial \text{dtc}}{\partial I} = -\frac{\alpha}{1-\alpha} \frac{\varepsilon-1}{\varepsilon^2} \left(\frac{K}{L}\right)^{-\frac{1}{\varepsilon}} \left(\frac{I^{\beta_K} K^{1-\beta_K}}{I^{\beta_L} L^{1-\beta_L}}\right)^{-\frac{1-\varepsilon}{\varepsilon}} \frac{\beta_K I^{\beta_K+\beta_L-1} K^{1-\beta_K} L^{1-\beta_L} - \beta_L I^{\beta_K+\beta_L-1} K^{1-\beta_K} L^{1-\beta_L}}{\left(I^{\beta_L} L^{1-\beta_L}\right)^2}$$

$$= \frac{\alpha}{1-\alpha} \frac{1}{\varepsilon^2} \left(\frac{A_K^\phi}{A_L^\phi}\right)^{-\frac{1}{\varepsilon}} \left(\frac{K}{L}\right)^{-\frac{1}{\varepsilon}} \left(\frac{I^{\beta_K} K^{1-\beta_K}}{I^{\beta_L} L^{1-\beta_L}}\right)^{-\frac{1-\varepsilon}{\varepsilon}} \frac{I^{\beta_K+\beta_L-1} K^{1-\beta_K} L^{1-\beta_L}}{\left(I^{\beta_L} L^{1-\beta_L}\right)^2} (\beta_K - \beta_L)(\varepsilon-1) \tag{12-11}$$

其中, $\dfrac{\alpha}{1-\alpha} \dfrac{1}{\varepsilon^2} \left(\dfrac{K}{L}\right)^{-\frac{1}{\varepsilon}} \left(\dfrac{I^{\beta_K} K^{1-\beta_K}}{I^{\beta_L} L^{1-\beta_L}}\right)^{-\frac{1-\varepsilon}{\varepsilon}} \dfrac{I^{\beta_K+\beta_L-1} K^{1-\beta_K} L^{1-\beta_L}}{\left(I^{\beta_L} L^{1-\beta_L}\right)^2} > 0$。因而,智能化对技术进步偏向性的影响与 $(\beta_K - \beta_L)(\varepsilon-1)$ 的正负有关:当 $\varepsilon > 1$ 时,若 $\beta_K > \beta_L$,即智能化为资本增强型技术进步,此时, $(\beta_K - \beta_L)(\varepsilon-1) > 0$, $\dfrac{\partial \text{dtc}}{\partial I} > 0$,技术进步方向与智能化正相关;若 $\beta_K < \beta_L$,即智能化为劳动增强型技术进步,此时, $(\beta_K - \beta_L)(\varepsilon-1) < 0$, $\dfrac{\partial \text{dtc}}{\partial I} < 0$,技术进步方向与智能化提升负相关。当 $\varepsilon < 1$ 时,若 $\beta_K > \beta_L$,即智能化为资本增强型技术进步,此时, $(\beta_K - \beta_L)(\varepsilon-1) < 0$, $\dfrac{\partial \text{dtc}}{\partial I} < 0$,技术进步方向与智能化提升负相关;若

$\beta_K < \beta_L$，即智能化为劳动增强型技术进步，此时，$(\beta_K - \beta_L)(\varepsilon - 1) > 0$，$\dfrac{\partial \text{dtc}}{\partial I} > 0$，技术进步方向与智能化水平提升正相关。当 $\varepsilon = 1$ 时，技术进步表现为无偏中性。

以上分析表明，智能化与偏向性技术进步之间的关系取决于要素替代弹性和智能化的要素增强性。当要素替代弹性大于 1 时，若智能化提高了资本的相对边际产出，则为资本偏向性技术进步；若智能化提高了劳动的相对边际产出，则为劳动偏向性技术进步。当要素替代弹性小于 1 时，若智能化提高了资本的相对边际产出，则表现为劳动偏向性技术进步；若智能化提高了劳动的相对边际产出，则表现为资本偏向性技术进步。但值得注意的是，现实中受经济结构、贸易自由化以及研发投入等因素的影响，要素替代弹性并不是恒定不变的（Klump 和 Preissler，2000）。技术本身也会引起资本与劳动力投入比例的变动，进而影响要素的替代弹性（Mallick，2012）。因此，智能化发展对偏向性技术进步的影响可能更为复杂，需要进一步严格计量检验。

12.3 研 究 设 计

12.3.1 模型构建

为实证研究智能化对技术进步偏向性的影响，构建如下估计模型：

$$\text{dtc}_{it} = \alpha + \beta \text{int}_{it} + \gamma X_{it} + \varepsilon_{it} \tag{12-12}$$

其中，dtc_{it} 为 t 地区 i 时期的技术进步方向指数；int_{it} 为智能化水平；X_{it} 为控制变量，参考邓明（2014）、余东华等（2018）的研究，选取资本价格扭曲（dist_k）、劳动价格扭曲（dist_l）、产业结构（str）、开放程度（open）、研发投入（R&D）作为控制变量；ε_{it} 为随机扰动项；α，β 和 γ 为待估计系数。其中，β 是本章最关心的核心系数。

12.3.2 变量描述

1. 偏向性技术进步（dtc）

本章借鉴 León-Ledesma 等（2010）、戴天仕和徐现祥（2010）、陈晓玲和连玉君（2012）、潘文卿和吴天颖（2018）、袁礼和欧阳峣（2018）等的计算方法估算各省的技术进步偏向性。根据 Acemoglu（2002）对技术进步偏向性的定义，技术进步偏向性可表示为

$$\text{dtc} = \frac{\alpha}{1-\alpha} \frac{\varepsilon - 1}{\varepsilon} \left(\frac{A_K}{A_L}\right)^{-\frac{1}{\varepsilon}} \left(\frac{K}{L}\right)^{-\frac{1}{\varepsilon}} \tag{12-13}$$

假设资本和劳动的价格为其边际产出，结合式（12-3）和式（12-4），可得资本增强型技术 A_K 和劳动增强型技术 A_L 的表达式：

$$A_K = \frac{Y}{K}\left[\frac{rK}{\alpha(rK+wL)}\right]^{\frac{\varepsilon}{\varepsilon-1}}, \quad A_L = \frac{Y}{L}\left[\frac{wL}{(1-\alpha)(rK+wL)}\right]^{\frac{\varepsilon}{\varepsilon-1}} \tag{12-14}$$

其中，r 为资本租金率；w 为劳动报酬率。式（12-13）中要素替代弹性 ε 与资本要素份额 α 等参数通过 Klump 等（2007）提出的"标准化供给面系统法"计算。首先，建立基于生产函数的三方程系统：

$$\ln\left(\frac{\frac{Y}{\overline{Y}}}{\frac{K}{\overline{K}}}\right)=\ln\xi+\frac{\gamma_{A_K}\overline{t}}{\lambda_{A_K}}\left[\left(\frac{t}{\overline{t}}\right)^{\lambda_{A_K}}-1\right]+\frac{\varepsilon}{\varepsilon-1}\ln\left\{(1-\alpha)\left(\frac{\frac{L}{\overline{L}}}{\frac{K}{\overline{K}}}\right)^{\frac{\varepsilon-1}{\varepsilon}}e^{\frac{\varepsilon-1}{\varepsilon}\left\{\frac{\gamma_{A_L}\overline{t}}{\lambda_{A_L}}\left[\left(\frac{t}{\overline{t}}\right)^{\lambda_{A_L}}-1\right]-\frac{\gamma_{A_K}\overline{t}}{\lambda_{A_K}}\left[\left(\frac{t}{\overline{t}}\right)^{\lambda_{A_K}}-1\right]\right\}}\right\}$$

$$\ln\left(\frac{rK}{Y}\right)=\ln\alpha-\frac{\varepsilon-1}{\varepsilon}\left\{\ln\left(\frac{\frac{Y}{\overline{Y}}}{\frac{K}{\overline{K}}}\right)-\ln\xi+\frac{\gamma_{A_K}\overline{t}}{\lambda_{A_K}}\left[\left(\frac{t}{\overline{t}}\right)^{\lambda_{A_K}}-1\right]\right\}$$

$$(12\text{-}15)$$

$$\ln\left(\frac{wL}{Y}\right)=\ln(1-\alpha)-\frac{\varepsilon-1}{\varepsilon}\left\{\ln\left(\frac{\frac{Y}{\overline{Y}}}{\frac{L}{\overline{L}}}\right)-\ln\xi+\frac{\gamma_{A_L}\overline{t}}{\lambda_{A_L}}\left[\left(\frac{t}{\overline{t}}\right)^{\lambda_{A_L}}-1\right]\right\}$$

其中，$\overline{Y}$，$\overline{K}$，$\overline{L}$ 和 $\overline{t}$ 分别为总产出，资本要素，劳动要素和年份的平均值；γ_{A_K} 和 γ_{A_L} 分别为资本效率和劳动效率参数；λ_{A_K} 和 λ_{A_L} 分别为资本效率和劳动效率曲率；ξ 为规模因子。

结合似不相关回归模型（SUR），利用广义非线性最小二乘法（FGNLS）对式（12-15）中的相关参数进行估计。其中，①总产值 Y 用各地区 GDP 度量，并利用生产总值指数结算至 2004 年价；②资本要素 K 用各地区资本存量表征，资本存量的计算借鉴张军等（2004）的方法，资本价格 r 用各地区固定资产投资价格指数表征（王班班和齐绍洲，2013）；③劳动要素 L 用各地区就业人数度量，劳动报酬率 w 用实际劳动总额除以就业人数表征。本章以各省份 1995～2015 年[①]数据计算相关参数，各省份的要素替代弹性 ε 与资本要素份额 α 估计结果见表 12-1[②]。

表 12-1　各省份要素替代弹性与资本要素份额估计结果

省份	ε	α	log-det	省份	ε	α	log-det
北京	1.066***	0.719***	−61.274	河南	0.976***	0.679***	−56.468
	(20.64)	(216.87)			(136.30)	(104.41)	
天津	0.991***	0.736***	−60.732	湖北	0.603***	0.675***	−52.416
	(250.34)	(120.65)			(4.55)	(50.86)	
河北	1.250***	0.681***	−53.072	湖南	0.936***	0.648***	−55.912
	(16.33)	(95.68)			(44.66)	(89.07)	
山西	0.777***	0.707***	−52.822	广东	1.000***	0.696***	−63.583
	(4.99)	(53.89)			(955.93)	(318.33)	
内蒙古	0.959***	0.705***	−59.375	广西	1.197***	0.651***	−38.766
	(55.80)	(87.18)			(12.25)	(66.11)	

① 由于数据可获取性，本章仅考虑除香港特别行政区、澳门特别行政区、台湾省和西藏自治区外的 30 个中国省份，海南省、重庆市采用 1997～2015 年数据，广东省采用 2000～2015 年数据对参数进行估计。

② 限于篇幅，γ_{A_K}，γ_{A_L}，λ_{A_K}，λ_{A_L} 和 ξ 等参数的估计结果未报告，完整结果备索。

续表

省份	ε	α	log-det	省份	ε	α	log-det
辽宁	0.937***	0.685***	−55.182	海南	1.056***	0.714***	−58.527
	(14.58)	(94.65)			(29.10)	(187.09)	
吉林	0.853***	0.680***	−55.438	重庆	0.869***	0.684***	−57.871
	(10.35)	(42.56)			(19.45)	(84.58)	
黑龙江	0.977***	0.700***	−58.257	四川	1.502***	0.697***	−51.850
	(145.50)	(113.53)			(11.69)	(92.45)	
上海	1.321***	0.747***	−61.477	贵州	0.609**	0.668***	−52.745
	(14.46)	(252.90)			(2.23)	(22.68)	
江苏	0.799***	0.714***	−54.445	云南	0.987***	0.697***	−60.993
	(4.19)	(87.46)			(219.52)	(190.10)	
浙江	0.515***	0.727***	−64.295	陕西	0.434***	0.659***	−54.269
	(9.39)	(302.39)			(4.65)	(20.00)	
安徽	0.955***	0.689***	−58.770	甘肃	0.975***	0.687***	−59.493
	(70.81)	(106.52)			(163.15)	(97.66)	
福建	0.774***	0.686***	−52.990	青海	0.993***	0.699***	−66.163
	(6.33)	(129.47)			(387.03)	(108.45)	
江西	0.750***	0.658***	−51.566	宁夏	0.994***	0.697***	−65.901
	(8.87)	(41.99)			(560.92)	(155.67)	
山东	0.965***	0.708***	−59.858	新疆	0.994***	0.703***	−59.865
	(83.31)	(121.57)			(373.13)	(123.68)	

注：*、**、***分别代表显著性达 10%、5%、1%；括号中为 Z 值。

　　表 12-1 中，各省份要素替代弹性 ε 与资本要素份额 α 显著性水平均达到 1%，似不相关回归模型的 log-det 值均满足统计检验的基本要求。从估计结果来看，大部分省份要素替代弹性小于 1，总体呈现要素互补的基本特征，这一结论与戴天仕和徐现祥（2010）、潘文卿和吴天颖（2018）、李小平和李小克（2018）的研究基本一致。

　　将通过式（12-15）计算的 A_K 和 A_L 以及估计得到的 ε 和 α 代入式（12-10），即可计算各省份技术进步偏向指数，表 12-2 列出了部分年份的估算结果①。考察期内，中国大部分省份技术进步偏向性均值为正，呈现资本偏向性技术进步的基本特征；仅北京、上海、海南、四川、云南等省份为劳动偏向性技术进步；广东的要素替代弹性接近 1，技术进步呈无偏中性。研究结果与戴天仕和徐现祥（2010）、潘文卿和吴天颖（2018）、李小平和李小克（2018）的研究结果基本一致。值得注意的是，近年来，各省份技术进步的资本偏向的程度有所缓解，劳动偏向性技术进步的省份由 2001 年的 9 个增加至 2015 年的 19 个。可能的原因是中国长期以来依靠资本的高投入驱动，资本要素积累的速率相对较快，导致资本的边际产出相比劳动边际产出更多，引起技术进步的资本偏向。但随着近年来劳动要素禀赋不断弱化，劳动要素成本逐渐上升，厂商倾向于选择与劳动要素相匹配的技术进步，造成技术进步的劳动偏向。技术进步由资本偏向向劳动偏向的转变

---

　　① 限于篇幅，本章仅列出了部分年份的估算结果，完整结果备索。

也在一定程度上说明了长期依赖资本驱动的不可持续，转向更高效率的劳动是实现效率增长的重要途径（李小平和李小克，2018）。

表 12-2 各省部分年份技术进步方向指数

省份	2001 年	2005 年	2010 年	2015 年	均值
北京	0.004 1	−0.019 7	0.010 3	−0.019 8	−0.004 3
天津	0.032 0	0.071 4	−0.018 7	−0.010 2	0.002 7
河北	0.010 6	−0.098 2	−0.011 6	−0.025 5	0.003 8
山西	0.031 3	0.031 5	0.248 5	0.000 8	0.018 3
内蒙古	0.065 2	0.088 2	0.060 5	0.000 8	0.029 8
辽宁	0.026 2	−0.217 8	0.009 9	0.018 3	0.001 0
吉林	−0.131 3	0.023 5	0.047 9	−0.035 0	0.032 7
黑龙江	−0.083 4	0.029 1	0.113 9	−0.054 0	0.009 6
上海	−0.013 3	−0.015 7	0.001 7	−0.005 1	−0.004 0
江苏	−0.002 3	−0.004 8	0.073 2	0.000 0	0.017 2
浙江	0.059 7	0.054 2	0.019 6	−0.007 9	0.026 7
安徽	0.221 5	−0.062 4	0.049 1	−0.013 7	0.041 3
福建	0.012 7	0.000 1	0.084 0	−0.017 4	0.008 6
江西	0.133 2	0.530 2	−0.116 0	−0.024 2	0.132 4
山东	0.001 1	−0.134 0	0.164 2	−0.110 6	0.010 4
河南	0.046 8	0.041 2	−0.023 5	−0.013 6	0.049 3
湖北	0.045 7	0.018 2	0.279 1	0.035 0	0.058 1
湖南	−0.003 9	−0.053 1	0.010 3	0.005 5	0.044 8
广东	0.000 0	0.000 0	0.000 0	0.000 0	0.000 0
广西	0.056 5	−0.600 8	−0.005 3	−0.027 3	0.002 6
海南	0.024 5	0.011 3	0.040 9	0.031 1	−0.007 1
重庆	0.030 7	−0.001 5	0.038 7	−0.012 5	0.036 7
四川	−0.005 1	0.116 4	−0.017 4	−0.102 3	−0.006 7
贵州	0.412 0	0.315 2	0.096 2	0.004 6	0.126 4
云南	−0.157 4	−0.173 7	0.120 6	0.003 4	−0.007 2
陕西	0.296 6	0.051 5	0.572 0	0.094 4	0.244 8
甘肃	0.224 5	0.328 7	−0.207 2	−0.073 2	0.037 0
青海	−0.010 3	−0.015 8	0.110 4	−0.000 7	0.007 0
宁夏	0.069 4	−0.021 2	−0.006 2	−0.039 8	0.001 9
新疆	−0.044 1	0.088 8	0.058 0	−0.047 7	0.006 9

2. 核心解释变量：智能化水平（int）

目前，智能化水平的直接衡量存在难点。一方面，缺少"云计算"、大数据、人工智能等新一代信息技术的统计数据；另一方面，智能化过程中软件、人员等智力投入也难以客观衡量。李廉水等（2019）从要素基础投入、软件技术开发与应用、经济效益与社会效益 3 个方面界定了制造业智能化的内涵。而本章定义的智能化不仅涉及制造业，也涉及农业、服务业及工业的其他部门。也就是说，制造业智能化不仅是制造业领域的"智能化"。但无论是可控程度、标准化方面，还是劳动的可替代程度，制造业生产过程中的智能化更容易进行（韩江波，2017）。制造业智能化将在国民经济体系智能化进程中发挥先导产业的作用，是国民经济体系智能化的前提与基础。同时，制造业智能化可以为其他领域智能化提供通用性技术，引领国民经济体系的智能化（黄阳华，2016；黄群慧等，2017）。因此，制造业智能化的高低直接影响地区国民经济体系的智能化，制造业智能化水平也可以准确地衡量国民经济体系的智能化水平。

因此，借鉴李廉水等（2019）的研究，本章从智能基础、软件应用和市场实践 3 个层面，选择 6 个指标构建智能化水平的综合评价指标体系，在可行范围内最大程度地客观评价各地区的智能化水平，如表 12-3 所示。

表 12-3　智能化评价指标体系

一级指标	二级指标	指标名称	单位	性质
智能基础层	通信基础设施	电信固定资产投资	亿元	正向
	智能人才投入	软件开发人员	人	正向
软件应用层	软件开发	软件企业数量	个	正向
	软件服务	软件行业收入	万元	正向
市场实践层	智能设备经济效益	电子及通信设备制造业利润	亿元	正向
	智能设备市场效率	电子及通信设备制造业人均产值	亿元/人	正向

智能基础层指标包括通信基础设施和支撑设备运用与开发的智能人才投入两个方面。通信基础设施是智能化的基础（黄阳华，2016），智能化需要通过通信设施连接不同的生产系统，协同各主体从而体现"智能"特征，本章采用各地区的电信固定资产投资作为通信基础设施的代理变量。智能人才投入是智能技术开发与运用的重要载体，本章采用软件开发人员作为智能人才投入的代理变量。

软件应用层指标包括软件开发和软件服务两个部分，反映了智能化进程中软件的开发与服务情况。"智能"的核心在于软件的开发与应用，通过智能算法模仿人类的思考和行为，赋能于智能设施设备，从而保障生产的高效进行（Lee 等，2015）。软件的开发一般以公司或组织等团体方式进行，而软件的服务能力则体现在软件业务收入上。本章分别采用基础软件、支撑软件和嵌入式应用软件等产品的软件企业数量和软件行业收入作为软件开发与服务的代理变量。

市场实践层是智能化进程中智能设备在市场中的活跃程度的反映，主要在于智能设备的市场盈利能力与市场效应的情况。市场实践层指标可以分为智能设备经济效益和智能设备市场效率两个方面。智能化进程中，工业机器人、自动化流水线、嵌入式系统等产业的经济效益与效率直接反映了智能化市场的实践效果。借鉴孙早和侯玉琳（2019）的研究，采用电子及通信设备制造业利润和电子及通信设备制造业人均产值作为智能设备经济效益和智能设备市场效率的代理变量。

智能化水平的测度包括指标权重的确定和综合指数计算，在权重设定过程中主观设定权重可能会造成偏误，本章借鉴许和连和邓玉萍（2012）的研究，采用客观赋权的熵值法进行测度。

3. 其他可能影响技术进步偏向性的控制变量

（1）资本价格扭曲（$dist_k$）和劳动价格扭曲（$dist_l$）。近年来，虽然市场在资源配置中的作用逐步提升，但政府依然掌握着诸如土地、电力、天然气等生产要素的价格，造成了要素的价格扭曲，长期实施的财政补贴、低价供地等招商行为造成要素的价格与边际产出的不匹配，又进一步加剧了要素价格扭曲的程度，这种要素价格的不对称扭曲使技术进步出现不同的偏向（邓明，2014）。借鉴邓明（2014）、袁礼和欧阳峣（2018）的研究，资本价格扭曲和劳动价格扭曲可表示为

$$\mathrm{dist}_k = \frac{\mathrm{MP}_K}{P_K} = \frac{\mathrm{MP}_K}{r}, \ \mathrm{dist}_l = \frac{\mathrm{MP}_L}{P_L} = \frac{\mathrm{MP}_L}{w} \tag{12-16}$$

其中，P_K 和 P_L 分别表示资本和劳动要素价格；$dist_k$ 表示资本价格扭曲程度；$dist_l$ 表示劳动价格扭曲程度；MP_K，MP_L，r 和 w 等符号的意义与上文相同。

（2）产业结构（str）。地区产业结构是影响资本与劳动配置的重要因素，产业结构的升级过程中将引致技术进步的偏向。本章用第三产业产量占 GDP 比重表示。

（3）开放程度（open）。引进、模仿与吸收发达国家的先进技术是实现技术进步的重要途径，对外开放程度更高的地区更容易通过技术外溢等渠道影响地区的技术水平，技术进步的效率也会产生显著影响。本章用各地区进出口总额占 GDP 的比重度量。

（4）研发投入（R&D）。技术进步一部分来自发达国家的技术外溢，另一部分则来自国内的自主创新。国内研发投入是影响自主创新，从而影响技术进步的重要因素。本章用各地区 R&D 投入占 GDP 的比重表征。

考虑数据的可得性，本章采用中国 30 个省份 2004～2015 年面板数据进行研究，相关数据来源于 2004～2016 年的《中国统计年鉴》《中国科技统计年鉴》《各省份统计年鉴》和国家统计局网站及国研网等。

12.4　实证结果分析

12.4.1　基准回归结果

基准回归结果呈现在表 12-4 中。列（1）是只包含智能化水平的估计结果，智能化水平对技术进步偏向存在负向影响，但并不显著。在分别加入了控制变量以及控制省份和时间等因素后，OLS[列（2）]、FE[列（3）]、RE[列（4）]估计结果中，智能化对技术进步方向均存在显著的负向影响，其系数为–0.059 2～–0.044 4，即智能化水平越高，技术进步偏向指数越小，智能化水平的提高，使得技术进步偏向于劳动。这主要是因为随着近年来劳动要素价格的提升，企业使用劳动要素的成本上升，以前靠劳动力完成的

任务被相对成本更低的智能技术所替代，导致企业的技术进步偏向于资本增强型技术；现行智能政策导向、税收补贴的资本偏向等因素，使智能技术得到广泛使用，资本的相对价格进一步降低，在一定程度上也阻碍了劳动生产率的提升。以上两个原因造成了智能化的资本增强性，在我国大部分省份的资本与劳动要素之间互补的情况下，资本效率不断提升，在增大资本需求的同时，也加大了对劳动特别是高技能劳动的超额需求，最终导致了技术进步的劳动偏向。

表 12-4　智能化水平对技术进步偏向性的基准回归结果

	（1）OLS	（2）OLS	（3）FE	（4）RE
int	−0.021 3 (0.013 7)	−0.058 5* (0.030 1)	−0.059 2** (0.025 6)	−0.044 4** (0.018 5)
$dist_k$		0.000 06* (0.000 03)	0.000 05 (0.000 1)	0.000 1 (0.000 1)
$dist_l$		0.002 1** (0.001 1)	0.003 6*** (0.001 2)	-0.000 4 (0.000 3)
str		−0.485 (0.443 8)	−0.448 9 (0.307 0)	−0.221 8 (0.194 9)
open		0.036 7 (0.086 1)	−0.228 6*** (0.135 3)	−0.209 2*** (0.052 6)
R&D		0.790 (0.923)	0.147 8*** (0.056 2)	0.140 9*** (0.031 9)
控制变量	NO	YES	YES	YES
时间	NO	NO	YES	YES
省份	NO	NO	YES	NO
F	2.402 2	16.878 3	3.586 0	
Wald chi				38.014
Adj-R^2	0.012 8	0.157 3	0.062 3	0.028 7
N	360	360	360	360
Huasman	13.86 (0.031 3)			

注：*、**、***分别代表显著性达 10%、5%、1%，括号中为标准误差。下同。

控制变量方面，以 FE 模型[列（3）]为例，资本价格扭曲对技术进步偏向性不存在显著影响；劳动价格扭曲系数为 0.003 6，在 1%水平上显著，表明劳动价格的扭曲导致技术进步的资本偏向；产业结构对技术进步的偏向性没有显著影响；开放程度的系数为 −0.228 6且在 1%水平显著，表明地区开放水平越高，技术进步越偏向于劳动；研发投入的系数为 0.147 8，在 1%水平上显著，表明研发投入越高的地区，技术进步越呈现资本偏向的特征。

12.4.2　内生性问题

考虑模型中存在的内生性问题：一方面，可能存在一些不可观测的遗漏变量同时影响地区智能化水平和技术进步偏向性；另一方面，技术进步偏向也可能会影响地区的智能化水平，造成联立性偏误。对于遗漏变量产生的内生性问题，上文采用的 FE 模型可以在一定程度上缓解，FE 模型估计结果中智能化水平与技术进步偏向依然是负相关关系，表明结果的稳健性。为缓解联立性偏误产生的内生性问题，本章利用工具变量方法对智能化与技术进步偏向性的关系进行检验。本章采用智能化水平的一阶滞后项作为工具变量。工具变量的选择需要满足"相关性"和"外生性"两个条件。对于工具变量"外生性"的检验，本章参考方颖和赵扬（2011）的方法，检验结果见表 12-5[①]。表 12-5 中，将智能化水平当期值和一阶滞后项同时与技术进步偏向性[列（1）]回归时，智能化水平一阶滞后项对技术进步偏向性的影响不显著，当期智能化水平对技术进步偏向性的影响显著为负。分别将智能化水平当期值、一阶滞后项与技术进步偏向性回归时，二者对技术进步偏向性的影响均显著，表明智能化水平的一阶滞后项仅通过当期影响技术进步偏向性，智能化水平一阶滞后项满足工具变量的"外生性"假设。列（3）中智能化水平一阶滞后项与当期的估计结果表明二者存在强相关性，满足工具变量"相关性"的假设条件。

表 12-5　工具变量外生性检验

	（1）	（2）	（3）
	OLS	OLS	OLS
int	−0.075 9[**]	−0.046 6[***]	
	(0.032 0)	(0.016 3)	
int$_{-1}$	0.036 0		−0.032 6[***]
	(0.028 1)		(0.043 5)
控制变量	YES	YES	YES
时间	YES	YES	YES
省份	YES	YES	YES
F	14.599 5	16.878 3	17.440 1
Adj-R^2	0.143 3	0.142 9	0.146 6
N	360	360	360

本章采用两阶段最小二乘法对模型（12-12）进行估计，估计结果见表 12-6。表 12-6 中，工具变量的不可识别检验结果为 15.92，在 1%显著水平上拒绝了"不可识别"的原假设。弱工具变量检验的 Wald F 统计量在 1%水平上显著，拒绝了"弱工具变量"的原假设。同时，稳健弱识别检验的 Wald 值为 13.23，在 1%水平上拒绝原假设，进一步说明工具变量的合理性。估计结果中，一阶段回归结果[列（1）]表明工具变量与内生变量显著正相关，二阶段回归结果[列（2）]表明智能化水平对技术进步偏向性的影响为负，并在 1%水平上显著，与基准估计结果一致，验证了智能化水平提升对技术进步的劳动偏向影响。

---

① 限于篇幅，仅列出了核心解释变量估算结果，完整结果备索。下同。

表 12-6 智能化水平对技术进步偏向性的工具变量回归结果

	(1) I	(2) IV
int		−0.084 7*** (0.022 7)
int₋₁	0.850 5*** (0.057 4)	
控制变量	YES	YES
时间	YES	YES
省份	YES	YES
不可识别检验		
LM 统计量(Kleibergen 和 Paap, 2006)	15.92***	
弱工具变量检验		
Cragg-Donald Wald F 统计量(Kleibergen 和 Paap, 2006)	730.31***	
Wald rk F 统计量(Kleibergen 和 Paap, 2006)	219.78*** [16.38]	
稳健弱识别检验		
Anderson-Rubin Wald 检验	13.23***	
F		17.638 6
Adj-R^2		0.279 4
N	360	360

12.4.3 稳健性检验

1. 分时段回归估计智能化水平对技术进步偏向性的影响

2008 年 11 月～2010 年底推出实行的"四万亿投资"方案对资本-劳动结构产生重要影响。本章以"四万亿投资"(2009 年)为临界点,将样本区间划分为 2004～2009 年和 2010～2015 年两个阶段,分别考察"四万亿投资"计划前后,智能化水平对技术进步偏向性的影响。分阶段估计结果见表 12-7 和表 12-8,可知两个阶段的估计结果中,2004～2009 年,智能化水平对技术进步偏向性的影响系数为−0.152 3～−0.036 3,且至少满足 10%水平的显著性检验。2010～2015 年,智能化水平对技术进步偏向性的影响系数为−0.122 8～−0.037 9,且至少满足 5%水平的显著性检验。即"四万亿投资"计划前后,估计结果与基准估计结果基本一致,表 12-3 的基准结果得到印证。

表 12-7 2004～2009 年智能化水平对技术进步偏向性影响的回归结果

	(1) OLS	(2) OLS	(3) FE	(4) RE
int	−0.036 3* (0.019 1)	−0.113 1*** (0.033 3)	−0.152 3*** (0.049 3)	−0.119 9*** (0.037 0)

续表

	（1）	（2）	（3）	（4）
	OLS	OLS	FE	RE
控制变量	NO	YES	YES	YES
时间	NO	NO	YES	YES
省份	NO	NO	YES	NO
F	3.626 3	6.364 4	3.039 9	
Adj-R^2	0.014 4	0.100 7	0.112 4	
N	180	180	180	180
Huasman	10.76			
	（0.096 0）			

表 12-8　2010～2015 年智能化水平对技术进步偏向性影响的回归结果

	（1）	（2）	（3）	（4）
	OLS	OLS	FE	RE
int	−0.037 9***	−0.056 4**	−0.122 8***	−0.057 0***
	（0.012 0）	（0.020 5）	（0.045 9）	（0.021 2）
控制变量	NO	YES	YES	YES
时间	NO	NO	YES	YES
省份	NO	NO	YES	NO
F	10.067 2	37.723 7	2.792 4	
Adj-R^2	0.074 4	0.324 5	0.104 2	
N	180	180	180	180
Huasman	11.82			
	（0.037 4）			

2. 剔除异常值

为剔除样本中异常值对估计结果造成的偏误性，本章对数据在 5% 以及 95% 分位进行 Winsorize 缩尾处理。回归结果中，估计系数为–0.043 1～–0.025 1，均在 5% 水平上显著，与基准估计结果基本一致（表 12-9）。

表 12-9　剔除异常值后智能化水平对技术进步偏向性的回归结果

	（1）	（2）	（3）	（4）
	OLS	OLS	FE	RE
int	−0.025 1**	−0.038 4***	−0.043 1**	−0.035 4**
	（0.012 1）	（0.012 8）	（0.019 7）	（0.014 7）
控制变量	NO	YES	YES	YES
时间	NO	NO	YES	YES

续表

	（1）	（2）	（3）	（4）
	OLS	OLS	FE	RE
省份	NO	NO	YES	NO
F	4.315 9	33.439 5	4.330 8	
Wald chi				56.62
Adj-R^2	0.023 9	0.194 4	0.074 2	0.0196
N	360	360	360	360
Huasman	22.62			
	(0.001)			

3. 采用动态面板的广义矩估计方法模型

考虑模型中扰动项可能存在异方差或自相关，此时采用广义矩估计（generalized method of moments，GMM）方法更为有效。本章分别采用差分 GMM 和系统 GMM 方法对式（12-12）进行估计，回归结果中，智能化水平与技术进步偏向性的影响系数分别为 –0.077 7 和–0.064 6，依然存在显著负相关关系（表 12-10）。因此，在考虑扰动项可能存在的异方差或自相关问题后，估计结果与基准估计结果依然一致，表明了估计结果的稳健性。

表 12-10　智能化水平对技术进步偏向性的 GMM 动态面板回归结果

	（1）	（2）
	差分 GMM	系统 GMM
int	–0.077 7[*]	–0.064 6[***]
	(0.046 7)	(0.019 4)
控制变量	YES	YES
时间	YES	YES
省份	YES	YES
AR（1）	–7.03[***]	–12.38[***]
	(0.000)	(0.000)
AR（2）	–0.99	–1.25
	(0.321)	(0.212)
Sargan	119.12	205.35
	(0.678)	(0.327)
N	330	360

12.5　中介机制检验

基于理论分析与实证结果可知，目前我国大部分省份资本与劳动替代弹性小于 1，智能化发展会通过提升资本的相对效率，使技术进步逐渐偏向于劳动。但是，根据理论机制部分的分析，智能化将通过影响 A_K 与 A_L，进而影响资本与劳动的边际产出。而根据式（12-16），要素价格扭曲的程度受到要素边际产出与要素价格的共同影响。因而，从理论上说，要素价格扭曲程度也将受智能化影响。根据式（12-4）和式（12-8），资本与劳动的边际产出可表示为

$$\mathrm{MP}_K = \alpha Y^{\frac{1}{\varepsilon}}(I^{\beta_K} K^{1-\beta_K})^{\frac{\varepsilon-1}{\varepsilon}} K^{-\frac{1}{\varepsilon}}$$

$$\mathrm{MP}_L = (1-\alpha) Y^{\frac{1}{\varepsilon}}(I^{\beta_L} L^{1-\beta_L})^{\frac{\varepsilon-1}{\varepsilon}} L^{-\frac{1}{\varepsilon}} \tag{12-17}$$

结合式（12-16）和式（12-17），要素价格扭曲可表示为关于智能化的函数：

$$\mathrm{dist}_k = \frac{\mathrm{MP}_K}{r} = \frac{\alpha Y^{\frac{1}{\varepsilon}}(I^{\beta_K} K^{1-\beta_K})^{-\frac{1}{\varepsilon}} K^{-\frac{1}{\varepsilon}}}{r}$$

$$\mathrm{dist}_l = \frac{\mathrm{MP}_L}{w} = \frac{(1-\alpha) Y^{\frac{1}{\varepsilon}}(I^{\beta_L} L^{1-\beta_L})^{-\frac{1}{\varepsilon}} L^{-\frac{1}{\varepsilon}}}{w} \tag{12-18}$$

式（12-18）表明，智能化会通过提高边际产出进一步提高要素价格的扭曲程度。根据基准回归结果，劳动要素价格的扭曲将导致技术进步呈现资本偏向的特征。这意味着智能化对技术进步偏向的影响机制存在直接影响和间接影响两种途径。智能化对技术进步既有劳动偏向的直接影响，也可能有以要素价格扭曲为中介的间接影响。具体而言，资本与劳动替代弹性小于 1 的情况下，智能化通过提升资本的相对效率导致技术进步的劳动偏向；智能化通过提升资本与劳动的边际产出，加剧了要素价格扭曲的程度，而要素价格的进一步扭曲，导致技术进步的资本偏向。因而，智能化对技术进步偏向的影响，是直接效应和间接效应二者角力的结果。然而，以上推论仅建立在智能化的应用不会影响资本要素价格 r 与劳动要素价格 w 的基础之上。事实上，技术本身也会通过影响生产过程中资本与劳动的投入比例，进而影响资本与劳动的相对价格。若智能化对要素价格的影响存在，资本要素价格 r 和劳动要素价格 w 均可以表示为关于智能化 I 的函数。式（12-18）则可表示为：

$$\mathrm{dist}_k = \frac{\mathrm{MP}_K}{r} = \frac{\alpha Y^{\frac{1}{\varepsilon}}(I^{\beta_K} K^{1-\beta_K})^{-\frac{1}{\varepsilon}} K^{-\frac{1}{\varepsilon}}}{r(I)}$$

$$\mathrm{dist}_l = \frac{\mathrm{MP}_L}{w} = \frac{(1-\alpha) Y^{\frac{1}{\varepsilon}}(I^{\beta_L} L^{1-\beta_L})^{-\frac{1}{\varepsilon}} L^{-\frac{1}{\varepsilon}}}{w(I)} \tag{12-19}$$

由式（12-19）可知，智能化对要素价格扭曲的影响是边际产出和要素价格共同作用的结果。因此，为进一步探究智能化对偏向性技术进步的影响机制，本章将分别以资本价格扭曲和劳动价格扭曲为中介变量对二者关系进行检验。参考温忠麟和叶宝娟（2014）的中介效应检验方法，构建如下中介检验方程：

$$\mathrm{dtc}_{it} = \alpha + \beta \mathrm{int}_{it} + \gamma X_{it} + \varepsilon_{it} \tag{12-20}$$

$$\mathrm{mediation}_{it} = \alpha' + \beta' \mathrm{int}_{it} + \gamma' X_{it} + \varepsilon'_{it} \tag{12-21}$$

$$dtc_{it} = \alpha'' + \beta''\mathrm{int}_{it} + \varphi\mathrm{mediation}_{it} + \gamma''X_{it} + \varepsilon''_{it} \qquad (12\text{-}22)$$

其中，式（12-20）与式（12-12）相同，$\mathrm{mediation}_{it}$ 表示中介变量。

　　表 12-11 中的列（1）、列（2）和列（3）是以资本价格扭曲为中介变量的检验结果，分别对应式（12-20）、式（12-21）、式（12-22）的估计结果。列（1）检验结果中智能化水平的系数 β 显著为负，说明中介效应成立。列（2）检验结果中智能化水平对资本价格扭曲的影响系数 β' 显著为负，列（3）检验结果中资本价格扭曲对技术进步偏向性影响系数 φ 显著为正，说明模型存在间接效应。列（3）检验结果中智能化水平对技术进步偏向性的系数 β'' 显著为负，且 $\beta'\times\varphi$ 与 β'' 同号，表明资本价格扭曲存在部分中介效应，智能化水平的提升改善了资本价格扭曲，进而使技术进步偏向于劳动，中介效应占总效应的 0.99%。列（4）、列（5）和列（6）是以劳动价格扭曲为中介变量的检验结果，分别对应以劳动价格扭曲为中介变量的式（12-20）、式（12-21）、式（12-22）的检验结果。同理，劳动价格扭曲也存在部分中介效应，智能化水平的提升改善了劳动的价格扭曲，使得技术进步偏向与劳动，最终中介效应占总效应的 21.88%。中介检验说明，智能化不仅对技术进步偏向存在直接影响，还通过改善要素价格扭曲导致进一步的技术进步劳动偏向。对资本和劳动价格扭曲的中介效应分别占总效应的 0.99% 和 21.88%，这也在一定程度上表明，相对于资本价格扭曲，智能化发展对劳动价格扭曲的影响效应更为明显。

表 12-11　智能化水平影响技术进步偏向性的机制检验

	资本价格扭曲			劳动价格扭曲		
	（1）	（2）	（3）	（4）	（5）	（6）
int	−0.058 8[*]	−5.845 9	−0.058 5[*]	−0.074 7[***]	−7.782 0[*]	−0.058 5[*]
	(0.030 0)	(7.402 0)	(0.030 1)	(0.027 0)	(3.837 2)	(0.030 1)
dist_k			0.000 1[*]			
			(0.000 0)			
dist_l						0.002 1[**]
						(0.001 0)
控制变量	YES	YES	YES	YES	YES	YES
时间	YES	YES	YES	YES	YES	YES
省份	YES	YES	YES	YES	YES	YES
bootstrap 检验		−0.002 1[***]			0.008 9[**]	
		(0.001 0)			(0.003 7)	
N	360	360	360	360	360	360
Adj-R^2	0.359 8	0.453 0	0.358 1	0.354 5	0.969 8	0.358 1

12.6　结论与启示

　　本章从智能化这一全新视角出发解释其对偏向性技术进步的影响。通过将智能化与偏向性技术进步纳入同一理论分析框架，在资本-劳动要素组合的标准化(CES)生产函数下，推演智能化对技术进步偏向性的作用机制。理论分析表明，智能化对偏向性技术进步的影响取决于要素替代弹性和智能化要素增强性的共同作用：当要素替代弹性大于 1时，若智能化是资本增强型技术进步则体现为资本偏向；当要素替代弹性小于 1 时，若智能化是资本增强型技术进步则体现为劳动偏向。基于中国 30 个省份的面板数据，利用三方程"标准化供给面系统法"测算各地区的技术进步偏向，在此基础上考察智能化对偏向性技术进步的影响及中介效应。研究主要得出以下结论：①考察期内，中国大部分省份资本与劳动的替代弹性显著小于 1；技术进步总体呈现资本偏向特征，但近年来技术进步的劳动偏向愈加明显。②智能化与技术进步偏向存在显著负向影响，智能化水平越高，技术进步越偏向劳动，即智能化提升了劳动的相对边际产出。这一结果在考虑内生性问题和稳健性问题后仍较为稳健；劳动价格扭曲、研发投入、开发水平与技术进步偏向呈显著正向影响。③中介机制检验表明，智能化不仅通过影响要素效率引发技术进步的劳动偏向，智能化还通过改善资本与劳动价格扭曲，进一步使技术进步偏向于劳动。对资本与劳动价格扭曲的中介效应分别占总效应的 0.99%和 21.88%。

基于以上结论，本章得到 3 点启示：①资本的不断深化导致中国总体呈现技术进步资本偏向性特征。但近年来，随着人口红利的逐渐弱化，资本偏向呈递减趋势，劳动偏向性技术进步愈加显著。有效地甄别技术进步的不同偏向，对于通过技术进步提高资源配置效率具有重大的意义。因而，在技术创新的过程中应当根据地区的要素禀赋和制度环境，适时地调整技术进步的方向与强度，形成与之相适宜的技术进步路径，实现技术进步与要素禀赋的耦合发展。②现阶段，智能化发展进程的不断推进，将导致技术进步的劳动偏向，导致收入分配向劳动力倾斜。对于中国这样的发展中大国来说，应以第四次工业革命为契机，抓住智能化发展机遇，实现产业的智能化改造与融合。加大对智能化基础方面的投入，致力于"云计算"、大数据、人工智能等新一代信息技术的基础性研究，重视培养和引进智能人才，努力在智能技术的理论、方法、工具等方面取得重大突破。注重培养人工智能、工业机器人等新兴产业，通过建立智能化扶持基金等方式，完善智能化发展的政策环境，引导企业的智能化转型升级。③经济发展过程中的资本深化不可避免，但要素价格扭曲引发资本的过度深化将导致劳动收入份额过快下降，这也是导致技术进步资本偏向的重要原因。智能化发展的高技能偏向提升了劳动力价格，在一定程度上消除了劳动价格扭曲，导致技术进步的劳动偏向。对于政府而言，应实现政府职能的根本性转变，通过建立要素市场体系发挥市场在要素配置中的决定性作用，破除要素完全流动的障碍，促进要素市场的公平交易，提高要素配置效率。对于资本深化造成的劳动收入份额的下降，可以通过加强对劳动保护、失业保险等社会保障制度的建设，避免劳动在要素收入分配中的差距进一步扩大。

参 考 文 献

陈晓玲, 连玉君. 2012. 资本-劳动替代弹性与地区经济增长——德拉格兰德维尔假说的检验[J]. 经济学 (季刊), 12(1): 93-118.

戴天仕, 徐现祥. 2010. 中国的技术进步方向[J]. 世界经济, 11: 54-70.

邓明. 2014. 人口年龄结构与中国省际技术进步方向[J]. 经济研究, 49(3): 130-143.

方颖, 赵扬. 2011. 寻找制度的工具变量: 估计产权保护对中国经济增长的贡献[J]. 经济研究, 5: 138-148.

韩江波. 2017. 智能工业化: 工业化发展范式研究的新视角[J]. 经济学家, 10: 21-30.

黄群慧, 黄阳华, 贺俊, 等. 2017. 面向中上等收入阶段的中国工业化战略研究[J]. 中国社会科学, 12: 94-116, 207.

黄先海, 徐圣. 2009. 中国劳动收入比重下降成因分析[J]. 经济研究, 7: 34-44.

黄阳华. 2016. 工业革命中生产组织方式变革的历史考察与展望——基于康德拉季耶夫长波的分析[J]. 中国人民大学学报, 30(3): 66-77.

李廉水, 石喜爱, 刘军. 2019. 中国制造业 40 年: 智能化进程与展望[J]. 中国软科学, 1: 1-9, 30.

李小平, 李小克. 2018. 偏向性技术进步与中国工业全要素生产率增长[J]. 经济研究, 53(10): 82-96.

潘士远. 2007. 贸易自由化、有偏的学习效应与发展中国家的工资差异[J]. 经济研究, 6: 98-105, 141.

潘文卿, 吴天颖. 2018. 中国技术进步偏向性的省际扩散效应: 1996-2015[J]. 系统工程理论与实践, 38(2): 374-389.

宋冬林, 王林辉, 董直庆. 2010. 技能偏向型技术进步存在吗?——来自中国的经验证据[J]. 经济研究, 5: 68-81.

孙早, 侯玉琳. 2019. 工业智能化如何重塑劳动力就业结构[J]. 中国工业经济, 5: 61-79.

王班班, 齐绍洲. 2013. 开放条件下的技术进步、要素替代和中国能源强度分解[J]. 世界经济研究, 9: 3-9.

王君, 张于喆, 张义博, 等. 2017. 人工智能等新技术进步影响就业的机理与对策[J]. 宏观经济研究, 10: 169-181.

温忠麟, 叶宝娟. 2014. 中介效应分析: 方法和模型发展[J]. 心理科学进展, 22(5): 731-745.

许和连, 邓玉萍. 2012. 外商直接投资导致了中国的环境污染吗?——基于中国省际面板数据的空间计量研究[J]. 管理世界, 2: 30-43.

杨翔, 李小平, 钟春平. 2019. 中国工业偏向性技术进步的演变趋势及影响因素研究[J]. 数量经济技术经济研究, 36(4): 101-119.

余东华, 孙婷, 张鑫宇. 2018. 要素价格扭曲如何影响制造业国际竞争力[J]. 中国工业经济, 2: 63-81.

袁礼, 欧阳峣. 2018. 发展中大国提升全要素生产率的关键[J]. 中国工业经济, 6: 43-61.

张军, 吴桂英, 张吉鹏. 2004. 中国省际物质资本存量估算: 1952-2000[J]. 经济研究, 10: 35-44.

张莉, 李捷瑜, 徐现祥. 2012. 国际贸易、偏向型技术进步与要素收入分配[J]. 经济学(季刊), 11(2): 409-428.

Acemoglu D. 1998. Why do new technologies complement skills? Directed technical change and wage inequality [J]. The Quarterly Journal of Economics, 113(4): 1055-1089.

Acemoglu D. 2002. Technical change, inequality, and the labor market [J]. Journal of Economic Literature, 40(1): 7-72.

Acemoglu D. 2003. Labor and capital augmenting technical change [J]. Journal of the European Economic Association, 1(1): 1-37.

Acemoglu D, Restrepo P. 2018. The race between man and machine: Implications of technology for growth, factor shares, and employment [J]. American Economic Review, 108(6): 1488-1542.

Aghion P, Jones B F, Jones C I. 2017. Artificial Intelligence and Economic Growth[R]. National Bureau of Economic Research.

David P A, van de Klundert T. 1965. Biased efficiency growth and capital-labor substitution in the US, 1899-1960[J]. American Economic Review, 357-394.

Diamond P A. 1965. National debt in a neoclassical growth model [J]. American Economic Review, 55 (5):

1126-1150.

Feng A, Graetz G. 2015. Rise of the Machines: the Effects of Labor-saving Innovations on Jobs and Wages[R]. IZA Discussion Papers.

Graetz G, Michaels G. 2018. Robots at work [J]. Review of Economics and Statistics, 100(5): 753-768.

Greaker M, Heggedal T R, Rosendahl K E. 2018. Environmental policy and the direction of technical change [J]. The Scandinavian Journal of Economics, 120(4): 1100-1138.

Hicks J. 1932. The Theory of Wages[M]. Berlin: Springer.

Kennedy C. 1964. Induced bias in innovation and the theory of distribution [J]. The Economic Journal, 74(295): 541-547.

Kleibergen F, Paap R. 2006. Generalized reduced rank tests using the singular value decomposition[J]. Journal of Econometrics, 133(1): 97-126.

Klump R, Preissler H. 2000. CES production functions and economic growth [J]. Scandinavian Journal of Economics, 102(1): 41-56.

Klump R, Mcadam P, Willman A. 2007. Factor substitution and factor-augmenting technical progress in the United States: A normalized supply-side system approach [J]. The Review of Economics and Statistics, 89(1): 183-192.

Kromann L, Malchow-Møller N, Skaksen J R, et al. 2016. Automation and productivity-across-country, cross-industry comparison[J]. Ssrn Electronic Journal.

Lee J, Bagheri B, Kao H A. 2015. A cyber-physical systems architecture for industry 4.0-based manufacturing systems [J]. Manufacturing Letters, 3: 18-23.

León-Ledesma M A, McAdam P, Willman A. 2010. Identifying the elasticity of substitution with biased technical change [J]. American Economic Review, 100(4): 1330-1357.

Makridakis S. 2017. The forthcoming artificial intelligence (AI) revolution: Its impact on society and firms [J]. Futures, 90: 46-60.

Mallick D. 2012. The role of the elasticity of substitution in economic growth: A cross-country investigation [J]. Labour Economics, 19(5): 682-694.

Purdy M, Daugherty P. 2016. Why artificial intelligence is the future of growth [J]. Remarks at AI Now: The Social and Economic Implications of Artificial Intelligence Technologies in the Near Term, 1-72.

Samuelson P A. 1965. A theory of induced innovation along Kennedy-Weisäcker lines [J]. The Review of Economics and Statistics, 47(4): 343-356.

Trajtenberg M. 2018. AI as the Next GPT: A Political Economy Perspective[R]. National Bureau of Economic Research.

撰稿人：刘亮　程中华

审稿人：刘军

第13章　基于科学知识图谱分析的全球智能制造研究热点与趋势研究

本章以分析文献发表的情况为重点，突出研究的热点和趋势。以 WOS（web of science）数据库收录的 3391 篇智能制造相关文献为研究对象，以基于共词分析的可视化研究为总体思路，运用文献计量学方法，对智能制造发展轨迹进行研究，发现全球智能制造研究的发文数量呈现上升趋势，欧美地区的国家在智能制造领域的研究中处于世界领先水平，最大的合作网络是以香港理工大学为中心的合作网络，发表相关文章最多的期刊是智能制造期刊。人工智能和智能制造系统研究是国际智能制造研究的热点。智能制造发展研究、智能制造技术研究、智能制造系统研究、智能制造产业研究及智能制造的其他方面研究是国际智能制造研究的主题。未来几年，智能制造理论体系、标准化研究、制造技术研究将是国际智能制造研究的重点。

13.1　引　　言

智能制造不仅是全球制造业的发展方向，也是中国战略性新兴产业的重要支柱。随着人口红利的逐渐消失以及国内市场竞争加剧，我国制造业创新能力不足、高技术产业匮乏、管理水平低下等问题越来越突出（Zhao，2017）。

当前，互联网、"云计算"、人工智能、大数据等技术的大规模使用使得世界将目光聚焦于信息化与网络化。越来越多的发达国家正将智能化制造纳入其长期发展战略当中。如美国的"先进制造业国家战略计划"、法国的"新工业法国计划"、德国的"工业4.0"等（黄顺魁，2015）。与此同时，中国经济发展进入新常态，制造业面临的资源和环境约束不断强化。在此背景下，中国政府也做出"加快培育发展智能制造产业"的重大战略决策。目前，我国已编制完成《智能制造装备产业"十二五"发展规划》，并于 2011 年设立"智能制造装备创新发展专项"。2012 年 3 月，我国相继出台《智能制造科技发展"十二五"专项规划》《服务机器人科技发展"十二五"专项规划》，并于 2015 年提出了"中国制造 2025"行动计划，充分发挥了互联网技术在制造业中的独特作用，并将系统化、标准化和智能化制造理念引入生产过程中，加快从制造大国转向制造强国。

尽管如此，我国政府仍感觉到缺乏理论和方法指导。其主要原因在于，大部分学者仍将目光聚焦在某一单一智能技术的研究上，缺乏系统性、全面性地对国际智能制造研究进展与趋势的认知，难以为我国政府发展智能制造产业做出战略性借鉴和参考（赵程程和杨萌，2015）。因此，为推动智能制造在国内健康可持续发展，梳理和明晰全球智能制造的研究和实践现状显得非常必要。

针对智能制造的研究热点，众多组织和机构从不同角度推出研究计划和项目，如美国国家科学基金（National Science Foundation，NSF）智能制造项目、欧盟第七框架计划中的制造云项目、中国工程院智能制造重大咨询项目等（Guo 和 Zhang，2010）。智能制造的研究涉及智能技术、制造技术、信息技术等多个学科，目前该领域的研究呈现出散乱的"碎片化"态势。在研究领域上，智能制造横跨了理工学科到人文社科之间的诸多细分研究领域；在研究载体上，既有综述性探讨，也有定量化研究；在研究主题上，智能制造系统、智能制造服务、智能管理、智能终端产品等散乱分布，几乎难以整合到一个框架之中（王友发和周献中，2016）。尽管已有的研究对智能制造展开了多方面、多角度的探索，对于了解全球智能制造研究现状具有重要作用，但还存在研究方法单一、分析深度不够或主观性强等不足之处。

　　因此，本章力图通过客观的数据和规范的方法开展研究，综合采用关键词分析、社会网络分析、聚类分析和突现分析等知识图谱分析法，梳理和解析全球智能制造研究的进展和趋势，以进一步把握全球智能制造的发展轨迹及未来研究方向，为我国后续智能制造研究和实践提供有益参考。

13.2　数据、方法与工具

13.2.1　数据来源

　　本章所使用的数据来源于美国科学信息研究所研发的 WOS 核心合集数据库（web of science core collection）。该数据库包含 10000 多种多学科性、高影响力、国际性、权威性及综合性的学术期刊，是世界上具有学术权威的引文信息来源（Zhao，2017）。

　　为了确保研究结果的真实性和完整性，在数据搜集过程中检索方式的设置至关重要，通过对检索词的反复商榷并对检索方式进行多次分析比较，最终采用主题检索方式，通过检索条件的设置，尽可能广泛地涵盖相关高质量研究成果，经过精炼以及数据去重与筛选后，共获得有效数据 3391 条，数据检索条件如表 13-1 所示。

表 13-1　数据检索条件一览表

	内容
数据来源	web of science core collection
检索格式	TS=（*intelligent manufacturing* OR *manufacturing intelligence* OR *intelligentized manufacturing*）
文献语种	English
文献类型	Article
时间跨度	1979～2018 年
检索日期	2019-05-01
检索结果	3391 篇文章

13.2.2　研究方法

　　知识图谱是显示科学知识的发展进程与结构关系的一种图形，它利用一定的方式把抽象数据映射在 2D 或 3D 的图形中，从宏观、中观、微观各层面揭示一个领域、学科的发展概貌，使人们能够从各角度全面审视一个学科的结构和研究热点等信息（Chen, 2017）。共词分析法是一种内容分析的方法，主要通过对能够表达某一学科领域研究主题或研究方向的专业术语共同出现在一篇文献中的现象进行分析，判断学科领域中主题间的关系，从而展现该学科的研究结构（张勤和马费成，2007）。为了明晰国际智能制造研究的现状和发展趋势，本章借助科学可视化技术软件进行基础内容分析、关键词分析、研究热点分析和研究前沿分析，定量和动态地展示国际智能制造研究演变，比较不同阶段的研究热点，并探索未来的研究方向。

13.3　数据统计与结果分析

13.3.1　基础内容分析

1. 发文时间分析

科技文献的发文量随时间的变化情况是评价一个领域发展的重要指标，对其进行全面的统计分析，对评价该领域的发展趋势和动态具有重要意义。本章利用 EXCEL 对所得数据进行初步的年度文献发表数量分析，图 13-1 描述了国际智能制造研究近 40 年的文献年度发表数量及整体变化趋势，大致分为两个阶段，第一阶段为缓慢发展阶段（1979～2012 年），各年度的文献发表数量呈现平稳缓慢上升趋势，论文发表共计 2031 篇，占文献总量的 59.89%。第二阶段为高速增长阶段（2013～2018 年），2013 年文献年发文量突破至 138 篇，在 2018 年达到发文峰值 390 篇，在此阶段论文发表共计 1360 篇，占比 40.11%，预计 2019 年的发文数量还将呈现指数上升趋势。

图 13-1　国际智能制造研究文献发表数量时间分布

2. 发文空间分析

从发文空间看，美国、中国、英国、德国、韩国、印度、加拿大、日本、法国等是较早开展智能制造研究的国家。从发文量来看，美国的发文量最多，共 773 篇，占发文总量的 22.80%，中国（597 篇，占 17.61%）、英国（303 篇，占 8.94%）位居二、三位，德国（181 篇，占 5.34%）、韩国（162 篇，占 4.78%）、印度（139 篇，占 4.10%）等国家紧随其后。从中心性来看，英国以较大优势（0.44）占据第一位，美国（0.33）和德国（0.25）位居二、三位，法国、澳大利亚、新加坡等国家位列其后。从发文的突现值来看，突现强度最高的为美国（70.222 6），以较大优势占据第一位，加拿大（11.798 6）和伊朗（11.242 5）居于二、三位，表明这 3 个国家的智能制造研究在一定时间内空前繁荣，起到了学术引领作用，其中美国的智能制造研究起步早、学术引领持续的时间较长。综上所述，以美国、英国、德国领衔的欧美地区国家在智能制造领域的研究中处于世界领先地位，而中国虽然有着第二位的发文数量，但仍缺少国际影响力。因此，提高中国学者的综合素质，拓宽其国际视野，增加智能制造研究的力度对于提高中国在该领域的影响力显得十分重要。

3. 核心机构分析

统计显示国际智能制造研究机构共计 845 个，其中发文量大于等于 10 篇的机构有 56 个，Top20 机构发文量之和为 493 篇，占全部机构发文总数的 14.53%。高校是国际智能制造研究的重要前沿阵地，主要形成 5 块机构间的合作网络，最大的合作网络是以香港理工大学为中心的合作网络，合作机构主要包括南洋理工大学、北京航空航天大学、中国科学院、香港大学和华中科技大学；以奥克兰大学为中心的合作网络次之，合作机构主要包括卡尔加里大学、巴斯大学和香港城市大学；另外 3 块合作网络分别是以台湾清华大学、上海交通大学和得克萨斯大学为中心的合作网络。

从机构发文量来看（表 13-2），发文量最大的机构为台湾清华大学（46 篇），香港理工大学（45 篇）名列第二，紧随其后的有南洋理工大学、奥克兰大学、上海交通大学、香港大学、华中科技大学、北京航空航天大学、台湾成功大学和马里博尔大学等科研机构，这些都是国际智能制造研究的重要机构。从机构发文的突现时间来看，得克萨斯大学（1989）、阿尔伯塔大学（1990）和路易斯维尔大学（1991）名列前三，遥遥领先其他科研机构，起到了学术引领的作用。从机构发文的突现强度来看，华南理工大学（7.573 7）名列第一，卡尔加里大学（7.468 6）与北京航空航天大学（7.426 1）以较小的劣势名列第二、三位，表明这 3 个机构的智能制造研究在不同时间段内均较为繁荣，其中卡尔加里大学的智能制造研究起步较早，华南理工大学和北京航空航天大学则较晚。从时间线上看，最早进行智能制造研究的机构是普渡大学，而南京大学与深圳大学则是开展智能制造研究较为活跃的研究机构。

表 13-2 国际智能制造领域研究机构发文数量排名统计（Top20）

序号	机构	频次/次	国家和地区	序号	机构	频次/次	国家和地区
1	台湾清华大学	46	中国台湾	11	印度理工学院	21	印度
2	香港理工大学	45	中国香港	12	新加坡国立大学	21	新加坡
3	南洋理工大学	30	新加坡	13	香港城市大学	21	中国香港
4	奥克兰大学	29	新西兰	14	密歇根大学	20	美国
5	上海交通大学	29	中国	15	中国科学院	20	中国
6	香港大学	26	中国香港	16	浙江大学	20	中国
7	华中科技大学	25	中国	17	卡尔加里大学	19	加拿大
8	北京航空航天大学	25	中国	18	巴斯大学	18	英国
9	台湾成功大学	23	中国台湾	19	诺丁汉大学	17	英国
10	马里博尔大学	22	斯洛文尼亚	20	佐治亚理工学院	16	美国

4. 核心期刊分析

共检索出 1979～2018 年主题为"智能制造"的 WOS 来源文献 3391 篇，总共涉及 995 种期刊，其中发文量仅为 1 篇的期刊有 603 种，发文量为 2 篇的期刊有 164 种，两者合计占发文期刊总数的 77.09%；而发文量≥20 篇的期刊共 22 种，其中发文量排名前 20 的期刊如表 13-3 所示。该 20 种期刊共发表智能制造相关研究论文 1354 篇，占总数

表 13-3 国际智能制造研究领域发文期刊分布统计（Top20）

序号	期刊	频次/次	序号	期刊	频次/次
1	Journal of Intelligent Manufacturing	179	11	Engineering Applications of Artificial Intelligence	48
2	International Journal of Advanced Manufacturing Technology	175	12	Proceedings of the Institution of Mechanical Engineers Part B: Journal of Engineering Manufacture	47
3	International Journal of Production Research	156	13	IEEE Access	34
4	Computers in Industry	86	14	IFIP Transactions B: Applications in Technology	34
5	International Journal of Computer Integrated Manufacturing	85	15	Lecture Notes in Computer Science	32
6	Robotics and Computer Integrated Manufacturing	80	16	International Journal of Production Economics	30
7	Expert Systems with Applications	78	17	Lecture Notes in Artificial Intelligence	30
8	Computers Industrial Engineering	73	18	IEEE Transactions on Automation Science and Engineering	27
9	Journal of Manufacturing Systems	57	19	Applied Soft Computing	25
10	Journal of Materials Processing Technology	55	20	Assembly Automation	23

的 41.29%。其中，《智能制造》（*Journal of Intelligent Manufacturing*）发表文章数量最多，为 179 篇，占总数的 5.28%，该期刊的 JCR 分区为 Q1，2018 年的影响因子为 3.535。该期刊的研究领域主要包括工程学与制造业，内容涉及计算机集成制造（CIM）、计算机辅助设计（CAD）和计算机辅助制造（CAM），产品、工具、机器的设计，质量控制、调度、生产和库存控制。

13.3.2　关键词分析

高频关键词可以很好地反映某一领域的关注热点，特定研究领域一段时间里面大量研究成果的关键词集合，有助于确定该领域的发展脉络、热点前沿及发展趋势等（侯海燕等，2009）。本章通过 BibExcel 软件统计提取文章的关键词，并在统计过程中，合并意义相同的关键词。高频词选择的标准一般为截取的高频词累计频次达到总频次 40%左右（陈瑜林，2012），本章选择了 30 个主要的关键词，累计百分比为 21.47%，说明目前国际智能制造研究主题较为分散，尚未形成统一框架。作为主要的高频关键词，它们代表了目前国际智能制造研究的热点（表 13-4）。

表 13-4　国际智能制造研究高频关键词表

序号	关键字段	频次/次	累计百分比/%	序号	关键字段	频次/次	累计百分比/%
1	人工智能	176	2.21	16	工业 4.0	46	16.17
2	神经网络	126	3.79	17	制造系统	36	16.62
3	遗传算法	111	5.18	18	知识系统	35	17.06
4	智能制造	89	6.30	19	工艺设计	35	17.50
5	人工神经网络	86	7.38	20	机器学习	33	17.91
6	专家系统	84	8.43	21	数控系统	31	18.30
7	智能制造系统	82	9.46	22	智能系统	31	18.69
8	仿真	78	10.44	23	物联网	30	19.07
9	制造业	73	11.36	24	机器人	29	19.43
10	多 Agent 系统	69	12.23	25	信息物理系统	28	19.78
11	柔性制造系统	60	12.98	26	自动化	28	20.13
12	优化	59	13.72	27	决策支持系统	28	20.48
13	调度	54	14.40	28	大数据	26	20.81
14	模糊逻辑	48	15.00	29	智能控制	26	21.14
15	数据挖掘	47	15.59	30	知识管理	26	21.47

除去"智能制造"主题检索词外，排在前 10 位的高频关键词分别是：人工智能（176次）、神经网络（126 次）、遗传算法（111 次）、人工神经网络（86 次）、专家系统（84次）、智能制造系统（82 次）、仿真（78 次）、制造业（73 次）、多 Agent 系统（69 次）、柔性制造系统（60 次）。这 10 个核心高频关键词反映了国际智能制造研究所关注的热点。当前国际智能制造研究多集中于技术手段方面，以人工智能和智能制造系统研究为主，另外在制造业发展等领域上也有较多研究，说明近些年国际智能制造研究在各国的国家

战略引领下开始往各制造行业延伸。

13.3.3 研究热点分析

通过社会网络分析，具体明晰了国际智能制造研究的热点以及高频关键词之间的内部联系。为了进一步探析国际智能制造研究领域的主题结构，通过聚类分析中常用的系统聚类法对出现矩阵进行聚类。高频关键词聚类时，纵轴数字代表与之相应的高频词，横轴数字代表关键词之间的距离，若 2 个关键词在越短的距离内聚集在一起，说明他们相关度较高，关系越密切。根据聚类图结果，本章将国际智能制造研究分为 4 个研究主题。

1. 智能制造发展研究

该主题包括智能制造、"工业 4.0"、大数据、本体论、物联网、信息物理系统、智慧制造等高频关键词。该部分的研究热点主要集中于构建智能制造发展的基础，对智能制造发展状况的描述以及智能制造理论框架的搭建等方面。近年来，随着网络物理系统、物联网、工业物联网、人工智能、大数据、"云计算"、区块链等先进技术的发展和应用，工业和信息技术领域发生了深刻变化，进入了"工业 4.0"时代，越来越多的制造企业正在向智能化企业转型（Cheng 等，2016；Qu 等，2019；Hoffmann 等，2019）。

一方面，在早期研究中，以 Wright 和 Bourne（1988）、Burns（1997）为主的一批学者专注于对智能制造的概念、内涵、特征等进行探析，构建了智能制造研究的基础，比如智能制造过程、产品可视化模型特征等。Zhong（2017）认为智能制造是一种由智能机器和人类专家共同组成的人机一体化智能系统，它在制造过程中能进行智能活动。它把制造自动化的概念更新，扩展到柔性化、智能化和高度集成化。智能制造的概念、内涵和特征，处在不断变化、充实和完善之中。另一方面，智能制造的问题、背景、现状、趋势等描述智能制造及其相关领域发展状况的研究也不在少数，并且该类研究还随着时代热点的变更不断变化，比如 Ma 等（2014）从智能制造的研究背景和发展现状出发，指出智能制造研究领域主要包括智能制造技术与智能制造系统，同时强调了智能制造从属于 21 世纪先进制造范畴，集成化和智能化是它的重要特征。Zhu（2013）从科学、技术和产业三者关系的角度对智能制造进行了研究，并指出实现智能制造要重视中小企业和传统产业的数字化、智能化；另外，相比于机器设备的智能化而言，企业管理的智能化更为重要。Burns（1997）从产业交叉融合的角度对智能制造进行了阐述，指出智能制造是工业化和信息化深度融合的产物，并概括了智能制造的范围，包括智能制造技术、智能制造装备、智能制造系统和智能制造服务及衍生出的各类智能产品。除此之外，也有大量研究致力于搭建智能制造理论体系，智能制造的机理、路径、体系架构、标准化框架等问题成为热门研究话题。

虽然学界对智能制造理解的侧重点不同，但总体上可概括为 3 个层面，一是制造设备、产品的智能化，二是制造过程、管理的智能化，三是制造模式的转变或创新，前两部分关注制造对象与制造主体，后一部分关注生产模式与产业形态，后一部分的研究正受到越来越多的学者的重视。以上研究大多属于基础性研究，这些研究跟随着发展环境的变化不断更新，不仅为未来智能制造领域的学术研究打下基础、提供依据，还能够为现实中的运用提供标准和借鉴。

2. 智能制造技术研究

该主题包括人工智能、模糊逻辑、粒子群算法、遗传算法、神经网络、智能控制、建模、群体智能、优化、"云制造"等关键词。该部分的研究热点，主要讨论的是智能制造技术。智能制造技术是用计算机模拟、分析，对制造业智能信息收集、存储、完善、共享、继承、发展而诞生的先进制造技术，是基于计算机科学的技术，推动着智能制造的实施（Kalitventzeff 等，2006）。

智能制造源于人工智能的研究，是人工智能生产化的体现。日益加剧的全球竞争及瞬息万变的市场需求，倒逼生产制造系统快速、智能化地去应对这种需求和挑战。早在 20 世纪 80 年代初期，Peterson（1981）对人工智能在技术层面展开了大量研究，为 20 世纪末至 21 世纪初期兴起的智能制造奠定了技术积累。其中，模糊逻辑、粒子群算法、遗传算法、神经网络、智能控制等为物联网、数控技术、智能生产制造系统提供了基层技术支持。这期间，国际智能制造围绕"Agent 技术""数控技术""云技术"等制造业相关技术展开研究。这些技术与不同行业、不同产业融合，推动了针对航空制造业、食品工业，乃至服务业的研究热潮，使面向各行各业的研究聚焦于智能制造技术的运用。

一方面，从关注"Agent 技术"到探索"Agent 技术"的应用，Heragu 等（2002）构建基于 Agent 技术的生产系统控制架构；Colombo 等（2006）将传统的机电一体化设备与嵌入式控制 Agent 相结合，形成一种基于 Agent 的智能制造工业控制平台；Leitão（2009）对发达国家 Agent 技术的生产制造展开调查；Trentesaux（2009）对基于 Agent 技术生产系统的新的控制体系结构的实现进行评价。Ruiz 等（2014）将多主体系统（multi-agent systems, MAS）引入生产过程的仿真模拟，以适应智能制造生产环境的新要求，最后通过实例验证了该仿真方法的优势。另一方面，虽然还有部分学者关注数控技术的智能化，例如，Leitão 和 Restivo（2006）研究出 ADACOR 子系统数控技术，但更多的学者聚焦在数控技术的标准化问题上。Suh 等（2002）首次提出智能 STEP-compliant 数控技术标准体系。随后，Suh 等（2003）对 STEP-compliant 数控技术标准体系进一步细化。无独有偶，Newman 等（2003）、Xu（2006）、Xu 和 Newman（2006）也多次修订 STEP-compliant 数控技术标准规范。

此外，越来越多的学者提出在生产制造过程中借助"云技术"，形成"云生产"。Shen 等（2002）首次提出融合物联网技术，构建传感器信息网络体系结构（sensor information networking architecture, SINA），解决生产制造的实时性、敏捷性。Xun（2012）第一次明确提出"云制造"，采取包括"云计算"等前沿信息技术，支持制造业在广阔网络资源环境下，为产品提供高附加值、低成本和全球化制造的服务。"云计算"就是把大量的软件、硬件和数据等用户所需要的资料上传网络，让用户可以在任何时间、地点，使用不同终端设备进行连接，最终实现资源共享。新一代信息技术下的大数据分析和"云计算"等在智能制造核心领域占有重要地位，其与工业制造业的融合以及在经济管理上的应用是当前也是未来智能制造发展的热点（Varghese 和 Buyya，2018）。

总之，重视制造业和智能制造技术已成为全球化大趋势。在不久的将来，智能制造技术产业将取得更大成就，发展和应用智能制造技术是每个国家为提高企业的国际竞争力和技术创新能力的必然选择。

3. 智能制造系统研究

该主题包括柔性制造系统、自动化、装配、决策支持系统、机器学习、机器人、知识管理、知识系统、专家系统、设计、工艺设计、制造业等高频关键词。主要涉及多种智能制造系统，智能制造系统集合了柔性制造、决策支持系统、信息处理、知识系统、专家系统、系统控制、人机一体化等技术，由原来的能量驱动转变为信息技术驱动。智能制造系统能够实现各种制造过程自动化、智能化、精细化、绿色化，从而有效应对大量的复杂信息、越来越激烈的市场竞争和动态多变的制造环境（Popescu 等，2013）。

在智能制造的时代背景下，使用信息技术模型模拟的方式对企业的制造工艺进行配置和优化是一项重大挑战。智能制造系统会由于功能增加、用户定制需求的增加、交付频率的快变化以及不同学科技术和组织的融合，变得越来越复杂。

为了同时提高制造工业的柔性和生产效率，使之在保证产品质量的前提下，缩短产品生产周期，降低产品成本，最终使中小批量生产能与大批量生产抗衡，柔性制造系统便应运而生。柔性制造系统是一种技术复杂、高度自动化的系统，它将微电子学、计算机和系统工程等技术有机地结合起来，理想和圆满地解决了机械制造高自动化与高柔性化之间的矛盾。它具有设备利用率高、生产能力相对稳定、产品质量高、运行灵活和产品应变能力大的优点。就机械制造业的柔性制造系统而言，柔性制造系统基本组成部分包含自动化加工系统、装配系统、决策支持系统和软件管理系统。与其说柔性制造是一种生产方式，还不如说是一种全新的、高境界的制造理念，因此它值得我们去思考、去创造、去研究。

此外，智能制造系统不单纯是"人工智能"系统，而是"人机一体化"智能系统，是一种"混合智能"。基于人工智能的智能机器只能进行机械式的推理、预测、判断，它只能具有逻辑思维（专家系统），最多做到形象思维（神经网络），完全做不到灵感思维（顿悟），只有人类专家才真正同时具备以上 3 种思维能力。因此，想以人工智能全面取代制造过程中人类专家的智能，独立承担起分析、判断、决策等任务是不现实的。人机一体化一方面突出人在制造系统中的核心地位，同时在智能机器的配合下，更好地发挥出人的潜能，使人机之间表现出一种平等共事、相互"理解"、相互协作的关系，使两者在不同的层次上各显其能、相辅相成。因此，面临越来越激烈的市场竞争和动态多变的制造环境，制造企业需要不断提高对制造控制系统可重构性能的要求，从简单重构到动态重构，最终实现智能重构。

4. 智能制造产业研究

该主题包括制造业智能化、半导体制造、同步工程、集成化、智能制造系统等关键词。智能制造产业研究主要研究智能制造与制造业发展的相互关系。例如，2013 年，德国启动了"工业 4.0"战略，该战略名称的含义是指以智能制造为主导的第四次工业革命。

该战略旨在通过充分利用信息通信技术和网络空间虚拟系统相结合的手段，将制造业向智能化转型，其中对于标准化的探索是重中之重（Kagermann，2015）。

2012 年，美国通用电气公司引入了工业物联网的概念，提出智能机器、先进技术及互联人员是未来制造业实现人与机器智能决策的关键要素。工业物联网将具有感知、监控能力的各类采集、控制传感器或控制器，以及移动通信、智能分析等技术不断融入工业生产过程的各个环节，从而大幅提高制造效率，改善产品质量，降低产品成本和资源消耗，最终实现将传统工业提升到智能化的新阶段（Qiu 等，2015）。

2015 年，日本启动了与德国"工业 4.0"战略相对应的产业价值链主导权（industrial value chain initiative, IVI）倡议，旨在通过互联网将企业相互连接。IVI 具有 2 个重要原则：连接制造标准和松散定义标准。前者旨在通过数字化连接的公司和企业清除过载、浪费和不均衡，并创建基于自动化和人类能力的智能价值链；后者提倡一种适应性的模型，而不是僵化的模型，它采用一种务实的、基于现实的方法，以当下技术水平为基础，发展更高层次水平的制造业，从而通过此信息物理生产系统增加每个企业的价值。

2015 年，为了打造具有国际竞争力的制造业，国务院公布了中国实施制造强国战略的第 1 个十年计划，即《中国制造 2025》，旨在加强制造业创新，实现产业升级换代，实现中国制造向中国创造、中国速度向中国质量、中国产品向中国品牌的三大转变，从而推动中国到 2025 年，基本实现工业化，迈入制造强国行列。其中，智能制造工程作为五大工程之一，发挥着举足轻重的作用，推动着中国制造业智能化水平的发展。

以上内容说明，智能制造已成为各国产业转型升级的重点发展领域，是实现其产业升级换代、提升制造业国际竞争力的必由之路。

5. 智能制造其他方面的研究

该部分研究主要集中于经济管理领域，相对来说是国际上独有的智能制造核心领域内的研究热点，涵盖了经济管理领域的市场、竞争、优化、战略、管理、创新、服务、文化等概念，主要探讨了智能制造与管理创新、企业社会责任等其他方面的话题，表明国际上学者们对智能制造的应用模式以及对企业带来的利益等方面具有研究兴趣并形成了研究热点。

在智能管理方面，Choy 等（2004）和 Su 等（2006）从管理科学的视角，研究了智能供应链管理、外部环境的智能感知、生产设备的性能预测及智能维护、智能企业管理（人力资源、财务、采购及知识管理等），最终目的是达到企业管理的全方位智能化。在智能制造服务方面，Tso 等（2000）和 Hu 等（2010）从服务科学的视角，研究了智能制造服务，主要包括产品服务和生产性服务。其中产品服务主要针对产品的销售以及售后的安装、维护、回收和客户关系的服务；生产性服务主要包含与生产相关的技术服务、信息服务、金融保险服务及物流服务等。在文化方面，Cagnin 和 Könnölä（2014）对不同文化背景下的国家或地区智能制造组织管理模式进行了研究，重点阐述了人在系统中的重要性，强调智能制造需要"以人为本"。除了以上几方面外，还有一小部分研究探讨智能制造管理创新和升级、智能制造环境下人才和教育等问题，这些方面的研究文献较少、内容繁杂、领域宽广，并且没有达到一定数量规模，这里就不过多阐述。

综上可见，目前全球智能制造研究已经较为成熟。研究内容上涵盖了智能制造研究领域的各方面，呈现出多视角、动态化趋势，多学科交叉融合；研究方法上已从早期的概念阐述、理论论述等定性研究方法，逐步转向计算仿真、数据调查、案例研究等实验方法和定量分析方法；研究背景上已开始注重不同人文社会环境对智能制造的影响，顺应了智能制造跨学科、跨文化的发展趋势，增强了研究的现实针对性。

13.3.4　研究前沿分析

一门学科的研究前沿指的是该学科研究中最先进、最新、最有发展潜力的研究主题，通常表现为新主题词的大量出现、词间关系变化、主题词含义变迁以及主题词异常变化等。突现词是指出现频次在较短时间内增长速度较快或使用频次增长率明显提高的术语，具有动态变化特性，能准确反映出相关学科的前沿领域。

研究的热点和方向以及社会发展的技术都是变化多端的。在未来，这些突现词很有可能成为研究的趋势与潮流。通过对文献以及关系图的分析，得出 3 点未来智能制造可能的研究趋势。

（1）智能制造技术。智能制造需要一定的基础技术，以使设备或机器根据过去的经验和学习能力，以及不同的情况和要求改变其行为，因此智能制造技术在实现智能化方面是不可或缺的。现今，一大批先进制造技术蓬勃发展，物联网、CPS、"云计算"技术、大数据分析技术以及信息传递技术等成为制造业转型升级的重要手段，如何推动这些技术的发展以及如何将先进技术融入产业和行业的发展至关重要。因此，未来在智能制造技术方面的研究是必要且有意义的。

（2）标准化研究。在以往的研究中，智能制造评价标准化问题已经开始受到重视，学者标准、国家标准逐渐提出，但是该问题的研究并未深入。学者标准依据较少、实际操作性差，而国家标准又没有集中于某个行业。因此，智能制造评价标准化问题研究角度多、范围大，对企业有实际帮助，具有研究价值。另外，未来对智能制造标准化的研究还可以集中于对技术的标准化研究、对制造系统的标准化研究、对智能设备的标准化设定等。

（3）交叉研究。智能制造研究领域涉及经济学、管理学、制造科学、信息科学等多个学科。制造业智能化是一个复杂、系统的转型过程，同时也是多学科相互交叉、深度融合的过程，但目前国内外学者对智能制造交叉领域的相关问题，如智能化管理、智能化服务、智能化过程中人的因素等研究较少。因此，国内外学者在后续研究中应注重多学科的交叉融合。

13.4　研究展望

文章以 WOS 数据库收录的 3391 篇与智能制造相关的文献为研究对象，以基于共词分析的可视化研究为总体思路，通过文献计量学方法描述了国际智能制造研究的发展现状，勾勒出发展轨迹和热点领域，总结出其规律特点，认识到当前全球智能制造研究的局限并得到以下启示，以期为我国政府发展智能制造产业提供战略性借鉴和参考价值。

13.4.1　研究局限性

（1）现有研究仍然未能对智能制造的最终实现效果进行清楚叙述。研究宏观战略的文献聚焦在形势展望和体系构建方面，而应用技术的文献局限于特定的解决方案，不能融合成具有普遍适用性的目标框架。用怎样的标准来界定是否达成了实现智能制造的愿景，仍未形成清晰的定义。

（2）缺乏对新一代智能制造范式和其内在机理的深度理论研究。如何按照新一代智能制造范式的本质要求，统筹协调"人"、"信息系统"和"物理系统"的综合集成大系统，使制造业的质量和效率跃升到新水平，需要对智能制造范式和其内在机理进行深入探索，同时也涉及人才培养、社会关系、技术合作与挖掘创新潜能等一系列话题的研究。这些研究目前还比较缺乏。

（3）不同企业的特点和其诉求未在智能制造研究话题上被充分关注。企业作为智能制造的主要投资者和受益者，是执行智能制造的主体，而不同规模企业的应用情境各不相同，包括对应用技术的适用性要求等。目前有关智能制造相关的研究话题，多数还是集中在汽车、机床、冶金、化工等重型工业领域，而鲜有从中小型企业的角度展开对智能制造的应用研究。

13.4.2　研究启示

（1）以明晰最终实现效果为目的，展开从宏观战略到应用技术之间的中间层研究。目前对智能制造的研究，从宏观的国家战略到具体应用技术和解决方案，讨论智能制造的目标框架。尤其是细分不同的行业领域，因其各自的特征差别，都值得不同行业领域的专家分别进行探索，并各自逐步形成具有行业适应性的智能制造目标愿景。

（2）在新一代智能制造范式的基础上，探索其内在技术机理。智能制造涉及智能产品、智能生产和智能服务等多方面及其优化集成。从技术机理角度看，这些不同方面尽管存在差异，但本质上是一致的，即"人-信息-物理系统"的融合。伴随着信息世界和真实的物理世界间深度融合的前提技术条件日趋成熟，诸如"数字孪生"这样的突破性应用技术框架有可能将会成为实现 CPS 乃至智能制造的必要性底层技术框架，其内在机理值得深入和全面的研究。

（3）从智能制造应用的角度对中小型企业需求的研究。目前智能制造相关研究，从管理到技术上都偏重于规模以上企业，对中小型企业缺乏适用性。中小型企业近年来从数量和产业规模上一直保持快速增长，在国民经济中扮演越来越重要的角色，中小型企业本身灵活，有适应环境转变的意愿，将成为智能制造的积极参与者。其需要的是门槛低、代价小、投资回报明确的智能制造应用方法，这一类方法有待于进一步探索，并进行实证研究。

参 考 文 献

陈瑜林. 2012. 我国教育技术主要研究领域的历史演进——基于 CNKI "两刊" 关键词、主题词的类团分析[J]. 电化教育研究, 8: 36-42.

侯海燕, 刘则渊, 栾春娟. 2009. 基于知识图谱的国际科学计量学研究前沿计量分析[J]. 科研管理, 30(1): 164-170.

黄顺魁. 2015. 制造业转型升级: 德国"工业 4.0"的启示[J]. 学习与实践, 1: 44-51.

王友发, 周献中. 2016. 国内外智能制造研究热点与发展趋势[J]. 中国科技论坛, 4: 154-160.

肖明. 2014. 知识图谱工具使用指南[Z]. 北京: 中国铁道出版社, 37-38.

张勤, 马费成. 2007. 国外知识管理研究范式——以共词分析为方法[J]. 管理科学学报, (6): 65-75.

赵程程, 杨萌. 2015. 国际智能制造演化路径及热点领域研究[J]. 现代情报, 35(11): 101-105.

Burns R. 1997. Intelligent manufacturing [J]. Advanced Manufacturing, 69(5): 440-446.

Cagnin C, Könnölä T. 2014. Global foresight: Lessons from a scenario and road mapping exercise on manufacturing systems [J]. Futures, 59(3): 27-38.

Chen C M. 2017. Expert review science mapping: A systematic review of the literature [J]. Journal of Data and Information Science, 2(2): 1-40.

Cheng G J, Liu L T, Qiang X J, et al. 2016. Industry 4.0 development and application of intelligent manufacturing[C] // 2016 International Conference on Information System and Artificial Intelligence (ISAI). IEEE.

Choy K, Lee W, Lau H, et al. 2004. Design of an intelligent supplier relationship management system for new product development [J]. International Journal of Computer Integrated Manufacturing, 17(8): 692-715.

Colombo A W, Schoop R, Neubert R. 2006. An agent-based intelligent control platform for industrial holonic manufacturing systems [J]. IEEE Transactions on Industrial Electronics, 53(1): 322-337.

Frankowiak M, Grosvenor R, Prickett P. 2005. A review of the evolution of microcontroller-based machine and process monitoring[J]. International Journal of Machine Tools & Manufacture, 45(4): 573-582.

Guo Q L, Zhang M. 2010. An agent-oriented approach to resolve scheduling optimization in intelligent manufacturing [J]. Robotics & Computer Integrated Manufacturing, 26(1): 39-45.

Heragu S S, Graves R J, Kim B I, et al. 2002. Intelligent agent based framework for manufacturing systems control [J]. Systems Man & Cybernetics Part A Systems & Humans IEEE Transactions on, 32(5): 560-573.

Hoffmann S, Carvalho, Abele D, et al. 2019. Cyber-physical systems for knowledge and expertise sharing in manufacturing contexts: Towards a model enabling design [J]. Computer Supported Cooperative Work, 28(3-4): 469-509.

Hu Y, Zhou X, Li C. 2010. Internet-based intelligent service-oriented system architecture for collaborative product development [J]. International Journal of Computer Integrated Manufacturing, 23(2): 113-125.

Kagermann H. 2015. Change Through Digitization—Value Creation in the Age of Industry 4.0[M] //Management of Permanent Change. Wiesbaden: Springer Gabler, 23-45.

Kalitventzeff B, Heyen G, Mateus M. 2006. Data validation: A technology for intelligent manufacturing [J]. Computer Aided Process and Product Engineering, 799-826.

Leitão P. 2009. Agent-based distributed manufacturing control: A state-of-the-art survey [J]. Engineering Applications of Artificial Intelligence, 22(7): 979-991.

Leitão P, Restivo F. 2006. ADACOR: A holonic architecture for agile and adaptive manufacturing control [J]. Computers in Industry, 57(2): 121-130.

Ma Y H, Xie Y, Liu L G. 2014. Intelligent and real-time information system of production manufacturing based on Internet of things technology [J]. Applied Mechanics & Materials, 651-653: 1594-1598.

Newman S T, Allen R D, Rosso Jr R S. 2003. CAD/CAM solutions for STEP-compliant CNC manufacture[J]. International Journal of Computer Integrated Manufacturing, 16(7-8): 590-597.

Peterson G L. 1981. Myths about the mutual exclusion problem [J]. Information Processing Letters, 12(3):

115-116.

Popescu M, Ungureanu-Anghel D, Filip I. 2013. Designing complex Petri nets using submodels with application in flexible manufacturing systems [C] // 2013 IEEE 8th International Symposium on Applied Computational Intelligence and Informatics (SACI). IEEE: 257-262.

Qiu X, Luo H, Xu G, et al. 2015. Physical assets and service sharing for IoT-enabled supply hub in industrial park (SHIP) [J]. International Journal of Production Economics, 159(2): 4-15.

Qu Y J, Ming X G, Liu Z W, et al. 2019. Smart manufacturing systems: State of the art and future trends [J]. International Journal of Advanced Manufacturing Technology, 103(9-12): 3751-3768.

Ruiz N, Giret A, Botti V, et al. 2014. An intelligent simulation environment for manufacturing systems [J]. Computers & Industrial Engineering, 76(C): 148-168.

Shen C C, Srisathapornphat C, Jaikaeo C. 2002. Sensor information networking architecture and applications [J]. IEEE Personal Communications, 8(4): 52-59.

Su Y C, Cheng F T, Hung M H, et al. 2006. Intelligent prognostics system design and implementation [J]. IEEE Transactions on Semiconductor Manufacturing, 19(2): 195-207.

Suh S H, Cho J H, Hong H D. 2002. On the architecture of intelligent STEP-compliant CNC [J]. International Journal of Computer Integrated Manufacturing, 15(2): 168-177.

Suh S H, Lee B E, Chung D H, et al. 2003. Architecture and implementation of a shop-floor programming system for STEP-compliant CNC [J]. Computer-Aided Design, 35(12): 1069-1083.

Trentesaux D. 2009. Distributed control of production systems [J]. Engineering Applications of Artificial Intelligence, 22(7): 971-978.

Tso S K, Lau H, Ho J K L. 2000. Coordination and monitoring in an intelligent global manufacturing service system [J]. Computers in Industry, 43(1): 83-95.

Varghese B, Buyya R. 2018. Next generation cloud computing: New trends and research directions [J]. Future Generation on Computer Systems, 79.

Wright P K, Bourne D A. 1988. Manufacturing Intelligence [M]. Boston: Addison-Wesley Longman Publishing Co. Inc.

Xu X W. 2006. Realization of STEP-NC enabled machining [J]. Robotics & Computer Integrated Manufacturing, 22(2): 144-153.

Xu X W, Newman S T. 2006. Making CNC machine tools more open, interoperable and intelligent—A review of the technologies [J]. Computers in Industry, 57(2): 141-152.

Xun X. 2012. From cloud computing to cloud manufacturing [J]. Robotics & Computer Integrated Manufacturing, 28(1): 75-86.

Zhao X. 2017. A scientometric review of global BIM research: Analysis and visualization [J]. Automation in Construction, 80: 37-47.

Zhong R Y, Xu X, Klotz E, et al. 2017. Intelligent manufacturing in the context of Industry 4.0: A review [J]. Engineering, 3(5): 96-127.

Zhu J Y. 2013. The significance technologies and implementation of intelligent manufacturing [J]. Machine Building & Automation, 3: 1-10.

撰稿人：刘军　姚怖之

审稿人：程中华

第14章 基于知识图谱分析的智能制造研究热点与前沿探讨中文文献分析

在第四次技术革命的大背景下，智能制造研究刻不容缓。本章运用文献计量分析法，借助 NLPIR-ICTCLAS 2016 汉语分词系统和 CiteSpace、VOSviewer 可视化软件，对 1257 条相关文献数据进行处理和分析，筛选得到 597 篇文献，并由此绘制了智能制造研究热点关键词列表和关键词各类知识图谱，梳理与总结了中文语境中关于智能制造领域的研究热点，具体可分为：①智能制造内涵研究；②国内外智能制造案例研究；③智能制造影响效应研究；④智能制造技术研究；⑤智能制造相关制造模式研究。同时，本章基于文献基础，探讨了未来该领域可能的研究前沿，并将其分为 4 类：①智能制造理论模型构建研究；②智能制造转型升级研究；③智能制造对技术进步的影响研究；④智能制造对人机关系的影响研究。通过梳理中文文献中智能制造研究热点与前沿探讨，为未来中国智能制造领域的研究与发展提供借鉴与参考。

14.1 引　　言

在第四次技术革命的大背景下，智能制造已成为国内外制造业发展的趋势。为了推动振兴本国制造业，抢占智能制造领域高地，发达国家纷纷在国家战略层面上提出"工业 4.0""高价值制造""工业互联网"等一系列制造业战略计划。我国先后提出了《中国制造 2025》（2015）、《关于深化制造业与互联网融合发展的指导意见》（2016）、《智能制造发展规划（2016—2020 年）》（2016）等国家战略，旨在以智能制造为新一轮科技革命的核心，提升中国制造业水平，向高端产业链迈进，在新时代背景下的全球市场中占有一席之地。在《智能制造发展规划（2016—2020 年）》中，我国明确提出智能制造的概念是"基于新一代信息通信技术与先进制造技术深度融合，贯穿于设计、生产、管理、服务等制造活动的各个环节，具有自感知、自学习、自决策、自执行、自适应等功能的新型生产方式"。基于这一内涵，学界对于智能制造领域展开了广泛的研究。因此，对智能制造这一新兴的、极具战略意义的领域的现有成果进行系统梳理，总结国内智能制造研究热点，并探讨未来智能制造领域的研究前沿趋势，对国内智能制造研究的进一步深入与中国智能制造领域的持续发展，都具有很大的理论与现实意义。

在学术研究中，基于前人的研究成果进行借鉴与深化，梳理并总结领域内已有的研究成果，是理清研究脉络、探寻发展规律、完善知识体系以及推动领域研究发展的关键。因此，文献综述研究在一定程度上尤为关键。但传统研究者主要采用定性的研究方法，其研究会受许多主观及客观因素的制约，在文献的质与量上导致研究结论缺乏公允性。同时，基于对智能制造领域的相关文献检索和目前已有的文献综述可知，或缺乏深入的研究前沿探讨分析；或发表时间过早，在时效性上相对滞后，对于智能制造这一近几年急速发展的领域，需要更系统全面的综述分析。因此，本章在文献梳理的基础上，从文献计量学的角度，通过大数据与知识图谱分析，系统客观地展现当前智能制造领域的中文文献研究热点，并基于研究现状探讨未来的研究前沿，为今后的深入研究提供参考。

本章的结构安排如下：14.2 为研究设计，介绍本章数据采集与清洗的过程与研究思路；14.3 为智能制造研究结果分析，通过论文发表年度分析、热点关键词分析以及热点主题聚类分析，总结中文文献中智能制造的研究热点；14.4 为文献中智能制造研究前沿探讨，基于目前的文献基础以及本章的文献分析，对未来智能制造的研究前沿方向进行探讨与归类。

14.2　文献来源与研究思路

14.2.1　文献来源

本章数据来源于中国知网（CNKI）全文数据库，我们以"智能制造"和"制造业智能化"为主题进行检索，期刊来源类别为"核心期刊"与"CSSCI"，其他均为默认选项，截至 2018 年，共获取相关文献 1257 篇。为了排除不相干文献的干扰，保证研究论文的科学性、准确性和学术性，本章将与主题不相关的文献进行数据筛选与清洗，剔除了会议通知、新闻报道之类的文献数据，最终得到 597 篇文献作为可视化分析的数据基础。

14.2.2　研究思路

本章研究内容主要包括 4 个方面，思路如下：①通过中国知网（CNKI）检索相关文献信息并导出，同时进行数据清洗。②利用 EXCEL 进行论文发表数量年度趋势分析。③基于 NLPIR-ICTCLAS 2016 汉语分词系统进行关键词分析，并依据交叉信息熵算法筛选出前 50 位的高频关键词；同时，利用 CiteSpace 软件进行关键词可视化分析，绘制关键词知识图谱，总结智能制造的研究热点。④利用 VOSviewer 软件对关键词进行聚类分析，绘制关键词密度聚类视图和关键词时区图谱，结合文献的二次阅读，探讨智能制造的研究前沿与趋势。

14.3　智能制造研究结果分析

14.3.1　论文发表年度分析

文献是信息的重要载体，文献的数量在一定程度上反映研究的主题变化趋势，本章利用 EXCEL 对智能制造的年度发文数量进行分析，结果如图 14-1 所示。从不同发展阶段来看，1992～2013 年各年度的发文数量均不多且总体呈现平稳趋势，平均每年仅有个位数的智能制造类文章发表。其中 1996 年智能制造论文发表数量出现一个小峰值，但也仅有 14 篇。这说明在 20 世纪末，人工智能的发展受限于硬件和算法水平一直处于低谷

（曹静和周亚林，2018），这一时期的时代背景抑制了智能制造领域的发展。然而，从 2014 年开始，年度论文发表数量出现爆发式增长，2015 年较 2014 年增加了 29 篇，增长率达到了 181%。在 2014~2018 年，各年度的发文数量大体呈现直线型变化曲线，在 2018 年达到 175 篇，预计 2019 年的发文数量仍将呈现直线上升趋势。从整体变化趋势来看，1992~2018 年智能制造研究年度发文数量的变化表明中国正持续关注着智能制造的发展，尤其在 2015 年国务院颁布《中国制造 2025》后，智能制造研究受更多学者的关注。低成本的大规模并行计算、深度学习、大数据、人脑芯片推动着人工智能深入发展，尤其是人工智能与制造业企业的结合，形成了智能制造和智能化，赋予了人工智能和制造业企业新的活力（朱巍等，2016）。目前智能制造已经成为制造业的热点研究问题，可预计其相关的研究成果将持续增加。

图 14-1　1992~2018 年智能制造研究论文年度发表数量分布统计

14.3.2　热点关键词分析

热点关键词是对作者意图和研究主题的概括和凝练。通过分析智能制造领域的热点关键词，我们可以总结智能制造研究中影响力和关注度较高的领域和热点问题。

本章基于 Java 语言，利用 NLPIR-ICTCLAS 2016 汉语分词系统对有关智能制造的文献信息进行分词和去除停用词处理，并借助关键词分析模块抽取出信息熵权重排名前 50 位的关键词，结果如表 14-1 所示。NLPIR-ICTCLAS 2016 汉语分词系统由北京理工大学张华平博士开发，其关键词分析模块以信息熵权重计算候选词语上下文所涵盖的信息量，从而衡量该词语的重要性，并依照词语权重的排序确定关键词。

同时，为了进一步更清晰地展现热点关键词及其频次，我们运用 CiteSpace 软件绘制了热点关键词知识图谱。CiteSpace 软件由美国德雷塞尔大学陈超美博士开发，能够通过可视化的手段呈现出科学知识的结构、规律和分布情况。图 14-2 展现了智能制造领域热点关键词的分布情况，图谱中的圆圈节点代表关键词，字体的大小为关键词出现的频次，节点之间的连线为关键词之间的共现关系。

表 14-1　智能制造研究热点关键词列表

序号	关键词	信息熵权重	序号	关键词	信息熵权重
1	智能制造	20.94	26	供应链	12.02
2	全球价值链	20.74	27	智能制造挑战赛	11.59
3	先进制造技术	18.98	28	数控机床	11.57
4	产教融合	17.77	29	技术进步	11.48
5	制造物联	17.27	30	遗传算法	11.26
6	人才培养	16.33	31	实体经济	11.14
7	商业模式创新	15.82	32	资源配置	11.1
8	技术技能人才	15.5	33	创新创业	11.05
9	智能工厂	14.62	34	生命周期	10.91
10	转型升级	14.6	35	互联互通	10.84
11	引领	14.17	36	精益	10.45
12	关键技术	14.13	37	供给侧	10.33
13	信息物理系统	14.08	38	军民融合	10.05
14	先进制造	14	39	技能人才	10.04
15	职业教育	14	40	税收政策	9.98
16	物联网	13.82	41	中国制造	9.97
17	数字孪生	13.22	42	中药制药	9.97
18	制造强国	13.2	43	研究进展	9.93
19	人工神经网络	13.07	44	成熟度	9.88
20	管控	12.92	45	管理会计	9.87
21	发展趋势	12.48	46	顶层设计	9.81
22	价值链	12.42	47	影响因素	9.78
23	深度融合	12.21	48	沈阳机床	9.74
24	神经网络	12.11	49	信息物理	9.73
25	商业模式	12.03	50	仪器仪表	9.6

基于表 14-1 和图 14-2 的关键词分析，我们可以对国内智能制造的研究热点进行进一步探讨，具体可分为 5 类。

1. 智能制造内涵研究

关于智能制造的内涵研究。王喜文（2015）从企业的边界与关联的角度将智能制造解读为工厂内实现"信息物理系统"，工厂间实现"互联制造"，工厂外实现"数据制造"；周佳军和姚锡凡（2015）提出智能制造技术建立在新一代信息技术和人工智能等技术的基础上，通过感知、人机交互等类人行为操作实现产品设计、制造、管理与维护等，是一种两化融合的集中体现；王媛媛和张华荣（2016）认为智能制造是在新一代信息技术和先进制造技术相结合的基础上，实现对设备、控制、车间、企业、协同 5 个系统层级，对资源要素、系统集成、互联互通、信息融合、新型业态 5 个智能功能，以及产品设计、生产、物流、销售、服务等全生命周期的实时管理和优化的新型制造系统；贾根良（2016）认为以智能制造为核心的工业智能化是开发人的智力资本，创造智能工具

图 14-2　智能制造研究热点关键词知识图谱

（智能计算机、智能机器人等）、智能软件、智能材料和各种智能基础设施（智能电网和智能交通等），通过人机一体化的智能系统和基于互联网的分散式增强型控制，对所有传统产业和整个国民经济体系进行工业智能化改造的过程；韩江波（2017）认为智能制造是智能技术对制造业价值链各环节的渗透，并"模糊化"不同阶段的界限，是制造业价值链创新的必要条件，其特征表现为体力劳动逐渐被资本智能化所取代；李廉水等（2019）从世界和中国制造业发展进程的视角梳理制造业智能化的发展历程，阐释了制造业智能化的内涵：基础要素投入是基础，软件技术开发与应用是关键，经济效益与社会效益是目的，并对中国制造业智能化发展趋势进行了展望。

2. 国内外智能制造案例研究

该部分的研究热点，主要集中于两个方面。一方面，学者们通过借鉴国外先进智能制造发展经验，研究了中国智能制造的发展方向。雷源忠（1994）通过研究美国为重振制造业采取的战略措施，针对中国经济和制造的具体情况，提出中国应着重抓好基础研究，并注意智能控制、并行工程和单元技术的有机融合；宋利芳等（2016）通过研究韩国"制造业革新 3.0"战略，提出中国应立足本国制造业现状，将智能制造和规模生产相结合，形成中国特色的制造发展模式；高歌（2017）通过对德国"工业 4.0"战略的研究，指出中国应建立具有全球竞争力的战略性新兴产业体系，提升制造业发展整体水平，并构筑先进智能制造企业体系提升制造企业智能化、高端化发展的能力；王德显和王跃生（2019）通过总结日本智能制造发展的教训，指出信息化建设水平不足、企业制度僵化、行政体制弊病束缚和企业对创新战略重视不够抑制了日本智能制造发展，并提出中国发展智能制造，应从构筑互联网基础设施、体制改革、企业制度改革、释放体制改革红利、落实"创新驱动"战略等方面采取有力的政策措施。另一方面，学者们通过研究智能制造在中国的发展情况，总结了中国发展智能制造的经验教训。海锦涛和韩新民（2001）通过分析中国 21 世纪以来制造业发展趋势，提出中国应充分利用网络技术，启动工业智能工程，大力发展绿色制造；何伟和孙克（2018）以"互联网+"智能制造初步评估结果作为应用案例，构建"互联网+"评估体系的理论模型，量化和预测"互联网+"智能制造的发展和趋势，研究发现制造业数字化、网络化、智能化已取得的明显进展，是巩固中国制造业大国地位，加快向制造强国迈进的核心驱动力；高谦和周恢（2019）通过对北京智能制造产业的研究，提出北京智能制造产业的发展需要在继续发挥存量优势创新资源的同时，加强创新主体的协同合作，并拓宽资金渠道，推动智能制造产业发展；韩江波（2019）通过对中国智能制造发展的案例研究，提出中国应借助互联网不断强化制造业"两化"的深度融合，拓宽政策覆盖面并完善创新政策体系，落实创新驱动，推进中国智能制造发展；吕文晶等（2019）以海尔集团智能制造平台 COSMOPlat 的建设为例，构建了中国制造业企业基于智能制造的全球价值链升级整合分析框架，研究发现中国制造业企业制定升级战略需考虑所在行业的全球价值链治理模式，并相应通过智能生产、智能服务与智能产品转型，以智能制造为依托选择适应自身的升级路径。

3. 智能制造影响效应研究

该部分的研究热点，主要集中在 3 个方面。首先，学者们聚焦于研究智能制造对经济发展的影响。孙琳琳等（2012）分析了信息化对于中国经济增长的贡献，并发现信息化通过 ICT 资本深化和 ICT 制造业的全要素生产率改进，促进了中国经济增长；蔡跃洲和张钧南（2015）实证研究了信息通信技术对中国经济增长的影响，结果表明，信息通信技术的替代效应显著地促进了中国经济增长；曹静和周亚林（2018）通过对人工智能的经济影响进行系统的梳理和回顾，发现人工智能通过提高生产率促进经济增长是学术界的普遍观点。其次，学者们聚焦研究智能制造对产业结构的影响。黄群慧和贺俊（2013）认为以智能化、数字化、信息化技术的发展为基础，以现代基础制造技术对传统的制造系统进行改造，实现制造业的转型升级，将引发技术经济范式的深刻变革；张炳君（2013）研究了青岛家电产业智能化升级问题，认为应顺应产业技术革命趋势，加快推进家电产业智能升级，向高端化发展，使传统产业获得新优势；金碚（2014）认为信息化、智能化是中国制造业转型升级的逻辑必然，工业技术从手工生产、机械化、自动化向信息化和智能化发展；王喜文（2015）认为通过互联网与工业深度融合，将进一步引领中国制造业向"智能化"转型升级，"智能制造"是"两化"深度融合的实质主攻方向。最后，学者们聚焦于研究智能制造对人才培养的影响。李伟和石伟平（2017）认为应当基于技术技能人才培养标准的框架，培养符合智能制造时代下能力与素质要求的高技术人才，在宏观上完善职业教育体系，并在微观上重构课程教育体系；陈劲和吕文晶（2017）研究发现智能制造正推动新工科人才培养向智能化、自动化和类人化等目标转变；徐莉和孙建波（2018）通过研究常州市智能制造产业的发展，发现常州市高技能人才队伍建设还存在总量不足、需求脱节、供给侧与需求侧信息资源不匹配等问题，并提出人才培养需要政府加大支持力度、职业院校提升培养能力、行业企业提供技术支持；罗汝珍（2019）认为在智能制造背景下，当前的职业教育产教融合及整体性、规划性不强，参与者动力不足，缺乏主动引领功能和智能化标准，前瞻性和相关理论不足，应当基于智能制造，构建产教融合新模型，在产教融合的引领机制、运行机制、激励机制和研究机制上寻求创新，变被动适应为主动引领；鲍风雨等（2019）通过研究辽宁轨道交通职业学院的"智能制造培训与技术展示平台"，提出从校企合作推动产教融合，来培养符合智能制造用人需求的人才。

4. 智能制造技术研究

随着智能制造的深化，智能制造技术也在不断创新。而智能制造技术方面的研究热点，大致可以分为智能工厂、智能制造系统和智能制造算法三大类。在智能工厂方面，吕佑龙和张洁（2016）认为集成制造物联、智能制造执行与制造协同的智慧工厂由一个大数据中心与物物互联层、对象感知层、数据分析层、业务应用层和云端服务层 5 个层次构成；杨一昕等（2018）以一个实际的智能工厂项目为依托，研究了智能工厂的构架和具体建设实施方法，并给出了智能透明汽车工厂具体的实施思路和体系框架；褚健（2018）阐述了基于工业操作系统 SupOS 的智能工厂建设新架构，可为流程工业智能工厂的建设提供保障；卢秉恒等（2018）研究了离散型制造智能工厂发展战略，探讨智能工厂的内涵，并提出智能工厂的发展重点要突出"中国制造"；焦洪硕和鲁建厦（2018）通过研究智能工厂及其关键技术研究现状，提出大数据技术、虚拟仿真技术和人工智能技术是智能工厂中的关键技术，但距离大规模实际应用，实现真正智能化仍有一段距离。在智能制造系统方面，张文祖等（1994）把制造系统描述为互相连接的信息、数据、知识处理单元的集合，把数据、知识处理单元抽象为信息处理单元，构造制造系统的抽象模型，并据此提出一种从抽象模型展开对智能制造系统研究的方法；顾乾坤等（1996）通过分析现代机械制造系统的发展趋势，介绍了智能制造系统、精益生产系统和人机一体化系统；王自强和冯博琴（2003）提出一个智能制造系统的多 Agent 模型，能够满足智能制造中复杂过程建模灵活性的需求；刘昭斌等（2015）针对智能制造系统存在的问题，给出一种三维虚拟监控的设计方法，可以有效融合多种传感器为一体，使智能制造系统的环境自适应、在线学习、系统运行状态得到明显的提高。在智能制造算法方面，主要有两类算法研究较为集中。一个是神经网络的研究。王东云和杨文元（1997）改进了智能制造系统中智能调度的神经网络模型，改进的模拟退火算法具有较快的求解速度，并可以逃逸局部最优；罗秀卿等（2002）提出一种利用神经网络校准立体视觉系统的方法，克服了传统校准方法计算复杂、计算量大的缺点；李萍和徐安林（2016）通过研究基于 BP 神经网络的智能制造系统图像识别技术，能够实现图像识别，使系统平台更具智能性。另一个是遗传算法的研究。乔建忠等（1998）提出并设计了一种线性规划和遗传算法相结合的启发式优化方法，用来求解基于智能制造环境所建立的生产规划模型；霍壮志等（2019）研究智能制造环境下产业联盟企业间资源配置调度优化的问题，运用遗传算法求解出最佳的满足任务平衡率、成本、质量、服务等多目标的最优组合。

5. 智能制造相关制造模式研究

伴随着智能制造的发展，学者们也在不断研究在智能制造背景下制造业相关制造模式的变化与发展。结合关键词分析与研究动态，我们可以看到，目前学者们的研究中与智能制造相关联的制造模式发展趋势主要集中在绿色制造、柔性制造、虚拟制造和敏捷制造等方面（杨海成和祁国宁，2004；周宝华等，2006；王俊峰和张所地，2009；李金华，2017）。同时，不少学者对新一代智能制造模式进行了开拓研究。绿色制造方面，朱胜等（2018）探讨了绿色增材再制造技术的内涵特征与主攻方向；王凌等（2018）分析了绿色车间的调度问题和相应处理机制，并进一步指出绿色制造有待研究的若干方向与内容。柔性制造方面，蒋庆全（1998）介绍了柔性制造系统的基本组成、分类、相关的基础技术及发展趋势；唐晓刚等（2018）设计了一种基于移动自组网的柔性制造系统通信网络，对 FMS 及智能制造通信系统设计具有普遍借鉴意义；郝建豹等（2018）以多机器人柔性制造生产线为研究对象，构建了基于 RobotStudio 的多机器人柔性制造生产线虚拟仿真设计，为多机器人自动化生产线在现代工业制造领域的推广和应用提供了理论依据和试验平台。虚拟制造方面，肖田元（2004）研究了虚拟制造的内涵，并对其研究进展与发展趋势进行了探讨；王飞跃等（2018）以虚拟制造为基础，提出平行制造，结合工业智联网技术、软件定义技术和知识自动化技术，构建了平行演化、闭环反馈、协同优化的智能制造体系。敏捷制造方面，孟超和宋芳（2008）研究了敏捷制造的概念，并探讨了敏捷化智能制造系统和敏捷化智能制造单元的重构性问题，提出敏捷化智能制造是 21 世纪制造业重点发展的技术；姚锡凡等（2018）通过分析制造业从大规模生产到大规模定制，再到个性化生产的演化过程，提出一种推拉式大规模定制的精敏制造方式，并基于智能化长尾生产方式探讨了中国制造业转型升级之路。

14.3.3　热点主题聚类分析

VOSviewer 软件由荷兰莱顿大学科学技术研究中心开发，用于构建可视化的文献计量网络。该软件的 VOS 聚类技术基于模块化聚类技术，在图谱展示尤其是聚类技术等方面有独特优势。为更好地显示国内智能制造热点主题的情况，本章通过对智能制造相关文献进行热点主题聚类分析，生成关键词密度聚类图谱（图 14-3）。而后，利用 CiteSpace 软件分析了热点主题出现时间的分布情况，在 TimeZone 模式下生成关键词时区图谱（图 14-4）。

由图 14-3 可知，有关智能制造的中文文献研究，虽然门类众多，但相关研究从关键词密度聚类图谱上看还很暗淡，说明在智能制造现有研究领域中，虽然逐渐有新的概念提出，但相关的理论与研究还缺乏更深入的探索与延伸。同时，由图 14-4 可知，智能制造领域是一个新兴领域，随着"中国制造 2025"与"工业 4.0"的提出，2015 年以后，智能制造逐渐成为制造业领域的一大研究热点，相关概念和理论也集中在近几年被提出。结合图 14-3 和图 14-4，我们可以看到，近年来随着技术变革所带来的巨大社会变化，学者们不断对智能制造展开思考，智能制造领域也不断涌现出新的概念。智能制造作为时下一个热门的全新研究领域，既具理论意义，又具实践意义，并且与先进技术研究息息相关，可与多种学科交叉研究，是一个具有广泛研究内涵的领域。而从关键词密度聚类

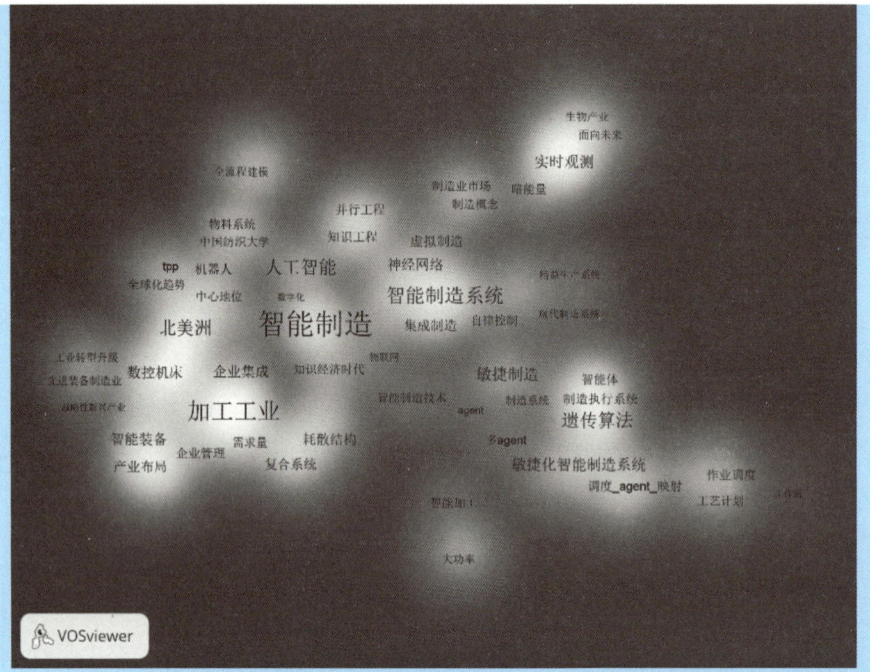

图 14-3　智能制造研究关键词密度聚类图谱

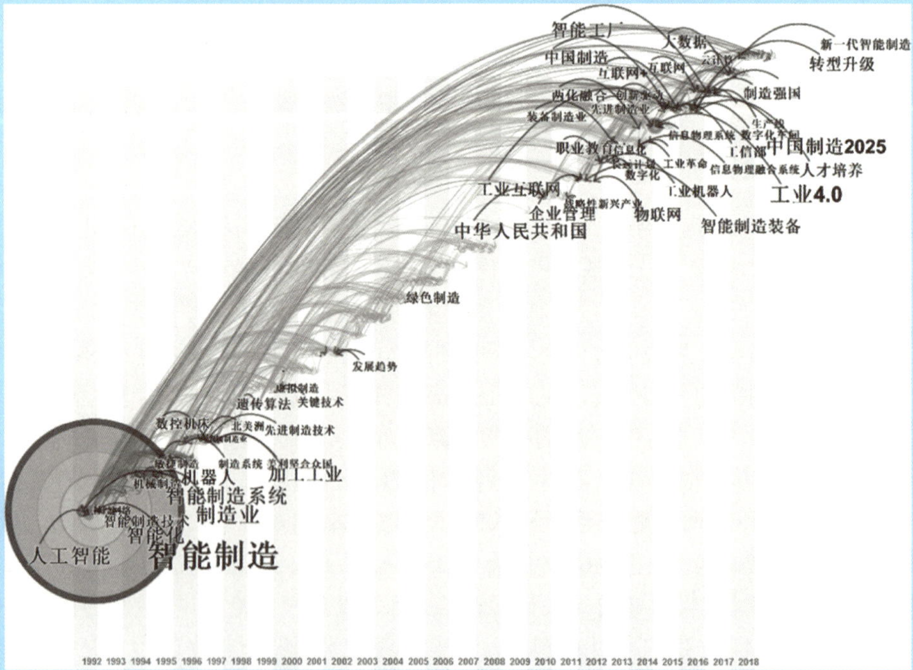

图 14-4　智能制造研究关键词时区图谱

和时区图谱来看，智能制造领域的相关研究还处于起步阶段，相关概念与理论还缺少进一步阐释与实证检验，值得学者们进一步进行深挖与钻研。因此，尽管一些智能制造方面的研究已是该领域中的研究热点，但随着新技术的不断涌现和投入应用，智能制造目前的研究热点仍然是智能制造领域的研究前沿。尤其在智能制造技术研究与智能制造模式研究方面，相关中文文献都集中在近几年发表，其准确性与实用性还有待检验，并亟待进一步深化与拓展。同时，智能制造领域的相关文献数量也较低，有待学者们进一步探索。

14.4　智能制造未来研究前沿探讨

结合相关文献阅读和以上关键词分析，针对现有研究的空缺与不足，我们认为未来智能制造的研究前沿有 4 个类别。

1. 智能制造理论模型构建研究

目前有关智能制造的大多数理论研究都只是对概念、路径和机理等的模糊界定与分析，尚未得出一个具有普遍性、一般性的公认理论体系。对于智能制造的理论模型构建，许多学者都是借用已有模型。外文文献中的理论模型在指标选取方面与现实情况有着很大差异，同时模型也存在滞后性问题。因此，目前的研究在一定程度上未能结合中国国情，很难具有实用性。根据关键词分析我们可以看到，目前已有学者们将研究目光聚焦于如何将智能制造与"中国制造 2025"、"工业 4.0"、两化融合、工业互联网、"互联网+"等背景相结合，但尚待进一步研究。如何搭建符合中国特色的智能制造理论模型，明确各概念内涵，深入探究其路径和影响机制，得到学界的认可和采纳，将是未来智能制造领域的一大研究重点。

2. 智能制造转型升级研究

通过对智能制造文献的梳理，我们发现，围绕制造业"智能化"转型升级的研究并不多见，且尚未形成完整的理论体系。关于制造业"智能化"转型升级的少量研究，大多停留在政策层面或具体的技术层面，忽视了制造业"智能化"转型升级的微观基础，没有从理论上深入挖掘；现有研究大多从定性层面进行分析，缺少相关定量研究；已有研究多停留在宏观层面上，缺少有针对性的案例研究，也缺少针对不同类型产业分层分类的研究。如何进一步深入研究智能制造对制造业转型升级的影响，并针对不同类型产业分层进行分类研究，无疑是一个新的研究前沿，具有极大的研究空间。

3. 智能制造对技术进步的影响研究

通过对国内现有中文文献的整理和归纳，我们发现，学者们已经广泛开展对智能制造的具体技术的研究，并取得了一定进展。但有关智能制造对宏观技术进步整体的影响研究，几乎没有相关的中文文献研究。关于智能制造对技术进步的影响，目前的中文文献研究也只在理论层面上对智能制造进行定义，聚焦与智能制造对技术进步的研究存在较大空缺。在如今技术变革和产业转型的大时代背景下，智能制造作为与新兴技术、高科技技术息息相关的领域，对技术进步是否有影响，有怎样的影响，其影响机制、特征与路径是什么，都是极具时代意义的研究前沿，有待学者们进一步研究与开拓。

4. 智能制造对人机关系的影响研究

随着智能制造的不断推进，机器与人之间的关系也受到学界的广泛关注。一方面，随着智能技术的发展，机器越来越拟人化，与之相关的伦理、制度方面的研究亟待探讨；另一方面，制造业智能化所带来的"机器换人"现象也引发公众对于就业失业的思考。目前，有关智能化对就业的影响，主要有智能化对就业有替代效应，智能化对就业有创造效应以及智能化对就业既有替代效应又有创造效应 3 种观点。对于这 3 种观点，学界尚未形成一致的结论，有待进一步探讨与研究。同时，智能制造的发展，无疑需要相关高技术人才的支撑。因此，伴随着智能化对就业的影响，也催生出智能化对人才培养的影响。目前，智能制造对人才培养的影响已是领域内一大热点，但相关研究还较为零散，主要集中在高校教育和产教融合方面。如何从多种角度分析智能制造对人才培养的影响，深入分析其影响机制，拿出一个具有公认度的、能够培养适应智能制造环境的高技术人才的教育方案，目前还众说纷纭，有待学者们进一步研究。

参 考 文 献

鲍凤雨, 胡勇强, 杨科举. 2019. 智能制造推动校企深度融合[J]. 中国高校科技, (3): 74-75.

蔡跃洲, 张钧南. 2015. 信息通信技术对中国经济增长的替代效应与渗透效应[J]. 经济研究, 50(12): 100-114.

曹静, 周亚林. 2018. 人工智能对经济的影响研究进展[J]. 经济学动态, (1): 103-115.

陈劲, 吕文晶. 2017. 人工智能与新工科人才培养: 重大转向[J]. 高等工程教育研究, (6): 23-28.

褚健. 2018. 流程工业智能工厂的未来发展[J]. 科技导报, 36(21): 23-29.

高歌. 2017. 德国"工业 4.0"对中国制造业创新发展的启示[J]. 中国特色社会主义研究, (2): 43-49.

高谦, 周恢. 2019. 北京智能制造产业的机遇、挑战与建议[J]. 现代制造工程, (3): 136-141.

顾乾坤, 唐一科, 梁锡昌. 1996. 现代机械制造系统的发展趋势[J]. 现代机械, (1): 31-32.

海锦涛, 韩新民. 2001. 中国制造业可持续发展的思考[J]. 中国机械工程, 12(3): 245-248.

韩江波. 2017. 智能工业化: 工业化发展范式研究的新视角[J]. 经济学家, (10): 21-30.

韩江波. 2019. 我国智能制造发展的案例对比与路径创新研究[J]. 技术经济与管理研究, (1): 87-94.

郝建豹, 许焕彬, 林炯南. 2018. 基于 RobotStudio 的多机器人柔性制造生产线虚拟仿真设计[J]. 机床与液压, 46(11): 60-63, 87.

何伟, 孙克. 2018. "互联网+"经济模型与评估体系研究[J]. 中国工程科学, (2): 9-14.

黄群慧, 贺俊. 2013. "第三次工业革命"与中国经济发展战略调整——技术经济范式转变的视角[J]. 中国工业经济, (1): 5-18.

霍壮志, 王云霞, 陈健飞. 2019. 智能制造环境下产业联盟制造资源配置的评价方法[J]. 机械设计与研究, 35(1): 169-172.

贾根良. 2016. 第三次工业革命与工业智能化[J]. 中国社会科学, (6): 87-106.

蒋庆全. 1998. 柔性制造系统的现状及发展趋势[J]. 机械制造, (4): 7-9.

焦洪硕, 鲁建厦. 2018. 智能工厂及其关键技术研究现状综述[J]. 机电工程, 35(2): 7-16.

金碚. 2014. 工业的使命和价值——中国产业转型升级的理论逻辑[J]. 中国工业经济, (9): 51-64.

雷源忠. 1994. 美国制造业的发展战略、研究近况及我们的对策[J]. 中国机械工程, (2): 60-62.

李金华. 2017. 中国先进制造业技术效率的测度及政策思考[J]. 中国地质大学学报(社会科学版), (4): 109-121.

李廉水, 石喜爱, 刘军. 2019. 中国制造业 40 年: 智能化进程与展望[J]. 中国软科学, (1): 1-9, 30.

李萍, 徐安林. 2016. 基于 BP 神经网络的智能制造系统图像识别技术[J]. 现代电子技术, 39(18): 107-109.

李伟, 石伟平. 2017. 智能制造背景下高职人才培养目标新探: 基于技术哲学的视角[J]. 教育与职业, (21): 7-11.

刘昭斌, 刘文芝, 顾才东, 等. 2015. 基于智能制造系统的物联网 3D 监控[J]. 实验技术与管理, 32, 221(2): 89-93.

卢秉恒, 邵新宇, 张俊, 等. 2018. 离散型制造智能工厂发展战略[J]. 中国工程科学, 20(4): 52-58.

罗汝珍. 2019. "智造" 需求导向下职业教育产教融合机制创新[J]. 现代教育管理, (3): 86-90.

罗秀卿, 熊银根, 罗小燕. 2002. 智能制造系统中立体神经视觉的校准[J]. 中山大学学报(自然科学版), 41(1): 25-28.

吕文晶, 陈劲, 刘进. 2019. 智能制造与全球价值链升级——海尔 COSMOPlat 案例研究[J]. 科研管理, V40(4): 145-156.

吕佑龙, 张洁. 2016. 基于大数据的智慧工厂技术框架[J]. 计算机集成制造系统, (11): 2691-2697.

孟超, 宋芳. 2008. 敏捷化智能制造的重构性问题探讨[J]. 矿山机械, (4): 87-89.

乔建忠, 雷为民, 李本忍, 等. 1998. 混合遗传算法研究及其应用[J]. 小型微型计算机系统, (12): 14-19.

宋利芳, 冀玥竹, 朴敏淑. 2016. 韩国 "制造业革新 3.0" 战略及启示[J]. 经济纵横, (12): 120-124.

孙琳琳, 郑海涛, 任若恩. 2012. 信息化对中国经济增长的贡献: 行业面板数据的经验证据[J]. 世界经济, 35(02): 3-25.

唐晓刚, 王孙安, 谢灿灿. 2018. 基于移动自组网的柔性制造系统通信网络分析与设计[J]. 机床与液压, 46, 463(13): 70-74.

王德显, 王跃生. 2019. 日本智能制造发展的教训及对中国的启示[J]. 税务与经济, 222(1): 23-27.

王东云, 杨文元. 1997. 智能制造系统调度的一种随机神经网络求解法[J]. 南京航空航天大学学报, (3): 326-331.

王飞跃, 高彦臣, 商秀芹, 等. 2018. 平行制造与工业 5.0: 从虚拟制造到智能制造[J]. 科技导报, 36(21): 10-22.

王俊峰, 张所地. 2009. 先进制造技术的发展趋势研究[J]. 山西财经大学学报, (S1): 14-15.

王凌, 王晶晶, 吴楚格. 2018. 绿色车间调度优化研究进展[J]. 控制与决策, 3: 385-391

王喜文. 2015. 智能制造: 新一轮工业革命的主攻方向[J]. 学术前沿, (19): 68-79.

王媛媛, 张华荣. 2016. 全球智能制造业发展现状及中国对策[J]. 东南学术, (6): 116-123.

王自强, 冯博琴. 2003. 智能制造系统的多 Agent 模型研究[J]. 中国机械工程, 14(16): 1390-1393.

肖田元. 2004. 虚拟制造研究进展与展望[J]. 系统仿真学报, (9): 1879-1883, 1913.

徐莉, 孙建波. 2018. 智能制造背景下常州市高技能人才供给路径研究[J]. 职业技术教育, 39(30): 72-74.

杨海成, 祁国宁. 2004. 制造业信息化技术的发展趋势[J]. 中国机械工程, (19): 3-6, 22.

杨一昕, 袁兆才, 皮智波, 等. 2018. 智能透明汽车工厂的构建与实施[J]. 中国机械工程, 29(23): 99-106.

姚锡凡, 张剑铭, 陶韬等. 2018. 从精敏制造到工业 4.0 长尾生产的制造业转型升级[J]. 计算机集成制造系统, 24(10): 5-15.

张炳君. 2013. 以智能化推动青岛家电产业转型升级[J]. 宏观经济管理, (11): 83-84.

张文祖, 吴雅, 胡瑞安, 等. 1994. 智能制造系统的一种研究方法[J]. 华中理工大学学报, (7): 1-4.

周宝华, 姬慧勇, 盛显涛, 等. 2006. 浅谈现代机械制造技术的新发展[J]. 煤矿机械, 27(3): 366-368.

周佳军, 姚锡凡. 2015. 先进制造技术与新工业革命[J]. 计算机集成制造系统, 21(8): 1963-1978.

朱胜, 周超极, 周克兵. 2018. 绿色增材再制造技术[J]. 中国机械工程, 29(21): 74-77, 98.

朱巍, 陈慧慧, 田思媛, 等. 2016. 人工智能: 从科学梦到新蓝海——人工智能产业发展分析及对策[J]. 科技进步与对策, 33(21): 66-70.

撰稿人: 刘军　杨渊鋈

审稿人: 程中华